中国易学博览

姓名应用经验学

秦伦诗　编著

内蒙古人民出版社

内容简介

作者通过多年的实例进行反复验证，撷取众家之长，将姓名学的理论，用简明通俗的语言深入浅出地表达出来，引导读者通过阅读本书掌握基本理论与应用技巧。

全书共分十三章，着重阴阳五行、八十一数五格剖象与三才配置等不同的应用。第一章论述篇，叙述姓名、来历与怎样为人起个好名字；第二章命理篇，教导读者推排八字知人生命理，用命理五行的用神助人，以名字改变人生运筹；第三章基础篇，重点介绍姓名与阴阳五行对人生影响；第四章数理篇，用姓名数理结合三才配置，知人生性格与六亲影响；第五章天运篇，用人出生天命五行鉴定名字好坏；第六章专业篇，用姓名八十一数与三才配置结合命理八字起好名字；第七章配置篇，根据人生命理五行详述起名宜忌；第八章实例篇，讲述为公司店铺起名的原则及注意事项；第九章公企篇，介绍如何为公司企业起个好名字；第十章名讳篇；第十一章八卦篇，详述八卦与六十四卦起名方法与实践应用；第十二章字划篇，根据康熙字典找出起名常用5000字，以供起名时参考；第十三章寄语篇，详谈专业者要尊师重道，学习易家十八种精神和预测师注意事项。

目 录

前　言

姓名学是中华民族优秀传统文化，是一门高深的学问，已有数千年历史。一个靓丽的名字不仅能显示出一个人的形象，而且是成功者的点缀。名字不仅仅是一个符号，还能代表一个人的层次和品味。无论是公司、企业或个人，有个好名字让人听起来会心情舒畅，能留下深刻的印象，也容易记忆。

随着社会的进步和发展，人们文化层次不断提高，商业交往日益广泛，社会交际已与国际接轨，人们对自己商标、品牌名字的认识逐渐有了创新和突破，很多人都将陈旧、腐朽的名字改换成了时尚的名字。一个好名字的背后，蕴藏着深刻的寓意，有文化背景的比较，有思想和理论的存在，有个人与公司的展示。个人的名字，能影响到本人的事业、前程、健康、人际关系和婚姻家庭。而对于公司企业来说，好名字就是一个永久性的广告，闪闪发光的金字招牌。

做父母的，都想给孩子起个叫起来顺口，听起来顺耳，寓意深长的好名字；作为公司的老板都想给自己公司起个漂亮好听、吉祥如意的商号；企业老总更想创造一个越叫越响亮的品牌。无论是企业、公司还是个人，谁都知道名字在当今社会的重要性，他们都在思考、比较、寻觅，希望起个好名字。好名字不仅是一个好招牌，还能给您带来一“名”惊人的好运气。但是，做父母的怎样给自己孩子起个好名字？当你的名字不好，给您的命运带来不顺时，你总想将名字改掉。那么应该怎样去改名？当你打算创建一个公司，又如何为它取一个既响亮又与您自己命运相合的名字，这些问题在本书中能够找到答案。

本书以通俗语言，详述五格剖象、六十四卦、字义、字理、命理等高级理论，从多方面、多角度对名字进行分析、介绍，是一本集实用性、科学性、权威性于一体，理论与实践相结合的“起名必备宝典”。它会告诉您怎样识别名字好坏，在起名时应注意什么、避讳什么、所求什么。

本书重要特点是：

一、内容全面——包括起名、改名应该注意事项和需讲究哪些问题，既有理论又有方法，着重于实践应用。

二、可操作性——只要有初、高中文化程度的人都可根据本书理论准确地为您自己或您的亲朋好友取一个或改一个既好听响亮，又符合要求的好名字。

三、注意事项——本书内容包括多方面，但在应用时不可能全面兼顾，如用数理起名，就不一定要符合六十四卦起名；如用六十四卦起名，就不一定就要符合八十一数起名，其中只需有一项符合即可。

最后，要告诉读者，本书有些内容带有唯心色彩，这是我国传统习俗使然，为迎合人们起名时趋吉避凶的传统心理而加以取用。希望读者在运用此书时，务必要用分析批判的眼光去运用。

作　者

2009 年 8 月 1 日

序

我的好友、哈尔滨易经科学研究所所长，第十回(届)世界易经大会主席秦伦诗教授的易学巨著《中国易学博览》，历经风雨十载，终于付梓刊行，而且在括有二十余国和地区的易经大师及易研者参加的第十回(届)世界易经大会这一庄严讲坛上面世，实在是现代易经研究史上一件大事。秦伦诗先生的崇拜者及诸多友好无不释然。

伦诗先生家学渊源，自幼向族兄秦诗章先生学医习易，及长拜抗战以后在海滨城市青岛以卦馆为业的易学名宿尹礼儒先生为师，追随乃师多年，精研易经与实战方略，为世人排忧解难，点拨开路，惠及人群数以万计。

伦诗先生习易、研易、用易、举易已历半个世纪。五十年来，秦伦诗先生心无旁骛、潜沉易礼、医易相辅，终成翘楚。伦诗先生综合医理、易理，熟稔象数，广泛涉猎八宅、玄空、九星、奇门、青囊、子平、六爻等等九派诸术，实战数十年，十断九中，屡验不爽。近十几年，更是日臻成熟，无一失手。致使祖国四方、海外各地慕名而来者，排队敬候。

伦诗先生的鸿篇巨著《中国易学博览》将五十年所积累之经验，择其精要，辑为八字、风水、姓名等诸卷，洋洋洒洒二百六十余万言，先生一生心血，蕴籍其中。成书过程堪比"绳床瓦炊、披阅十载"。迎接晨霜晓露，伴随午夜孤灯，个中甘苦，只有先生这样品格坚毅的人才可以承载。

我曾总结易学家应有的十八种精神(详见"寄语篇·易家必

读”)，以此绳墨伦诗先生，条条中矩。特别是不忘恩师造化之恩，更是垂范后学。对于恩师尹礼儒先生，伦诗教授生前敬重，身后祭奠。每与友人提及恩师，感激哀思之情，溢于言表。前些年，伦诗先生刚有经济余力，立即为恩师修葺坟冢，以光师德。

我亦研易数十年，著书数十部，逾千万言，忝充粗知易理，偶与伦诗先生言易，对伦诗先生易学知识之渊博，实战方术之娴炼，医易互理之缜密，综九派而为一之功底，屡感汗颜。

《易经》博大精微，堂奥无涯。仲尼读易，尚且韦编三绝，何况常人？昆山之巅，取和氏之璧，合浦骊龙之口，探夜明之珠，心存浮躁，自称习易，皓首空归的人，比比皆是。只有像伦诗好友这样，尊师敬业、智圆行方、诚乎潜志、脚踏实地的人，才能光大《易经》精神。

俞长江丁亥暮春

俞长江教授：现为中国易经研究会副会长，中国社会科学院国家一级研究员。生于20世纪30年代，祖籍浙江绍兴。20世纪60年代初大学毕业后即开始易学研究。20世纪80年代出版专著4部，约100万字。一生著述颇丰，共出版包括3项国家重点课题在内的大型书籍32部，约1800万字。曾两次到美国芝加哥大学、伊利诺州立大学等6所大学讲学，传布《易经》、《道德经》，是世界易学领域德高望重的著名导师。

自 序

宇宙间的万事万物都有名字，而人就更不例外了。我们先试想一下，如果没有名字，人与人之间，就无法互相表达出所指之意义是什么，就无法在彼此之间进行交往、协作和沟通。也就成了一个混乱无序的哑巴世界，更不可能有科学文明昌盛的今天。在远古时代，人类没有语言也没有名字，后来才逐渐产生了语言，随着言语呼唤，名字才逐渐产生出来，从此，人们互相之间就有了称呼，从那时起，人与人之间就有了互相交往。这种交往，推动了人类诸多方面进步，所以说，名字是推动人类文明进步的伟大产物。

数千年来，历代先贤经过细心观察，认为名字对人生命运有很大的影响。从表面来看，姓名只不过是一个称呼，用以区别不同的人和事，好像并没有什么神秘所在，其实不然，中国传统玄学，就早已就道出姓名与人生运程有极大关系。为什么有人一生顺利，另一人却运途坎坷？这到底是为什么。为此，先贤们动脑筋，用玄学命理去仔细研究，从中发现命理可决定人一生命运好坏。姓名却依附着命理，它能把命理中的特点从中提示出来，也可把命理中的特点掩埋起来，减少命理中优异作用。如果将姓名和命理二者配合起来，好的名字可以把命理中优点发挥，把缺点舒缓。相反，名字不好，则会将命理的优点压制下去，容易将缺点引发出来。由于姓名有如此的重要性，所以古今凡是书香门第、文人世家，都重视给子女起个好名字。学识浅薄的富裕人家，也要请有文化的学者配合命理，给子女起个大吉大利的名字。

用中国传统数术学来说，姓名学乃是探讨人生命运和改变命运的一种方法，由此则产生了“中国传统姓名学”。经过漫长时间发展，传统姓名学已成为中华民族数术文化的一部分，是我们中华民族古文化中的一束奇葩。俗话说，“赐予千金，不如赐个好名字”。这是指名字的重要性。看似很不起眼的名字，其中蕴藏着深奥莫测的学问。

八字，主宰人生命运，人一出生就有自己的先天八字。出生的八字已经决定人的命运，人生命运何去何从已经在出生时间中蕴藏着。姓名是后天赋予的，不好的命运可用名字去改善。同样，好的命运也可能被不好的名字破坏。怎样起个好名字，就应该向姓名行家求助。

中国人的姓名，通常只是由两三个汉字组合起来。从意义上讲，姓名只是一种文字符号。每个人的名字，自己可以任意选择，并没有什么规律性可循。所以，很多人对名字抱着一种无所谓态度。认为名字只是一个人的代号而已，只要听得顺耳，随随便便起一个就行，实际上并不是那么简单，由于姓名对人生运程有极大的影响，其关键不在乎好不好听，当然好听更佳，而最重要的在于这个名字与人生命理和数理的含义合与不合。

名字虽然只是一组具体文字符号，但在数理中蕴藏着某些特定的信息，而且在字意上也隐藏着很多秘密。这些肉眼看不见的玄妙信息给人生运程带来极大影响。大家都知道，汉字是由基本的笔划，“点、线、横、竖、撇、勾、捺、挑”八种模式构成的，但不同的排列和组合方式，使每一个汉字都有一定顺序的笔划数理以及字音和字义。这些都和《周易》的体系是一致的。周易是由乾、兑、离、震、巽、坎、艮、坤八种基本符号组成，这八种符号就是八种卦象。实际上是由阳爻“⚊”和阴爻“⚋”这两种符号发展出来的。这两个阴阳爻反映了宇宙间万事万物的根本规律。所以笔划数理组成的名字，其中就必然蕴含着一定的数理关系。而姓名学不但采用这些不同文字符号的良性数理，而且根据每一个具体名字，配合我国传统的阴阳八卦的关系，能使这些潜藏在命理中的好信息引发出来，对人生起到好的诱导作用。

所以，要重视您的名字，当您的事业及人生旅途处于逆境的时候，您会想过您的名中可能暗藏着一些坏的信息，认为可能是这些坏的信息在捉弄您？当您家宝宝出生的时候，您肯定在内心中希望他一生平安，能在学业、事业、婚姻、子女、身体、性格、特长、智力、品格以及社会交往等诸多方面皆有所作为。希望他走上一生平安顺利幸福美满之路，这时候您会千方百计想给宝贝起个好名字。本书就是为您介绍这方面的知识。为了让更多的人都能起一个好名字，我斗胆将自己近三十年总结的经验贡献出来。这样，也无愧于我的恩师、无愧于广大读者、无愧于我的老家江苏沭阳及第二故乡哈尔滨。

希望本书能给予大家一些帮助，是为序。

作　者

2009 年 8 月 1 日

第一章 论述篇

第一节 姓名——伴随您的一生

姓名，传承了人的情、意、志。

姓名，体现了人的精、气、神。

姓名，蕴藏了玄机天、地、人。

名字是父母送给孩子的第一件珍贵的见面礼，可以说是伴随孩子一生的重要礼物，比任何高档玩具都要珍贵，是比任何高贵礼品都还要珍贵的礼物，是对孩子一生影响最深的礼物！

姓名虽然只是简单的两三个字，但它高度浓缩了人生丰富的内涵，凝聚着人生广泛的寓意；它寄托了长辈的殷切期望，也表达了时代丰富的信息。总之，它既是一个人符号的象征，又隐喻着天地人之间某些莫测的天地玄机。

姓名中五行生克之理与人生发展成败得失有着密切联系。

自古以来人们对姓名就很重视，因为姓名不仅是人们社会交往中的一个符号，更重要的是姓名将陪伴人们走完他的人生路程。甚至在人生之路走完之后，名字还永远存在。一个好名字能使你受益终身，流芳千古，不好的名字，将会使你终身遗憾，甚至遗臭万年。一个好的名字，必须是提起来亲切，叫起来顺口，听起来顺耳，喊起来响亮，想起来好记，此五项条件密切联系缺一不可。今在开篇之前我们先将姓和名的来历追根探源。

姓名是人们社会交往中的一种称呼，无论任何人都有自己的姓名,并且天天都在使用。然而,姓氏原来是怎么来的,又是从何时发起的呢?其中又包括哪些内容?要回答这些问题我们必须翻开历史,跨进五千年的历史文化殿堂,才能寻觅到姓氏的最初源头,也只有从这里才能去体验、品味姓名的来源与意义所在。

姓:古称姓氏,是家族系统的称号,也是血缘关系的标志。

姓名既是彼此之间的一种称谓,又是彼此之间的区别,做为彼此之间互相传递信息的称呼,它固然是一种符号标志,又是一种超越时空的文化。

对于姓名,自古以来人们就非常重视。人的一生有多种名字称呼,刚出生的小孩要起个乳名,又叫做小名,以后要取一个正式的大名,上学时为了互相尊敬好叫,老师又给起个学名。走向仕途后要有一个官名,为官以后又要起一个相关名字叫做表字,如刘备,字"玄德",关羽,字"云长"。又如我们近代伟大领袖毛泽东,字润之,笔名子任。有学问的人不仅有名有字,另外还有号,所谓号者有自号、别号、道号。如诸葛亮,字孔明,道号"卧龙先生"。有的人有绰号,如水浒传上"及时雨"宋江、"黑旋风"李逵、"赛孔明"吴用、"花和尚"鲁智深。和尚有法号,如唐僧,名陈玄奘,法号"三藏"。道士有道号,如姜尚,字子牙,道号姜太公。张三丰,名全一,字君宝,道号三丰、玄玄子。作家著书写作还有个笔名,如鲁迅的本名是周树人,鲁迅是他的笔名。巴金原名叫李尧棠,巴金是他的笔名。金庸的本名叫查良镛,金庸是他的笔名。梁羽生本名叫陈文统,梁羽生是他的笔名。作家琼瑶、三毛都是以笔名而闻名的。戏剧演员有艺名。如著名京剧表演艺术家盖叫天,原名叫张英杰。电影演员赵风翔的艺名叫赵丹。做官的有封号,死后有谥号。名字的字数也不一样,有人单姓一字名,有的单姓两字名,有的双姓单字名,有的双姓双字名等等,含有许多字的名字各不一样。

中华民族文字创立时间大约有四千余年历史，然而姓名早在没有文字之前的远古时代就有之，那时候人的名字仅是个人语言代号，待到文字产生以后，姓名才真正成为个人标志。

文字产生以后，名字就随之进入历史史册。如盘古开天辟地，女娲氏炼石补天，伏羲氏安八卦，神农氏尝百草，还有黄帝、炎帝等。这些神话中的大人物，他们的名字早在文字创造之前就有了，只是在文字产生以后，他们的名字才被载入史册。汉朝许慎在《说文解字》中说："姓"乃女人所生也，从字形上看"姓"字乃女字旁加上生字，所以说姓乃女生，从"女"而"生"。这句话对"姓"的解释也很恰当，说明人从一生下来就有姓。"姓"这个字是"女"与"生"两个字组成的，姓字的女字旁指人是女人所生，人的生命是生母给予的，生母姓什么，子女就姓什么。这里不难看出，华夏之"姓"早在远古母系氏族公社时期就有，也可以说"姓"氏在创字之前早就有之。从"姓"字的字形字义来看，已反映出母系氏族公社时期的历史特点。

古人创立文字是依形、依义、依音，用经验、智慧的结晶，将象和义从文字中显示出来。

远古母系氏族公社时期，无论男女只知有其母，不知有其父，母亲是氏族中最具权威的成员之一。而始祖母是族中最高领导和主持者。若论母亲和始祖母的地位，母亲起到维护氏族血缘团结的重要作用，由老祖母领导有血缘关系的几代儿孙共同生活在一起，形成原始集体氏族。因此，"氏"的名称就是从此衍生出来的。再讲得确切一些，生命是母亲给予的，而姓氏又是与母亲分不开的，这就是姓从"母生"的历史根源，也是姓氏产生于母系氏族公社时期的历史记载。

中国人的名字多数是由 2～4 个字组成的，这些汉字在名字中组词成句，表达各种各样的意义。并不是单纯的互相称谓，其中包藏了很深的内涵。有些名字显示出伟人之志，有些名字蕴藏着哲人思想，有些名字的构思特别巧妙，令人拍手叫绝。无论从字义、字形或组词方面，都显示出玄妙的智慧光芒。一个好的名字，无论从字形字义，包括字音、字韵都存在着千古不朽的魅力，毫不次于美丽动人、玲珑剔透的精工艺术品。

因此，名字不仅是个语言代号，也是一个文学标志，它除了表明家族长幼关系之外，还对持名之人的运程有所影响。一个好的名字，不仅是具有维护运程的作用，而且具有调均人生命理不平衡的功能。一个好的名字应想起来好听，叫起来顺耳，写起来好看，提起来好记，而且还要符合音美、形美、文辞美等多种美的优点。

第二节　姓名与人生

宇宙间的万事万物都有名字，而人就更不例外了。我们先试想一下，如果没有名字，人与人之间怎么去交流，也就无法表达出所指之意义，因此彼此之间就无法进行交往，又怎么去沟通、联系、协作。那么这个世界就成了一个混乱无序的无声世界，就不可能有科学文明昌盛的今天。在远古时代，人类没有语言也没有名字，后来才逐渐产生了语言。随着言语呼唤，名字随之逐渐产生出来，从此，人们互相之间就有了称呼。从那时起人与人之间就有了交往，这种交往，推动了人类历史向前发展，所以说，名字是推动人类文明进步的伟大产物。

数千年来，历代先贤经过细心观察，认为名字与人生命运相互间的影响很大。从表面来看，姓名只不过是一个称呼，用以区别不同的人和事，好像并没有什么神秘所在，其实不然，中国传统玄学早就指出姓名对人生运程有极大影响。为什么有人一生顺利，另有人却运途坎坷？先贤们早就为此大动脑筋，他们用玄学命理去仔细研究，发现这些内在因素隐藏在人生的生辰八字中，发现命理可决定人的一生命运好坏，而姓名依附着命理，它能把命理中的优点从中升华，也可把命理中的缺点从此掩埋。可以把命理中的不足转化，减少不良作用。如果将姓名和命理二者配合起来，可以把命理中的优点发挥，把缺点舒缓。相反，名字不好，则会将命理的优点压制，容易将缺点引发。由于姓名有如此的重要性，所以古今凡是书香门第，文人世家，都重视给子女起个好名字。学识浅薄的富裕人家，也要请有文化的学者配合命理给子女起个大吉大利的名字。

用传统中国数术学来说，姓名学乃是探讨人生命运和改变命运的一种方式方法，由此而产生了"中国传统姓名学"。经过漫长的历史发展，传统姓名学已成为中华民族数术文化的一部分，是我们的中华民族古文化中的一朵奇葩。俗话说，"赐子千金，不如赐个好名字。"这指出名字的重要性。看似很不起眼的名字，其中蕴藏着深奥的学问。

出生时间，任何人都无法改变。因为人一出生就有自己的出生时间，人生命运何去何从，已经在出生时间中潜藏着，是无法改变的，唯有姓名是后天赋予的，命运不佳可用名字去改善。同样，好的名字也可能被不好的运程所破坏。人们希望起个好名字，就应该向姓名行家求助。

人的姓名，只不过是由两三个汉字组合起来。一般认为，姓名只不过是一种文字符号，并没有什么规律性可循。所以，很多人对名字都抱着一种无所谓的态度。认为名字只要顺耳好听，怎么起都行，实际并不那么简单，由于姓名对人生运程有极大的影响，其关键不在于好不好听，当然好听更佳，而最重要的是在于这个名字的含义，与人生命理和数理的含义互相配合。

名字虽然只是一组具体文字符号，但在数理中却含有某些特定的信息，而且在字义上也隐藏着很多秘密。这些肉眼看不见的玄妙信息,给人生运程带来极大影响。大家都知道,汉字是由“点、折、横、竖、撇、勾、捺、挑”八种基本笔划构成的,但不同的排列组合方式,使每一个汉字都有一定的顺序笔划以及字音和字义。这些都和《周易》的体系是一致的。周易是由乾、兑、离、震、巽、坎、艮、坤八种基本符号组成,这八种符号就是八种卦象。实际上每一种卦象都是由阳爻“━━”和阴爻“━ ━”这两种符号产生出来的。这两个阴阳爻反映了宇宙间万事万物的根本规律。所以笔划数理组成的名字,其中就蕴含了一定的数理变化。而姓名学不但采用这些不同文字符号的良性数理。而且将每一个具体名字,配合我国传统的阴阳八卦,把这些潜藏在命理中的好与不好的信息引发出来,对人生起到广泛的诱导作用。

所以,要重视您的名字,当您的事业及人生旅途出现逆境的时候,您也许会想到您的名字中暗藏着一些不利的因素,这些不利的信息是不是在捉弄您?当您家孩子刚出生时,您肯定在内心中希望他一生平安,能在学业、事业、婚姻、子女、身体、性格、特长、智力、品格以及社会交往等诸多方面皆能有所作为展露才华,希望他过上一生平安顺利幸福美满的生活。这时候您会千方百计的想给宝贝起个好名字,本书就是为您介绍这方面的知识。

姓名是代表一个人的符号,从某种意义上来说,任何符号都有其潜在的规律,它不仅含有这个人的内在信息,其中蕴藏着这个人的性格、健康,甚至还影响着这个人的工作事业及其婚姻家庭等多方面因素。

研究姓名学的学者一致认为,姓名不仅代表一个人的符号,其中也蕴藏着阴阳五行等深奥的理论。若将任何一个名字用五行生克制化的理论推算,可直接判断其人性情如何,如果认真细心推算,可知其事业、健康、婚姻家庭、人际关系的处境如何。

古代贤哲尹文子曾经说过“形似定名,名以定事,事以验名”，意思是说，凡是辨别任何事物、人物，必须先定其名而后方能定事，而事物的成败得失，完全在名字中体现出来。他又说：“有其名必有其实”，其意思是说，名字是代表某一种事物，有事物才有名字，从名字中即可了解事物的内容与特征。由此可见，古人早就认为人的姓名与人生命运、性格有着密切的联系。

姓名是文字组成的，若单纯的从几个字的字义上去看，姓名似乎与人生命运没有任何关系。所以有人认为，名字只是一种代号，只要叫起来能好听一点就可以了。若从这个角度去看，起名就没有任何学问了，试想张某起名叫张富贵，很可能他有生以来，还未见到什么叫富贵，李某起名叫李发财，很可能他一辈子都没有发过一次财，甚至还是个“穷光蛋”。看来，单从字义上去理解姓名是不可取的。从中国传统文化角度来看，名字的好坏根本不在于字义，主要还在于数理，更需要符合命理或卦理，由此才能决定出名字的优劣。

命理、数理、卦理，乃中华民族独有的一门传统文化，是一门理论性极强的学问，其理论是根据姓名文字的笔划按八十一数决定成败，更重要的是配合命理，才能确定吉凶。每一个字都是由一定的笔划数而组成的。

姓名是每一个人都有的特定代号，它代表了一定的历史、地域、思想、民族、文化与习俗背景，姓名又是特定文化的心理反映。我国传统姓名文化认为，名字中含藏一定的玄而又玄的成分，这说明了人们对名字的重视，可见名字对人生命运的影响之大。

第三节　起名是一门深奥的学问

一个人的姓名就像这个人的影子一样，伴随一个人终生，形影不离。一个好名字不仅要符合数理,更重要的是不仅符合命理,关键的是还要使人听起来顺耳,这样的名字才能会使持名人在工作、事业,包括身体、婚姻家庭等方面处处受益。一个使人听之逆耳,叫起来拗嘴的名字,很可能会给持名人带来诸多不顺。

古人认为,一个人要想在社会上有一番成就,必须具备五大条件,所谓五大条件是:一命、二运、三风水、四名号、五读书,这五种条件缺一不可。名字在五大条件中,占有重要地位。"赐子千金,不如教子一艺;教子一艺不如赐子好名"。从这句话的意义来衡量,先贤们对名字是多么重视啊!过去农村有这样的传统习俗,怀孕时就要给未生儿把名字起好,待孩子呱呱落地时,母亲就先叫三声新生儿的名字,叫做给孩子"定魂",由此可知,天下的父母对孩子的名字多么重视。

一个人的姓名虽然只是由两三个字组成的,但其中的学问却回味无穷,人生很多的玄机奥妙就储藏在这两三字之中,然而在这两三字中求得最佳组合又谈何容易,因为这里面的学问太大了,不是三言两句就能说清楚的。要想起个好名字必须做到以下几点:

一、要注重字形、字义和音韵

这一点非常重要。因一个好名字最起码的条件是叫起来顺口,听起来顺耳,更重要的要符合数理、命理,这样的名字才能算上好名字。

二、起名要有特色,数理要有依据,尽可能避开同姓同名

名字是人与人之间彼此区别的符号。起名时要尽量避免与他人同名,若同名太多就失去名字的意义,但天下之大芸芸众生,要想没有同名同姓又怎么可能呢,所以在起名时要冥思苦想,别出心裁,争取用人家想不出来的字和词,才能显得出名字的艺术。

三、起名时不能只顾好听

名字好听顺耳这只是一个方面，其中最主要的是要顾及其出生时间，笔划数理的阴阳五行按相生相克的原则而定。因此，起一个好名字是相当复杂的事，并不是轻而易举就能将名字起好的。

望子成龙的心情人人有之，初为父母的年轻男女，谁都想给孩子起一个大富大贵、出人头地的好名字，有些人费尽心机地翻开数百万字的辞海、辞源和各种字典，绞尽脑汁想为宝贝找个好名字，翻来翻去却总是找不出好名字。其实，起个好的名字也不是一件难事，难就难在命理用神旺衰喜忌上，其次才是三才数理五格配置，只要你能将命理、数理搞明白了，起个好名字就不会难。

第四节 姓名对人生的影响

对人生影响最大的力量莫过于命运。人生命运是以先天的八字和后天的姓名所决定的。再具体的说，人生八字和姓名是造就命理荣枯的主要因素。正如车子的两个轮胎一样，两个轮胎都要一样坚固才能载物，不能一好一坏，这个轮胎再好，没有另一个轮胎配合，再好的轮胎也不起作用。一个人的八字不好，再加姓名也不好，无论做任何事情，都会失败。八字是先天的，是无法改变的，名字是后天的，如果八字不好，可以用名字补救。

一个人的八字很好，但姓名五行配制不当，可能在运程上就打了折扣，不是在工作事业或者婚姻上出麻烦，就是身体不好；不是小人陷害就是是非临门。如果先天八字很好，名字数理也不错，那就会锦上添花，好上加好，厄运都会容易度过。所以，姓名对人生命运有很大影响，好的名字能给你带来一个美满幸福家庭,给你一个健康身体,也能帮助人生建立一个良好的人际关系,……

姓名乃是一个人的包装,好的名字一提起会令人产生好感,不好的名字一叫起来,就会令人产生不痛快的感觉。无论是人名或公司名、企业名、商品品牌都是一样的道理。

人生成败不一,在事业上有成败,学业上有成败,在婚姻感情、子女关系、人际关系等各方面都会有成有败,这些成败因素不仅在生辰八字中有所体现,而且在姓名中,也隐藏着一定的玄机。

姓名对人的性格影响最大,有的人性格非常柔和,遇事恭谦忍让;有的人脾气十分暴燥,遇事像炸弹一样一触即发。有些人忍耐性极强,遇事前思后虑,寡断不决。有的人事业心很重,凡事不怕劳累果断顽强。还有些人浪荡风流,不顾死活。有人性情开朗,有人生性软弱,有人遇事天塌下来而其色不变,有人一听到风吹草动,就会忐忑不安。这些性格上的强弱,在姓名和先天八字中都可体现出来。

人的姓名对职业方面影响较强,俗话说"男怕选错行,女怕嫁错郎",一个人一生能做什么职业,成败如何,在姓名上都有着一定的规律,只要精心分析,都可推测出来。

姓名对于婚姻成败体现得特别明显,无论是男人选妻或女子择夫,都要慎重考虑,如果糊里糊涂地找一个不良之辈,那肯定是终生遗憾,后悔莫及。然而人无神仙眼,岂知未来事。要了解一个人的心性可在姓名的人格中推测,再进一步配合先天八字从中进行综合分析,即可知对方在性格上与己是否相投,婚后的感情是幸福还是痛苦。

姓名虽然可以推算出一个人运程的吉凶成败,但始终都离不开命理八字,如果没有命理八字配合去判断,是不可盲目下结论的。姓名推算运程,不像命理学那样可以直接了当地推算某人在某年某月有灾，某年某月会发财，但可以推出这个人在哪一阶段会发财，哪一阶段会发生意外。

姓名学对人生运程吉凶影响很大，古今以来，有的人一生努力奋斗，最终一事无成。有的人正在事业辉煌、春风得意之时，而突罹凶变，不是失败就是死亡。再细看这些人的姓名八字中，都隐藏着一定凶机。

有人会提问，姓名既能影响人生命运，社会上同名同姓的人很多，却在处境上各有不同，这到底是为什么？是不是姓名学在理论上自相矛盾呢？非也，这不是姓名学的矛盾，而是姓名数理与人生八字各有不同，所以理论也各不一样。要知道姓名学和人生八字是分不开的，八字为先天之体，姓名乃后天之运，先天八字有缺陷，可以用姓名来弥补先天不足，两者互相配合，缺一不可。

八字与姓名相比，八字代表人的身体，姓名可比喻人的精神，精神好则身体健旺，精神弱则身体不佳。证明人生的吉凶祸福、荣枯得失与姓名和八字有绝对关系。

名字的好坏会通过自己的潜意识影响自己的心态，从而会改变自己的心性，影响自己的一生。但绝不能认为今日改名明日就可升官发财，马上就成为暴发户。任何事情都要靠自己去努力，名字再好，也不能等着天上掉馅饼。

第五节　起名的注意事项

一、起名要注意雅观

名字对人的潜意识造成影响，直接作用于人生命运，可以说名字与命运存在着互相关连的重要关系。

当孩子出生后，父母就首先给孩子取个名字，从此以后，名字就无时无刻地陪伴着他的人生形影不离，直至生老病死永远相伴，其人在其名也在，其人不在其名还在。古时候，一个人都有好几个名字，出生时父母替孩子起个乳名，入学后老师给学生起个本名，以便在校内老师和同学们称呼，在成人以后步入社会都用这个本名，一直伴随终生。有些人除了名字之外还要用上另一个字号，例如，革命领袖孙中山先生，原来的名字叫“孙文”，字“逸仙”，自号“中山”等。自古以来很多名人都有这样的字号，现代人也不例外。

由于工作与交际需要，很多人会不用自己原名，而另起一个代号。从事写作工作的作家、记者，他们在报纸、杂志上发表文章或出版书籍时，大多不以真名示人，而另起个笔名代之。如“鲁迅”原名叫作周树人，鲁迅乃是笔名；郭沫若的原名叫郭开贞，郭沫若乃是笔名。现代从事娱乐事业的人，如电视艺员、电影明星，多取用一些比较优雅，艳丽的艺名。

现实中无论取用哪一类的名字，都要以文雅动听、数理吉利为原则。特别是五行数理要与自身八字相配合，首先要注重八字的喜忌，找出用神，按命理用神的需要，缺金补金，缺木补木，缺水补水，缺火补火，缺土补土，如果某些五行过多过旺。还要用名字泄其过旺，关于具体方法请参阅拙著《八字应用经验学》内有详说。还要特别注重的是，不宜用过于粗俗、音韵不正、听之不雅的文字，否则应该慎重选择，果断地改个好名字，以免难登大雅之堂。

二、不可用乳名代替本名

名字好坏，伴人一生，选字应该反复推敲，本名与乳名不同，乳名叫的时间较短，只是为了图个吉利，好听与不好听都行。本名则大不相同，因为伴随人的终生，绝不可选用太俗的字音，使人听之不雅，所以为孩子起名千万要慎重，不能草率。

有些父母望子成龙，为了给孩子起个好听的名，今天考虑这样，明天考虑那样，迟迟定不下来，结果还是以乳名代替本名，南方人称做“连根倒”，这样的例子并不少见。

三、不要起太洋化的名字

有些父母，不知为孩子怎样包装才好，他们生在中国，却给孩子起了一些外国名字，如约翰、卡尔、迈克尔、詹姆斯等。他们希望儿女长大能出国留洋，名响海外。这些名字在国外是意味着受神的保佑，使孩子平安长大，但他们却从未想过孩子生长在中国，所受的是中国的文化教育，长大步入社会以后，在人际交往方面，这个名字会使人听了别扭，自然地会产生麻烦。我们并不是反对中国人用外国名字，但孩子从小就用外国人名字会被认为脱离了中华文化。其实，中国文字浩如烟海，《康熙字典》就有 6 万多字，一般常用字就有 3000 至 5000 多个，为什么要抛开本国优秀文字不用，去选用外国人的名字呢？名字是一个人的品牌，是品牌就要有自己的优势特色，作自己的品牌，怎能将自己的特色优势失去不用，去用洋人的名字呢？这一点要慎重考虑。

四、不要用太冷僻的文字

有些人起名字，专门在字典中找出一些冷僻字，这不是一件好事。当一个人对某人写出来的名字不认识的时候，如果问人又怕人家笑自己没有学问，这样不但让人为难，可能在关健时刻还会耽误大事。我国的文字数量有好几万个，定为常用字的就有 6788 个，普通人能认识的字最多也不超过四五千字，所以在取名时尽量以常用字为佳。

记得小时邻村有这样的事，有一个叫周艮栫(gen jian)的学生，为人忠厚老实，学习非常认真，每到考试都得满分，期满去外地高考，主考老师不认识“艮栫”二字，认为艮字是良字少写了一点，木字旁加存字认为还是存字，所以将“周艮栫”的名字读叫做“周良存”，按学校的规矩，考完试学校认为成绩合格可以录取的，必须在出榜之前核对一下，主考老师不认识，唯恐将名字读错，会失掉自己面子，而且会耽误学生录取，所以在宣榜时试着连叫几声周良存，见无人答应，就将卷子放起来，忠实厚道的周艮栫，没有听到主考老师叫自己的名字，以为没有考上，也没有向主考老师问一问落实一下，就是垂头丧气地回家了。后来听学校说，周艮栫以第三名的成绩被录取，原来主考老师宣读的周良存就是他，就这样将学业耽误了。

在起名时，对于一些生字、冷字最好不用。有一位心理专家曾专门做过统计，凡是用比较生僻字起名的人，一般交际能力都差，而且80%的人性格都比较孤僻，人们也不愿意和他们交往。所以在起名字的时候一定要注意，千万不要用太冷僻而又无意义的文字。冷僻字不但多数人不认识，也容易使人认为是错别字，使人一看到或一听到就会产生不痛快的感觉。起个好名字，不但要与数理相合而且要好听，使人听起来不但有亲切的感觉，而且容易记忆，虽然用字简单，但是觉得有韵味。

有亲切感的名字，不但使人容易记忆，而且使人一听到您的名字，就会产生想见到你这个人的感觉。名字用字过于冷僻，会使人感情变为冷漠，心理上孤独，性格上不合群，很容易受到他人的排斥。

五、不要用笔划太多的字

外国人评论我们中国字说："中国字笔划多，学起来真啰嗦。"确是实实在在的话。中国常用字有六千多个，其中二十划以上的字就不止两千多个，写起来很不方便。如一个小学生开始上学的时候，就写上几十划的名字，那有多么费劲啊！并且替他写名字的老师也会感到头疼。就是对成年人来说，名字笔划太多同样也不是件好事，所以在选择名字的时候，还是以笔划简单一点为好。

六、起名要注重音韵

每个字都是由声母和韵母组成，起名时务必要注重声母和韵母两者不能相同，声母是每一个字开始读的时候口形所发出的声，例如这个人姓“孙”，孙字是“思”和“温”两个声韵所排成，“思”是韵母，“温”是声母。例如一个人起名叫孙恩成，这名字的字义很好，但读起来却很不顺口。又如一个人叫张昌堂，也是犯了同样的毛病，如果把两个名字互相调换一下，将孙恩成改叫孙昌成，将张昌堂改叫做张恩堂，这样就好听得多了。所以并排靠近的两个字的声母最好不要相同。至于韵母也是同等重要，千万要避免三个字的字音相同。例如赵兆超和孙增成两个名字，就犯了同样的毛病，如果将其互相交换一下，改成赵增超和孙兆成，就响亮得多了。

古时起名很讲究谐音意义，目的是图个大吉大利，尽量避讳一些不好听的谐音，有些人的名字，看起来很文雅，由于字音和另外一个词类似，很容易引起人的嘲笑。尤其在学生时代，因为一个名字谐音不雅，断送前程的还不是少数，真是非常可惜。

《清裨类钞》中有一段记载，说江苏有一举人叫王国钧，清朝同治戊辰年进士，赴京殿试，成绩优异，列入前十名，主试将试卷进呈御览，主考将考卷呈上，太后一看其名叫“王国钧”，这个名字谐音和“亡国君”相同，十分恼火，气狠狠地将卷子扔在一旁，不予理睬，最后给了一个小差事，在三阳县做教育工作，二十多年后因文才出众，被安排在云南某县任县令，还未上任就死了。

民间有许多记载谐音名字的笑话，有一个名叫毕培光的年青人，家里很穷，但为人正派，待人彬彬有礼，想到城里找点事干，一直找了三年，都没有找到。因他的名字毕培光，谐音像“必赔光”，每到找工作的时候，一提到他的名字，人们就连连摇头，引起各种联想和猜疑，为此影响了他的前程，最后连生活都维持不了，只好将名字改掉。有一叫吕诗坦的学生，同学们都叫他

“驴屎蛋”。有一个名叫沈金秉的小伙子，长像很好，学业也不错，就是一直找不到对象，因沈金秉名字谐音不雅。同学们对他开玩笑，总会叫他“神精病”，姑娘听到他的姓名，都疑为他真有神精病，还有一些名字容易被人误解，如陶华云(桃花运)、胡礼金(狐狸精)、贾正京(假正经)。这些谐音往往会变成绰号，父母为孩子起名时，千万要慎重，否则会在孩子的心里上造成很重的负担。

七、起名忌字义陈旧或太俗

时代在前进，人们知识水平不断提高，万事都在变化、发展、推陈出新，起名更不例外。过去起名都离不开福禄寿禧、财源广进、光宗耀祖、礼义廉耻、仁义道德、忠厚圣贤、金银珠宝、龙虎凤麟、英兰花香等这些古老陈旧的文字，这些老俗套的字语缺乏新鲜感觉，已逐渐被淘汰，应该走现代化的新路子。

名字是人们彼此之间的交往工具，在交往过程中，会给人留下难以忘怀的第一印象。所以，起名要尽量避开那些土里土气的文字及字义，如男人起名叫“富贵”、“生财”、“得福”，女的起名“兰翠”、“桂花”、“兰英”等。人们根据这个名字容易判断男人肯定是一个视财如命、见利忘义的人，女人是停留在小农经济的生活环境，思想观念落后于时代，定是没有学问，没有追求的家庭型妇女。

同名太多也是一种平庸和俗气，同名多了，不仅对本人不利，在社会上也容易产生出一些难以想象的社会问题，一些姓同族大的村庄，往往同姓同名就有好几个，因此给邮政通信、电话、电报、银行储蓄、户籍档案等造成麻烦。

按陈规旧俗老一套去起名，不仅没有审美观点，还会让人有思想落后的感觉，这就是“俗”的表现。在改革开放的现在还是围绕在陈旧的意识上打转转，如什么张得财、刘发富、李来福、王淑贞、李兰香等老一套。

名字可以比作是一种物品的包装，假如一件很普通的东西，经过精美的包装，贴上精致的装璜，就会收到意想不到的效果。一个名字要伴随我们一生，正如人们穿衣服一样，若衣不洁冠不正，会被人耻笑。如起上一个粗俗不雅的名字，就好比一个漂亮的小伙子穿着一件肮脏的衣服，人们是如何的看法，可想而知。若是一个高雅的名字，那么在不了解他的人眼里一开始就会认为他高雅，最起码也要高看几分。一个高雅的名字，美如诗画，像夏天的凉风，心灵的春雨，酒中甘露一样令人回味，使人难忘，犹如清晨曙光照射初放的花朵，那种温馨的气息，使人心旷神怡，不知不觉地陶醉着名字主人的心灵，使他改善行为，走上好运。

起上一个好名字就像一朵理想的彩云，一道真理的闪电，使人有清风扑面的感觉。而粗俗平庸的名字则会给人一种不愉快、不舒服的心理排斥感。所以，在起名时要特别注意，千万不能马虎。

八、忌用拗口字

一个响亮的名字是父母送给孩子的一份厚礼，它凝聚着父母对孩子的深切期盼，从名字中能反映出不同家庭的思想观点，文化素质，情趣追求……

好名字的共同特点是要读起来不拗口。在选字时将字的含义与音韵结合起来，读起来不仅要顺口而且要好听。要符合中国字的发音规律。如果一个人的名字读起来像绕口令似的不顺口，那就可能会违反语言规律。一般来说，两个字的名前面的字用上声或去声，后面的字最好用平声，如仲芹，仲是去声，芹是平声。也可前面的字用阴平，后面的用阳平。如张澜，张是阴平，澜是阳平，这些都符合语音的要求，如果第一个字是阴平，第二个字用上声，读起来就拗口了。

姓名是三个字的音韵要求更要讲究一些，如果四声（平上去入)安排得不好,读起来就不顺口,若三个字都用上声,读起来就别扭,若三个字都是去声,字音相近,读起来不响亮,也会觉得拗口。

起名时要尽量避免同声组合。在汉字音调中,字有四音,即阴平、阳平、上声、去声。古人称此为平、上、去、入。若起名时用同声调组合,名字没有起伏变化,叫起来也不响亮。起名字对音韵的应用很重要,但总的原则要叫起来顺口、好听响亮,叫起来要有节奏感。

姓名是一种人与人之间的交流工具,也是一种获得人所共识的良好通行证,所以在起名时要选用一看便能认识的字,使众人一听到你的名字,或者一看你的名字就很自然的知道你的名字是哪几个字,这样就容易与人沟通或交流。

总之,起名千万不要用生冷字,生冷字犹如远离世界、隐居深山老林、与世隔绝的怪人,世人很难与他接触,只因难以认识它,很容易引起不必要的麻烦。

起怪僻字的名字,如果性格上也是怪僻,这种人就很难被人理解和接受。从心理学角度来讲,当一个人对你的名字不认识,或读不出来的时候,每每会产生一种不愉快的感觉,甚至躲避不愿意与你交往。改革开放初期,曾有心理学专家作过专门统计:凡是名字用字比较冷僻、一般难以辨认的人,其在社会上交往能力往往较差,百分之九十以上的人性情都比较孤僻古怪。总的来说名字还是不用生冷怪僻的字为好,若已经用上生冷怪僻的字,建议还是改名为好。

九、忌用太俗气的字

一个好名字,不仅用字不要太俗,还应该读起来响亮,写起来好看,想起来易记,构思起来新奇,叫起来独特。一个好名字不仅字义要美,还要与命理兼顾,只要能抓住命理与字义,叫起来就会有新颖、典雅脱俗的感觉。

名字用字也不可太简单，太直白，词义也不可太俗气。否则，给人看了会感到文义低浅，缺少内涵，给人的印象没有分量，缺少韵味。用字必须要有含义，有深度和广度，这样才能算新的思路。

十、起名要有一定内涵

名字要有内涵，父母给孩子起名，希望孩子能发财，就将孩子起名张成财、李成富。想孩子长大后能升官发财，就给起叫张富贵、李连升之类似的名字，不仅太俗，而且重名也多。比如说你希望您的孩子成为有志气，有毅力的人，不妨起名叫“毅刚”或“毅坚”。如果你想孩子长大后当一个作家或政治家，可起名“奋韬”或“韬奋”，意味着“韬略精明统五岳，发奋攻读古人书”。意味着奋发图强。

给女孩起名，最好以美为追求目标，内涵且包括仪度、风度、气质美，甚至内涵更丰富、更完整、更有新意，让人听起来，更有联想。

起名不可太过于直白、浮浅、粗俗，表达浅陋如同白话，没有内涵和意义。给人一听就有无聊乏味，没有分量的感觉。起名时要尽量将姓与名之间的意思有所关联，这种关联的内涵有两种：一是内涵深而不浅，语义多维。二是其结构富于变化，使姓与名字之间搭配巧妙，不仅结构搭配新奇，而且意义深刻，让人一听起来，如同乍听新闻一样有新颖鲜美的感觉。

十一、起名尽量避开直白太俗

起名必须注意不要太过直白，要克服这种毛病，必须要从两方面着手。

1. 起名时尽量使名字的语义，音韵多元化、多项性、多维性。

2. 尽量使名字的词语与姓氏结构复杂一些，将名字与姓合理组词，将三个字各含各的意思，然后三个字又各自成词，每个字所代表的意思各不相同，构成多层关系，这样的名字，不仅避开直白，而且让人听起来有语意深长的感觉。若能做到这两方面的要求，直白问题即可解决了。

十二、起名配字要得当

起名要注意字音、字义的搭配，此乃名字好坏之关键，字音字义搭配得好，叫起来会使人有一种审美感，配合得不当也就没意义了。有一个叫"南树立"的中年人，其人是吉林某工厂的一名普通工人，慕名来哈尔滨求我改名。此人一生运途蹇滞，有志难遂，穷困潦倒。自认为自己姓名谐音不好，是"难以树立"之意，但他早想改名，就是找不出得当的字义和好词。我测他的姓名，不仅名字的谐音不好，按照数理，人格 30 划属于"有失无得"大凶之数，再从三才配置的数理是水土木逐位从下克上，属于成功运不通，基础运不稳，一生挫折多病，反抗受屈的格局。莫怪乎一生乃平平庸庸。我将他改名为"蓝天阳"，意为蓝色的天空，阳光升起普照大地，乃万物更新之意，这样不仅意义更新，而且读起来使人有诗情画意的感觉，再从数理上来看，其数理 24 划，属于掘藏得金、家门余庆的金钱丰盈数，总格 41 划，乃"德高望重，事事如意数"。三才配置乃天、人、地三才天地二木生人格之火，得上下之惠助，乃成功发展，境遇安泰，子孙繁荣，身心健康。再说"蓝天阳"这个名字，合辙押韵响亮动听。虽将姓氏的南改蓝，因八字火大旺，取 20 划的蓝属水，取水制火之意。

起名不仅要响亮动听，合辙押韵，听起来有诗情画意的韵味，主要关键还要合乎数理，（数理篇本书自有评述）三才配置得当，否则称不上好名字。

又如"白如玉"这个名字，也是将姓与名字的字义组合在一起搭配成一个很好的词义，作为一个"白"字本身并没有什么意义，但是将"如玉"二字的名字联系在一起，就构成了"洁白如玉"这一完美而又高雅的字音字义，听起来就有一种清凉而神爽的感觉，像一种玲珑剔透的工艺品，会使人肃然起敬。所以起名字不仅要考虑姓与名的组词艺术，而且字与谐音也要慎重考虑。

请大家再来看一下“胡作伟”这个名字，乍看“作伟”这两个字的字义并不坏，意思是能作出一番伟大事业，在事业上大有作为，但若将“作伟”这两个字与姓胡的“胡”字连在一起就不同了，其谐音易被人误解成胡作非为的一个贬意词了，让人听起来会联想到此人是胡作非为什么坏事都做的人。有一个叫“夏甫莱”的同学，平时学习认真，忠厚老实，从姓名数理来看，无论天、人、地、总、外格等都是大吉之数，三才配置也比较不错。但他的名字谐音有点问题，同学们都叫他“瞎胡来”，就连老师都跟着叫，这个同学听后非常恼火，回家哭着叫家长替他改名字。

起名尽量避免不雅的谐音，这是姓名学起名时最起码的要求。

所谓“谐音”者，就是字音相同而字不同。汉字的含义非常复杂，有些字同音同字不同义，特别同字不同义的字很多。例如：“财”与“才”，“王”与“亡”，“朱”与“猪”，“苟”与“狗”，“毛”与“猫”，“石”与“屎”等等。

从这里就可以看出，有的名字看起来并不坏，甚至很文雅，意义也比较不错，只是听起来不文雅，有些字与人忌讳的字很相似，使人很自然的产生出一种不舒服的感觉，无意中会出现被人瞧不起的感觉。

例如：“王仁”这个名字不是很好吗？但容易被人误解为“亡人”。又如“杨伟宾”这个名字的意义是比较不错的。“伟”是伟大、伟人，“宾”是宾客、贵宾，但听起来成了“阳痿病”。很容易闹出笑话。另如“朱伯如”，容易被人听成“猪不如”等等。

起名时千万要避开不雅的谐音，否则，一不留神就会成了别人的笑料，容易给持名人带来侮辱，轻则带来互相不愉快，造成摩擦斗殴，重则会危及持名者心理健康，其情绪压仰，平白无故地背上思想包袱，形成了压力，所以很容易作出冲动的傻事。

名字不好，赶紧设法改名，但改名之后不一定非得将学籍和户口改掉,只要自己确认这个名字先从家人开始叫起来,逐渐叫的人多了,就会产生好的效果。也可打上名片再刻一枚名章,因名章为印,可起助身作用,对命运更有诱导力。

第六节　新生儿起名已成时尚礼品

时代像闪电似的突飞猛进,人们知识水平像魔幻一样不断更新,替孩子起个大吉大利的好名字,已是初作父母的时尚追求,也是父母赠给孩子的一份初见面的重要礼物。一个好名字可以像一幅美丽的画、一支动听的歌、一篇座右铭、一声美好的祝福、一场令人心灵澎湃的诗篇。

好的名字凝结着伟人之志,蕴藏着哲人之思想。一个好名字内容构思巧妙,从中闪耀出智慧的火花。其无论是音、形、义,都有着深刻的含义,叫起来具有千古不朽的魅力,丝毫不亚于美丽怡人而珍贵的艺术品。名字不仅是个人独有的代号和标志,它除了表明个人家族、血缘、长幼关系的传承,还具其它丰富的内容。好的名字应具有音美、字美、义美、文辞美、趣味美等多种美。此是持名人可永久收藏的最高贵的艺术品。

好名字中不仅蕴藏着多种美,还有其他多种实用功能,其中有文学功能和艺术功能。若以八字命理、卦理及九九八十一数、五格与三才配置综合起来起名,能给持名人带来一生好运,使其婚姻顺利、家庭幸福、生活美满、工作顺利、学业有成、财源茂盛、体健身康等等。

外国人将名字比做人生的灵魂,成功的标志、进步的阶梯。如今,人们认为,名字比任何金钱物质都重要,早已将名字视为赠送亲朋好友的礼尚佳品。很多家庭孩子一出生,亲朋好友就会花大价找最有名望的起名老师起名。起名老师依照婴儿出生时间,从中精细推敲,运用多种方法进行取名。将名字起好后,再依名字的意义吟诗作对,用工整的毛笔字写在美观漂亮的起名本上,盖上自已印章,然后再用精致的包装、写上吉利动听的祝福语词。孩子的家长也愿意接受别人赠送的名字,因别人赠送的名字显示出对孩子的祝福,更重要的是,认为别人赠送的名字,是接受天赐吉祥的表现,也说明别人对自已的尊重。孩子家长得到这份礼物后会像得到宝贝似的收藏。有身份的人家孩子出生后都能收到好多份这样珍贵的厚礼,主人会将这些名字拿过来互相对比。首先看起名的老师,谁最有权威,谁起的名字最漂亮,最好听,最后就确定用谁起的名字。这种风气早已成为一种时尚。看来,以名字作为送人的礼品已成为时尚风气,越来越被人们认同。

第二章　命理篇

第一节　姓名与人生命理

要想将名字起好,必须先要学会推八字。因名字的好坏能直接影响人生运程。人的出生八字可以说是,导致人生命运成败不同的主要因素。所以,起名时一点都不能马虎。一个人的人生处境,成败如何,其信息都贮藏在生辰八字之中。从实践中发现,人的命运与名字是一个组合体是相辅相成的,无论八字还是姓名,其中若有一个不好,也会影响人生命运,所以姓名与命运有直接关系。

有人将八字代表人的身体,姓名是人之精神,精力旺盛身体健康,精神衰弱则身体多病。由此可证明,人生命运之荣枯得失,与姓名有直接关系。所以说,虽然同名同姓的人,但因生辰八字不同,人生的处境亦各不相同。相反,八字相同而姓名不同,人生的处境也各不相同。由此可见,姓名与人生辰八字有一定的内在关系。所以,名字必须要与命理相合,否则就不是个好名字。从现代生理医学研究中发现,人的出生时间对人的性格、健康等确有一定的影响,比如说冬天出生的人与夏天出生的人在体质,性格等许多方面都不同。人的生命和植物一样,同样受时间和空间控制,比如说,清明前是种植玉米的最佳期,清明前一天种下的玉米和清明后一天种下的玉米不一样,清明前一天种的玉米到成熟时,外面的包皮还青呼呼的,而里面玉米已经成熟。若是清明第二天种下的玉米，到成熟时外面包皮已经老黄了，而里面的玉米还嫩得出浆，这些经验问老农即知。总的说来，每一个人的先天条件是固定的，有先天必有后天，先天是固定的、任何人为方法都改变不了。而姓名和居住环境属于后天，后天不是固定的，后天是可以改变的，若先天条件不足，可用后天条件来补，后天条件是可辅助先天条件的不足，两者都不可缺。

先天八字有缺陷，可以用后天的姓名来补救，由此可见，姓名对人生命运多么重要。姓名若能与八字互相配合，能使先天八字阴阳平衡，这样的名字定能让人一生平安顺利。若姓名与八字不合，使阴阳失去平衡，这样的姓名注定持名人一生灾难重重。

那么，什么样的姓名才能使八字阴阳平衡呢？很多人都认为这是一件难事，其实也并不是什么难事，关键是起名师必须学会推八字。将八字排出之后，找出其中需要的喜用神，只要能将喜用神找准，再按照用神的喜忌进行生扶抑制，所以找准喜用神是起名的主要关键。那么怎样才能找准用神呢？要想找准喜用神，就必须在整个八字中分析日干的旺衰强弱，本着“不及者益之则利，太过者损之斯成”的原则进行扶抑，这个起到扶抑日干作用的五行就称为用神，在姓名中能够符合生助八字用神的姓名就为好的姓名。反之，不适应八字用神的名字，就不是好的名字。本书写得简单易懂，一看即明。

从研究和实践中发现，八字和姓名是相辅相成的，八字为先天为人的躯体，而姓名为后天代表一个人的精神，又为一个人的人生运程。从实践中发现，某人一生运程畅通无阻，事业上辉煌腾达，那么他的姓名人格数理五行，肯定是他八字中的喜用神。反之，若八字中喜用神与名字不符，则大多运途蹇滞，事不遂心。有关喜用神查法本书有专篇论述。

所谓生辰八字，是根据一个人出生的年、月、日、时来预测人生的一种方法。其法是易学数术的一个学派，是将其出生的时间年、月、日、时这四项，换算成年干支，月干支，日干支，时干支。人们习惯的将此四个干支称之为“四柱”，每一柱干支都对应着阴阳五行关系。针对这八个字，对日主评判出旺衰喜忌，用生克扶抑的方法使日主达到中和。再用名字来弥补八字中的不足，使八字阴阳得到平衡。

起名的派别很多，无论用哪一种起名方法。都离不开在生辰八字中寻找用神。有人说，生辰八字是条船，姓名代表舵手，舵手能使船在最佳航线上行驶，也能使船偏离航线而触礁沉没。这些比喻，一点都不为过。

一个人的生辰八字好，再加上名字也好，其人运通无阻、事半功倍，一生生活幸福美满。若其八字不好用名字来弥补，也能使八字增加力量。

从实践中发现，这个人生辰八字好，可是名字不好，那么他的命运虽好但运气不会太顺利，在运途上会常常遭受挫折，好事多磨，生活有些受阻。

若生辰八字不好但名字起的好，遇事也会逢凶化吉，闯过难关，事业虽无大的成就，但生活平安稳定。

生辰八字不好名字也不好，则这人一生的命运就会蹇滞不通，一生平平常常，生活多是困顿波折。

第二节　学会评判八字

一个合格的命名师，不仅在文字上要有所研究，特别在命理、卦理、数理上也要面面俱到，缺一而不可。若不懂命理就不知其命中的旺衰盈缺；不知数理对八十一数吉凶就无法理解；不会卦理就不能从名字中预知好坏。所以一个合格的命名师，必须要做到以上几点，第一步先对八字进行研究，然后再逐步往下进行。

一、阴阳五行的基础知识

1．阴阳——大自然中凡是呈现相对的事物都可称之为阴阳。如天与地，天为阳、地为阴。男与女，男为阳、女则为阴。明与暗，明为阳、暗则为阴。如前与后、大与小、高与低、静与动、刚与柔……都是前为阳后则为阴。

2．五行——我们祖先从观察事物发展中发现，事物除了有阴阳交互之外，同时发现事物彼此之间有相生相克的制约关系，将所有事物归纳为金、木、水、火、土五大类，称之为阴阳五行。此五行中互相含有相生相克的制约关系。

(1)五行相生

金生水、水生木、木生火、火生土、土生金，依序循环相生不息，称之为五行顺生，五行相生分同性相生和异性相生。

同性相生，谓之无情相生，其力不尽生。

异性相生，谓之有情相生，其力必尽生。

(2)五行相克

木克土、土克水、水克火、火克金、金克木，依序循环相克不息，称之为隔位相克。五行相克分为同性相克和异性相克。

同性相克，称之为无情之克，其力必尽克。

异性相克，称之为有情之克，其力不尽克。

二、天干、地支及其关系

1．十天干

天干乃甲、乙、丙、丁、戊、己、庚、辛、壬、癸十个字，其中又分为阳干与阴干。

阳干：即甲丙戊庚壬。

阴干：即乙丁己辛癸。

(1)天干五行属性

甲乙—木，丙丁—火，戊己—土，庚辛—金，壬癸—水。

(2)天干五合

甲与己合,乙与庚合,丙与辛合,丁与壬合,戊与癸合。

2. 十二地支

子、丑、寅、卯、辰、巳、午、未、申、酉、戌、亥。

阳支:子寅辰午申戌

阴支:卯丑亥酉未巳

3. 地支六合、三合、三会

(1)地支六合:子丑合,寅亥合,卯戌合,辰酉合,巳申合,午未合。

(2)地支三合;寅午戌三合火局。亥卯未三合木局。申子辰三合水局。巳酉丑三合金局。

三合局若是其中两个字有合者称为半三合,半三合分为前半合与后半合。

例如寅与午其中缺少戌字;巳与酉其中缺少丑字;申与子其中缺少辰字;亥与卯其中缺少未字,称之为前半合。

午与戌其中缺少寅字;酉与丑其中缺少巳字;子与辰其中缺少申字;卯与未其中缺少亥字,称之为后半合。

(3)地支三会

寅卯辰三会木局。巳午未三会火局。申酉戌三会金局。亥子丑三会水局。

关于三合、六合、三会者,合者为合作、合伙之意,会者为会合之意,无论三合三会的力量都比较大。

4.地支六冲,相穿

(1)地支六冲

子午冲、寅申冲、卯酉冲、辰戌冲、丑未冲、巳亥冲。

十二地支分六个组相冲,冲者为相对、相敌、战斗、冲散之意。

(2)地支相穿

子未穿、丑午穿、寅巳穿、卯辰穿、申亥穿、酉戌穿。

地支相穿亦称相害，比喻另一个进入，拆散、破坏和捣乱，一个好好的家庭被第三者插足。以子未为例，本来子与丑合，合者乃和合、情投意合，偏偏出来一个未冲去了丑字，午未合，出来一个子字冲去午字，互相拆散的意思。

(3)地支三刑、自刑

①三刑：寅巳申三刑，丑戌未三刑，子卯相刑。

②自刑：辰、午、酉、亥自刑。

自刑者在八字命学中，凡见到两个地支相同的就称之为自刑。自刑者为互相排斥、讨厌的意思。

5. 天干与地支方位

壬子癸—坎卦、方位正北。　丑艮寅—艮卦、方位东北。

甲卯乙—震卦、方位正东。　辰巽巳—巽卦、方位东南。

丙午丁—离卦、方位正南。　未坤申—坤卦、方位西南。

庚酉辛—兑卦、方位正西。　戌乾亥—乾卦、方位西北。

十天干与十二地支生死历程表

历程 天干	长生	沐浴	冠带	临官	帝旺	衰	病	死	墓	绝	胎	养
甲	亥	子	丑	寅	卯	辰	巳	午	未	申	酉	戌
乙	午	巳	辰	卯	寅	丑	子	亥	戌	酉	申	未
丙	寅	卯	辰	巳	午	未	申	酉	戌	亥	子	丑
丁	酉	申	未	午	巳	辰	卯	寅	丑	子	亥	戌
戊	寅	卯	辰	巳	午	未	申	酉	戌	亥	子	丑
己	酉	申	未	午	巳	辰	卯	寅	丑	子	亥	戌
庚	巳	午	未	申	酉	戌	亥	子	丑	寅	卯	辰
辛	子	亥	戌	酉	申	未	午	巳	辰	卯	寅	丑
壬	申	酉	戌	亥	子	丑	寅	卯	辰	巳	午	未
癸	卯	寅	丑	子	亥	戌	酉	申	未	午	巳	辰

6. 天干地支生死过程

宇宙间万事万物都有发展的周期，这是大自然的规律，故先贤有云：无而有者谓之生、有而无者谓之旺、旺而极者谓之衰、衰而无者谓之绝。

长生——如人之初生，万物之开始，又如植物开始萌芽。

沐浴——刚出生就要洗澡去垢，这时必是裸体，故名“桃花”。

冠带——如人成长后穿衣戴帽，比如物有形必要包装。

临官——如人已长成，必须求名求官。

帝旺——有了功名成就、权威在握、旺到极点名为“羊刃”。

衰——如人旺到极强，必然衰弱。

病——衰极即虚，久必得病。

死——久病必死。

墓——死必入墓。

绝——人死入墓什么都没有了谓之“绝”。

胎——绝后再入母体成“胎”。

养——胎于母体，经十月再生谓之“养”。

7. 地支藏干

天干为天、地支为地、人藏地支之中、人能顶天立地、故天干称天元、地支称地元，藏干称人元，人们习惯地称天地人三元。

天干为阳、代表外在，可表现出万物的功能和精神。地支为阴、代表内在，可表现出万物的根宿。而地支藏干是代表没有变化之前的功能。

人元所藏的地支因五行性质不同，所以分藏的情况也不同，故有纯阴、纯阳、阴阳混合的不同，这些完全与五行周行于大自然的盛衰有直接关系。

地支藏干有一首古歌：

子中藏癸水、丑藏己辛癸，寅藏甲丙戊、卯中乙木逢。

辰藏戊癸乙、巳藏丙戊庚，午中藏丁己、未己乙丁生。

申藏庚壬戊、酉辛是为真，戌藏戊丁辛、壬甲亥中人。

关于支中藏干是固定的，其位置不能互换：

(1)四生之地支藏干：

寅	申	巳	亥
甲丙戊	庚戊壬	丙庚戊	壬　甲

(2)四正之地支藏干：

子	午	卯	酉
癸	丁　己	乙	辛

(3)四库之地支藏干：

辰	戌	丑	未
戊癸乙	戊丁辛	己辛癸	己乙丁

关于地支藏干，有些初学者反映不太好记，问是否有一定规律，这里不用多说，世间万事万物都有定规，因本书是起名专著，有些章节不能详细解释，唯恐占用篇幅，浪费时间，务请谅解。为了使读者步入预测学大门，地支藏干非常重要，这里不得不做详细解释：

十二地支分成四生、四正、四库三个组，四生藏干的主气属阳，四正藏干的主气属阴，按阴阳五行十二地支生死顺逆，找出临官之位，便知四生四正的主气是什么，再将主气变为杂气的长生，即为四生四正藏干。辰戌丑未谓之四库，其中辰戌的主气为戊，丑未的主气为己。然后再找出第一个地支的上个月主气和五行墓库即可，现述如下：

四生之地支

寅——为阳木，为甲木临官之地，内藏甲木、为丙戊长生之地、内藏丙火戊土。

申——为阳金，为庚金临官之地，内藏庚金，为壬水长生之地，内藏壬水、戊为夏天的余气，故藏戊土。

巳——为阳火,为丙火临官之地,内藏丙火,为庚金长生之地、戊为上个月的主气,故藏戊土。

亥——为阳水,为壬水临官之地,故藏壬,为甲木长生之地,所以藏甲木。

四正之地支

子——为阴水,为癸水临官之地,故内藏癸水。

午——为阴火,为丁火、己土临官之地,故内藏丁火己土。

卯——为阴木,为乙木临官之地,故内藏乙木。

酉——为阴金,为辛金临官之地,故内藏辛金。

子午卯酉乃四正之地,上月的主体与临官之天干皆属同一种五行,故在此不再介绍。

四库之地支

辰——为阳土,故藏戊,乙木为上个月之主气,故藏乙,又为水库故藏癸。

戌——为阳土,故藏戊,辛金为上个月之主气,故藏辛,又为火库故藏丁。

丑——为阴土,故藏己,癸水为上个月之主气,故藏癸,又为金库故藏辛。

未——为阴土,故藏己,丁火为上个月之主气,故藏丁,又为木库故藏乙。

三、四柱八字的排法

1. 年干支排法

八字是由年干支、月干支、日干支和时干支八个字组成,人们习惯地称之为“四柱”。要学会排八字,首先要知道我国历法农历的节和气,一年十二个月,每月都有一个节和气,统称之为二十四节气。

农历是以交节才算一个月的第一天,而不是以每月初一为第一天的,而气是这个月的节与下个月节的中间称之为气。

立春节那天是正月的第一天，也是一年的第一天，推八字千万不要以大年初一是一年的第一天。要以立春为第一天，这一点特别重要，它是确定八字“年柱第一关键”。

例如：公历 1998 年 2 月 4 日 8 点 53 分，即（农历戊寅年正月初八日辰时）立春。

在这一天 8 点 53 分（辰时）以后出生的人是属虎的，年柱是“戊寅”。

在这一天 8 点 53 分（辰时）以前出生的人是属牛的，年柱是“丁丑”。

让我们用实例来详细说明。

例一：公历 1998 年 2 月 3 号下午 4 点，即农历戊寅年正月初七日申时出生的人。

由于 1998 年 2 月 4 日 8 点 53 分（农历戊寅年正月初八辰时）才交立春，所以正月初七仍然算上一年丁丑年的十二月。请翻开万年历即可查出：

年	月	日	时
丁	**癸**	**辛**	**丙**
丑	**丑**	**巳**	**申**

这个四柱是立春节之前生人的四柱，现让我们再来算一下立春以后生人的四柱。

例二：又如农历 1998 年 2 月 6 日 10 点（农历戊寅年正月初十巳时）出生的人：

由于 1998 年 2 月 4 日 8 点 53 分（农历戊寅年正月初八辰时）才交立春，所以正月初十已经是戊寅年的正月。请翻开万年历查一下便知。

年	月	日	时
戊	甲	甲	己
寅	寅	申	巳

上例四柱是立春之后生人的四柱

我们再来研究一下节和气的用法

立春正月节,雨水正月中气

惊蛰二月节,春分二月中气

清明三月节,谷雨三月中气

立夏四月节,小满四月中气

芒种五月节,夏至五月中气

小暑六月节,大暑六月中气

立秋七月节,处暑七月中气

白露八月节,秋分八月中气

寒露九月节,霜降九月中气

立冬十月节,小雪十月中气

大雪十一月节,冬至十一月中气

小寒十二月节,大寒十二月中气

特别记住,必须交节后才算进入下一个月,也就是说立春是正月,惊蛰是二月,清明是三月……如此顺序往下推算。

现我们再举一例说明:

公元 1998 年 6 月 4 日上午 8 点 15 分(农历五月初十日辰时)出生的人

由于戊寅年四月十一日丑时进入立夏,属于四月节,五月十二日卯时芒种,交芒种才进入五月节,所以农历的五月初十还算四月节。

年	月	日	时
戊	丁	壬	甲
寅	巳	午	辰

以上是年柱的推法，现让我们再来演试一下月柱推排法。

2. 月干支排法

月柱推法比较简单，是以年干去推算，现编一首歌诀以便推算，只要将这首歌记住，马上就会推排月干支。

歌诀是这样的：

甲己正月是丙寅，乙庚正月是戊寅。
丙辛正月庚寅起，丁壬正月是壬寅。
戊癸之年甲寅取，年干推月需记清。
正月必从寅上找，二月为卯顺序行。

歌诀的意思是说，凡是甲年和己年的正月（寅月）天干是"丙"，也就是甲己之年正月是丙寅月，顺序二月是丁卯月、三月是戊辰月……直至十二月。

乙年和庚年的正月（寅月）天干是"戊"，也就是正月戊寅月，顺序二月是己卯月、三月是庚辰月……顺推至十二月。

丙年和辛年的正月（寅月）是庚寅月，二月是辛卯月、三月是壬辰月……顺推至十二月。

丁年和壬年的正月（寅月）是壬寅月，二月是癸卯月，三月是甲辰月……顺推至十二月。

戊年和癸年的正月（寅月）是甲寅月，二月是乙卯月，三月是丙辰月……顺推至十二月。

我们再来看一下新编月法歌其中规律：

如"甲己正月是丙寅"，为什么正月用丙寅呢？天干的"丙"字属火，甲与己合化土，火是生土的，正月建寅是一年中的开始第一个月，所以，甲年和己年的正月（寅月）天干是丙（火）称之为丙寅月。

"乙庚之年是戊寅",因天干乙与庚合化金,土是生金的,所以,乙年和庚年的正月(寅月)天干用戊土,称之为戊寅月……,以此类推。

再举一例:某人1996年农历八月出生,1996年农历为丙子年,歌诀中"丙辛之岁庚寅起",即该年正月(寅月)是庚寅月,二月是辛卯月,三月是壬辰月……八月是丁酉月。

年	月	日	时
丙	**丁**	○	○
子	**酉**	○	○

为方便查阅,列表如下:

年 月	甲己	乙庚	丙辛	丁壬	戊癸
正月	丙寅	戊寅	庚寅	壬寅	甲寅
二月	丁卯	己卯	辛卯	癸卯	乙卯
三月	戊辰	庚辰	壬辰	甲辰	丙辰
四月	己巳	辛巳	癸巳	乙巳	丁巳
五月	庚午	壬午	甲午	丙午	戊午
六月	辛未	癸未	乙未	丁未	己未
七月	壬申	甲申	丙申	戊申	庚申
八月	癸酉	乙酉	丁酉	己酉	辛酉
九月	甲戌	丙戌	戊戌	庚戌	壬戌
十月	乙亥	丁亥	己亥	辛亥	癸亥
十一月	丙子	戊子	庚子	壬子	甲子
十二月	丁丑	己丑	辛丑	癸丑	乙丑

3. 日干支排法

日干支是四柱中的第三柱，推法比较繁琐，因农历月大月小和闰月都不是固定的，很难用公式去推算，唯有翻开万年历去查对，若一时你手中没有万年历那你就没有办法了，因此给初学者带来了许多不便。为此，笔者费尽心血，编著一本《江湖指掌万年历》，将江湖秘而不传的算命绝招“小尽前知”公布，便于以五术为业的学者，即使不用万年历也可快速推出命理八字，你看民间算命盲师，求测者只要报出某年月某日某时出生，他们竟能在一分钟之内准确地将你所报的出生时间换算成年、月、日、时的天干地支，并且能将该年二十四节气交节时辰月大月小月，闰月都说得准确无误。

这种方法江湖上称之为“翻天印”，是传统江湖传授弟子口授秘诀，所以你只要将此书仔细阅读，将其中的秘诀运用在手掌上，就不用再查《万年历》了，只要将十四个字的口诀熟记即可快速推出四柱干支。

4. 时干支推法

时柱是四柱的第四柱，其法是以日干推排，只要知道某日天干是什么，即可算出该天某时辰的天干是什么。

古代记时，是以两个小时为一个时辰，一天一夜二十四小时，分为十二个时辰，23—1 时为子时，1—3 时为丑时，3—5 时为寅时，5—7 时为卯时，7—9 时为辰时，9—11 时为巳时，11—13 时为午时，13—15 时为未时，15—17 时为申时，17—19 时为酉时，19—21 时为戌时，21—23 时为亥时。

时柱干支的推算是非常容易的事，古人在此基础上总结出一套简单办法，每日皆以子时开始，再将下面这首歌诀背上来，即可知道这一天出生时辰的天干地支了。

歌诀曰：

甲己还加甲，乙庚丙子居。

丙辛生戊子，丁壬庚子呼。

戊癸是壬子，子时是为初。

例如出生这一天的天干是甲或己，那么时柱的子时(半夜23点—1点钟)就是甲子时，已知是甲子时，就从甲子时开始，乙丑、丙寅……

比如1998年五月十八日8点15分(辰时)出生的人，查万年历该年五月十八日这天的日干支是“庚寅”，那么根据歌诀“乙庚丙子居”的歌意，也就是庚日从丙子开始，依次是丁丑、戊寅、己卯……。用这样的方法推算，可知这个人出生那天的辰时是“庚辰”时。

为了方便查阅，将出生日天干求时辰的口诀列表如下：

生时地支 / 生日日干 / 生时天干	子时 23—1	丑时 1—3	寅时 3—5	卯时 5—7	辰时 7—9	巳时 9—11	午时 11—13	未时 13—15	申时 15—17	酉时 17—19	戌时 19—21	亥时 21—23
甲、己	甲子	乙丑	丙寅	丁卯	戊辰	己巳	庚午	辛未	壬申	癸酉	甲戌	乙亥
乙、庚	丙子	丁丑	戊寅	己卯	庚辰	辛巳	壬午	癸未	甲申	乙酉	丙戌	丁亥
丙、辛	戊子	己丑	庚寅	辛卯	壬辰	癸巳	甲午	乙未	丙申	丁酉	戊戌	己亥
丁、壬	庚子	辛丑	壬寅	癸卯	甲辰	乙巳	丙午	丁未	戊申	己酉	庚戌	辛亥
戊、癸	壬子	癸丑	甲寅	乙卯	丙辰	丁巳	戊午	己未	庚申	辛酉	壬戌	癸亥

从表格中看出，甲、己日的辰时(7—9点之间)生人，时柱表格的天干是戊辰时，乙庚辰时生人是“庚辰”时，余此效仿。

现在我们用年、月、日、时综合演示一下四柱推排法。

如某人于1966年农历三月十八日上午8点40分出生，看他的四柱是那八个字。

我们从万年历上查得1966年是丙午年，可写此人的年柱是

“丙午”二字。

年	月	日	时
丙	○	○	○
午	○	○	○

接着再查月柱，根据月柱的口诀，“丙辛庚寅起”的歌意，该年的正月是庚寅，二月是辛卯，三月是壬辰，或者从查月柱的表格中查。可知此月为壬辰。

年	月	日	时
丙	**壬**	○	○
午	**辰**	○	○

日干支的推算方法比较繁琐可读拙著《江湖指掌万年历》。或其他实用性的万年历，查一下就可以知道某天的天干地支了，从万年历上查得 1966 年三月十八日这天的干支是“丁酉”，就写上丁酉二字。

年	月	日	时
丙	**壬**	**丁**	○
午	**辰**	**酉**	○

四柱的最后一道工序就是排时柱了，已知其人于三月十八日 8 点 40 分辰时出生，这天的日干支是“丁酉”，可根据“丁壬庚子呼”的歌意，丁酉日子时是庚子时，顺着往下推，丑时是辛丑时……辰时是甲辰时。

年	月	日	时
丙	**壬**	**丁**	**甲**
午	**辰**	**酉**	**辰**

这样四柱的八字就推排出来了。八字排好后就可进行下一步了。我还有几个问题要说明,是关于"早子时和夜子时"。最早推八字并没有早子时夜子时之说,以一天一夜十二时辰来计算,每逢子时就是新一天的开始,自从有了钟点之后,一天一夜二十四小时,每两个小时为一个时辰,就出现了早子时,夜子时。

晚上 11 点至 12 点是一天最后一个小时,凌晨零时才是新一天的开始。

因此就决定了凌晨零点至 1 点是早子时,而深夜 11 点至 12 点便是夜子时了。

虽然早子时与夜子时的地支都是子,但是天干却有所不同。

例如:甲日的早子时天干是甲,而时支便是甲子时

年	月	日	时
○	○	**甲**	**甲**
○	○	○	**子**

甲日夜子时的天干由甲子开始,一直顺数下去,即乙丑、丙寅、丁卯、戊辰……一直数到丙子,那么丙子就是甲子的夜子时了。

在 80 年代,我国实行夏令时,将时间提前一小时,有人问,推八字是否要把夏令时间改为标准时间呢?这个问题曾有过争论,我个人认为,还是以当时夏令时为准。因八字推命乃是玄学,既有定法,又无定法,以任何一个数,任何一种外应,或任何一个字都蕴藏着一定的玄机,无论是夏令时,还是标准时,都是

大自然的玄机所在，还是以当时的夏令时为准，不用改为标准时间。

关于国内外时间差距，现今国内在国外生孩子，或国外在国内生孩子的事很多，在国外出生的中国人是否还要改变为中国时间呢？这个问题不用多问，在国外出生的人还是以国外时间为准，不用改为中国时间。

近些年不少中国人在外国生的孩子回国找笔者起名，都要求把国外出生时间改为中国时间，我都向他们解释，地球受宇宙星辰的影响，在不同的时间，不同的方位所受到的星辰影响也不同，所以人的出生时间和地理位置接受星辰照射是一个非常重要的记录，何时何地出生就受何时何地影响，命运绝对不会改变的，所以在起名时只用当地出生时间，不可随便改动。

第三节 排大运

以上关于八字的推算方法，我相信读者已经学会了，现在再来学习一下命运和流年推排法，所谓"命"就是一个人出生的八字，"运"就是大运，一个人一生中那一阶段走好运，那一个阶段运气差，都是有一定的定数，命理学家认为命和运可以合在一起解释，也可分开来解释，命（八字）主管人的生死祸福，运（大运）主管人生各个阶段顺逆。

在实践应用中发现，命和运对一个人来说非常重要，有的人八字很好，但一生走不上好运，这种八字的人虽然衣食不愁，却平平庸庸地度过一生，有的人八字生得不好，经常处于逆境，可是在某阶段碰上一两次好运，从此如旱苗得雨，苦尽甘来干出一番出人头地的辉煌事业。当然还有命好运好，命坏运坏，还有命好运不好，命坏运不坏等各种各样的命运，难以悉举。

那么，怎样推算大运呢？依据就是要知道八字有阴阳之分，什么是阳男、阴女、阳女、阴男。

以年干支阴阳来确定阴阳，不论男女，凡是甲、丙、戊、庚、壬年出生者，称之为阳男、阳女。

不论男女，凡是于乙、丁、己、辛、癸年出生者，都称之为阴男、阴女。

阳男阴女为一组，从月柱上顺着数则往下数。

阴男阳女为一组，从月柱上逆着回头数。

例如：某命出生于1965年正月。

年	月	日	时
乙	戊	○	○
巳	寅	○	○

这个八字若是男命，则称之为阴男，排大运时从月柱逆数，此命造月干支戊寅，则从戊寅上逆着往回数则丁丑、丙子、乙亥……。这个八字如果是女命，就要顺着往前数，月干支戊寅、顺着数到己卯、庚辰、辛巳……。

又如某命生于1964年正月

年	月	日	时
甲	丙	○	○
辰	寅	○	○

假若这是男命，就称之为阳男，排大运从月柱丙寅顺着向前数，丁卯、戊辰……。

倘若是女命，就称为阳女，从月柱丙寅逆着向后倒数，乙丑、甲子、癸亥……。

以上是以男女配合年干支阴阳确定大运顺逆之法，下一步再来进行演示一下计算大运岁数之法。

第四节　计算运数和流年

一个人的几岁开始行运，行哪一步运必须学会计算。

①计算大运岁数仍以阳男阴女顺数，阴男阳女逆数的法则。

②计算方法，从本人生日那天起，若是阳男阴女从出生日顺数到一下个节止。阴男阳女从出生日逆数到上一个节止。

③以三日为一年，一日为四个月(120)天一个时辰为十日去计算。

④十年一运，天干管五年，地支管五年。

现举例说明：

男命出生于1995年正月初八申时

年	月	日	时
乙	戊	己	壬
亥	寅	巳	申

男命生于乙亥年，年干属阴，阴男逆数，由出生日数至上一个节止，该年是正月初五立春，从出生日正月初八逆数至初五是三天，用三去除得商数为一，便是从一岁起运。

1	11	21	31	41	51	61
丁	丙	乙	甲	癸	壬	辛
6	16	26	36	46	56	66
丑	子	亥	戌	酉	申	未

如此八字是女命,阴女顺数,由出生日正月(月小)初八数至下个节惊蛰,该年是二月初六巳时惊蛰,共计 27 天零 3 个时辰,用 3 去除,得商数是 9,3 个时辰为 30 天,等于 1 个月,所以是 9 岁另一个月起运。

年	月	日	时
乙	戊	己	壬
亥	寅	巳	申

9	19	29	39	49	59	69
己	庚	辛	壬	癸	甲	乙
14	24	34	44	54	64	74
卯	辰	巳	午	未	申	酉

对于排八字,推大运和计算运数,已作详细介绍,我相信读过本章以后就可运用了。

第五节　八字命局与十神的应用

八字又称为"四柱",它可以比喻是一个人的整体,也可以说是包括宇宙间万事万物的整体,如果用一个家庭来比喻,日干代表命主自己,然后再以日干五行与其它干支发生的生克关系来确定家庭中各个成员的六亲关系。所谓的六亲关系,实则是五亲,即生我者父母,称之为印星。我生者子女,称之为食伤。克我者官鬼，称之为官煞。我克者为妻财，称之为财星。比和者为兄弟，称之为比劫。命局中把这些关系称为十神。

1. 日干：日干称之为日神、日主、日元，代表命主本人。命局中以日干为主，但凡其它六亲皆是以日干来确定的。

2. 印星：以日干为我，生我者为印星。印星有正印偏印之分，以日干阴阳为准，异性相生为正印，同性相生为偏印。正印又称为印绶，偏印在某种情况下又称之为枭印。为方便书写记忆，将正印与偏印统称为"印枭"。

3. 比劫：与我五行同性者为比劫。也就是与日干同性者称之为比劫。比劫乃比肩与劫财的统称，与日干阴阳相同的称之为比肩，与日干不同阴阳称之为劫财。简单的说，在命局中见到与日干相同的五行就叫做比劫。

4. 食伤：我生者为食伤，以日干为主，与日干五行阴阳同性的称之为食神，与日干阴阳五行异性的叫做伤官。

5. 财星：我克者为财星。财星有正财、偏财之分，与我日干阴阳五行同性的称之为偏财，与我日干阴阳五行异性者叫做正财。

6. 官煞：克我者为官煞。官煞有正官、偏官之分。与我日干阴阳五行同性的称之为偏官。与日干阴阳五行异性者称为正官，其中正官为官，而偏官在某种情况下又称为七煞。所以统称为"官煞"。为什么将偏官既称偏官而又称为七煞？这与偏印一样，有时称为偏印，在一定条件下，又称为枭印。那么在什么条件下称为偏官呢？这些在拙著《八字应用经验学》中有详述。

例表如下：

十神 日主 十天干	比肩	劫财	食神	伤官	偏财	正财	七煞	正官	偏印	正印
甲	甲	乙	丙	丁	戊	己	庚	辛	壬	癸
乙	乙	甲	丁	丙	己	戊	辛	庚	癸	壬
丙	丙	丁	戊	己	庚	辛	壬	癸	甲	乙
丁	丁	丙	己	戊	辛	庚	癸	壬	乙	甲
戊	戊	己	庚	辛	壬	癸	甲	乙	丙	丁
己	己	戊	辛	庚	癸	壬	乙	甲	丁	丙
庚	庚	辛	壬	癸	甲	乙	丙	丁	戊	己
辛	辛	庚	癸	壬	乙	甲	丁	丙	己	戊
壬	壬	癸	甲	乙	丙	丁	戊	己	庚	辛
癸	癸	甲	乙	甲	丁	丙	己	戊	辛	庚

一、十神的含义及作用

比肩的作用是帮日主、生伤官，克偏财。在六亲中可代表男命的兄弟，女命的姐妹，妯娌及同事、朋友。

其个性表示出冷静、固执、独立自主、保护自己。身强的男命比肩旺主克父。

劫财——劫财的作用是帮日主、生食神、克正财。在六亲中可代表异性朋友、同辈、同事及男命之姐妹，女命的兄弟、公公。

其个性表示出做事干脆、有雄心、不服输、做事冲动，但有嫉妒心。

食神——食神的作用是生正财、泄劫财、克七煞。在六亲中可代表晚辈、下属,男命的女婿、孙子,女命的祖母、女儿。

其个性表示出温顺、聪明、伶俐、能言会道、善解人意。

伤官——伤官的主要作用是生偏财,泄日主、克正官。在六亲中可代表晚辈、下属,男命的祖母、孙女,女命的儿子。

其个性表示出自由任性、活泼、聪明、骄傲有才干,男命不得同性缘,女命喜管丈夫。

偏财——偏财的主要作用是生正官、泄伤官、克偏印。在六亲中可以代表男命的父亲、叔伯、偏妾,女命的婆婆。

其个性表示出精明能干、圆滑豪爽,男命性格风流、不喜欢正面得罪人。

正财——正财的主要功能是生七煞、泄食神、克正印。在六亲中代表男命之妻、姑母,女命之父亲。

其个性代表、谨慎、安份守己、喜安定、一生节俭。男命正财多主妻掌权、若不见正财则妻缘薄。男命的命局中身弱财多,为富屋贫人。

七煞——七煞主要功能是生正印、泄正财、克日主。在六亲中代表男命的儿子、侄儿,女命的异性朋友、上司、军警、小人、流氓、恶人。

其个性表示出偏激好胜、抱打不平、嫉恶如仇、有冒险精神、不善虚伪。态度严肃、刚强有威。

正官——正官的主要功能是生偏印、泄偏财、克劫财。在六亲中代表上级、长官、法律、制度、男命的女儿、侄女,女命的丈夫。

其个性表示出正直无私、安份守己、做事负责、正大光明。正官的弱点大多优柔寡断,做事不干脆。女命的命局中不见正官,多主夫妻缘薄。

偏印——偏印的主要功能是生日主、泄正官、克食神。在六亲中代表长辈,男命的祖父,女命的母亲、孙女。

其个性表示出孤癖、怪异、偏激、幻想、对神秘文化有缘，有领悟能力，而且思路敏捷、但是学而少成。

正印——正印的主要功能是生日主、泄七煞、克伤官。在六亲中代表长辈、老师、贵人，男命的母亲，女命的祖父、女婿。

其个性表示出重名誉、顾面子、温文儒雅、有因果心态，对宗教有缘、正印多的人大多有依赖观点，不太勤劳。

二、十神与命局推演法

例一：乾造 1953 年农历九月二十三日午时生

正印	偏印	日主	偏官
癸	壬	甲	庚
巳	戌	寅	午
丙庚戊	戊丁辛	甲丙戊	丁己
食七偏	偏伤正	比食偏	伤正
神杀财	财官官	肩神财	官财

以日主甲木为中心为我、甲木见癸为正印，见壬为偏印，见庚为七煞，见丙为食神，见戊为偏财，见丁为伤官，见甲为比肩，见己为正财。

上述的六亲关系名称，在术语中统称为“六亲”，又叫做“十神”。本来就是五行生克关系，但由于有阴阳之分，所以，由原来的五个名称而变为十位，故称之为“十神”。

在八字批断时，为了方便书写，一般都用简单的方法书写，其简写方式如下：

正印—印，偏印—卩。正官—官，偏官—煞。正财—财，偏财—才。食神—食，伤官—伤。

第六节 判断日元旺衰

判断日元旺衰是八字预测的主要关键,也是进入判断日主旺衰的第一步。

八字组成以后,第一步先看日干,年、月、日、时四柱中的七个干支,都要围绕"日干"这个中心来决定吉凶宜忌。日干有得时和失时之不同,如日干碰上旺相的月支就是得时,碰上休囚死的月支就是失时,所以判断日主旺衰首先要看日主生于何月。比如命主出生在春天,日干是甲乙木,木生在春天,春天木旺,若甲木生在冬月,冬月属水,水生木为相,也算得时,如果甲木生在三、六、九、十二四时土月,或者生在金盛木死的秋月,或生在火旺木休的夏季都属失时,得时者自身强旺,不得者自身衰弱。关于五行和一年四季,旺相休囚死的关系我们用表格来说明,可一看便知。此外,判断日主与月支的关系可有利于对一个人八字格局的认定。

五行在一年四季中的旺相休囚死如下表

季节	五行状态				
春	木旺	火相	水休	金囚	土死
夏	火旺	土相	木休	水囚	金死
秋	金旺	水相	土休	火囚	木死
冬	水旺	木相	金休	土囚	火死
四季	土旺	金相	火休	木囚	水死

表中四季指每一季节的最后一个月,即春三月、夏六月、秋九月、冬十二月。

从表中可以看出当令者为旺，我生者为相，生我者为休，克我者为囚，我克者为死。

看过日干和月支的关系后，再看日干坐下的那个地支，这个地支对日干来说，看寄生在十二宫中哪一宫。所谓十二宫是指长生、沐浴、冠带、临官、帝旺、衰、病、死、墓、绝、胎、养、此十二宫简称天干的生旺死绝。

看过日干坐支后，再看日柱干支紧贴的左邻右舍，所谓左邻右舍者，指的是月柱干支和时柱干支，以及年柱干支，看这些干支的阴阳五行，对日干的生克扶抑情况如何。

总的看来，判断一个人的日干强弱，主要掌握以下三点：

1. 看日干在所生月份得令还是不得令。比如说甲乙日干生于寅卯月，丙丁日干生于巳午月，戊己日干生于巳午月或辰戌丑未月，庚辛日干生于申酉月，壬癸日干生于亥子月，都属于最佳的得令生旺状态，这些日干就是最强。反之，日干如出生在休囚死的月令中，那就是衰弱。

2. 看日干在四柱中得到生助多少。比如说日干是甲乙木，四柱中水较多，就是旺而得势，反之，日干甲乙木在四柱中得不到水木之助。反而遭到火金克泄的，那就是弱而失势了。

3. 将自身日干与四柱地支对照，如果遇到长生、沐浴、冠带、临官、帝旺或是自身墓库的，就是得地得气，日干自然强旺。反之，就是失地而衰弱。

综上来看，日干若是得令、得势、得地三者全部见到的，日干就是极旺，遇到这种情况就要克泄，反过来说，日干不得令不得势，不得地，日干就处于极弱的状态，遇到这种情况日干宜生宜扶，如果极旺没有克泄，极弱没有生扶，都是凶险之命。除了极旺、极弱，其余的都是偏旺、偏弱的命。属于中和的命是很少见的。以此来分析日主强弱就不会出现什么差错。

明白日干五行在出生月的强弱分辨方法后，接下来还要将八字中其余六个干支(年、月、时柱),与日干生克关系进行分析,再来逐一比较,得其旺衰结果。

生扶日干的五行越多,日主越强,印星为生,比劫为扶。

克泄日干的五行越多,日主越弱,财官为克,食伤为泄。

财为我克之物,耗我之身,八字中财越多我越弱,俗话说"财多身弱"。

以上这些判断日主强弱的理论,只是简单的论述,因本书是起名专著,不可占用太多的篇幅,若要进一步研究,请参看拙著《中国易学博览》·八字卷·内有详解,使您很快就能掌握其中要领。

另外还要指出,八字的强弱不是固定不变的,随着不同的大运流年,强弱会随着转化,有时候变得走到另一极端,这些在拙著《中国易学博览》·八字卷·书中都有论述。

第七节 选取用神

既知日主强弱,就可选取用神了,选取用神的方法很多,一般常用的有扶抑、通关、调侯等三种:分为"常规命局取用法"和从格取用。取用法是每位研究预测的人员,必须要掌握的重要关键。常规命局取用可按下列程序进行。

第一步是分析日主强弱,对于强弱的认识前面已作详解。将日主强弱确定之后,即可选取用神了。

取用的种类繁多,总的不外乎三种类型:1. 扶抑格。2. 从格。3. 化格。

一、扶抑格

命局五行相对为平和的,可以生之、克之、泄之、耗之、扶之、助之。

扶抑格包括两种：

1. 日旺格。日干旺而不是太旺，抑之则吉，使八字趋于中和。取克、泄、耗为用神，生、扶为忌神。取财、官为用神。取印、比为忌神。

按格局取用如下：

日主旺比劫多而为病，取官煞为第一用神，官煞可制比劫护财。如没有官煞取食伤为第二用神，因食伤可泄比劫而生财。财星为第三用神，因财星可耗比劫制印。

2. 日主旺，印授多为病，取财星为第一用神，因财星能制印生官，如不见财星可取食伤为第二用神，因食伤可耗印生财。在这种情况下，绝对不可取官煞为用神，因官煞生印，印生身力量更大。

二、日弱格

日干弱，但不是太弱，扶之则利，使八字趋于平衡，取生、扶为用神，克、泄、耗为忌神。取印星、比劫为用神。财星、官煞、食伤为忌神。

现按格局高低取用如下：

1. 日干弱而官煞多而旺为病，可取印授为第一用神，因印星能化官煞而生日干，若柱中无印星，可取比劫为第二用神，因比劫可助日干抗官煞。

2. 日干弱财星多而为病者，可取比劫为第一用神，因比劫可助身制财，若柱中无比劫，可取印星为第二用神。

3. 日干弱食伤多而为病者，可取印星为第一用神，因印星可生身制食伤，若柱中没有印星，可取比劫为第二用神，因比劫可助身抗泄。

第二步再看用神强弱：

用神代表一个人的精神，精神强旺作事有力，凡事能建功立业。精神衰弱则无精打彩，做不了大事。所以选取用神是推命的关键，只要用神取得正确，推命即可正确无误了，有关用神的强弱分辨可分以下几个步骤：

1. 用神无破损：命局中有生助者为用神有力，作强断。

2. 用神有救：用神无论在天干或地支都怕被克、被合、被泄。若出现了刑冲克合，就需要救助，例如天干庚金为用神，遇丙丁火克，若柱中出现辛壬合住丙丁火使丙丁火无力克庚金，这就叫作用神有救。又如地支寅木为用神，但被亥水合住，又受到申金冲克，若柱中出现巳火合住申字，冲支亥水，这就叫做用神得救。

3. 用神有助：所谓有助者，指的是用神得时，得势、得地。如木为用神，四柱中出现甲乙寅卯或亥子壬癸，就叫用神有助。

4. 用神无助：用神遭刑冲克合而无有救助者，叫做用神无助。

第三步分清喜、忌、仇神：

1. 喜神：生助用神的五行称之为喜神，例如：日主强旺，柱中比劫多，取官煞为用神，但官煞无力，就需要财星来生助官煞，这个生助官煞的财星就叫做喜神。又如日干衰弱，柱中食伤多，取印星为用神，但见柱中出现财星，这个财星能破印，使印星无力，这时就须用比劫去克财而救印，这个比劫就称之为喜神。

2. 忌神：柱中损害用神的这个五行叫做忌神，比如日主强旺，柱中比劫多，取官煞为用神，但又出现克害官煞的食伤，这个食伤就称之为忌神。

3. 仇神：凡是克害喜神的叫做仇神，如官煞为用神较弱，用财星来生助官煞，这个财星为喜神，但柱中又出现比劫而克财，这个比劫就是仇神。

4. 闲神：既不是喜神也不是忌神，谓之闲神，闲神待时而起作用。

上述这些取用方法，只适用普通命局，对于一些特殊命局和变格命局还不适用,关于特殊命局的取用方法本书自有介绍。

第八节　用神的确定

用神是命运之中心,命主之灵魂,一个好的名字,必须是为命主服务。既能为命主所用,又可辅助用神,从而使命运达到阴阳平衡,因此在起名时必须以八字为主。日常应用方法是将用神确定之后,再以姓名来辅助用神,这样的名字,才能称为好名字。只要能掌握住这个原则,就能将名字起好,若不将用神找准,很可能会适得其反,弄巧成拙。

古往今来,人们在起名时,大多只重视好听,认为只要文字有意义、自己中听,即是个好名字,有的是根据八字中五行缺少哪一行,就用字的偏旁部首补上,这种做法是一种片面性,起名必须以用神为主导,若命局中所缺的五行是喜用神,那么补上这个五行是好事,若所缺这个五行是忌神,你再将这个五行补上,那正好是助纣为虐、火上加油,反而使命主灾祸频至结果相反。所以起名必须要掌握命理五行知识,若连五行基本知识都不懂,就匆匆起名或改名,起出来的名字有悖于命理五行,形成对抗,反而使吉命变凶,酿成后患无穷。

由此可知,用神可使命局阴阳平衡,对命局吉凶起主要作用。但在命局中能为用神的五行不限于一种。大多数命局需要多种五行才能使命局起到平衡救弊的作用。但也有的命局只要有一个五行就足够了,因此在判断时要灵活分析,不能一概而论。

用神在命局静态中是不变的,但在动态中却是变化的,有的命局无论岁运怎样变化用神是不变的,而有的命局随着岁运变化而用神也随着变化。如原命局偏弱,用神喜土,若岁运逢戊辰、己丑，使用神过旺，原命局旺得太过就形成物极必反，太刚则折，本来是个小病，因用药量太大反而使病情加重，好事则变成坏事。

取用之法分为多种：常用的有扶抑取用、通关取用、调候取用三种方法。也有弃命取用、从旺取用、化气取用、颠倒取用等等。

一、扶抑取用法

所谓扶，指命局中日主弱，需要印星来生，或比劫来助，这样能使命局五行趋于平衡。这个印星或比劫就是用神。

所谓抑，指命局中日主旺，需官煞来抑制日主、或是用财耗日主之力，或用食伤来泄日主之旺气，使日主在命局中达到平衡，这个官煞、财星、食伤就是命局用神。

(一)日主衰弱取用法

最有效的方法是在确定日主衰弱时，根据命局中忌神多少来选取用神。比如说一个命局中忌神多造成命局失衡，这时可找出生助日主的这个五行为用神。

例如：

1. 官煞多而为忌神，那么生助帮身的五行必定就少，可取印星为用神，因印星可生日主化官煞。如果命局中没有印星，或者有印星而不得力，可以再取比劫为用神。有人会问，命局中官煞多为忌神，食伤可制官煞，为什么不取食伤为用呢？因命局中官煞多日主必然就弱，日主是食伤的印星是食伤的原神，日主本身就衰弱已经自顾不暇，哪有力气去生助食伤，食伤的原神无力，哪来的力量去制官煞呢？从整个命局来看，用印星化官生身比用食伤制官耗本，来衰弱日主要好得多，这种方法乃“化敌为友”的通关方法，最好不过了。

2. 财星多而为忌：财乃耗身生官之物，对日主来说，财多日主就弱，遇到这种情况，可取比劫为用神。如果命局中没有比劫，再取印星为用神，因印星既可生身也能耗财之旺气。

3. 食伤多而为忌：食伤乃耗泄日主之物，命局中食伤多导致日主衰弱，当取印星为用，因印星不仅能生助日主，而且可直接克制食伤，若命局中没有印星或印星不得力，可再取比劫为用神，比劫虽可助身但又生助食神不及印星得力。

(二)日主强旺取用法

当日主强旺时，可根据命局中忌神多少取用，大体有如下几种方法：

1. 日主强旺的命局，印星为日主的忌神，印星多可取财星为用神，因财星能制印，使印星不再生助日主，所以财星是制印最有力的用神。如果命局中没有财星，或是有财星而不得力，可取官煞为用，但必须是官煞的力量大于印星方能为用，若官煞的力量小于印星，印星的力量太大，反而能化官煞而生身，使官煞变为忌神，这种情况非常重要。如果官煞不得力，可取食伤为用，因食伤可泄身耗印。

2. 日主强旺的命局：命局中比劫多而使日主强旺，因此以比劫为忌神，在这种情况下，可取官煞为用，因官煞可制比劫为最得力之用神，如果命局中没有官煞，可以取食伤为用神，因食伤可泄日主之旺气，若命局中两者都没有，可取财星为用，因财能耗比劫，使日主不再强旺。

二、通关取用法

所谓通关，也就是调解之意。例如命局中出现两种五行势均力敌，力量分不出上下时，这时只有通关，找出另一种五行来参入其中，从中调解，使原来相敌的五行化敌为友，使之为日主服务，这就叫做通关。其实就是利用命局中一种五行参入两行相克的中间，使原来两行相克变成连续相生的叫做通关。说白了就是原来隔位相克的五行，现由于这个通关五行的介入变成连续相生的局面。例如：

金木相战，以水通关，形成金生水，水生木。

水火相战，以木通关，形成水生木，木生火。

木土相战，以火通关，形成木生火，火生土。

火金相战，以土通关，形成火生土，土生金。

土水相战，以金通关，形成土生金，金生水。

运用通关五行时，首先要注意的是：以身旺要略胜一筹，才能达到通关的作用，否则会出现“未通关而日主先受其害”。解释如下：

命局中比劫旺而又得月令、又遇身财两停，柱中有食神通关，此乃大富大贵之命。

命局中见比劫弱而财旺，用食神通关不太理想，因食神生财财旺，此命一生谈不上富贵。

命局中财弱身旺，用食神通关最好，因食神生财命使财转旺、身强财旺的人乃上等之命。

命局中见官煞与比劫相战、最好用印星来通关，但必须日主偏弱为好，遇此命者可断此人一生富贵而且是官命。

命局中见食神旺且官煞强、最好用财星来通关，但必须日主弱极才好，此人乃富贵之命，若见日主有气主凶。

命局中见印星旺而食伤也旺，用比劫通关为最好，因比劫能泄印，男命遇之主富贵，但女命主克夫。

命局中日主弱见财星克印，不能就认为是坏事，只要有官星出现，反而其福无穷，因财动生官、官动生父，使日主转弱变旺，乃财官印俱旺的富贵之命。

三、调候取用法

调候取用，指天道有春夏秋冬四时气候之变化，而命局中也有寒暖燥湿四象不同之体现。寒者如冬天生人寒冷，十神被冻僵没有生气，若行东南方温暖之地，可解冬天之寒冷，则万物复苏。暖者，如夏季出生的人，八字燥热，五行焦枯为病，向西北寒冷之方向,水火则既济。燥者,指命局中有木、火、未、戌多、未为木之库、戌乃火之库皆是燥土,须以金水湿之。湿者,命局中金、水、丑辰多,丑乃金之库,辰乃水土之库皆为湿土,须宜木火燥之。

调候之神有真假之分,其定律有三种:

1. 平衡调候为真调候,既能起到调候作用,又不破坏阴阳平衡。若阴阳不平衡谓之假调候。

2. 天干透出者为真调候,支藏不透者谓之假调候。

3. 调候之五行若是忌神不怕弱,越弱越好,天干透出者为真调候;调候之五行为用神,不怕强旺有力,越是有力方为真调候。

四、病药取用法

《神峰通考》曰:"有病方为贵,无伤不是奇,格中如去病,财禄喜相随"。这是所说的命局五行无论是太过或不及都视为病,只要妨碍命局五行流通,或命局中寒暖燥湿失调都视为病。但是有病不怕,只要有医治疗就为好命,只怕病重无药可治就是下等命了。但要注意的是:病重药轻或病轻药重都不是好命。

那么什么叫药?能治命局中之病的这一五行为药。这种病药取用之法乃是八字取用最宗之法则,其它几种取用之法只是病药取用法的一种形式而已。

但这里需注意的是:命局中伤害用神的这个五行也视为病。比如日主旺喜官煞来制约,却又出来伤官克官,这个伤官就是病。又如命主身弱,喜比劫帮身,但却有官煞出来制约比劫,这个官煞就是病。再如日主身旺,喜食伤泄之,但又出来枭神夺食,这个偏印就是病。又如命局中枭印太旺,喜财来制印,但又有比劫劫财,这个比劫就是病。

但凡这些病神,只有等到岁运之时,把这些病神制住、合住、克去、冲去、使用神得到自由,才能发挥出用神的作用,这时候日主才能平安而起，步入辉煌，大有可为。

五、弃命取用法

1. 从官格（从杀格）

从官格又名从杀格，它们的构成是因日主衰弱，柱中官煞旺而又多，日主又无印比帮身，日主身弱而不能抗杀，所以只得从之。既已从杀，那么所有一切均以官煞为主。以官煞为用神，但是从杀格与八格官煞格不同，而从杀格独喜财官滋身，忌印泄杀生身，也不宜劫比抗杀。

命局中日主弱官煞多，又不见食伤克制官煞，四柱中有财而不见比劫，若运至官煞时主富贵祥和，最不宜行印比帮扶身运，一见食伤便主杀事临身。

2. 从儿格取用法

命局中日主弱，不见印比帮身，柱中食伤当旺，加之天干地支都结党会局，本身衰弱的日主，经不住食伤盗泄，只得从之，因食伤为我所生者，故名曰“从儿格”。

从儿格属于从弱格的范畴，从弱格分为从儿、从财、从官三种。而从儿格是日主衰弱，柱中食伤太旺或极旺，日主只好从其势，取比劫，食伤为用神，财星也可以，但财星必须有力方可为用，否则易被食神反生为克。从儿格最忌印枭和官煞，遇之为破格。

3. 从财格取用法

从财格之构成有两种情况。第一，财多财旺日主衰弱无根，四柱无助无生，从财格成立，取食伤与财星为用，比劫印枭为忌神。第二，日主弱极或太弱，食伤与财均旺，这样的格局，食伤财比和官煞同时要看，如组合得好，食伤可化比劫，则比劫也可为用，食伤伤不到官煞，而官煞仍能化财，则官煞也不为忌。

六、看格取用神法

（一）正官格取用神法

1. 正官格日主旺相,四柱中比劫多,首取官煞为用神,若柱中无官煞取财星也可,若财官皆无是下等之命。

2. 正官格日主旺相,四柱印星多,首取财星为用,若柱中无财取官煞也可,是平常之命,若财官全无取食伤,此乃下等之命。

3. 正官格日主旺相,四柱中食伤多,首取财星为用,若柱中无财,其它别无可取,此乃下等之命。

4. 正官格日主衰弱,四柱中财星多,首取比劫为用神,无比劫取印,若柱中比印皆无,此乃下等之命。

5. 正官格日主衰弱,四柱中官煞多,首取印星为用神,无印星取比劫,若柱中印星比劫皆无,此乃下等之命。

6. 正官格日主衰弱,四柱中食伤多,首取印星为用神,无印星取比劫也可,若柱中印比皆无,此乃下等之命。

(二)偏官取用神之法

1. 偏官格日主旺相,四柱比劫多,首取官煞为用神,无官煞取财星也可,若柱中财官皆无,此乃下等之命。

2. 偏官格日主旺相,四柱印星多,首取财星为用神,无财星取官星也可,若柱中财官皆无,再取食伤,此乃下等之命。

3. 偏官格日主旺相,四柱官煞多,首取食伤为用神,无食伤取财星也可,若柱中财食皆无,此乃下等之命。

4. 偏官格日主衰弱,四柱财星多,首取比劫为用神,无比劫取印星也可,若柱中比印皆无,此乃下等之命。

5. 偏官格日主衰弱,四柱食伤多,首取印星为用神,无印星取比劫也可,若柱中印比皆无,此乃下等之命。

6. 偏官格日主衰弱,四柱官煞多,首取印星为用神,无印星取比劫也可,若柱中印比皆无,此乃下等之命。

(三)正财格取用神之法

1. 正财格日主旺相,四柱比劫多,首取官星为用神,无官星取食伤也可,若柱中官食皆无,此为下等之命。

2. 正财格日主旺相,四柱印星多,首取财星为用神,无财星取官煞也可,若柱中财官皆无,此为下等之命。

3. 正财格日主旺相,四柱食伤多,首取财星为用神,食伤生财耗气,若柱中无财星,此为下等之命。

4. 正财格日主衰弱,四柱财多,首取比劫为用神,次取印星也好,若柱中印比皆无,为下等之命。

5. 正财格日主衰弱,四柱官煞多,首取印星为用神,无印取比劫也可,若柱中印比皆无,为下等之命。

6. 正财格日主衰弱,四柱食伤多,首取印星为用神,无印取比劫也可,若柱中印比皆无为下等之命。

(四)偏财格取用神之法(取法与正财格相同)

(五)印绶格取用神之法(正、偏印相同)

1. 印绶格日主旺相,四柱印绶多,首取官煞为用神,无官煞取食伤也可,若柱中官煞食伤皆无,为下等之命。

2. 印绶格日主旺相,四柱比劫多,首取财星为用神,无财星取官煞也可,若柱中财官俱无,为下等之命。

3. 印绶格日主旺柱,四柱财星多,首取官煞为用神,官煞可以通关最好,若柱中无官煞,为下等之命。

4. 印绶格日主衰弱,四柱财星多,首取比劫为用神,无比劫取印星也可,若柱中印比皆无,为下等之命。

5. 印绶格日主衰弱,四柱食伤多,首取印星为用神,无印星取比劫也可,若柱中印比皆无,为下等之命。

6. 印绶格日主衰弱,四柱官煞多,首取印星为用神,无印星取比劫也可,若柱中印比皆无、为下等之命。

(六)食神格取用神之法

1. 食神格日主旺相、四柱中比劫多,首取官煞为用神,或取财星也可,若柱中财官俱无,为下等之命。

2. 食神格日主旺相,四柱印星多,取财星为用神,无财取官煞也可,若柱中财官俱无,可取食神,为下等之命。

3. 食神格日主旺相,四柱中财星多,首取官煞为用神,无官煞取食伤也可,若柱中官食俱无,为下等之命。

4. 食神格日主衰弱,四柱财星多,首取比劫为用神,无比劫取印也可,若柱中印比皆无,为下等之命。

5. 食神格日主衰弱,四柱官煞多,首取印星为用神,无印星取比劫也可,若柱中印比皆无,为下等之命。

6. 食神格日主衰弱,四柱食神多,首取印星为用神,无印取比劫也可,若柱中印比皆无,为下等之命。

(七)伤官格取用神之法

1. 伤官格日主旺相,四柱比劫多,首取官煞为用神,无官煞取财星也可,如柱中财官俱无,为下等之命。

2. 伤官格日主旺相,四柱印星多,首取财星为用神,无财星取食伤也可,若柱中财食俱无,为下等之命。

3. 伤官格日主衰弱,四柱财星多,首取比劫为用神,无比劫取印星也可,若柱中印比皆无,为下等之命。

4. 伤官格日主衰弱,四柱食伤多,首取印星为用神,无印星取比劫也可,若柱中印比皆无,为下等之命。

(八)建禄格取用神之法

1. 建禄格日主衰弱,四柱官煞多,首取印星为用神,若走到印比之大运主官运亨通,最忌走财官大运注意身体方面出毛病。

2. 建禄格日主旺相,四柱印星多,首取财星为用,走到食伤财大运为吉,走官煞大运为凶,最忌走比劫或印授大运,破财克妻之事会频频出现。

3. 建禄格日主旺相而财轻,以食伤财官为用神,待到食伤财官之运地时,定会好运亨通,事业有成。最忌走印比之大运时,是克妻破财之败运,诸事不顺,好事难成。

4. 建禄格日主衰弱,柱中食伤太多,应取印星和比劫为用神，待走到印比之大运时，能一帆风顺，诸事亨通，最忌走食财之运地，谨防诸事不顺，而且凶事频发。

5. 建禄格日主身旺比劫多，以食伤为用神，待行食伤之运时，会诸事通顺，最忌走印枭运之时或方位，则事事阻滞，倒霉之事时时都会来临。

七、外格取用神之法

外格分曲直、炎上、稼穑、从革、润下、专旺两行得气，从财等几种格局。

1. 曲直格取用神法：

曲直格之构成，日干甲乙木，生于春月，地支见寅卯辰三会东方木局，或合成亥卯未三合木局，其中不见庚辛申酉等字，此为曲直格成立。

凡曲直格取用神之法，已知成为曲直格，即取木为用神忌庚辛申酉之行克伐。喜水木相加，见火也好，逢土为财。

2. 炎上格取用神之法：

炎上格之构成，日干丙丁火，生于夏月，地支见巳午未南方会火或合成寅午戌火局，其中不见壬癸亥子等字，此为炎上格成立。

凡炎上格取用神之法，即以火为用神，忌水克之，喜木火生助，逢金为财，见土也无碍。

3. 稼穑格取用神法：

稼穑格之构成，日干戊己土生于四季（辰戌丑未）之月，地支辰戌丑未见全，或四柱纯土，其中不见甲乙寅卯等字，此为稼穑格成立。

凡稼穑格取用神之法，即以土为用神，忌木克之，喜火土生助，见水为财，有金也无碍。

4. 从革格取用神法：

从革格之构成，日干庚辛金生于秋月，地支申酉戌会成西方金局，或巳酉丑会成金局，其中不见丙丁巳午等字，此乃从革格成立。

凡从革格取用之法，即以金为用神，忌火克之，喜土金生助。逢木为财，有水无碍。

5. 润下格取用神法：

润下格之构成，日干壬癸水生于冬月，地支亥子丑会成北方水局，或申子辰合成水局，其中不见戊己辰戌丑未等字，此乃润下格成立。凡润下格取用神之法，即以水为用神，忌土克之，喜金水相助，见火为财，有木无碍。

6. 以上所述的曲直、炎上、稼穑、从革和润下等五种格局统称之为专旺格，专旺格的特点是命中强旺之气势归属日主五行主导。专旺格虽分为五格，但在命理上都有一个共同特点，也就是顺行日主五行则吉，逆之则为凶。所谓"顺"，就是与日干有一种生助或被生助的关系。比如说印星比劫是生助日主的，食伤是被日所生的，其它都是顺日干之旺势，可以取用神。官煞财星都是与日干相克关系，谓之"逆"，一般是不可取用神的。这就是专旺格取用神的原则。

第九节　普通格局取用神举例

例一：

偏财	伤官	日主	偏财
己	丙	乙	己
亥	寅	酉	卯

这个八字乙木生于寅月木旺之地，日主不弱，寅亥合木，取火土为用神。

例二：

劫财	比肩	日主	偏财
乙	甲	甲	戊
巳	申	午	辰

这个八字甲木生于申月为死绝之地，虽有甲乙木透干，辰中藏乙癸，但日主仍然身弱，取水木为用神。

例三：

正印	正官	日主	劫财
庚	戊	癸	壬
辰	寅	未	戌

这个八字癸水生于寅月失令，杀重克身需金水生扶，取金水为用神。

例四：

偏印	正官	日主	正印
己	丙	辛	戊
酉	寅	巳	子

这个八字辛金生于寅月，柱中虽有二土二金，日主仍然论弱，取土金为用神。

例五：

偏印	比肩	日主	正印
庚	壬	壬	辛
辰	午	寅	丑

这个八字壬水生于午月失令、衰绝之地。天干虽见金水，但无强根，日主衰弱无疑，需金水调候扶身，取金水为用神。

例六：

正财	正印	日主	偏官
乙	己	庚	丙
酉	卯	寅	子

这个八字庚金生于卯月失令，身坐绝地。年支酉金为日元之根，又受卯木相冲日主以弱论，取土金为用神。

例七：

食神	比肩	日主	偏印
乙	癸	癸	辛
巳	未	酉	酉

这个八字癸水生于未月失令、柱中比肩与印星重重，日主以旺论，取木火为用神。

例八：

七煞	偏印	日主	偏印
乙	丁	己	丁
巳	亥	巳	卯

这个八字己土生于亥月、柱中火土一片，此乃身强之造，取金水为用神。

例九：

比肩	七煞	日主	正财
壬	戊	壬	丁
辰	申	子	未

这个八字壬水生于申月、地支三合水局，水又透干、取火土为用神。

例十：

劫财	比肩	日主	伤官
乙	甲	甲	丁
未	申	辰	卯

这个八字甲木生于申月失令，虽比劫重重，日主弱，官煞制身、取水木为用神。

例十一：

食神	正印	日主	偏印
癸	戊	辛	己
巳	午	丑	亥

这个八字辛金生于午月燥热之时，喜水调候。柱中又土众埋金，用木来疏土，取水为用神。

例十二：

乾造：1948 年农历四月十三日辰时出生

食神	劫财	日主	七煞
戊	丁	丙	壬
子	巳	午	辰

这个八字丙火生于巳月、火炎土焦、需水调候、取金水为用神。

例十三：

乾造：1942 年农历九月十七日寅时出生

比肩	偏印	日主	比肩
壬	庚	壬	壬
午	戌	子	寅

这个八字壬水生于戌月，日干坐子水羊刃，干透印比帮身。

乍看身旺，实质身弱，取金水为用神。

例十四：

乾造：1942 年农历十一月二十五日子时出生

正财	正财	日主	正官
壬	壬	己	甲
午	子	未	子

这个八字己土生于子月水旺之地，天寒地冻喜火调候，喜土制水帮身，取火土为用神。

例十五：

乾造：1961 年农历二月十四日寅时出生

正印	正印	日主	劫财
辛	辛	壬	壬
丑	卯	戌	寅

这个八字壬水于卯月失令，地支无根。虽有天干印比帮身仍以身弱论之，取金水为用神。

例十六：

乾造：1948 年农历五月十日寅时出生

七煞	七煞	日主	比肩
戊	戊	壬	壬
子	午	申	寅

这个八字壬水生在午月，地支子午冲、寅申冲，日主以弱论之，取金水为用神。

例十七：

乾造：1951年农历八月初三日戌时出生白露前

正财	比肩	日主	食神
辛	丙	丙	戊
卯	申	午	戌

这个八字丙午生于申月，自坐羊刃。地支卯木被戌绊住，天干丙火逢辛合住，日主以弱论之，取木火为用神。

第三章 基础篇

第一节 姓名与阴阳五行之影响

一、阴阳学说和五行数理的由来

人所共知，原始人类在历史发展过程中，对于自然界一切现象的认识都是很粗浅的，对许多自然现象无法用科学的方法去解释，如对白天和黑夜，太阳和月亮，日出和月落，下雨和刮风，打雷和闪电，春夏和秋冬等自然现象，都不知道是什么原因发生的，认为天空中还有一个世界，另有一种神鬼在操纵一切。

正因为那时的人们对一些大自然的变化不了解，所以就产生了迷信思想，认为世界是由神和鬼在操作或主宰。每当发生了疾病、灾祸、风雨失调、地震、雷击等自然灾害时，人们都疑为是鬼神在作祟，所以千方百计求神仙来保佑。后来逐渐发现这些祈祷方法根本不太灵验，生病的人并不能用祈祷的方法就能病愈，洪水滥灾并不能因求神保佑，洪水就能退去，旱灾无雨并不能因为祈祷就能下雨。因此对鬼神就产生了怀疑，逐渐认识到天地间的一切并非由鬼神所掌握，而是一些自然现象的变化。因此，人们在思想上就有了初步的认识。可是人们对此并不满足，又进一步仰观天文，腑察地理，观察各种自然现象的变化，用自然规律的理论来代替鬼神论。就这样不知又经过多少年代的实践和推演，终于又总结出一套原始推理辩证的阴阳哲学，这种原始哲学，大约始发在五千多年前的成汤时期，古人用这种阴阳哲学的理论来说明自然界的一切变化现象，总结出“阳气聚合而成天，阴气凝结而成地”。例如：太阳为阳、月亮为阴，天为阳、地为阴，白天为阳、黑夜为阴，男为阳、女为阴等等。并且还运用阴阳的理论来证实天文、历学、数学等各方面的道理。

大约到了商周时期，古人将阴阳学说应用到命理学上，用阴阳学理论来说明命理上的一切道理。我们现用的姓名学就是运用阴阳学理论来说明问题的。现在我们先来谈一谈阴阳学的基本规律。

二、阴阳学之基本规律

姓名学的理论基本是从“阴阳”二字推演而来的，有关“阴阳”的基本规律不外乎下述四个论点：

1. 阴阳相对论

阴与阳是相对的两个抽象名词，它本身并不是什么物体，而是代表自然界一切事物相对的两个方面。所以对阴阳学的应用必须要机动灵活。所谓阴阳相对，如：天为阳、地为阴，男为阳、女为阴，白天为阳、黑夜为阴，这些都是阴阳相对的例子，再概括这个原则进行推演，凡是活动的为阳，沉静的为阴，刚强的为阳，柔弱的为阴，积极为阳，消极为阴。可见阴阳学的应用包罗万象，从这里可以看出、宇宙间万事万物，只要具有相对的两个方面，都可用阴阳理论来代表。

2. 阴阳统一论

综上而言，阴和阳虽然各有其性，但在相对的基础上又有统一性和协调性。现以白天和黑夜的例子来说明一下，白天阳光明媚，人们都抖起精神，利用这个时间进行一天的劳动，说明白天为阳，太阳为阳，动则为阳，一天过去到了黑夜，人们都习惯地进行安静地睡眠，说明黑夜为阴，安静为阴，睡眠为阴。一夜休息后第二天又进行工作。再以植物生长来说，植物的种子在没有发芽之前，它是内在作用，可用阴来表示，待在发芽以后可用阳来表示。待种子下种后，又需土壤、阳光、肥料等这些外在滋助作用，可用阳来表示，而这些内在因素（阴）和外在条件（阳），两个方面是对立的，这两个方面缺一不可。如果其中缺一方面，就不能使植物生长，因此证明，阴阳是统一的，从这里可以看出宇宙间万事万物都有前有后、有大有小、有高有低、有上有下、有正有反，总的说来，阴阳二字是合之为一，分之为二，既是对立，又是统一的。

3. 阴阳转化论

接上而言，阴阳代表一切事物的对立与统一，从客观来说，事物都在不断地发展和变化，阴阳转化的特点，是在矛盾对立的基础上互相促进、互相消长转变。比如，地面上的水蒸气上升为云，云多了天气则发生变化，天气变化则下降为雨，这就是阴阳转化的转化现象。又如，地面上的蒸气属阳，遇到属阴的冷气，又由阳变阴，阴气多了又转化为雨，这就是阳出于阴，阴出于阳的简单道理。

以上所说的道理，说明阴阳在相对矛盾的基础上相互联系，相互消长，相互转化，这种阴阳互相消长，互相转化的道理，正如古人所说“阴出于阳，阳出于阴，阴根于阳，阴阳互根”的道理。

4. 阴阳相对平衡论

阴与阳两者之间虽然不断的转化与发展，但最终是平衡的，用气候历法来比喻，一年四季三百六十五天，春夏秋冬各占九十天，春秋气候相对，夏冬气候相对，一年四季是相对平衡的。阴阳必须平衡才能是正常现象。再拿人来说，人体必须阴阳平衡，才能健康无病，阴阳在发展，消长转化过程中，就是一时虽有点不平衡，到了最后仍然要恢复平衡，否则就要生病的。这样从中就得出了一条规律，阴阳从平衡到不平衡，又到平衡，像白夜一样，从白天到黑夜，从黑夜又到白天，是永远不断在转变的。如果阴阳消长在转化过程中不能恢复原来的平衡，在人体来说就产生阴盛阳衰，阳盛阴衰的疾病，“阴盛恶寒，阳盛发热”。又可产生一种疾病，“阴虚则内热，阳虚则外寒”等虚症的病变。如果阴阳极度失去平衡，可能会产生“孤阳不生，独阴不长”的不良反映，所以阴阳必须保持相对的平衡，否则就会产生难以想象的恶果。

综上所述，阴阳只是两个相对的代名词，它可代表相对的两个方面，也可代表客观事物的两个方面，由于阴阳规律都是相对的，所以就产生了阴阳相对的规律。从中发现，事物无论相对到什么地步，最后总是保持相对平衡的。总的说来，凡是相对的两个方面，都是属于阴阳的变化规律，所以任何相对事物，都免不了“阴中有阳，阳中有阴”，说白了是“敌中有我，我中有敌”的简单道理。

阴阳学说的基本理论，古时只是说明自然界的相对与平衡，到后来阴阳学家又将其作用于五术命理学基本理论。这里所谈的阴阳五行学说，是在五术学说上的运用。

第二节　五行与姓名的关系

“五行”，指的是金、木、水、火、土五种物质元素的总称，五行学说最早是古人为了说明自然界的一切现象而推演出来的，古人认为世界上一切事物都是由这五种物质元素组成的，后来根据五行的五种特性，逐渐发展成为一套机动的代名词，认为宇宙间万事万物相互之间的联系都离不开五行理论。认为“一切动摇舒展的现象皆属木，光睿炎上灼热的现象皆属火，一切寒冷，润下流动的现象都属水，一切怕火易燃现象皆属金，一切厚重稳定的现象都属土”，等五种类型。阴阳和五行两种名词不是成立在同一时代，但两种名词都是用来说明一切的自然现象，所以，人们习惯地将其统称为“阴阳五行”。由于阴阳和五行在运用上各有特点，所以人们在应用时又将它们分成两个方面来进行论述。现在我们来论述一下五行的基本规律，然后再谈一谈它与姓名学的关系和应用。

一、五行的基本规律

五行之说，早在三千多年前就有之，它的规律为生、克、制、化、相乘、相侮，它们互相之间保持相对的平衡，现今我们不妨分述一下：

1. 五行相生

相生就是指五行互相助长，互相促进之意，相生的规律是水生木、木生火、火生土、土生金、金生水、水生木等循环相生，相生的比喻像母子一样，例如，水生木，水为木之母，木为水之子，木再生火，木又为母，火又为子，再继续生下去，就是这样循环相生下去。

2. 五行相克

相克就是指五行互相制约，互相抑制，相克的规律是木克土、土克水、水克火、火克金、金克木、木又克土，就是这样循环相克，在五行相克中，每一行都存在“我克、克我”两方面互相相克之现象，比喻说木代表我，克我者是金，也就是金能克木。我克者是土，也就是木又能克土，其它以此类推。相生相克的规律就是这样。但必须知道，五行相生相克的关系不是单独存在的，而是互相联系的，若五行只有相生没有相克，就不能维持平衡，如果只是相生没有相克，那么万物就不能生长，所以五行既能相生，又能相克，在保持相对平衡的基础上互相促进，互相制约，形成一种制化规律，现在将可以相生和相克以图表示意如下：

制化：制化就是互相制约之意，比如说木克土、土生金、金克木。火克金、金生水、水克火。火生土、土克水、水生木。这种制化规律可用两方面来解释，比如说金生水，对金本身来说消耗自

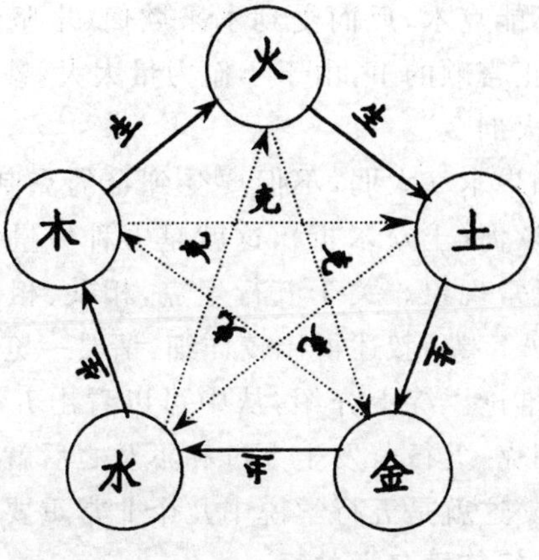

五行相生相克图

己的能量，但金本身又受到土的助长（土生金），这样两者之间仍然又是平衡的，同时土生金，土是金之母，土又克金之子的水，这样发生了相克的关系（土克水）。从中可以看出，五行在相生关系中，又含有相克的关系。再用相克来说，木代表是我，我能克土（木克土），金也能克我（金克木），而土与金之间又是相生关系（土生金），这样就形成了木克土，土生金的联接关系，更进一步说明五行在相克中又含有相生之意义，这就证明了五行正常情况下，既是相生又是相克的，在任何情况下都保持相对的平衡。

3. 相乘相侮

相乘与相克的性质大体一样，相克是指五行在正常情况下互相克制，而相乘是指五行中任何一行发生太过和不及以后的异常克制现象。"相侮"与"相乘"的性质有些不同，相侮是指五行中任何一行发生太过和不及以后的反克现象。如木太旺反能克金，金太旺反能克火，例如木气太旺，金就不能对木的正常克制，于是木对土加以坚强有力的克制，这就是相乘。又由于木气太旺，金不但不能克木，反而受到木来欺侮（木坚金缺），比如警察抓小偷是名正言顺的事，由于小偷力量太大，警察反被小偷绑起来，这叫“木火刑金”。

相反的，如果木气太弱，不但要受到金的克制（相乘），还反而要受到土来欺侮（土众木折），这就是五种力量太弱所引起的相乘、相侮的反常现象。关于五行生克，相乘、相侮，在拙著《中国易学博览·八字卷》叙述得比较详细，请君一览。这里只举简单的例子作以推论。综上介绍，从中可以看出五行在正常时既是相生，又是相克，五行若发生太过和不及之后就会产生相乘相侮的异常现象。这就是五行学说中几个非常重要的基本规律。

二、阴阳五行与姓名学关系

阴阳五行是中国五术（医、卜、山、命、相）最基本的理论基础，整个姓名学五格完全以阴阳五行生克制化来操作，无论对任何一个人的健康、性格、婚姻、家庭、子女、事业、意志、财运、社交等都离不开生克制化这个思想体系。所以，无论你学习命理、风水、八卦、还是中医学，都必须先认识“阴阳五行”的功用，尤其姓名学中的五格剖象、三才配置、命理五行等等，都离不开阴阳五行。学习姓名学必须全面的了解阴阳五行，才能真正学好姓名学。

“阴阳五行”这个非常古老的名词，对于没有接触过的人来说，可能会觉得特别陌生和神秘，都认为是深不可测、高不可攀的一门学问，认为不是一般人能学进去的，其实，并不是像你想象那样，深奥莫测，世上无难事，只怕心不专，只要有恒心之志没有攻克不过的难关，只要肯虚心研究，即可深入的进行的。

三、阴阳五行对姓名之影响

阴阳对姓名的预测作用影响非常大，所以起名必须将阴阳与姓名一起应用。阴阳预测的应用分“内阴阳与外阴阳”，内阴阳是以姓名的每个字的笔划数来确定的，单数属阳，双数属阴。如“刘兆山”的名字，“刘”字 15 划，单数属阳，“兆”字 6 划，双数属阴，“山”字 3 划，单数属阳。外阴阳指姓名五格，如天格、人格、地格、外格、总格，按照某一种的笔划数定其阴阳。

关于阴阳所主的吉凶，在拙著《八字应用经验学》中写得最详细、有关阴阳五行生克吉凶，阳代表男性、阴代表女性，阴克阳或阳克阴好比是男人和女人吵架，互相有忍让之心态，不会造成像两个男子打架，非得拼一个你死我活，互相打得不可开交的严重后果的。

第四章 数理篇

第一节 姓名与五行生克关系

姓名与人生命运的关系是分不开的，它的原理完全来自于我国古老《易经》的象、数、理、占和阴阳五行。

《易经》是我国最古老的一部典藉，被尊为“群经之首”。古人用《易经》仰观天文，腑察地理，中通万事万物，用它来探索宇宙，研究天文、地理、人类和日常生活的道理。数千年来在我国民间用易经与五行结合解释人生与天地之间的关系。

《易经》中的八卦是：乾☰、坤☷、震☳、巽☴、坎☵、离☲、艮☶、兑☱。由八卦又演变出来六十四卦，再由六十四卦演变出三百八十四爻，每一爻的符号用“——”代表阳爻，“— —”代表阴爻。代表阳爻的为男，为刚，为强，其数为奇，为1、3、5、7、9，象征着事物的积极向上。代表阴爻的为女，为柔，为弱，其数为偶，为2、4、6、8、10，象征事物的消极。阴阳奇偶的变化，代表事物“象”与“数”的各种内在关系。

古老的易经八卦，用五行金、木、水、火、土五行相生相克的理论，来分析事物的矛盾和内在关系。人的姓名用五行八卦理论去进行分析，其中含有金、木、水、火、土成分，而人的命运又受到名字五行数理的影响。

金、木、水、火、土五行讲究的是相生相克，五行相生就好像母亲生儿子一样，有相亲相爱之情，意味着一切顺利，万事吉祥。

五行相克含有互相克制，在日常生活中意味着互相反目、斗殴、敌对、残杀等针锋相对。

五行金、木、水、火、土属于无形而实存的物体，是大自然互相制约的常规称之为抽象。

1. 五行相生：木生火、火生土、土生金、金生水、水生木。

2. 五行相克：木克土、土克水、水克火、火克金、金克木。

3. 五行比和：木与木、火与火、土与土、金与金、水与水。

4. 相生结果：五行相生、增强原力，如火受木生，火的力量增强。五行既有相生也有相克，五行相克就好比互相争斗，又好比战争彼此相斗互相残杀，最后落得你死我活的下场。五行相克意味着对立、相斗、艰难凶灾。其相克规律请看上述五行相生相克图。

5. 相克结果：五行相克原力互损，如木受金克，则木的力量减弱。

五行相生相克，有阴阳奇偶相克。奇偶相克，克力较小，同性相克，克力较大。

1、3、5、7、9 称之为阳刚之数，其性刚强、快速、旺盛而猛烈。

2、4、6、8、10 称之为阴柔之数，其性沉着、缓慢、稳重而朴素。

一、五行数理所属

《易经》和阴阳五行的理论一致认为，万物都来自“数”，宇宙也来自数，数始于 1 而终于 10，五行也是数，依照数的五行理论来分辨数的始终。

1、2、11、12、21、22……凡个位数为 1、2 者，五行皆属木，一属阳木，二属阴木。

3、4、13、14、23、24……凡个位数为 3、4 者，五行皆属火，三属阳火，四属阴火。

5、6、15、16、25、26……凡个位数为5、6者，五行皆属土，五属阳土，六属阴土。

7、8、17、18、27、28……凡个位数为7、8者，五行皆属金，七属阳金，八属阴金。

9、10、19、20、29、30……凡个位数为9、10者，五行皆属水，九属阳水，十属阴水。

二、姓名之天干五行数

天干五行属木者：一为甲木，二为乙木。

天干五行属火者：三为丙火，四为丁火。

天干五行属土者：五为戊土，六为己土。

天干五行属金者：七为庚金，八为辛金。

天干五行属水者：九为壬水，十为癸水。

三、姓名之地支五行数

地支五行属木者：一为寅木，二为卯木。

地支五行属火者：三为巳火，四为午火。

地支五行属土者：五为辰土，六为未土。

地支五行属金者：七为申金，八为酉金。

地支五行属水者：九为子水，十为亥水。

四、五行数理相生

在实际运用中，凡5数出现在名字数理中为戊辰，6数出现在名字数理中则为己丑。若5数出现在格局数理中为戊戌，6数出现在五格数理中则为己未。

在姓名中，每一个字与每一个组合都有一定的含义，它们之间的刑冲克合都在不同的运程中，给人带来不同程度的吉凶祸福，关系到一个人一生的前程和命运。因此在起名时应特别注意，首先要注重五行相生相克，干支相合为吉，五行相克，干支相冲为凶。

1、2木生3、4火—3、4火生5、6土—5、6土生7、8金—7、8

金生 9、10 水。

五、五行数理相克

1、2 木克 5、6 土—5、6 土克 9、10 水—9、10 水克 3、4 火—3、4 火克 7、8 金—7、8 金克 1、2 木。

现在我们可以把笔划数理与阴阳五行结合起来详细介绍，即可揭示事物发展的内在关系。

无论是人的名字或者是公司名称都可用五行数理来推算。根据阴阳五行生克理论，用姓名中每一个字的笔划数与另一个字的笔划两者相比较，很容易知道各种数理之间相生相克关系，用这种生克关系总结出其中蕴含的种种意义。也可直接看出名字的笔划是凶是吉或所包含的吉凶暗示。

姓名八十一数阴阳示意表

以○代表阳的符号　以●代表阴的符号
○1、11、21、31、41、51、61、71、81 数者， 无论天、地、人、总、外格都属阳木
●2、12、22、32、42、52、62、72 数者， 无论天、地、人、总、外格都属阴木
○3、13、23、33、43、53、63、73 数者， 无论天、地、人、总、外格都属阳火
●4、14、24、34、44、54、64、74 数者， 无论天、地、人、总、外格都属阴火
○5、15、25、35、45、55、65、75 数者， 无论天、地、人、总、外格都属阳土

●6、16、26、36、46、56、66、76 数者， 无论天、地、人、总、外格都属阴土
○7、17、27、37、47、57、67、77 数者， 无论天、地、人、总、外格都属阳金
●8、18、28、38、48、58、68、78 数者， 无论天、地、人、总、外格都属阴金
○9、19、29、39、49、59、69、79 数者， 无论天、地、人、总、外格都属阳水
●10、20、30、40、50、60、70、80 数者， 无论天、地、人、总、外格都属阴水

六、五行生克公律

1. 五行相生

五行以木能生火，火能生土，土能生金，金能生水，水能生木的公律，生生不息，顺应万象，以自然生成的道理运行，则主诸事顺利，万事通畅，其相生规律从下往上生，谓之顺位相生，顺位相生比逆位相生力量大。例如：

顺位相生：${}^{9}_{10}$水生←${}^{7}_{8}$金生←${}^{5}_{6}$土生←${}^{3}_{4}$火生←${}^{1}_{2}$木……

上述公式之五行相生，从下往上木生火、火生土、土生金、金生水，谓之顺位相生。木得水生必有舒展，火得木生必然旺盛，金得土生定然强壮，水得金生定然波壮。此乃大自然调和之法则。姓名之数理，特别是成功运与基础运若得位相生者，必能万事和协，顺利发展，一生平安无恙。

若五行由上生下，如木生火、火生土、土生金、金生水，谓之逆生。例如：

逆位相生：$^{1}_{2}$木生→$^{3}_{4}$火生→$^{5}_{6}$土生→$^{7}_{8}$金生→$^{9}_{10}$水……

逆位相生是由上生下，因得五行调和，可保基础安定，可得到上司或长辈关顾，在事业或其它方方面面都可得到上级提拔，因此诸事皆能逐渐发展顺利，终获成功。

2. 五行相克

五行相克者乃木能克土、土能克水、水能克火、火能克金、金能克木，所谓相克，也就是违背天地之间的自然规律之运行，导致万物败绝，但五行相克有顺逆之分。逆位相克其凶力大，顺位相克其凶力小。例如：

顺位相克：$^{7}_{8}$金←$^{3}_{4}$火←$^{9}_{10}$水←$^{5}_{6}$土←$^{1}_{2}$木……

五行由下往上，从木克土、土克水、水克火、火克金，逐位相克，谓之顺位相克。土遇木克为失令之克，水遇土克为失力之克，火遇水克为失权之克，木遇金克为失气之克，此乃失去大自然调和之象，为之凶格，姓名的天格、地格与人格有相克者，主基础不好，事业难以成功，而且会遭凶灾之厄运。

逆位相克：$^{1}_{2}$木→$^{5}_{6}$土→$^{9}_{10}$水→$^{3}_{4}$火→$^{7}_{8}$金……

五行逆位相克，由木克土、土克水、水克火、火克金、金克木顺数，由上至下，谓之逆位相克，但凡逆位相克者，遇事缺乏调和，事事不顺，处于艰难痛苦之中，而且迟早会遭不测之灾。

第二节　姓名笔划计算法

中国文字，源远流长，自仓颉造字后，又经过数千年的发展，顺着天地自然之理，研究出六书法则，所谓六书者，即是像形、会意、形声、转注、假借、数理。法则中含有深奥而又玄密的数理灵意。所以中国文字绝非像他国文字只是单纯的记事符号，中国文字中隐藏着深奥而又极其巧妙的玄机数理。所谓“数”乃是宇宙间万事万物的根本，是不可改变的真理。例如：凡事都从一开始，继而二、三……九、十至百、千万、亿……等。《洪篇皇极》曰：数者无力无量，凡数皆起于一而终于十，次序不紊不乱。所以，宇宙间之万象万物，无一不受数的支配。包括人的精神肉体以及一切吉凶祸福皆有定数。故人之命运更不例外，都受数的灵导力把握支配。

姓名学的观点，就是根据笔划数的原理来确定吉凶的，所以姓名的一点一划皆有数的规律与意义，一点都不能疏忽。因此，要知笔划的数理，就必须会算文字的正确笔划数，若有一点之差将会影响整个名字的准确含义。现将笔划的计算方法详述于下：

姓名学的计算笔划有其独特的计算方法，要想知道名字的好坏，首先要具备一本《康熙字典》，因近代起名都是以其为标准来计算笔划数，再依照八十一数辨其吉凶，所以必须要以《康熙字典》为准。现举例如下：

一、十个数的笔划

首先我们来问一下，“八”字是多少笔划？相信大家一定会迅速说出“八字”是两划，错了！姓名学的笔划计算法八字是八划。

又问：“四”字是多少划？那么你又会说“四”字是五划，又错了，四字是四划。

例如：你的姓名叫“汪四”，请问你的名字是多少划？你千万不能说是汪字七划，四字是五划，应该说“汪四”这个姓名是十二划，为什么呢？因“汪”是三点水旁，三点水要依“水”字笔划来计算，“水”是四划，所以汪字要按八划计算。汪四的四字本来是五划，但在起名时不能按五划算，要按照灵数的四划计算。

姓名学笔划计算方法和现代常用计算方法稍有不同，它的笔划计算始终是依据康熙字典而定，关于一至十的数字计算，可直接按数字的灵动来计算。

一字——一划

二字——二划

三字——三划

四字——四划

五字——五划

六字——六划

七字——七划

八字——八划

九字——九划

十字——十划

请记住，“百”字不是百划，而是六划，“千”字不是一千划，而是三划，万字乃十五划，关于此数理的灵动只是适用于一至十数。

二、特殊偏旁部首笔划介绍

要学姓名学，就要知道特殊偏旁部首的笔划数，为了使读者一读就懂，请看以下说明。

扌（手）提手旁，手字乃四划，如提（13）打（6）

忄（心）竖心旁，心字乃四划，如情（12）恬（10）

氵（水）三点水，水字乃四划，如湘（13）汪（8）

犭（犬）犬字旁，犬字乃四划，如猩（13）狠（10）

礻（示）斜示旁，示字乃五划，如祥（11）祯（14）

王（玉）玉字旁，玉字乃五划，如理（12）珠（11）

艹（艸）草字头，艹字乃六划，如草（12）万（15）

衤（衣）衣字旁，衣字乃六划，如裕（13）袱（12）

月(肉)斜肉旁,肉字乃六划,如股(10)胳(12)

辶(走)走之旁,走字乃七划,如送(13)连(14)

廴(廴)廴字旁,廴字乃三划,如建(9)廷(7)。

卩(卩)单耳旁,卩字乃二划,如印(6)卸(8)

阝(邑)右耳旁,邑字乃七划,如都(16)邱(12)

阝(阜)左耳旁,阜字乃八划,如限(14)陈(16)

为了帮助记忆,现按照《康熙字典》编一首歌诀如下:

点水提手竖心旁,加之犬犹四划详。

斜示王旁皆五划,草头衣路六划长。

走之原来七划数,无点走之三划强。

左八右七耳刀看,读者必须记胸膛。

举例来说,假设你姓“苗”,如按正常笔划计算,苗字是八划,但按姓名学来算,苗字却是十一划,因为草字头要以古写的“艸”字“六划”来计算笔划数。

又如姓“陈”的人,照正常笔划计算,陈字乃十一划,但按姓名学来计算,陈字是十六划,因左边的耳刀旁按照古字“阜”字来计算,阜字是八划,加上東字八划,所以陈字按十六划计算。同样姓“郑”的人,按正常计算,郑字乃十四划,按姓名学计算,郑字为十九划,因右边的耳刀是按照古字“邑”字来计算,邑字本身是七划,加上郑左边“奠”字,所以计算成十九划。

对于以上所说的偏旁部首还要提出几点说明,关于“月”字旁的字,其它书都以提肉旁作为六划计算,这是无可非议的,但不能凡是见“月”字皆“提肉”旁六划计算,若是包括在肢体、血脉、脏腑器官部分之字,如肌、脏、脐、脸、肋、肢、肺、胃、肥、胖、肝、胆、胞、肠、肚、脑、腰……凡是人体部分的字皆以六划计算是完全合理的。但其中有些字不是人体部分用字,如一个月、二个月的“月”字就不能作六划计算,应该算作四划,其中包括有明、朋、服、朝、期、朔、青、朗……等,不是肢肉血脉的,就不能以“肉”

字六划来计算,只能有几划就算作几划,这点绝不能混淆。还有下列的一些字亦须注意。比如说“敬”字,是属于攵部字,不能按草字头算,只能还算作十三划,又如落叶的“落”字,是属于草字部,作十五划计算,不能再将三点水加上一划,当作十六划计算。

以上十种偏旁部首的笔划特殊计算法,只要经常运用,便能熟记于心。

第三节 笔划数的吉凶所主

上述而知,姓名的笔划数是按照特定的笔划数顺序而构成的数理,故每一个笔划数都有一定的内在含义,其一笔一划都能影响人生命运。

宇宙间万事万物都不外乎于数,其数始于1,终于10。周而复始循环无穷,永无休止,顺序不乱,此乃宇宙间之真理也。从哲理上来说数既是空间,又是时间,在天地之间包罗万象,以物象界的生成化育而动。在九九最小的公倍数中,每一数都暗含宇宙间大自然的阴阳变化。如天地有阴阳,人有男女,物体有刚柔等,由于姓名文字不同,笔划不同,组合不同,而数理之吉凶也就各有不同,所以对人生的影响也各有不同,因此而产生了各种各样不同命运,导致了人与人的处境不一样,显示的穷夭寿通也各不相同。

在五格姓名预测学中,要注重数与数之间互相配合而产生出的生合刑冲克害,绝非一格就能定出人生吉凶,必须全盘考虑各格的数理组合,和八字一样将大运流年全部综合,方能判断吉凶。

一、八十一数灵数吉凶暗示

1. 最好的大吉之数

1、3、5、6、7、8、11、13、15、16、17、18、21、23、24、25、29、31、

32、33、35、37、39、41、45、47、48、52、57、61、63、65、67、68、81 等数。

2. 比较好的中吉之数暗示

38、51、55、58、71、73、75、77、78 等数。

3. 最凶之数理暗示

2、4、9、10、12、14、19、20、22、26、27、28、30、34、36、40、42、43、44、46、49、50、53、54、56、59、60、62、64、66、69、70、72、74、76、79、80 等数。

二、八十一数灵数吉凶暗示所主

1. 首领运数的数理：7、13、15、16、17、21、28、33、39、37 等数。

2. 刚强的数理暗示：7、8、17、18、25、27、28、37、38、41 等数。

3. 孤独数的数理暗示：4、10、12、14、22、28、34 等数。

4. 遭难数的数理暗示：4、9、10、19、20、22、27、28、34、44、50、59、60 等数。

5. 财源丰富的数理暗示：15、16、24、29、32、33、39、41、45、52 等数。

6. 有艺术特长的数理暗示：13、14、22、26、29、33、36、38、42 等数。

7. 有桃花运的数理暗示：4、12、14、15、16、24、26、28、39、41、52 等数。

8. 好酒色的数理暗示：17、23、24、27、33、37、43、52、62 等数。

9. 温和的数理暗示：5、6、11、15、16、31、32、35、45 等数。

10. 寡妇运的数理暗示：21、23、26、28、33、38、39 等数。

11. 晚婚的数理暗示：9、10、12、17、22、28、34、35、38、40 等数。

12. 女人有德的最好数理暗示：5、6、15、16、35 等数。

13. 男人双妻的数理暗示:5、6、15、16、32、39、41 等数。

14. 男女相貌美好的数理暗示:4、12、14、22、24、26、31、32、37、41 等数。

15. 喜欢吹牛拍马的数理暗示:11、21、22、31、32、41 等数。

16. 发家致富的数理暗示:3、5、6、11、13、15、16、24、31、32、35、39、45 等数。

17. 败家贫困的数理暗示:2、4、9、10、12、14、19、20、22、26、36、40、42 等数。

18. 短命的数理暗示:4、9、10、14、19、20、28、34、44 等数。

以上这些数理,都是以人格及总格为准,逢凶则凶,遇吉则吉,凶数若遇化解,凶而不凶,吉数遇刑冲克害,吉而不吉。五行宜生扶不宜刑克,一般上生下,下生上都为吉象,上克下或下克上多是逆而不顺,不是疾病伤灾,就是官非破财。如果人格遇天格和地格上下夹克时,总格再不好,又没有它格合化时则为大凶之象,因此在起名时要特别注意。否则到时还要更名。

第四节　姓名与五格剖象

目前最为流行的是五格剖象起名法,此法易学易用,只要有初中文化程度即可掌握这门知识,并能应用自如。

五格剖象起源很早,有典籍可考的早在明代万育吾所编著的《三命通会》一书中就有四声、五音、韵字等三百字的简述,在宋朝邵康节所著的《皇极经世》书中也有阐明,又有宋代蔡九峰所著《皇极八十一数原图》中有以八十一划论吉凶的论述。可惜这些宝贵资料,一直没有得到应有的重视,直到民国时期,流失到日本。有一位叫熊崎键翁的日本哲学家,将《蔡氏八十一数精义》进行修饰后起名叫《熊氏姓名学》,后来流行到韩国、台湾、香港以及东南亚等地。现世界各地都在研究，使五格剖象法逐步完善和更加系统。

五格剖象是根据《皇极经书》和《蔡氏精义》八十一数演变而来，用《易经》中的“象”“数”理论，将姓名的笔划数按其规律演变成天格、人格、地格、总格、外格等五种格局。是用此五种格局配合阴阳五行生克关系，来推测其人各方面运势的一种方法。

一、五格剖象的具体应用方法

1.用姓名中的人格和外格配合的数理，可推测出其人的性格和社会交际等外缘关系如何。

2.用姓名中的人格和地格配置的数理，可推测出其人年轻时期的人生历程，以及子女、妻子、部下以及同事和上司之间的关系如何。

3.用姓名中总格数理可推测出其人一生，特别在晚年以后的人生历程。

4.用姓名中的天、地、人三格的数理关系，可以推测出一个人的健康情况和一生处境如何。

5.用天格与人格配合起来的数理称之为“成功运”可看出其人的事业成功的程度如何。

6.用人格与地格配合起来的数理称之为“基础运”可推测出其人的一生事业基础如何。

就这样从一个人的姓名简单的几个文字笔划数即可判断出某人一生的情况如何。

用1～81数演化出五格剖象，再从五格剖象中可知其人身体、事业、外交关系以及一生运程的处境如何。

五格中以“天格”、“人格”、“地格”为整个姓名学最重要的部份，因此，将此三格称之为天、地、人三才。当你为人批断姓名时，若此人姓名中的天格、地格、人格都是吉数，不用说就是好名字。在三才配制中，以人格为姓名的核心，通称为主运，它是天格与地格两者之间共同的产物，也就是天格与人格两格合成的一个格局。姓名学认为，人格具有凝聚于天地精华的灵动力，所以称之为“人格”。

二、五格的确定

1. 天格(先天运)

姓氏为天格，我国的姓氏大多是单字姓，少部分是双字(复姓)姓，若是单字姓，就在单字姓的笔划上加一划是天格。例如姓王的人，王字原来是四划在上面再加上一划变成五划，这个五画即为天格。若是两个字姓的也是将姓的上面加一画即为天格。天格是祖上传留的是不可更改的。对于判断姓名吉凶是无关紧要的，姓名的天格本身不存在什么吉凶，主要作用是与人格合起来，对照五行生克关系，能确定出该人的成功程度如何。

从姓名中可以看出“流年”行运如何，其法是用“天格”之五行与“总格”之五行的生克关系互相比较，称之为“先天运”。从中可以看出其人从一岁开始至12岁之间，也就是其从幼年至童年时期之间的吉凶，故姓名学上称天格为之“先天运”。

2. 人格(主运)

人格的计算方法是双字姓双字名可将姓氏下面的字，与名字上面一字两者相加计算便是“人格”。单字姓双字名者，是将姓的笔划数与“名字”上第一个字的笔划数相加起来叫做“人格”。人格又叫做“主运”。例如演还珠格格的演员“林心如”，“林”字的笔划加心字的笔划便是“人格”，“林”字是八划，“心”字是四划，加起来是十二划，她的“人格”便是十二划或者称“主运”是十二划。

人格是名字中最重要的一格，要知其一生事业成败，特别在25岁至36岁之间的事业如何，主要以此人格来推算。这段时间乃是人生最旺盛时期，俗说“月过中秋光明少，人过中年夕阳西”，所以“人格”又称之“主运”。将人格数与天格数两者互相比较,可判断出其人与父母长辈,领导的关系怎样,女人和丈夫的感情如何,人格的地位和八字中日主一样,乃是一家之主,可将其看作是总当家的地位。

3. 地格(前运)

地格求法,将姓名的总笔划数减去姓氏的笔划便是"地格"。比如名字是两个字的,将两个字的笔划加起来便是地格,若名字是单字的,看这个单字是多少笔划,再将这个单字的笔划加上一划便为"地格"。例如"林心如"的名字,将"心如"两个字加起来便是"地格","心"字是四划,"如"字是六划,两个合起来是十划,那么林心如这个名字的地格就是十划。"地格"又称之为"前运",掌管人生十三虚岁至二十五虚岁这段时间的运气,这个时期是人生成败奠基时间,关系到人的一生命运,所以称地格为"前运"。地格代表一个人的部属、子女、妻子。用地格与人格比较关系,称之为"基础运",可判断出其人与子女、晚辈、下属关系如何。此运吉凶配制,可关系到其人的事业成功迟速,特别重要。

4. 总格(后运)

总格的计算是将姓与名字的全部笔划数相加就叫做总格,总格代表人的一生,从一岁起直至寿命终止。特别对 55 岁以后直至临终这段时期的影响力最大,在这段时间"总格"的数理是凶则凶,是吉则吉。故又称总格数为"后运"。

总格关系到一个人的一生事业成败特别对 49 岁以后的影响最大,人的一生追求就是要有一个幸福美好的晚年,姓名中只要总格没有毛病,其人在 49 岁至 60 岁,这段时间无论在经济、事业上都会一帆风顺,事业都会有成,若总格是凶数,或受其它格局影响,纵有天大的本领,也是事与愿违。关于 61 岁以后,再从天格开始,地格、人格每格又主 12 年计算。

5. 外格(副运)

外格的计算法,是将总格减去人格再加上一个虚数,便是

“外格”数。也可在天格与地格两者相加之数中减去人格之数便是外格。再简单的办法，若是两个字的名，在名字最后一个字上再添上一数便是“外格数”。

外格的主管权益仅次于主运，所以又称为“副运”。外格有独立吉凶之权，具有扶助人格(主运)的能力，除了人格就要数它的权威最大。将主格比喻为一个大家庭，外格的地位则代表妻子人格代表丈夫，除了丈夫就数妻子权力最大了。所以外格主管权仅次于主运。因此，从外格可以推断出其人的人缘关系，也可从中看出其人与配偶的感情如何，最终结果怎样。外格又称之为“配偶运”或“副运”。外格最重要的灵动力，是扶助人格主运，主宰人生 37 岁至 48 岁这段时期的财运和事业，它有统辖中年后半期到晚年之前前半期的吉凶成败之权。

第五节　从数理辨认五行

从以上论述中，已知五格剖象数理的具体作用，但明白五格剖象之后，必须要弄清数理的五行属性。在辨认五行时，需注意以下两点：

1. 在辨认五行时，只须计算 1～10 的倍数，超过十位数去掉十位而只看个位，个位数为 0 则计算为 10 即可。

2. 以数理来划分五行，即 1～2 属木，1 为阳木，2 为阴木；3～4 属火，3 为阳火，4 为阴火；5～6 属土，5 为阳土，6 为阴土；7～8 属金，7 为阳金，8 为阴金；9～10 属水，9 为阳水，10 为阴水。现将三才配置和五格剖象来进行实地操作以示明白。

所谓三才就是指天地人三个格局，称天格为天，人格为人，地格为地，统称为天地人三才，以此三才之五行互相生克来决定吉凶。以人格为主，人格与天格用五行生克来对比称之为成功运,可决定其人与长辈,上司的互相关系如何,相生则吉,相克则凶。以人格对地格五行生克对比,可决定出其人对下属以及妻儿子女的关系如何,相生则吉,相克则凶。此两格对比又称之为"基础运"。

一、单姓双名之三才配置与五格剖象法

所谓单字双名,就是将姓的笔划加一虚划叫做天格,又称之"成功运"。将姓的笔划与名字上面一个字的笔划加在一起,谓之人格。人格为三才五格之中心,是整个姓名格局之主,此格非常重要。将名字两个数相加的总笔划数谓之地格,称之为基础运,从此格中可看出其人前半生事业成败如何。所谓三才配置,就是指其天、地、人三才的搭配如何。五格者就是指天格、人格、地格、总格和外格,统称五格。例如:

(1)
劉 15] 16 天格(土)] 成功运 16土与24火比

品 9] 24 人格(火) ………

江 7] 16 地格(土)] 基础运 24火与16土比

社交运外格 8(金)

(总格)31 木

1. 单姓双名

(1)天格

“刘品江”的“刘”为 15 划,“品”为 9 划,“江”为 7 划。天格是姓氏的“刘”字上加上一划,即刘字本身是 15 划,加上一划变成 16 划便是天格,16 划五行属土。

(2)人格

人格是姓的笔划数加名字第一个字的笔划数,如“刘”字 15 划加上“品”字 9 划,两个字相加共是 24 划便是人格,人格 24 划五行属火。

(3)地格

地格是名字“品江”两个字相加的笔划数“品”字 9 划“江”字 7 划,两个字相加共得 16 划,这个 16 划便是地格,16 划五行为土。

(4)总格

把姓名所有笔划数相加的总和叫做总格。也就是将“刘品江”三个字加起来的总数叫做总格。“刘”字 15 划加“品”字 9 划,再加“江”字 7 划,总共是 31 划,31 划五行属木。人格与地格两者相比称之为“基础运”,又叫做“前运”,以此可判断出其人与子女、部下关系如何。

(5)外格

外格是将天格的 16 划,加上地格的 16 划共得 32 划从中减去人格 24 划还剩 8 划,这个 8 划就是“外格”。第二种方法是将总格的 31 划减去人格 24 划,再加上 1 划也是等于 8 划,第三种方法更为简单,可直接将名字最后一个字加上一划,得出来的数和上述外格的数理一样。人格与外格两者相比称之为“社交运”又叫做“副运”或配偶运。

二、单姓单名

1. 单姓单名的三才五格演示法

(1)
王 4 —— 5 天格(土)
成功运：5 土与 18 金比

菲 14 —— 18 人格(金) ………

假 1 —— 15 地格(土)
基础运：18 金与 15 土比

外格 2(木)
社交运：金与木比

(总格)18 金

(1)天格

“王菲”的“王”字为 4 划，“菲”字为 14 划，将“王”字的上面加上一划变成 5 划为天格，天格 5 划五行属土。

(2)人格

是将姓的笔划加上名字的笔划为人格。王菲的名字“王”字是 4 划“菲”字是 14 划，两个字加起来共为 18 划，谓之人格，18 划五行属金。

(3)地格

地格是名字笔划下面再虚加上一划即为地格“王菲”的“菲”字是 14 划，再虚加上一划共 15 划，即为地格 15 划五行属土。

(4)总格

是姓和名字两者相加为之“总格”,“王菲”的“王”字是 4 划“菲”字是 14 划,两个字共 18 划,总格为 18 划五行属金。

(5)外格

两个字的外格,是以姓上虚加之数,加上名字下面的虚加之数谓之“外格”。但凡姓名两个字的外格都是 2 划,也就是只要是单字姓名的外格都是两划。

三、单字姓名解释

姓是一个字,名字也是一个字。无有外格之象,然天地之间有阴必有阳,有内必有外,有表必有里,这是自然之理,但易理之中往往不见者反而有之,只是不现形而已,其实并不是没有。既然如此,以“一”假添而成外格,因一者乃万象之基数也。所以单字姓、单字名者,必须在姓氏之上添上一划为天格,名字之下再添上一划为地格,将天格虚加数的“1”加上地格的虚加数的“1”两者合计为“2”便是外格。只要是单姓单名这个 2 数的外格,永久不变。

四、双姓单名及双名的五格演示法

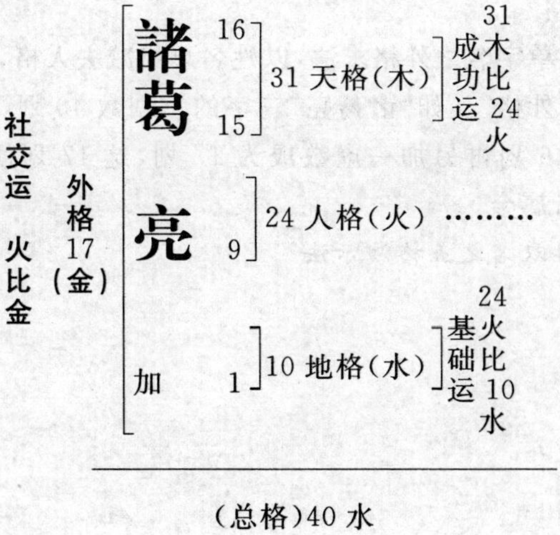

1. 双姓单名

(1)天格

姓“诸葛”名“亮”。“诸”字16划“葛”字15划，诸葛两个字加起来共31划为天格，31划五行属木。

(2)人格

复字姓的人格求法是将姓的最下面一字和名字上面一字共两个字相加的总笔划为人格，如“诸葛”的“葛”字是15划，加上“亮”字9划共是24划，这24划便是人格。24划五行属火。

(3)地格

复字姓单字名，是将名字笔划数再虚加一数便是地格，如“诸葛亮”的“亮”字是9划，再虚加一划共是10划，这个10划便是“地格”。10划五行属水。

(4)总格

复字姓单字名之总格求法，以姓和名字的总笔划相加称之“总格”。如“诸葛亮”三字的总划数是40划，这40划便是总格，40划的五行属水。

(5)外格

复字姓单字名之外格求法，以姓名总格减去人格，另再加虚数(1)便为“外格”。如“诸葛亮”三字的总划数40划，减去人格24划等于16划再另加一虚数成为17划，这17划便是人格。17划的五行属金。

2. 双姓双名之五格演示法

公 4
孫 10 ］14 天格（火）］成功运 14 火比 20 水

社交运 20 水比 21 木　外格 21（木）

軒 10 ］20 人格（水）………

轅 17 ］27 地格（金）］基础运 20 水比 27 金

(总格)41 木

3. 双姓双名计算法

(1)天格

复字姓双字名的天格求法，将姓的两个字的笔划加起来，不用再虚添一划即为天格。如“公孙轩辕”，公孙是姓，公字是 4 划，孙字是 10 划，公孙二字加起来是 14 划，14 划便是天格，14 划五行属火。

(2)人格

复姓双名，将姓的两个字最下面一字与名字最上面一字的笔划相加合计数便是人格。如公孙的“孙”字是 10 划，轩辕的“轩”字是 10 划，两个字加起来便是 20 划，这个 20 划便是人格。20 划五行属水。

(3)地格

除姓之外，不管名字是多少个字，将名字的笔划加起来即为地格。如“公孙轩辕”“轩辕”二字是名字，两个字总笔划是 27 划，这 27 划数便是地格。27 数五行属金。

(4)总格

复姓双名的求法是以复姓双名的笔划加起来的总笔划便为“总格”。如“公孙轩辕”四字的总划数是 41 划,这个 41 数就是“总格”,41 数五行属木。

(5)外格

复字姓复字名不用虚加笔划,只须从总格数中减去人格数便是外格。如“公孙轩辕”的姓名总格是 41 划,减去人格数之 20 划,41－20＝21 这个 21 划便是外格。21 划五行属木。

第六节　以三才配置看六亲

一、人格与天格、地格对六亲影响

人格、天格、地格,谓之天地人三才,统称之为三才配置,用此三格可察知其人与上司、同事、下属以及社会交际如何。其法以“人格”为我,以外格为他人,“人格”与“外格”之间的生克关系为“社交运”。主要观察其人的人缘好坏,及其社交能力如何。若是人格五行与外格五行两者与外五行相生,说明此人外缘关系优越,若是相克便知其人的外缘关系不好,社交能力也肯定不理想。

现将人格、天格、地格的生克关系配置后的社交状况,详述如下:

1. 姓名中的人格得天格所生者,得双亲及其长辈、上司的爱护及帮助,而且主有名望。

2. 姓名中的人格得地格所生,得子女及晚辈、下属敬重、拥护及尽力的帮助。

3. 姓名中的人格生天格,此人孝顺父母,尊敬长辈,工作上尊重上级,不仅能四海扬名,而且名扬长久。

4.姓名中人格生地格者，此人注重子女，教子有方，关心下属，爱护晚辈。

5.姓名中人格克天格者，此人多数不孝敬父母，不尊重长辈，工作抗上，对上级有叛逆心理，而且自高自傲，自作聪明，若两格是一阴一阳者，其凶可以减半。

6.姓名中人格克地格者，对子女管教过分偏激，严厉，使子女反感，而且对下属百般刁难，与下属关系不融洽。有这种格局的人要控制住自己，否则不仅子女靠不住，而且下属也会远离。但若人格与地格的数理五行是一阴一阳的话，其凶可以减半。

7.姓名中人格受天格所克者，此人与双亲脾气不合，并且会受到父母长辈或上司无理指责，工作上无论你怎么去努力，也难得上级欢心。而且吃力不讨好，为此也难得长辈提拔，像这种格局的名字，建议不如改去，省得思想上长期受到压抑。但是这种格局的五行，若是一阴一阳，其凶可减半。

8.姓名中人格受地格克者，大多子女不孝，为子女不接受教育或受子女拖累而成天哀声叹气。而且会受到子女或下属厌弃，或受下属连累、陷害。但若地格五行克人格五行是一阴一阳所克，其凶可减半，不像上述那么严重。

9.姓名中人格五行若与天格五行是同类者，其人与上级或长辈关系必然相处得密切，互相之间能像老朋友一样亲近，绝对不会互相抵毁、叛逆、事业上易得长辈支持、上级提拔，容易成功发展、上升。此两格五行最好是一阴一阳，比起同阴同阳又要好得多了。

10.姓名中人格与天格五行同类者，与下级关系相处得好，关系和睦，互相信任，绝对不会相互诋毁、叛逆，也容易得到晚辈、下属的拥护和爱戴。由于得到下属吹捧而威望提高，名声大振。若是两格五行又是一阴一阳者，更是锦上添花，风调雨顺了。

综上而言,姓名学之三才配置是根据宇宙间大自然之理而组成的,其原则是顺者则吉,逆者则凶。所谓顺者,相生比和谓之顺,相克谓之凶。其三才配置的具体情况,还要配合成功运与基础运两大部分。

二、成功运

人格五行与天格五行两者配合称之为"成功运"。人格代表自己,天格代表父母、长辈、上级领导。若是已婚妇女,则天格代表公公婆婆,又代表丈夫。人格与天格若能相生,说明本人能得到父母、长辈、上级领导的有益帮助,而且能相处得非常融洽。人格与天格五行同类者,谓之天人比和,本人可能得到双亲、长辈、上司的器重,相处得也比较不错。最怕人格与天格两者相克,主本人不仅得不到长辈、上司的助益,而且脾气也合不来,相互间处事必不融洽,即使开始相处的很好,但到后来互相为仇为怨者多。

一个人在事业上是否能成功发展,主要看"成功运",若天格与人格互相相生,此人的事业前程肯定能得到长辈支持,上司提拔,能红红火火地干出一番出人头地的事业。人格若与天格相克,说明此人得不到上司及长辈的支持和提拔,在事业上难以发展,而且会处处碰壁。

"成功运"管辖其人 40 岁至 70 岁 30 年之间的运气,这段时间是属于中晚年时期,其人能否安度晚年,或者遭变凶惨,全要看此两格的配合。"成功运"与人生命运的影响极大,定需重视。

三、基础运

基础运:即人格五行与地格五行两者配合称之为"基础运"。人格五行代表持名人自己,地格五行代表其人的子女、晚辈、下属……若已婚之男人,以地格代表妻子、子女。若人格五行与地格五行两者相生,主其人子女孝顺,妻夫恩爱、得到晚辈和下属员工的助益和尊重,而且能相处得情投意合。若两者五行同类谓之比和。也同样能得妻子、儿女的恩爱或孝顺。人格与地格两者最怕相克，本人不仅得不到妻儿子女的爱戴，相反地为顽妻孽子而成天操心。

基础运主管其人 9 岁到 39 岁之间 30 年的运程，此 30 年是对人生影响最大的黄金时期，这个期间的机遇成败，全看此二格的配合如何。所以，基础运称之为人生根基，在起名时千万要重视，一点都不能马虎。

三才配置，简称之为三才局，主要就是人格、天格和地格，看它们之间的五行是生是克，相生为吉，相克则凶，以此确定名字的好坏。

但要知道，姓名中的字义再好，只要此三才局配置不好，也显现不了好的效果，而且还会出现意想不到的灾厄，这一点特别重要。再说，只要这几个格局配置得好，其它格局虽凶，其凶性也不能发作，仍能展现其吉数的巨大的威力。

在姓名学中，三才配置的作用非常重要，虽然“成功运”的作用比基础运作用大，但是最好这两个方面都为吉数为佳，否则成功运再好，基础运不好，也不是个好名字。

第七节　五格四大运之详述

预测姓名好坏，主要以“人格”为主，人格为姓名的“主运”，主管虚岁 25 岁至 36 岁之间的行运吉凶。外格为姓名之“副运”主管虚岁 37 到 48 岁之间的吉凶。如果主运和副运的数理都是凶数时，前运的地格中所有的任何吉数，都被减轻。如主运和副运都是吉数，在 37 岁至 48 岁之间做任何事情都能畅通无阻。

如果在后运（总格）中存有凶数者，于 48 岁以后很可能出现相当的凶灾恶祸，反之主运和前运虽是凶数，而后运有好数者，晚年也能享受几年幸福。

总而言之，无论是前运后运，都要将五种格局共同进行分析，互相比较，发挥各个格局的作用。

从此看出，在五格中除去天格，其余四格之中，有任何一格是凶数者，都不是一个好名字，建议还是改名为好。

通过以上论述，对于姓名五格的内容及用法大概有所了解，但对各格中数理意义还要进行详细分析，对于格与格之间的连带关系，必须要综合判断，方能得出准确的结论。例如，用天格来说，天格的本身是姓氏，因姓氏是先天固定的，与人生命运根本没有多大影响，但与人格配合起来就产生了作用，对人一生的成败就起到了关键影响。对于其他各格，也都如此。

一、主运看法

主运者指人格而言，人格在姓名中占首要地位，所以称之为主运，它和八字格局中日主一样，日主是整个格局的中心，任何一格都要围绕这个中心来说话，因此在姓名中，人格地位非常重要。如人格的数理是吉，自当诸事通顺，若是凶数，定招灾祸连连。但吉凶到什么程度，又与其他各格配合有密切关系。

在姓名五格之中，人格是为最重要一格。凡是判断姓名吉凶，必须以此格作为重点，所以将人格称之为“主运”又称做“内格”。

人格与地格的配合，是判断人生命运的主要关键，因人格与地格配合称之为“基础运”。若配合得好，其它格局就是有点毛病也无大碍，虽然不能大富大贵，也能有小康生活。根据多年的实用经验来看。凡是人格有 3、5、6、11、13、15、16、21、23、24、25、31、32、41、45、47 等都为吉数，这些吉数再与天格、地格配合良好者，其人一生办事顺利，心想事成。如果人格部为 4、9、10、19、20、26、34、44 等凶数者，主一生坎坷不顺，不是病弱、短命就是妻子缘薄，容易有生离之忧，在事业上走下坡路，终遭孤苦逆境之灾。对于人格为7、8、17、18等数者，其人则意志坚固，有勇往直前，突破万难之勇气。若人格是27、28等数者，则刚愎自用，一生多受折磨，不是身体不好，就是遭受小人谋算，口舌是非不断。人格部有2、12、14、22等数者，其人亲缘较薄，性情软弱，事业无成，多为儿女操心连累，事不遂愿。

纵观上述，无论什么人的姓名中，只要人格部是凶数者，绝对不是好名字，其它格局再好也改变不了人格之凶气。尤其4、9、19、20、34等数为最凶之数，不如及早改名，以防恶祸临身，后悔莫及。

二、副运看法

外格是人生副运，其力量仅次于人格。人格是姓名中的"主运"，若要判断人生命运吉凶。必须参照外格之数理，察其强弱，方可定其吉凶。外格有辅助主运的作用，能影响人的一生命运，所以称之为"副运"。

外格的作用非常重要，人格比如一部刚出厂崭新的汽车，外格好比一条宽敞的柏油马路，汽车虽然漂亮，如果没有好的马路，再好的汽车也跑不起来，总之，会影响汽车的速度，又比如一个饭店，虽然有上等名菜，但却没有好的盘具，酒菜再好也不一定被众人所接受。副运与主运差不多有同样功能，主运虽好而副运不好，免不了灾祸降临。必须将主运、副运、地格、总格配合起来进行全方面分析完全没有毛病，才是上等好名字。如果主运和副运都是凶数，即使前运与后运皆好，也免不了灾病不断。

姓名中的人格与外格好比人体的内部器官与外部器官，他们互相之间都有密切关系。根据日常应用经验来看，人格有凶数者多会患内脏疾病，外格有凶数者大多易患皮肤病或外伤，对一个家庭来说，人格代表家长，外格代表妻子及其他家庭成员，缺一也称不上一个完整的家庭。

三、前运看法

除姓之外将名字的笔划数加起来称为“地格”，地格为“前运”。无论一字名或两字名，将名字的笔划合起来就是“前运”。所谓地格是对照人格部而言。取其为人格部基础。例如一字名笔划的前运，再添加一数为地格，而将所加之一数的地格与人格部之数，配合对照，则对基础运之吉凶产生影响。

前运主管初中年之运气，即虚岁 11 岁起至 36 岁之前。前运与主运配合后就会发生变化，因此也会影响人的一生命运，特别对中年之前这一阶段的命运影响最大，所以前运数理吉者，在少年时期必定快乐。如果数理凶者，则必招凶祸临身。前运虽吉，主副运有凶者，仍不能得到成功与发展。如主运数理大吉，其人在四五十岁以前，必定会相当平安幸福。然而必须将前运与后运配合起来，看配合得是否适当，方能断出一个人一生之最后命运。

四、后运看法

将姓氏与名字相加起来的总划数（也就是五格之中的总格）叫做“后运”，因总格是主管 36 岁之后中晚年的运气，所以叫做“后运”。后运对中年期有所影响，特别对晚年影响最大，若主运与副运皆凶，主其一生受灾，如果前运不好而后运很好，在晚年仍可享受几分福气，相反如主运与副运皆好，而其后运不好，则主副运再好也起不了什么作用，除非将其名改掉，不然在 50 岁以后，必因数理变凶而招受灾祸。

总而言之，前运对于少年时代影响力最大，后运对于 36 岁以后的中晚年影响最广。前运与后运，并不是以 36 岁为分界线，一般在中年前后就会具有一定的影响力。而在中年之前，后运也还会有一定的影响力，只不过是前运在中年以前，后运在中年以后所发挥的影响力较强而已。不仅是前运如此，对于天、人、地、外、总五格也都是如此，它们彼此之间互相关联互有一定的影响。

只要将名字一报出来就可以判断出这个人一生成败如何，特别对于事业、身体、婚姻与家庭则一眼就可看出来，并且能看出在什么事候成功与失败。用姓名推测人生命运者，必须先观察姓名各个格中吉凶划数。只要将五格互相关联的内容了解清楚，吉凶祸福则一目了然。

观察名字好坏首先看五格吉凶，五格如皆是吉数，这个名字肯定不错，如果天、人、地三才配制不当，数理再好也免不了遭凶，不是疾病缠身，就是家庭不幸，无论你是何等地位，也会使你终天惶惶不安，任其如何努力，也都事与愿违。

第八节　确定名字好坏与鉴定程序

一、起名字的程序

1. 首先问明求测者出生在何年何月何日何时，皆以农历来计算，按此排出四柱，分清旺、衰、喜、忌，确定用神及八字中五行所缺所需，然后再按命局用神进行扶抑，这一点至关重要。

2. 分清天格、人格、地格、总格、外格等五格，按照各格之数对照八十一数之意义，即可知其各格的吉凶。唯独天格之数，乃系祖上所传留，是固定不变的，此数不代表任何吉凶，没有必要将天格去查对 81 数之意义如何。

3. 详察该姓名中的天格与人格互相之间的关系如何，这两个格局名为“成功运”，关系到一个人在 39 岁至 69 岁之间的 30 年运气，是凶是吉，是成是败，即可以此格定之。

4. 再看人格与地格之间的关系如何，这两个格局称之为“基础运”，关系到其人 9 岁至 39 岁之间 30 年之运气，这段时间的夫妻感情、子女、下属对待各人的感情、生克关系如何，此格对前半生境遇的通顺与否有很大影响。

5. 分析名字的字义、音频、五行是贯通，还是相违，与其人的生辰八字是否相合。

6. 详察人格数理，因人格是姓名中最重要的一格，对待各命运吉凶影响很大，看人格与外格关系可知其人的特性。

7. 详察姓名中的三才配置，看三才可知其人身体如何，曾患有何病，与长辈、上司、晚辈、下属的感情关系如何。

8. 指出该姓名注意事项，在何年何月应注意会有何事。

9. 着重看姓名中的最凶年月，详察五格中的六冲，告诉求测者应避年月。

木社 与交 火运	(1) 張11	12 天格(木) 23 人格(火)	12 成木 功23 运火
…… 外 格 13 (火)	雲12 清12	24 地格(火)	基24 础火 运

(总格)35 土

二、五格剖象运程判断方法

现将五格剖象所主评述于下：

1. 五格剖象所代表的人和事

(1)天格：代表长辈、上司、丈夫，其流年管辖 1～12 岁。

(2)地格：代表子女、下属、妻子家庭。其流年管辖 13～24 岁。

(3)人格：代表持名者自己及自身内在性格。其流年管辖

25～36 岁。

(4)外格:外缘、社交。其流年管辖 37～48 岁。

(5)总格:主其人一生中最显著的表现力,特别对 49 岁后直至寿终影响最大,若总格数理好,其人 50 岁开始无论在事业、财运、经济收入都能顺利腾达。

2. 格与格组合所代表的内外表现

(1)人格对天格:可看出其人对长辈的助力和希望。

(2)人格对地格:可看出其人对家庭、婚姻、感情情况。

(3)人格对外格:可看出其人的社交手段,人缘关系如何。

(4)人格对总格:可看出其人的内外行为与个性的表现。

(5)天格对地格:可看出其人初年运气和妻子与公婆关系如何。

(6)天格对总格:可看出其人的耐力和情绪之控制。

(7)地格对外格:可看出其人妻子对外人缘如何。

(8)地格对总格:可看出其人精神或病灾。

(9)外格对总格:可看出其人平常开支浪费还是节省。

三、五格剖象与格之间的生克吉凶所主

1. 天格对人格的吉凶影响

(1)天格克人格:父母对子女要求太严,或是父母过于唠叨,或其人在工作上难以得到上司提拔。

(2)天格生人格:其人能得到父母疼爱,上司提拔,但最好不要被地格相克,因地格是基础运,克则相反。

(3)天格与人格相同:其人与长辈上司关系相处得密切,互相敬重,互不违逆。

(4)人格生天格:对父母长辈孝顺,对上司尊敬,最怕天格与地格相克会因父母对配偶脾气不合而使自己感到左右为难。

(5)人格克天格:其人不听长辈及上司的话,对长辈教诲不仅听不进去,反而产生抗拒心理,主观意识也较强。若是阴阳相克问题不太严重。

(6)人格得天格所生或比和，而且笔划又是吉数者，易得祖上遗产，但姓名没有财爻配置者则难以得到。

(7)人格笔划是凶数，又得天格所生，说明父母对孩子过分溺爱，由于对孩子教育不够，会使孩子容易学坏。最好注意孩子在成长期的教育，使孩子养成端正品性。

(8)人格笔划是凶数，反克天格时，此人对长上反抗心理特别强烈，对父母长上态度不端，礼貌欠佳。甚至会出现打爷骂娘，忤逆不孝的坏行为。

(9)人格笔划是吉数，反克天格时，大多是得不到祖上产业，自力更生，白手起家。

(10)人格笔划是吉数，反被天格所克时，若是阳克阳或是阳克阴，大多与父母意见不和，离开家乡到外谋生。

(11)人格笔划是凶数又被天格所克时，凡事都靠自己努力，对父母时常有不平不满的情绪，而且脾气古怪，精神上也操劳不安。

记住以上的内容：人格代表持名者自己，天格代表其人长辈、上司、两者互相论其生克，相生则吉，相克则凶。

2. 人格对地格的吉凶影响

(1)地格克人格：为家庭劳苦受累，得不到亲友帮助，容易受配偶、子女、下属拖累。

(2)地格生人格：能得配偶及亲友的帮助，子女孝顺，下属敬重，倘若大运被伤者不遇。

(3)人格生地格：家庭观点强，特别宠爱子女，但若地格数理是凶数者不遇。

(4)地格与人格相同：与配偶或下属互敬互爱，相互尊重，若被他格五行克害，反作凶断。

(5)人格克地格：对子女管教严厉，对部下要求过严，会引起下属反感,子女身体也不好。

(6)地格笔划数为吉者,与人格比和或相生,家庭和睦,子女孝顺,若是两格阴阳同性者,虽是相生,则效果也不太理想。

(7)地格笔划为凶数而被人格所克者,主家庭不和,子女缘薄,有离婚危险。

(8)地格笔划为凶数而克人格:老婆脾气不好,子女个性顽固,婚姻家庭不美满。

(9)地格笔划为吉数被人格所克者:子女聪明能干,独立性很强,但对父母有意见,时刻都想离开父母。

3. 人格对外格的吉凶影响

(1)外格克人格:常为朋友招惹是非而破财甚至为朋友所拖累,为人办事吃尽苦头,最后落得吃苦不讨好。

(2)外格生人格:遇困难朋友主动前来帮助,外缘交际关系特好。

(3)人格生外格:为人心胸开阔,待人宽宏大量,帮助别人不怕吃亏受累,若异性相生更好,同性相生则减力。

(4)外格与人格数理相同者:平时多得贵人相助,办事不用费力,财运不易破出。

(5)人格克外格:与朋友交往不能长久,亲友间多事多非,精神上常受到平白无辜的困扰。

(6)外格数理为吉数生人格者,能得到外界朋友的帮助和拥护,若到外地创业,定能得到贵人相助。

(7)外格的笔划为凶数而克人格者,易与别人事发生纠纷,平白无辜的引来是非临门,承担不该有的法律责任。而且会经常受别人拖累,为别人事招来麻烦。

(8)外格的数理为凶数克人格但人格是吉数,社交运(人格与外格)会转劣为优,唯有讲话不到位,容易被人误解。

记住:以上术语的主要内容,人格代表自己,外格代表朋友、外人，将人格与外格两者相比较，相生则吉，相克则凶。

4. 人格对总格的吉凶影响

(1)人格克总格，其人个性较强，作事一意孤行，若总格为凶数无论何事总会有坑坑坎坎，没有顺利的时候。

(2)总格的数理为凶数，人格的数理为吉者：其人的精神与生活都比较稳定，任何困难都能忍耐克服。若人格被总格所伤，此人对社会上某些不良之事憎恨，成为一个愤世嫉俗的人。

(3)总格与人格的数理都是凶数者：其人思想偏激，精神不佳，时常烦闷不愉快，理想也非常高远，特别在创业时，经常遇到意外打击，成功运也不好。

(4)总格与人格五行皆相同而且都是吉数者：为人坦诚，表里一致，遵守信用，能顺利地干起一番大事。

(5)总格笔划是吉数，人格笔划是凶数，其人运程外华内虚，精神与生活时好时坏，心情常有不安定的感觉。

(6)人格笔划是凶数，而克总格者，此人是在艰辛劳苦精神紧张的状态中创业，若三才数理配置好，事业上可会大有成功。

(7)人格笔划是吉数，克总格的凶数：其人说话不实在，所干的行业都系投机性行业，虽然成功，但失败也快。

(8)人格生总格，而总格的笔划数吉者：其人光明磊落，脚踏实地，做事有条有理，成功机会也较多。

(9)总格是吉数，人格是吉数者：其人创业常有意外收获，若财运再配置得好，定能名利双收，大发财源。

(10)总格是吉数，克人格吉数者：其人能脚踏实地的干事业，以自已的恒心之智和毅力开创一番事业。

5. 地格对总格的吉凶影响

(1)总格笔划是吉数生地格笔划吉数：家庭团结，气氛融洽，子女也上进，一切病灾都能抵抗得住。

(2)总格笔划吉数克地格笔划吉数：家庭会闹不团结，时有争吵,但不会有大的事端,有病也比较轻微。

(3)总格笔划凶数克地格笔划凶数:主家庭会吵吵闹闹,意见不和,易发生意外灾病。

(4)总格与地格五行相同,若皆为吉数:所产生的现象与第一条相同。

(5)地格克总格:地格代表妻子,地格克总格说明妻子对生活不满意,时常对老公发脾气,而且会给家庭带来困扰与是非。

(6),地格生总格:妻子能与丈夫同心合力共创家业,而且主家庭幸福,子女孝顺。

第五章　天运篇

第一节　起名要配合纳音五行

宇宙间万事万物都蕴藏着阴阳五行的生克制化，名字更不例外。实践中发现名字中所隐藏的玄机，与命运中穷通成败是密不可分的，但必须配合天命五行（先天磁场）才能将名字中的灵动力引导出来。所以预测名字吉凶必须将先天磁场与后天五行运两者参合起来，才能将其人一生流年的吉凶运程判断得准确。名字的三才配置与五格剖象可以比喻是人的四柱，而纳音五行则可代表其人大运流年，有人又将名字比喻是一部高级汽车，将人的出生八字比喻为一条高速公路，又将天命五行比喻是久经开车的驾驶员老手，轿车再好没有好路也行驶不了，路与车都好，若没有好的驾驶员操作，再好车与路也不好行驶。

这本姓名学是根据姓名学五格剖象与三才配置，结合人的出生八字，配合纳音五行综合判断吉凶的。无论起名、改名只要以此之学理来进行详细推断，则能将一个人的运程好坏判断得非常准确。

一、天命五行的作用

所谓纳音五行，就是将出生年的天干地支又重新换算出来的一种推命公式，用来推算姓名五格各个运程好坏的一种方法，用这种方法可判断出该姓名在某一大运期的运程好坏。其作用有以下诸条：

1. 对照姓名大运期的笔划数理用纳音五行能起到扶抑作用，吉数宜生扶忌克泄、凶数宜克泄忌生扶。

2. 用天命五行对照姓名数理吉凶能测出某一运期好坏，能得到满意的结论。

3. 能向求测者解释同姓同名为什么处境不同的简单理论。

4. 用天命五行预测姓名可以向持名人解释，为什么数理皆凶能有高官厚禄，数理全吉反而终生一事无成。

5. 运用天命五行可测出该姓名的流年吉凶灾祸。

纳音五行自古有之，但凡经过师传的江湖术士无一不会此术。这种方法不仅用于推算姓名，特别替人推算八字批命时经常用之，风水学《摇鞭断宅》派主要就是以纳音五行配合峦头形势，来确定其它流年吉凶的。现将“天命五行江湖指掌定盘算法”录出。

二、天运五行指掌推定盘算法

将天命五行按照金、水、火、土、木固定在手指上，做到心中熟记，现附图如下：

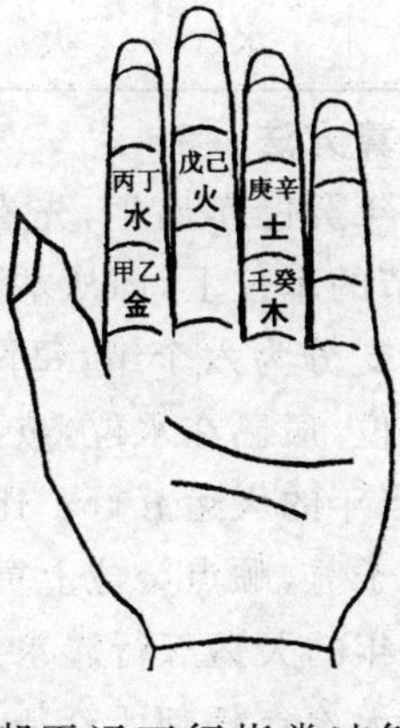

江湖天运五行指掌速算图

第一步先将金、水、火、土、木按顺序记住。食指第一指节固定为“金”位，食指第二指节固定为“水”，中指第二指节固定为“火”位，无名指节的第二指节固定为“土”位，无名指的第一指节固定为“木”位。

第二步再将天干十个字按同性分成五个组，即甲乙为一组，丙丁为一组，戊己为一组，庚辛为一组，壬癸为一组，然后将天干五组分配在金水火土木五个指节位上，如甲乙坐金位、丙丁坐水位、戊己坐火位、庚辛坐土位、壬癸坐木位（依上图模式），就这样五行配天干的模式就形成了。这种模式我们称之为“定盘”。

最后一步再将地支的十二个字分为两个字一组，即子丑为一组，寅卯为一组，辰巳为一组，午未为一组……用时视其出生年天干坐在五行那个位置上，就从这个位置开始往下点，即子丑、寅卯、辰巳……一直点到出生年的地支为止。出生年的地支落在五行什么字就是什么命。

为了使更快明白可用表格来说明比较快捷：

出生年天干	甲乙	丙丁	戊巳	庚辛	壬癸
五行顺序	金	水	火	土	木

三、天运五行的推算方法

例如某人是1953年癸巳年出生，先看天干的癸字，“癸”的位置在无名指第一指节的木位上，即从木位开始，用大拇指掐住这位置，然后将十二地支分为六个组，每两个地支为一组，顺数子丑在木位，寅卯在金位，辰巳在水位，点到巳即停下，看其停在这个位置的五行就是当年的天运五行。比如说癸巳年的癸字停在木位上，从木位上点子丑，顺点金位上寅即、水位上辰巳，巳字停在水位上，即知癸巳年的天运五行属水。

但需要注意的是，无论点任何天运五行，都从子丑组开始，从出生年天干位的五行往下点，即子丑、寅卯、辰巳……特别注意的是，无论点任何属相点到第三位就停住，再回到出生年的年干重新往下再点。也就是只要超过三组以上的地支，就要回到原位再朝下点，也就是说两组地支只能在连续三行之内循环推算。

比如，1944 年为甲申年，查此年生人天命五行。查年干的甲在食指的第一指节的金位上，由此开始从子丑开始点起，即子丑在金位，寅卯在水位，辰巳在火位，火位是第三位，点到此必须再返到回原来的甲干金位上继续点下去，则午未在金、申酉在水位，即知甲申年的天运五行为“水命”，在点天命五行的时候，一律以顺时针向前推算，以求年干支所停泊的五行宫位确定天命五行。

为了方便应用，现将天命五行逐年推出，以便到时应用。

公元	干支	天命	公元	干支	天命	公元	干支	天命
1942	壬午	木	1954	甲午	金	1966	丙午	水
1943	癸未	木	1955	乙未	金	1967	丁未	水
1944	甲申	水	1956	丙申	火	1968	戊申	土
1945	乙酉	水	1957	丁酉	火	1969	己酉	土
1946	丙戌	土	1958	戊戌	木	1970	庚戌	金
1947	丁亥	土	1959	己亥	木	1971	辛亥	金
1948	戊子	火	1960	庚子	土	1972	壬子	木
1949	己丑	火	1961	辛丑	土	1973	癸丑	木
1950	庚寅	木	1962	壬寅	金	1974	甲寅	水
1951	辛卯	木	1963	癸卯	金	1975	乙卯	水
1952	壬辰	水	1964	甲辰	火	1976	丙辰	土
1953	癸巳	水	1965	乙巳	火	1977	丁巳	土
1978	戊午	火	1990	庚午	土	2002	壬午	木

1979	己未	火	1991	辛未	土	2003	癸未	木
1980	庚申	木	1992	壬申	金	2004	甲申	水
1981	辛酉	木	1993	癸酉	金	2005	乙酉	水
1982	壬戌	水	1994	甲戌	火	2006	丙戌	土
1983	癸亥	水	1995	乙亥	火	2007	丁亥	土
1984	甲子	金	1996	丙子	水	2008	戊子	火
1985	乙丑	金	1997	丁丑	水	2009	己丑	火
1986	丙寅	火	1998	戊寅	土	2010	庚寅	木
1987	丁卯	火	1999	己卯	土	2011	辛卯	木
1988	戊辰	木	2000	庚辰	金	2012	壬辰	水
1989	己巳	木	2001	辛巳	金	2013	癸巳	水

第二节　纳音五行与姓名鉴定

已知天命五行确定方法，现在这就可以进行下一步实地操作了。本章之理论预测名字的大运期和流年吉凶，须经以下几个程序：

1. 问清楚要求测名人的出生年，以确定该年的天命五行。

2. 问清原来的姓名，按照康熙字典计算出各个字的笔划数。排出五格剖象，与三才配置，将五格剖象化分出五步大运期，即人格主司。

3. 按照持名人的天命五行对照姓名天、地、人、外总五格生克制化与天命五行之生克确定吉凶。

4. 依照姓名数理在五格中的不同作用，观察当事人姓名每一格，受到纳音五行生克后的实际情况以判断吉凶。

5. 依照五格排出大运年龄，再用纳音五行与数理五行两者相对照，数理受纳音五行生扶者则能反败为胜、因祸得福，若五格之大运五行的数理太凶，而受天命五行克制使其凶气减弱，也能转忧为乐。

6. 判断姓名吉凶无非不外乎以上几项原则，若能将这些内在含义认真细悟，反复推敲，吉凶祸福则一目了然。

将五格剖象的每一格划分出各个阶段的年龄段换算成姓名大运，以天命五行的判断方法，用实例来解释一下让读者知道姓名学对人生命运的影响程度，去判断每一个阶段的吉凶。

一、论五格剖象与大运年龄实际的操作方法

近些年来，研究姓名学非常普及，其中高水平的不乏其人，各种各样命名方法都有，无论用哪一种方法，只要测得准确就可以推广，现将近些年对五格三才结合天命五行的，应用经验综合古今各家理论，取各家优点，在应用方面其效果最应验的录出以飨读者。

此套理论是将五格剖象与三才配置结合命理用神，配合天命五行，综合分析姓名吉凶，用此理论可将持名人性格外交关系、事业成败及婚姻家庭等等预测出来，而且非常准确，主要方法是将姓名运势配合天命五行共同判断。用这套理论可以证实，以数理五行配合天命五行对人生命运的影响。

主要操作方法是：

1. 首先注重五格剖象的大运期与天命五行相克相生，相生为喜相克为忌。

2. 人格代表持名人自身其数理要吉，不可被他格克制，否则三才配置再好，一生也难得发展。

3. 大运期的五行，吉格最好不要被天运五行克泄，否则名字再好，在被克期间事业难以发展，凶格被克无妨。

4. 大运期的五行与天运五行，既是相生又是相克，说明此人一生的运势波动很大，使吉凶无法确定。这时就需配合命理喜用神细心推敲，方可得出准确的结论。

二、实例

宋功伦和我是朋友，1941 年 3 月 6 日丑时出生于江苏沭阳的一个农村小镇，为人聪明好学、博古通今，尤其在文学方面，诗词歌赋，出口成章，书法文章，无不出众，其书法及诗词曾被中国诗联书协等多家选用，地方上公称之为才子，论其人品循规蹈矩，文质彬彬，称不上俊男，也有大家风范，不仅是一个很了不起的文人墨客，也是勤俭持家的能手。

像他这种文人墨客应该事业有成，最起码有个安乐家庭才是，可是事与愿违，不仅事业无成，至今连老婆姓甚名谁都不知，到底是他对婚姻挑剔，还是眼光太高？还是像姜子牙一样，婚期还未到呢？我们不妨来分析一下宋功伦的名字。

现在我们用姓名数理公式来将宋功伦的姓名来预测一下，让读者了解一下姓名学对人生影响，以及应验程度。

格	数理	五行	年龄
外格	11 划	阳木	37—48 岁
天格	8（(+)1 + 宋 7）	阴金	1—12 岁
人格	12（宋 7 + 功 5）	阴木	25—36 岁
地格	15（功 5 + 倫 10）	阳土	13—24 岁
总格	22 划	阴木	49—直至老运

宋氏出生于 1941 年 3 月 6 日，其出生八字，辛已、庚寅、癸丑、癸丑。只有用五格剖象与三才配置结合天运五行来判断。

三才配置:金木土从上克下,乃大凶之格(见本书第六章第九节第 79 条)

其结构是天格克人格,人格克地格,逐位从上克下。

其含意是:“成功运被压抑,基础运不稳固,处处受上司压抑,凡事难以成功,自己没有群众基础,凡事却难以发展,易得肝胆和脾胃之病”。

1. 天运五行

天运五行:属金。

2. 大运排列

(1)天格:代表持名人上司、长辈、女命代表丈夫、主司 1～12 岁期间的大运吉凶。

(2)地格:代表持名人家庭、部下、妻子、儿女,主司 13～24 岁期间的大运吉凶。

(3)人格:代表持名人自己和自身性格、主司 25～36 岁期间的大运吉凶。

(4)外格:代表持名人社交能力、人缘关系、主司 37～48 岁期间的大运吉凶。

(5)总格:代表持名人思想、居住环境、主司 49～老运。

现将各格在大运主事期的吉凶详述如下:

天格:主司其人 1～12 岁期间的大运吉凶,宋氏的天格 8 划五行属金,天格乃姓氏加一划、先天数理人人平等,此格除了确定阴阳五行、其它不论吉凶。

地格:代表持名人妻子、儿女、下属、婚姻家庭,主司 13～24 岁期间的大运吉凶、地格 15 划属于阳土、其性主温和雅量、德高望重,繁荣兴家,此乃大吉之数,但不宜被他格克之,克之太过吉数变凶。

宋氏的地格 15 划阳土虽是吉数,但被人格 12 划之阴木、外格 11 划之阳木、总格 22 划之阳木齐来围攻相克,加之天运五行又不相助,使地格五行根本无法招架,处于十分被动、吉数反变成凶数。

事实上,宋某自小家中开一商店,生活在这个小镇上是数一数二的小康家庭,宋某在校读书聪明过人,成绩优异。刚交13岁与杨某某、叶某等几个同学在一起玩耍,杨某(14岁)扮作皇帝、宋某扮着军师、其他人扮着大元帅、大将军,正玩得高兴时,被学校发现,校长将几个同学狠狠地一顿批评教育。杨某家庭成分不好,对此批评不服,和校长顶撞,又因其它种种原因终被送进劳教所改造。改造期间,劳教部门经常下来调查,每次调查都找这几个同学谈话,为此给地方政府和学校都留下坏的影响,地格属于婚姻宫,从此给宋氏的婚姻家庭留下终身遗憾。

人格:代表持名人的自身性格,主司其人25～36岁期间的大运吉凶。宋氏的姓名人格12划属阴木凶数,此数在数理上乃是掘井无泉,意志脆弱之数,有理无法伸张,主家庭缘薄,陷于孤独、逆境、病弱、事不如意之大凶之数。

由于在地格大运期给婚姻家庭留下了不可弥补的祸源。这步大运主司13～24岁期间的运程正是男女婚龄之期,由于当时的政策,对于这样不干不净的人不仅没人提亲说媒,也不会有谁家姑娘愿意嫁给他这种历史不清的人。就这样正应了"吉数被克反变凶"之意。

外格:代表持名人的社交手段,人缘关系,主司其人37～48岁之间的大运吉凶,宋氏姓名人格11划数于阳木之吉数,其性质乃旱苗逢雨,挽回家运的平静数,乃养蜂结蜜,事事和顺的最大吉数。这步大运应该是宋氏姓名五格中最好的一步大运,但不足的是11划阳木虽是大吉之数,但被天命五行之金行克之,不能施展出本身之吉气,只能是平平而已。现来看看这步大运的实际情况:

改革开放的春雷震醒了被冻僵多年的宋功伦。1984年,他编创《杨家将》、《大唐英雄传》等多部小说，用“淮海鼓锣”当街演唱，广大观众无不点头翘指，赞声不绝，正应人格11数理养蜂结蜜的大吉之数在这大好时期，应该说是他一生最佳时期，然而好景不长，他刚刚活跃不到两年，由于编写剧本劳累过度，加之生活不均，营养失调，眼睛出现毛病，又无钱及时医治，病情日益加重，生活都难以自理。

总格：代表持名人的思想行为与居住环境，主司50岁以后直至老运的大运吉凶。宋氏的总格22划属于阴木，乃大凶之数，主“秋草逢霜，事不如意，怀才不遇，诸事不利，体弱多病，孤苦伶仃”。

宋氏总格22划阴木主凶数，加之人格12划之阴木，11划之阳木助之，使凶性更甚，虽有天格阴金克之，但孤单力薄，好在有天命五行之金助天格五行之金克总格，使总格之凶不致于有多大危险，但贫病交加，事不如意之凶气还摆脱不了。

事实上，宋氏的眼病逐渐加重，几乎到生活都不能自理，刚交50岁之后，突然又得了皮肤骚痒症，严重的怪病，折磨得他几乎不能生存。正在贫病难拔之时，“破屋又遭连夜雨”，所住的3间草房倒塌，使他没有藏身之地，好心的邻居有一间小草棚让其暂时居住。村委会将此极困户报于上级部门，后按五保户待遇每月发给生活费一百元，又将倒塌的房修起，有了住处。

虽然住上政府给他新修的房子，每个月又有一百元的生活费，但他又患上了风湿瘫患，两年多不能行走。

第六章 专业篇

第一节 命理与三才实用起名程序

命理起名是命理师根据命主四柱五行的准确资料而进行综合分析，确定命主四柱五行的旺衰喜忌，找出喜用神，然后再用名字数理和字理进行调整的一门学问。

人的名字是一个人生命的代称，具有个性特征。是社会文化的重要组成部分，然而社会文化也必然受到人的影响，所以名字的好坏肯定会受到社会文化影响。

名字是社会文化行为，其意义好坏与否直接体现了起名者的文化修养，也直接影响了被起名人的命运和事业。

中国人的名字，体现出中华民族传统文化、思想观点，体现出命名师个人的文化底蕴。

一个好名字，必须符合人生命理八字，名字叫开以后，往往给人以鞭策、警示、希望。可使持名人不断告诫自己，日常做事必须要做出对得起这个名字的事，时刻都注意背后会被人对自己说三道四，如果名字不好，不仅不能提示自己，弄得不好会引导持名人走下坡路，步入险境。

命理起名方法是中华民族独有的，也是正宗的调命助运的姓名学说。要想起个吉祥如意、完美无缺的名字，必须要根据前面所说的命理用神和五格剖象综合起名。我们平时给人起名，无论是个人起名还是给公司企业起名，都是按以下程序逐步操作而进行的。

第一步　推排八字、分析五行。

第二步　确定用神、喜忌分清。

第三步　运用数理、五格细评。

第四步　三才配置、上下分明。

第五步　字义字理、顺耳好听。

第六步　性格优劣、交际人情。

第七步　学业事业、婚姻家庭。

第八步　颜色数字、健康安宁。

日主旺衰是总纲，吉凶祸福柱中藏，
衰则帮扶旺克制，旺极宜泄细审详。
确定用神分喜忌，三才配置有文章，
天格专门看祖上，人格自身细思量。
地与人格看全部，家庭部下论纲常，
总格作用看全部，直到终年吉凶藏。
外格专门看交际，社会交往论高强，
婚姻也参外格看，内外相生天地长。
八字用神人格配，字义五行加偏旁，
用神是木配一二，颜色蓝绿属东方。
用神是火配三四，南方红色最吉祥，
用神属金七八好，西方白色有发扬。
用神属水九十用，北方黑色体健康，
唯有用神若是土，四角戊己颜色黄。
五行相生为大吉，互相克害有祸秧，
命理姓名配合好，锦上添花大吉昌。
名好命理不太好，终有波折也无妨，
纵然名字起得好，还需德好心地良。
命好名好德也好，富贵荣华福寿长，

尊师重道敬父母，何必到处去烧香。

为人命好德不好，终有好名也不强，

虽然暂得成家计，犹如烈日照冰霜。

吉名积德传千古，凶名无德有灾殃，

名好德好心地好，终久天下把名扬，

诸君记我几句话，传家妙诀是良方。

一个好的名字，要有深刻的寓意与文化底蕴，有思想和理想的存在，用四柱命局结合八十一数来起名，会使人生收获意想不到的效果，名字的好坏可直接关系到人的事业前程、婚姻家庭、社会交际、身体健康等。对一个人来说，名字可说是一个人的灵魂，也可说是一个人的影子，一直陪伴终身，甚至直到一生过去名字仍然存在。对一个企业来讲，好名字就是一个活广告，是一个“金字招牌”。

从实践应用经验来看，同样的名字，用于两个出生时间不同的人，其环境就大不一样，两个出生时间相同而名字不一样，其处境也就大有不同。

第二节　姓名与八十一数的关系

起名时除了注重名字的意义，姓名的笔划结构也非常重要，这些都是影响名字好坏的主要关键。对于笔划数理的吉凶，有很多人还不易接受，他们也会怀疑，笔划数真能有这样作用吗？这个问题很有解释的必要，但又不是三言两语就能说清楚的，这个问题要想刨根问底只有从我国古代群经之首——《易经》中才能找出答案。姓名学不是现在才有的，早在宋代易学先圣邵康节先生所著《皇极经数》书中就有阐述，只是当时国家没有将此术普及，又有蔡九峰所著《皇极八十一数原图》书中都有论述。

姓名的有关笔划数理主要来自八十一数，这里称为“八十一灵动数”。它的含义是指出由一划到八十一划各数的吉凶。不过虽然是八十一数，实际上只有八十数，因为八十一数的意义，和一数划完全相同。至于八十二划、八十三划、八十四划等又怎么办呢？又便和二划、三划、四划等一模一样。运用这一原则便可判断出一切姓名笔划数的吉凶了。

所谓“八十一灵动数”是出于我国古老的《河图》和《洛书》，这两个图的数字排列，含藏了宇宙间规律之重大奥秘。《洪范皇极内篇》是我国宋代数术家蔡沉撰写的，其中以易经的八八六十四卦为主题，八卦九宫为经纬。以九九演为八十一数，此便成为八十一灵动数理的依据。

《洪范皇极内篇》有这样一段论述：

“数者生命之理也，一数为水，五脏属肾，其德智也；二数为火，五脏属心，其德礼也；三数为木，五脏属肝，其德仁也；四数为金，五脏属肺，其德义也；五为土而脾，其德信也。

一九为数之首尾，一者，一岁之首尾在于冬，盖冬夏二至，两余则一也。

一者数之始，九者数之终也，一者不变，而九者变也。三五七者，变而奇者也，二四六者，变而偶之也，变之偶者，不能及乎奇，不能该平物，奇偶相参，多寡相涵，其推九数乎。

顺数则知物之始，逆数则知物之终，数与物非二体也，始与终非二至也，大而天地，小如毫厘，明而礼乐，幽而鬼神，知数即知物也，知始即知终也，数与物无穷，其谁始，其谁终。

数始于一，参与二，究于九，成于八十一，备于六千五百六十一。八十一者，数之小成也，天地之变化，人事始终，古今之因革，莫不于是著焉。”

宇宙之中，最奥秘的莫过于数，过去曾有一本叫做《西洋哲学史话》的书上说，“数”不是简单的一回事。不仅中国的玄学界这样认为,古代希腊的哲学大师兼神秘主义者毕达哥拉斯,也同样有类似的认为。他说"数"本来是人生哲学中的命运之数,把它当做一种形式,应用到宇宙的形成方式内。而且将它利用到人生理轮回的学说,利用到宇宙。觉得人生在轮回之中,宇宙也在轮回之中。他发明了"宇宙年"之说,认为时间不是直线进行的,而是轮回的,是螺旋式的,从永恒到永恒,中间经过的是那么小小的一点时间,在永恒理论中出现了:整个时间是在轮回数之中,而时间是在这个数之中,人生又在这时间中不用说属于这个数了。这样一来宇宙构成的形式是一种轮回之数了。

毕达哥拉斯将"数"的奥秘看成是一个很高层次,既涉及到宇宙、轮回,更涉及了人生命运,这样一来,其思想便和中国各门数术不谋而合了。姓名学的理论便以此八十一数为基础。本书就是将此八十一数性质做一个详细解说。

综上看来,判断名字时,不仅要注重字的含意,更重要的是注重八十一数的数理配置。数理配合得好坏,才是名字好坏的决定因素。以上这些只是一个初步认识而已。

第三节　以姓名数理看人的性格

用名字数理可判断一个人的处境,包括社会交际,心态善恶,皆可以数推之。当今社会形形色色,什么样的人都有,所谓"人心莫测",特别在交际方面一旦疏忽大意可能会后悔莫及。为此使人大伤脑筋,倘若能交上志同道合的朋友,当然是很荣幸的事。若交上一个坏人,上当受骗者则屡见不鲜,一般在交友时必须经过一段时间的交往,才能知道到对方的性格,但想彻底了解也很不容易。现在我们用姓名学中的人格数理,就能了解其人的性格,因人格的数理可直接显示出其人的心性,我们不妨试用一下。每当和一个不知底细的人打交道时，或者想和某人交朋友之前，最好先问其姓名，从姓名人格中可以判断出他的性情，这种方法虽然没有百分之百的把握，但也大体八九不离十。现将人格数理与性格详述于下，以供参考。

1. 要知一个人的性格如何，可从姓名人格按五行性质进行分析。仔细观察人格数理，即可知道其人的性格如何。从实践中发现，五行数理的属性阴阳有别，其性格也有所不同，凡是1、3、5、7、9为之奇数，为阳，代表男性、刚强，象征事物的积极因素，如若姓名中发现奇数多，此人的性格定是刚毅果断，不屈于人，争强好胜好出风头，凡事具有阳刚之气的积极因素。凡是2、4、6、8、10代表偶数为阴，又代表女性，象征事物柔弱、沉闷不乐，萎靡不振。这就是阴阳不同的特点。

凡是阴阳五行各具其性，可从人格的五行，表现出其人的性格。

属木者——主仁，其性直，其情恭。

属火者——主礼，其性急，其情主动。

属土者——主信，其性严肃而稳重。

属金者——主义，其性硬。

属水者——主智，其性聪。

现将人格数理推断出其人性格与脾气好坏，按1～10之数理详列于下：

人格的数理1～10所表现的性格与特征，方法是超过10位数以上的数，可去掉10数只看个位数。

1. 人格尾数是1数人的性格

人格有1、11、21、31、41数的属阳木，此人重礼智，有沉默寡言的个性，具有不屈不挠的精神，做事不怕困难，性格理智温和，做事认真，事业有成，能有幸福美满的家庭，有此数的人大多比较爱财，多情，姓名中有这样数理的人最好要约束自己，否则容易出现桃花运纠纷。

2. 人格尾数是2数人的性格

人格尾数有“2、12、22、32、42”数的属阴木，在个性方面有不屈不挠的精神，从外表看斯文有礼，但内心固执。交际中容易被女色所迷，为此而自毁身心。

3. 人格尾数有3数人的性格

人格尾数有“3、13、23、33、43”数的属阳火，这个数理的人个性是热情豪放，活动能力强，才智兼备而富有感情，但这种人缺乏忍耐性，对人刻薄，爱好权势，这种人最好严以待己，对别人要宽宏大度，否则会孤立自己。

4. 人格尾数有4数人的性格

人格尾数有“4、14、24、34、44”数的属阴火，这个人的个性外表好像沉默寡言，但内心却是急躁，而且又善于口舌之辨，容易被人误解而带来灾害。也会有病弱短寿或家庭不幸。在4数中唯有24数吉祥有智谋，事业兴旺，其余都是极凶之数。

5. 人格尾数有5数人的性格

人格有“5、15、25、35、45”数的属阳土，此人富有度量宽宏，内心坚强，做事踏实，很得人缘，但容易遭人嫉妒，最好要小心从事。

6. 人格尾数有6数人的性格

人格尾数有“6、16”数的属阴土，其人性格内柔外刚，事业成功，而且有幸福美满的家庭，是非常吉祥的数理。对于人格有“26、36、46”数的，这种人很有正义感，仅具有猜疑嫉妒之心，加之数理太凶，难免身体不好。六数属土，为人实在，容易受骗上当，要有戒心，才能平安。

7. 人格尾数有7数人的性格

人格尾数有“7、17、27、37”数的属阳金，多是意志坚强，不怕困难，这种人缺乏领导能力，但又喜欢权势，好出风头，自做多情。

8. 人格尾数有8数人的性格

人格尾数有“8、18、28、38”数的属阴金，性情多是顽固坚定，难以与人处事，在言谈方面容易与人争论，多会得罪人，这种数理多是家庭不稳定，而且身体也不好。

9. 人格尾数有9数人的性格

人格尾数有“9、19、29、39、49”数的属阳水，生性好动，富有智谋，做事无拘无束。若能约束住自己，大多可以成功。

10. 人格尾数有10数人的性格

人格尾数有“10、20、30、40”数的属阴水，虽有心计，但无处发挥，必须等待机会，待机会一到即可乘风破浪大显神通，这时即可顺水行舟，发挥才能，创造一番大业。

第四节　以姓名数理看社交能力

一、社交运推算法

所谓“社交运”，是以人格五行与外格五行两种五行互相比较，从中可直接判断出此人在社会交往方面能力如何。此种组合，我们将之称为“社交运”又称之为“外缘运”，乃是姓名学中极其重要的一个格局，它的权力超过地格与总格，其作用，不仅能判断出其人对父母，长辈、上司、兄弟姐妹以及子女方面的关系，而且从中可判断出此人对朋友、外界交往的信任度如何。社交运以“人格”代表自身，以“外格”代表社会上对持名人的各种人和事。判断时以“人格”与“外格”两者之间的五行生克关系来确定吉凶，从中可以看出此人的人缘关系以及社会交往如何，两个格局如果是相生，其人必定在社会交往及人际关系上较好，如果是相克，肯定这个人在外缘关系与社交方面不理想。关于社交运的具体看法，不外乎以下四个类型：

1. 以人格五行与外格相配置，可看出其人社交能力如何，这两个格局若互为相生，则知其人必擅长交际，无论同性或异性皆得人缘，一见面不用别人介绍，自己就能自我表白随机应变，得到对方欢心，对于恋爱婚姻也是这样，可以说是有交际手腕的外交家。若人格五行与外格五行是同性，既不相生也不相克，其人的交际能力也是比较不错。若人格五行克外格五行者，说明此人在交际方面能力一般，也谈不上有什么知心朋友。又若人格五行被外格五行所克者且为凶数，说明此人社交能力极差，不仅得不到朋友赏识，而且使朋友厌恶，逐渐变为孤立。不仅如此，还有受到朋友或外人伤害的可能。根据对数千例的姓名实例采访，凡是人格与外格相克者，此人社会交际不好，这种人大多是属于俭节之型，不会是挥金如土大把花钱之人，无论外格是何五行，只要与人格相克，其人的性格皆是如此。

2. 人格五行与外格五行配置相生者最好，在交际方面无意中就能结交上品德高尚的朋友，不仅人缘好而且威望高，凡是接触过他的人，都会对他产生良好的印象结成深厚的友谊。这种格局的人与人处事心地和善，少有纷争。若人格五行克外格五行者，这种格局的人，在言谈方面容易得罪人，以致与人不和，无意之间会树敌。根据对数千例的人名测试来看，若人格五行受外格五行所克者，这种名字的人，大多性情固执，凡是不辨情理，不与人融洽，不受人喜欢，而且容易与外人发生冲突，最终不得人缘，使自己陷于孤立。

3. 人格五行与外格五行相配置，可看出其人在交友方面，是否能得到朋友帮助：人格五行与外格五行若是两者相生，其人若是需要朋友帮助时，只要一开口，朋友就能很高兴的尽力帮助，而这格局的人，也值得使朋友信任。若人格五行克外格五行，遇困难很难得到朋友之助，既使能助，也不是心甘情愿的，若人格五行被外格相克者，根本得不到朋友之助，特别在极困难需要求助时往往白费口舌。

4. 从人格五行与外格五行，可看出其人与朋友办事能力如何，人格五行若与外格五行相生，此人能为朋友办事，而且能力很强，处事使人钦佩，给人有所好感。若人格五行被外格五行所克，此人办事能力极低，难以使人心悦或好感。但唯有人格属水而外格属土者不在此论，因土能筑堤，控制水势横流成灾，使其人做事思考周密，理智清晰，而且言谈有序，喜好勤勉，求之上进。

二、实例

例一：

	(1)		5 天格(土)
外格9(水)	方	4	
	駿	17	21 人格(木)
	昌	8	25 地格(土)

(总格)29 水

姓名方骏昌的人格为 21 数，外格为 9 数，属于外格生人格之格局，查《姓名与人际关系一览表》，"为"有一技之长，其才能得外援及贵人帮助，办事甚得人心，社交能力及外缘关系特别好，方方面面都受人尊重，由于乐于助人，所以在事业上大有成功。若您想了解一个人的社交能力和人际关系如何，你可直接用人格数理和外格数理两者相配合，视其五行生克关系，再和表格中的断语相对照，其中之吉凶即可知之。

例二：

	(1)		18 天格(金)
外格 11 (木)	蔡	17	
	佩	8	25 人格(土)
	倫	10	18 地格(金)

(总格)35 土

蔡氏人格为 25 数属土，外格 11 数五行属木，两格配置为木来克土，外来克内，查下面表格中人格土被外格木所克，人格位 5 数属土其人忠厚诚实，愿意帮助他人，但虽有此优点，但容易上当受骗，凡有此格者社交能力有限，外缘不好，而且小人特多。

现将人格五行与外格五行两者相配置，判断一个人的社交能力列表如下：

可从姓名人格与外格推算人际关系及社交能力一览表

人格	外格	暗示社交能力及家庭或事业兴衰
木 1～2	木 1～2	性格直率、温和、持家有方。但猜疑心重，社交能力及外缘关系都很好。最忌外格是凶数，则主夫妻感情不和。
木 1～2	火 3～4	性格外表乐观，内心劳苦，多为他人而劳，天性喜帮助他人。但大多五分钟热度，时间不久即凉，但人缘好，爱社交，外格若是凶数，主夫妻感情欠佳。
木 1～2	土 5～6	性格固执，不善于应酬，自高自大，开支节俭，言行不符，此种人社交能力欠差，但外缘还不错，不宜与人合作，且患近视眼者也不少，若外格是凶数则主夫妻不睦。
木 1～2	金 7～8	人格受外格所克，不善于交际，不肯与人妥协，吝啬，因点小事自身忧闷，社交能力与外交关系都不好，易患近视、神经衰弱。
木 1～2	水 9～10	外格生人格，有一技之长，其才能得到发展而成功，多得外援贵人相助，办事甚得人心，社交能力与外缘关系特好，一切都受人尊重，由于乐意助人，因此事业上都大有成功。
火 3～4	木 1～2	外格生人格，性格合群，喜欢出风头，易与异性接触，多得贵人相助，这种格局须防多劳多争，缺少实际行动，因此成功较迟，最不宜外格凶数，主配偶脾气暴燥。

从姓名人格与外格推算人际关系及社交能力一览表

人格	外格	暗示社交能力及家庭或事业兴衰
火 3～4	火 3～4	火主礼貌，为人性格活泼，凡事礼貌待人，得到众人好评。这种格局的人，外表好装饰打扮，爱阔气、好色、欲心强而难克制，而且脸短，因点小事和人记仇，凡事只有三分钟热度，坚持不长，多因性急而耽误大事，外缘不错，信誉也好。外格若是凶数，则因好色而夫妻感情受伤害，导致夫妻不和。
火 3～4	土 5～6	人格火生外格土，火主礼貌，土主信誉，为人诚实直率，凡事以礼待人，但缺乏果断性。由于诚信而终至成功，此格对与外人配偶都付出较多，社交能力与外缘都比较不错，若是外格凶数，大多配偶愚蠢。
火 3～4	金 7～8	人格火克外格金，火主礼，此格主失理且易得罪人，并且好色多虑，屡受挫折，喜欢占别人便宜而且好虚荣，对人处事花言巧语，敷衍了事。如果外格是吉数，主事情成功，若是凶数则主诸事不成，在社交能力与外缘关系上都非常不好，若外格是凶数，会时常对老婆无理压迫。
火 3～4	水 9～10	人格被外格所克，其性格内向，困苦、吝啬、忧郁、自愁，凡事闭门自守，不与人融合，这种格局易陷于色情之灾。对于社交能力以及外缘都特别恶劣。

从姓名人格与外格推算人际关系及社交能力一览表

人格	外格	暗示社能力及家庭或事业兴衰
土 5～6	木 1～2	人格被外格所克，其人性格忠厚坦诚，宁可牺牲自己而成全他人，深得别人信任，这是成人之美的最大优点。但由于乐助他人的忠厚诚实反而易受反方面的评价，此乃是缺点。此格不仅社交能力有限，而且外缘也不好，容易受骗上当以至施恩遭怨，而且小人特多。
土 5～6	火 3～4	人格被外格所生，其人性格忠厚识礼，无论男女都有强大魅力，易与异性人交往，社会评价较高，在事业上是能成功发达。而且社交能力与外缘也特别好。若外格是凶数，则主夫妻感情不和。
土 5～6	土 5～6	土主信誉而忠厚诚信，性格老实且安分守己，由于过分憨厚，致成意志薄弱，做事缺乏果断。性格不急不燥，做事慢慢吞吞，大事临头不起火的慢性子，这种人容易上当受骗，虽是一副好脾气，也免不了会破财失乐，但社会交往与外缘都比较不错。
土 5～6	金 7～8	人格生外格，此格待人诚实，多情多义，但有眼光向上的缺点，由于义气待人，免不了受人欺骗而破财免灾。外格吉做事成功，外格凶则先成后败。此格人缘很好，但外交能力手段不行，应多加段练为好。

从姓名人格与外格推算人际关系及社交能力一览表

人格	外格	暗示社交能力及家庭或事业兴衰
土 5～6	水 9～10	人格克外格，容易得罪人而与人不和，而且自高自大好出风头，有心害人反而又被人害，在生活上好节俭，好动心机，此人社交能力与外缘关系均都不好，若外格凶数，不仅夫妻感情不好，对于家族六亲之缘份皆比较薄弱。
金 7～8	木 1～2	人格克外格，此人性格鲁莽，做事不顾后果，容易为他人之事惹火烧身，也容易遭来大舌、是非。事后自己都觉好笑，其社交能力也不好，外缘也不佳。若外格是凶数，则主夫妻不和，配偶多病。
金 7～8	火 3～4	外格克人格，主无情寡义，此格不愿意与人相处，属于不合群的格局，不仅不善于交际，而且性情固执，不受人欢迎，因此为众人所弃。吝啬、自闷、忧郁是缺点。俭节、好静是优点。社交能力与外缘关系都不好，而且夫妻也不和睦。
金 7～8	土 5～6	人格得外格所生，主顽固，坚强，伸张正义之性格，做事沉默，朴素、认真严肃，属于不妥协、不贯通、不敷衍，吃苦耐劳，属于活动能力强的一种。凡事讲究道德，信誉，能发展大业，社交能力及外缘关系都很好，深得内助之助力。

从姓名人格与外格推算人际关系及社交能力一览表

人格	外格	暗示社交能力及家庭或事业兴衰
金 7～8	金 7～8	人格与外格相同，有吃苦耐劳，勤奋进取精神，而能克服万难致富，这是最大优点。但其性格顽强，固执，争勇好斗，有坚持主见的倔强脾气，常使夫妻都不能接受。与人争执，决不退让，最后陷于孤独，家庭缘薄，若地格也是金，反而大有大成功。
金 7～8	水 9～10	人格生外格，金主义水主智，其人天性喜助他人，社交能力及外缘特别好，头脑特别灵活，但喜好吹嘘，凡事浮夸，这种人没有忍耐力，胆小怕事，没有牺牲精神，虽有一时成就，最怕一败涂地，外格凶者，配偶脾气古怪。
水 9～10	木 1～2	水主智慧木主仁，人格水生外格木，木主仁、水主智，两者兼备。此格言行坚实，守其信用，乃成人之美的性格，遇事三思而行，绝不鲁莽，观察能力特高，一生安泰平静，但外交能力平常，外缘也是如此。
水 9～10	火 3～4	人格克外格，水火不容，此格自私自利，一生多遇困难阻挠，虽然倒霉之事常有，但最终困难都能克服。一旦机遇成熟即有一跃升天之势，名利双收。但社交能力及外缘关系不佳，外格若是凶数，配偶受其压迫，导致夫妻失和。

从姓名人格与外格推算人际关系及社交能力一览表

人格	外格	暗示社交能力及家庭或事业兴衰
水 9～10	土 5～6	人格水受外格土克之,土能筑堤控制水滥成灾,遇凡事思考周密,守护其身。擅长言论,富于理智,勤勉好学之性格。平素能自行检点,不放荡自大,得名誉而获得富贵,此格与一般外格克人格的形式不同,要一分为二看问题。此人外缘特好,社交能力也相当高明。
水 9～10	金 7～8	人格水受外格金生,水主智、金主义,聪明智慧、自尊心特强,善于能口舌辨,达到自己主张,好自尊、重情面,凡事不愿承认失败,在事业上大有成功与发展,社交能力高超,外缘也不错,若外格是凶数,主夫妻感情不合。
水 9～10	水 9～10	人格与外格都是水,水多无土,筑堤泛滥成灾,虽然智慧聪明,但相当狡猾,奸诈,易走邪途。此格利己之心特强,虽能挣很多的钱,但在消费上吝啬,却是个看财奴,为此受人反对。在个性上变化特别快,在色情上花钱再多也不在乎,结果落个声败名裂,社交能力平常,家族中六亲缘薄,感情平淡,而且配偶刁蛮泼辣。

表格内的文字,是用姓名学人格与外格来推测一个人的社交手段,及外缘关系,这两个格局称之为“社交运”。要想知道此人之性格,交际手段及外缘关系,可查此表即可。若要看其人一

生结果怎样，或者看此人一生事业如何，那么光看此社交运还不够，还需要看其三才配置。所谓三才配置，即天格与人格的配置称之为“成功运”，人格与地格的配置称“基础运”，以此来判断人生一切吉凶祸福，穷夭成败。如果要用三才配置来判断人生时，就不必要再看人格与外格的“社交运”了。因社交运所主的事情已经包含在三才配置之中，若是专门想知道其人一生社交手腕怎样，或其人缘好坏，那么只需看“社交运”，不用再看三才配置。

第五节　以姓名五行生克看健康

姓名学的学问博大精深，内含阴阳五行生克合化，根据五行生克之理，配合人体五脏六腑可看出其人能患何病，其法简单而快捷，易学易会，若能掌握姓名学内涵，可提前预防，能达到趋吉避凶之效果。

一、姓名与健康的关系

姓名的数理与人体健康有直接关系，其导致的因素主要显示在天格、人格、地格三个方面。用这三个方面之间的相生相克关系可看出其人的健康状况。因此，如名字天地人三才配置得好，身体会健康无恙，若三才配置配合不当，其它数理再不好，其人免不了疾病缠身，严重者可能导致残废或夭折。

对没有接触过姓名学的人，要说起姓名数理会影响人的身体健康，好像是“无稽之谈”，如果接触过姓名学，或者是对中国传统文化《易经》的学术有所研究的人来说，这就不足为奇了，因这里面完全是蕴含着阴阳五行生克制化之理，如要将这个问题说明白，必须以传统中医学理论方可证明。

中医学理论认为，以五行生克可算出人体五脏六腑之间的内在关系。人体五脏即心、肝、肺、脾、肾，以五行金、木、水、火、

土来相配,即心属火与小肠相表里,肝属木与胆相表里;金属肺与大肠相里:脾属土与胃相表里;肾属水与膀胱相表里。见下表:

人格	五行	阴阳所属		五脏六腑	被克易患之病位
1 2	木	阳 阴	木 木	肝 胆	肝、胆、颈、四肢、关节、筋脉、眼、神经、臂
3 4	火	阳 阴	火 火	心 小肠	心脏、小肠、肩、血液、经血、脸部、牙齿、腹部、舌
5 6	土	阳 阴	土 土	脾 胃	脾、胃、胸部、背部、肚腹
7 8	金	阳 阴	金 金	肺 大肠	大肠、肺部、脐、股、咳嗽、皮肤、痔疮、气管
9 10	水	阳 阴	水 水	肾 膀胱	肾、膀胱、胫足、头、肝、阴部、腰、疝气

从上表中可以看出心属火、肝属木、脾属土、肺属金、肾属水。人体五脏通过五行而反映在1～10的数理上。因此,姓名1～10数的五行也就直接从人体五脏六腑反映出来。所以,人的健康状况,也就会与1～10的数理中所表现出来的健康状况是一致的。

二、人体五脏配五行相克所患疾病

阴阳五行与人体五脏六腑有密切关系,按五行生克之理可判断出其人易患何病,如木属肝、火属心、土属脾胃,金属肺、水属肾。如木被金克易患肝病,火被水克易患心脏病,土被木克易患胃脾之病,金被火克易患肺病,水被土克易患肾病。现将五行配五脏易得疾病简述于下:

1. 易患肝胆疾病的五行格局

木受金克易患肝胆疾病,如肝炎、肝癌、黄疸、癫痫不眠、精

神系统等病症,如:

天格属土(5 或 6 划)、人格属木(1 或 2 划)、地格属金(7 或 8 划)

天格属金(7 或 8 划)、人格属木(1 或 2 划)、地格属金(7 或 8 划)

天格属木(1 或 2 划)、人格属金(7 或 8 划)、地格属木(1 或 2 划)

2. 易患心脏疾病的五行格局

火受水克易患心脏疾病,如心律过速,心肌炎、败血症、多汗症、心脏衰竭等症。

天格属水(9 或 10 划)、人格属火(3 或 4 划)、地格属火(9 或 10 划)

天格属火(3 或 4 划)、人格属水(9 或 10 划)、地格属水(9 或 10 划)

天格属土(5 或 6 划)、人格属火(3 或 4 划)、地格属水(9 或 10 划)

3. 易患脾胃疾病的五行格局

土受木克易患脾胃疾病,如胃溃疡、胃炎、胃下垂、胃酸、胃胀、胃癌、各种疮毒等病。

天格属木(1 或 2 划)、人格属土(5 或 6 划)、地格属木(1 或 2 划)

天格属水(9 或 10 划)、人格属土(5 或 6 划)、地格属木(1 或 2 划)

天格属土(5 或 6 划)、人格属木(1 或 2 划)、地格属土(5 或 6 划)

4. 易患肺部疾病的五行格局

金受火克易患肺及呼吸道疾病,如肺结核、肺癌、肺炎、气管炎、支气管哮喘,一切呼吸道及肺脏疾病。

天格属金(7或8划)、人格属火(3或4划)、地格属金(7或8划)

天格属火(3或4划)、人格属金(7或8划)、地格属火(3或4划)

天格属木(1或2划)、人格属金(7或8划)、地格属火(3或4划)

天格属金(7或8划)、人格属火(3或4划)、地格属水(9或10划)

5. 易患肾脏疾病的五行格局

水受土克易患肾脏疾病，如肾脏炎、腰疼、糖尿病、遗精梦遗、淋病白浊、生殖器病、耳病、妇科等病。

天格属木(1或2划)、人格属土(5或6划)、地格属水(9或10划)

天格属土(5或6划)、人格属水(9或10划)、地格属土(5或6划)

天格属土(5或6划)、人格属土(5或6划)、地格属水(9或10划)

天格属水(9或10划)、人格属火(3或4划)、地格属水(9或10划)

6. 易遭急病凶变的三才配置

所谓急症凶变，比如心脏病、心脏阻塞、脑溢血等，以及自杀、凶恶性他杀，以及突发性死亡，皆谓之急病凶变。现将易遭急病凶变的三才配置简述于下。

以下这些三才配置易发生急病凶变，及心脏病、脑溢血等病。

天格属木(1或2划)、人格属土(5或6划)、地格属水(9或10划)

天格属土(5或6划)、人格属木(1或2划)、地格属土(5或

6 划)

天格属水(9 或 10 划)、人格属火(3 或 4 划)、地格属水(9 或 10 划)

天格属火(3 或 4 划)、人格属水(9 或 10 划)、地格属土(5 或 6 划)

天格属土(5 或 6 划)、人格属火(3 或 4 划)、地格属水(9 或 10 划)

天格属土(5 或 6 划)、人格属木(1 或 2 划)、地格属土(5 或 6 划)

天格属火(3 或 4 划)、人格属土(5 或 6 划)、地格属水(9 或 10 划)

天格属水(9 或 10 划)、人格属土(5 或 6 划)、地格属水(9 或 10 划)

7. 易患神经衰弱及神精病的五行格局

以下这些三才配置易患癫狂神精病人,以及神经衰弱、肺病等疑难病症。

天格属金(7 或 8 划)、人格属火(3 或 4 划)、地格属金(7 或 8 划)

天格属火(3 或 4 划)、人格属金(7 或 8 划)、地格属火(3 或 4 划)

天格属金(7 或 8 划)、人格属木(1 或 2 划)、地格属金(7 或 8 划)

天格属木(1 或 2 划)、人格属土(5 或 6 划)、地格属木(1 或 2 划)

8. 易遭凶灾及外伤的五行格局

以下这些三才配置易遭凶灾及外伤五行格局。

天格属金(7 或 8 划)、人格属土(5 或 6 划)、地格属水(9 或 10 划)

天格属金(7或8划)、人格属金(7或8划)、地格属水(9或10划)

天格属水(9或10划)、人格属金(7或8划)、地格属火(3或4划)

天格属土(5或6划)、人格属水(9或10划)、地格属水(9或10划)

天格属火(3或4划)、人格属金(7或8划)、地格属水(9或10划)

天格属金(7或8划)、人格属火(3或4划)、地格属水(9或10划)

测病之法以人体五脏心、肝、脾、肺、肾,配五行金、木、水、火、土。如心属火,肝属木、脾胃属土、肺属金、肾属水,用五行生克来预测其人能患何病。如心经属火,火怕水克,水克火定是心脏有病。又如肾脏属水,水怕土克,土克水必然肾脏有病。应用时以人格为主,先看人格与天格的两格五行再看人格与地格这两格五行,视其三者所克的程度,再看近克与远克,近者克重,远者减凶,若一阴一阳之克其病也可减轻。

现举实例以示明白:

例一:

(1)
譚19 —— 天格 20(水)
駿17 —— 人格 36(土)
剛10 —— 地格 27(金)
外格 11(木)

(总格)46 土

某年春天谭氏前来测名，问其年龄 54 岁，见名字中人格 36 划属土，外格 11 划属木，形成木来克土，天格 20 划属水，土来克水，这个名字除了外格余下的天、人、地、三格皆是凶数，人格 36 划的土，被外格 11 划之木克之，形成木来克土，土被木克会有胃病。再看名字“骏刚”二字，“刚”字属金，代表刀锋，有破身之意，我对他说，你肠胃不好，防有手术血光之灾，时间在 36 岁至 48 岁其间，其灾恐怕还不止一次。他惊奇地说，我自小脾胃就不好，1985 年因急性阑尾炎手术一次，1995 年胃溃疡急性发作切除一次，现在身体仍然不好。真没想到名字中还能看到这些。请问老师还能看出什么？从人格 36 划之吉凶来看，主短命、外伤、疾病。36 划凶土克天格 20 划之阴水，20 划也是短命、难继祖业，幼时别亲，男子丧失配偶之数。有此数者除非幼时离开父母，否则不会有今天。他更惊奇的说，我两岁母亲就去世，是姑母将我抚养长大的。曾离婚两次，一生坎坎坷坷，颠倒不顺。要求将名字改掉，我将他改名叫“谭运泽”。

（1）
譚 19　天格 20（水）
運 16　人格 35（土）
澤 17　地格 33（火）
外格 18（金）

（总格）52 木

谭字 19 划属水，虚加一划 20 划为天格，属于凶水，五行相生则吉，相克则凶，唯有凶水泛滥，喜土制之，因土能筑堤，可制水患。天格乃祖上留传，此名天格属于凶水，只有用土克制，克制后不仅无凶反而主家庭和睦，气氛融洽，子女也能上进，一般病都能抵挡得住。再者天格的自身也不起吉凶。“谭运泽”三才配置，人格 35 划属于温柔平静的优雅发展数，地格 33 划为家门隆昌吉数，总格数理 52 划为有先见之明之意，外格的 18 划也是吉数。总格生地格，地格生人格，一路向上而生，全局五行金、木、水、火、土俱全，达到阴阳平衡。谭先生今年春天又来这里告诉我，自从改名以后身体逐渐好转，各种事情也顺利得多了，特来感谢。

例二：

(1)
杜 7 ］天格 8(金)
玉 5 ］人格 12(木)
山 3 ］地格 8(金)
外格 4(火)

(总格)15 土

这是阿城某村的一个农民，2003 年经人介绍，前来预测求财事，预测后感到很满意，他要求参加我们易经培训班学习，我要他留下姓名电话和通讯地址，以便办班时通知他。

登记后发现他名字的人格数理 12 划数，三才数理配置二金夹一木，整个格局火生土、土生金、金克木、旺金克木，使木无生机，其中外格 4 划乃有短命的暗示。其出生时间为 1970 年，笔者直接了当对他说：你不久要有一场严重的肝病发生，时间在 2006 年之前，要他最好将名字改去，但他听后没有重视，只是说：肝部好像没有问题。2005 年秋天又来我处，而且面色灰暗，他说最近两月肝部不舒服，去医院检查也没有查出是什么原因，要求给他改名转运。我告诉他，改名应该早改，病已得上身再改名，还来得及吗？今年春天听说此人于 2005 年秋天死于肝硬化腹水，年仅 35 岁。因人格 12 划属于阴木，五脏属肝，其含意为“短命大凶之数”，最容易患肝癌、肝炎、肝腹水等症，加上人格又被天格和地格二金夹克，使木无生机形成大凶之兆，外格 4 划属于阴火，有身遭凶变的事无休止夭折病死之数。况且地格与天格阴金 8 数皆克人格之木，使人格阴木之木一点生机皆无，这明明白白显示出应患肝病之预示。关于判断出 36 岁之前得患病者，因人格运程就是主 25 岁至 36 岁之间的事。

例三：

(1)
邵 12　13 天格（火）
宏 7　19 人格（水）
波 9　16 地格（土）
外格 10（水）

（总格）28 金

某年夏天，哈工大某教授与爱人一同前来替儿子求测考学之事，我对他说，你儿子头脑聪明，学习很用功，学习成绩也比较不错，今年考试虽不能名列前茅，但能榜上有名。但就是身体不好，经常头疼，而且眼睛也不好，将来免不了戴高度近视眼镜，一定要保护眼睛，注意身体。他说：“我们正为此事犯愁……这孩子自小就学习认真，从不用家长操心，就是经常会头疼，每到考试时就疼得厉害，今年高考我们特别担心，要说眼睛不好也非常现实，现在就离不开眼镜。”

三才配置由下克上，人格与外格都是水，水主聪明、灵活，故断孩子头脑聪明。但人格与外格之水同克天格之火，火属离宫，离主二目，又主头，火受水克，故断眼睛不好，离属先天乾宫，乾主头，故断经常头疼。

第六节　从姓名看事业

当今社会追求工作事业已成为一种时尚，对于有些人来说，将事业看作是他的生命，甚至比生命还要重要。但对另一种人来说，对于事业这句话还不知是什么含义，根本谈不上对事业的追求。有些人在事业上辉煌腾达，名利双收。而对于另一种人来说，对于事业兢兢业业，拼命工作，但却总是困难重重，四处奔波，最后落得劳而无功，还有些人为追求事业费尽千辛万苦，眼看好事就要到手，却遭横祸连连，厄运降临，结果事业未成，落得个鸡飞蛋打，身败名裂，最后弄得家破人亡。

正因如此，有些事业心很强的人，虽有机遇，却认为风险太大，前途莫测，做起事来总是提心吊胆，缩手缩脚拿不起放不下，最后反将机遇错过。

实际来说，事业如人生命运、家运一样，其吉凶成败的关键如何，可从姓名数理的五格剖象中预测出来。这要看预测师对命理和姓名学的操作水平如何了。

预测一生事业成败，可按姓名学五格剖象的理论，用天格数理与人格数理两者结合，构成“成功运”，再用人格数理与地格数理两者结合构成“基础运”，又在成功运与基础运的基础上将天格、人格、地格三者结合起来，按相生相克的关系即可判断出一个人的事业成败如何。若要过细地推测，必须要将三才配置再配合大运流年加上人生命理八字，才能预测出其人某年升官发财，某年厄运临身。

一个人的事业成败与否，可按照人格的数理标准来进行判断。若要知其人社会交往，办事能力如何，可用人格数理配合外格一同观察。总而言之最好与八字命理一起分析最好。

①凡是人格为1、11、21、31、41，3、13、23，5、15、25、35、45，6、16、17、24、32、37等数，这些数理都是大吉之数，名字中人格有此数者若再与天格、地格关系配合得好，其人肯定事业有成，而且有美满的幸福家庭。

②若人格为4、9、10、12、14、19、20、22、34、44等数者都是凶数，凡是人格有此数者，人生大多不如意，事业上容易失败，大多处于困惑、孤独、疾病甚至短命等处境。

③凡是人格为7、8、17、18等数者，一般都意志坚定，做事有主见，有突破万难的勇气，但是有个性生硬的弊端。但在非常困苦的逆境中能有排万难越死线的精神，最后能获得成功。

如人格有27、28等数者，其人性情过刚，容易得罪人，容易受人攻击诽谤，家属亲缘也比较淡薄。这种数理的人，相反地本性软弱，受儿女虐待，呕气受苦，在事业上一生怀才不遇，难以发达成功。唯有知识分子尚可，只要人格为此数者，你本事再大，除非有强硬的后台，否则在事业难以成功。

五格剖象以天、地、人三格数理配置，可以直接断定此人的事业成败，不会有多大差错。

现将姓名学的成功运与基础运配合人格推算事业成败以表格来示意，以便查对，在查对此表时，若天格、人格、地格之数大于10数者，则去掉10位数，只看个位数，如个位数是0者，算作10数，例如人格是17数，除去10数还余7数，可直接以7数为之。

名字笔划与五行所属对照表

笔划数	1～2	3～4	5～6	7～8	9～10
五　行	木	火	土	金	水

一、人格为木 1、2 数对天格或地格吉凶关系

天格	人格	成功运	人格	地格	基础运
木 1～2	木 1～2	天格与人格数理谓之成功运，若两者同都是木，同性相辅，顺利成功，能平平安安达到目的。（吉）	木 1～2	木 1～2	人格数理与地格数理谓之基础运，可得他人帮助志向坚强，雄心向上。（吉）
火 3～4	木 1～2	人格生天格，万事如意，向上发展，目的明确，容易达到理想。（吉）	木 1～2	火 3～4	平安无事，目的自能达到，但若为 9 或 10 数时，天地相克则变为凶。（吉）
土 5～6	木 1～2	表面看来顺利，但成功困难，虽用尽心机，成事缓慢，木克土主脾胃不好。（凶）	木 1～2	土 5～6	人格克地格为基础运不稳，最好安定不动，稳如泰山，凡是宜稳定不动为好。（凶）
金 7～8	木 1～2	金克木主受压制，导致有志难伸，而产生不满情绪，易患神精衰弱、呼吸道等毛病。（凶）	木 1～2	金 7～8	地格克人格易有变动转移的处境，时常受压迫，又被下属攻击。有如坐针毡之感觉。（凶）
水 9～10	木 1～2	如草木逢春，发育成长无有阻碍乃一片欣欣向荣之象，步步向上。（吉）	木 1～2	水 9～10	地格生人格，有短时的发展，不时有衰败的可能，而且有病痛的征兆。（凶）

二、人格为火 3、4 数对天格与地格吉凶关系

天格	人格	成功运	人格	地格	基础运
木 1～2	火 3～4	上来生下易得上司、长辈的关照，能顺利地成功发达是无忧无虑之象。（吉）	火 3～4	木 1～2	下来生上大吉，境遇得到巩固，得到部下拥护，地位与财产都能稳定发展。（吉）
火 3～4	火 3～4	人格与地格相同，可得同事朋友的辅助，事业可顺利成功，但需稳步前进，若地格为金者为凶。（吉）	火 3～4	火 3～4	一生安泰，但根底薄弱，缺乏耐久之力，最宜天格为木，若是为水则变为凶。（吉）
土 5～6	火 3～4	一切心想事成，目的容易达到功成名就，但若数理不良者则好事不遇。（吉）	火 3～4	土 5～6	基础稳固，心情舒畅，但天格不宜7、8 易出现内部分离或凶灾短命。（吉）
金 7～8	火 3～4	发展相当困难，凡事白费心机易患神精病或肺部有病，甚至会短命死亡。（凶）	火 3～4	金 7～8	表面安静，内则紊乱，家庭易发生纠纷，易与下属不和，易患呼吸器官之疾病。（凶）
水 9～10	火 3～4	水克火为最凶之数，成功而压抑，易有祸灾的急变，易患心脏病或脑溢血病。（凶）	火 3～4	水 9～10	易生不安有意外灾祸，可导致财产破败，若天格是属木者可保平安。（凶）

三、人格为土5、6数对天格与地格吉凶关系

天格	人格	成功运	人格	地格	基础运
木 1～2	土 5～6	有不平不满之思想,但有先天的德量,也没有多大过失但易有脾胃或大肠、腹部之疾。(凶)	土 5～6	木 1～2	地格木克人格土,境遇屡遭不安,住所时常迁移,得不到下属之帮助,应注意脾胃之疾。(凶)
火 3～4	土 5～6	得长辈或上司的爱护或提拔,得祖上之德荫,能平安顺利进行。(吉)	土 5～6	火 3～4	得下属之助力,稳定而逐渐发展能得到意外的好事。(吉)
土 5～6	土 5～6	二土比和,主稳重迟钝,成功较晚,但是幸福之命,天格若也是为土者,主欠贞操之德。(吉)	土 5～6	土 5～6	人格与地格同都是土,同性相和,有平安不动之德。若天格同是土,主迟钝而不活泼。(吉)
金 7～8	土 5～6	土来生金,下生上容易成功,所想之事容易达到目的,且能向上发展。(吉)	土 5～6	金 7～8	人格土生地格金有消极的倾向,但可得到顺利的发展。(吉)
水 9～10	土 5～6	事业上易有困难,时常会有障碍,只要有恒心之志,坚持努力,终可达到目的。(中吉)	土 5～6	水 9～10	人格克地格,对婚姻家庭时有不安定之象,而且病弱,若先天八字好者,可免灾难。(中吉)

四、人格为金 7、8 数对天格与地格吉凶关系

天格	人格	成功运	人格	地格	基础运
木 1～2	金 7～8	只要有恒心之志，只要奋勇前进，都可成功，若身心过于劳累，易患神经衰弱。（凶）	金 7～8	木 1～2	人格金克地格木，外看非常安定，实际内则紊乱，若不谨慎恐会破产，注意神精衰弱。（凶）
火 3～4	金 7～8	天格火克人格金，运气不佳，抑郁，志向不遂，好事难成，注意脑、肺、精神之疾病。（凶）	金 7～8	火 3～4	地格火克人格金，基础不稳，易受部下威胁和背叛，易有神经衰弱，数理吉则无碍。（凶）
土 5～6	金 7～8	天格生人格得长辈、上司的特别关照，心情愉快，身体健康，能顺利发展事业。（大吉）	金 7～8	土 5～6	地格土生人格金，基础安定而稳固，身心健康毅力坚强，可奏大功。（大吉）
金 7～8	金 7～8	二金比和，个性顽强，内外和，导使夫妻和气，没有争端，以致幸福。（吉）	金 7～8	金 7～8	过于坚刚，不尊敬别人，造成不和而且困难孤独，若天格为金时，有害于健康。（凶）
水 9～10	金 7～8	人格生天格，孝敬父母、尊重上司，受提拔。万事顺利，心想事成，精神愉快，身体健康。（吉）	金 7～8	水 9～10	金生水主自不量力，凡事自作自受，事业虽有成功，但会突遭患难及有孤独之感。（凶）

五、人格为水 9、10 数对天格与地格吉凶关系

天格	人格	成功运	人格	地格	基础运
木 1～2	水 9～10	人格凶数水生木，事业上能顺利发展，但主家庭不幸，若数理为凶时更甚。（吉）	水 9～10	木 1～2	人格生地格，如草木受雨露滋润，主事业成功，而顺利，但易患肺、肾之病。（中吉）
火 3～4	水 9～10	下克上对上司不忠，虽有大成功者，容易陷于逆境，必须要有坚定信心，才能成功。（凶）	水 9～10	火 3～4	上克下主无礼，虽能安定，易发生突发性灾祸，须注意心脏方面之疾病。（凶）
土 5～6	水 9～10	上克下天格土克人格水，凡事劳而无功，反受灾难，虽努力创业，最后被人嘲笑。（凶）	水 9～10	土 5～6	地格克人格外表安静，内里空虚，凡事易遭失败，时常处于逆境有时被卷入不安状态。（凶）
金 7～8	水 9～10	上生下金来生水，可得意想不到的长辈关心，上司照顾，使之心想事成，若数理凶者不遇。（吉）	水 9～10	金 7～8	地格生人格，基础运坚固，名利双收，气运旺盛而向上发展，若数理是凶数，防止逆境。（吉）
水 9～10	水 9～10	人格与天格都是水，无堤水滥乃破败之局，暂虽成功，终久破败。（凶）	水 9～10	水 9～10	成功一时，恐有意外之灾而导致失败，易陷于孤独、漂零。（凶）

第七节　从姓名看婚姻家庭

一、姓名对婚姻家庭的影响

从姓名的数理中可看出婚姻家庭双方命运暗示力，特别对妇女来说最为明显。按照中国传统观点对男性来说，要得事业成功，必须要有个好妻子，对女性来说，要得家庭幸福必须要有个好丈夫。男女只有获得好的良缘，夫妻才能和睦相爱，也就能培养出健康聪明的子女，教育好下一代。

从测名、改名中发现，妇女名字的数理中，特别是人格若带有首领数的，大多难得良缘，最起码家庭不和，即使是天赐良缘，短则数月，长则数年必有夫妻生离死别之悲。所谓首领数者，对男人来说是大吉之数，在事业上能作出惊天动地，辉煌腾达的事业。对女人来说，则是孤寡之凶数，轻者夫妻像对头一样互不相让，重者主生离死别或是名存实亡的夫妻。

还有些年轻姑娘，总是找不到好对象青春一过，再也寻不到称心如意的郎君。但凡如此恶劣的婚姻，她的名字中多少都带有一些不幸的数字。

看妇女的婚姻如何，不用看其天格之数，只要人格、地格、总格和外格其中不论那一格只要有 21、23、33、39 等数者，就是首领孤寡运，这些数理男子用之大吉，若是妇女用之就是孤寡之首领运，带这种数理的妇女，大多性格超过男性，有工作能力，好胜心强，特别是个性强硬，缺少温柔，这就是导致孤寡的主要原因。

二、姓名中的首领运数应与寡妇运数有所分别

所谓首领运数者，即 21 数、23 数、33 数、39 数，这几个数中除了天格带首领运数不作首领运数看外，其余任何一个格带此数者皆称之为“首领运数”。

凡是姓名带有首领运数者，主事业有成，财源广进，乃是大富大贵，威镇群雄的名利双收数。若是妇女有此首领运数者，只要不变为“寡妇运数”，主才色俱备，事业辉煌，能成为一枝独秀，财源广进的女中豪杰。所以此数最适合晚婚或独身妇女。但妇女的首领运数容易变为寡妇运数，在判断时千万要分清，也就是说首领运数不被他格冲克，应称之为首领运数，若是被他格冲克则变为寡妇运数，若首领运数变为寡妇运数者，不是丧夫早亡也会夫妻离别，否则会自身夭折。在判断时要将首领运数和寡妇运数分别而论，千万不要一见 21、23、33、39 就断为克夫离散的寡妇运数，这样会大错特错的，慎之！

现在我们也谈一谈首领运数与寡妇运数有何分辨。

三、首领运数与寡妇运数之分别

判断妇女姓名首先看五格中，是否带有首领运数与寡妇运数，若五格中有 21、23、33、39 等数理的，其数理有一位在人格中出现。而此人格又与地格、总格、外格其中任何一格五行相克者，叫首领运数变为寡妇运数，因此可断定此人会在婚姻上，出现生离死别等凶事。若首领运数未与他格相克者，则永远就是首领运数而绝对不会出现寡妇运数之凶事。也就是首领运数与寡妇运数两者吉凶显然不同，切莫混淆。

1. 妇女的首领运数若变为寡妇运数者，主与配偶有生离死别之事，除非命主的生辰八字特别好，否则对持名人有意想不到的灾难，但有应凶的年龄与时间的不同，若过了这段时间，也就等于过了危险期，可能就不再有凶事出现了。年龄共分四部：若首领运数出现在人格的，而与地格或天格等格相克者，则首领运数变为寡妇运数，可能在 23～45 岁之间会与配偶生离死别，否则自身会早亡。若人格是首领运数未与他格相克者，则永远就是首领运数不会出现寡妇运数之凶事，判断时千万要分辨明白。

2. 若人格是首领运数与外格相克者则是首领运数变寡妇

运数,应在 40~65 岁之间主与配偶生离死别,否则自身会早亡。若人格之首领运数与总格相克,多会应验在 60 岁以后。

3. 妇女姓名五格之中,其外格、地格、总格(天格除外)其三格中任何一格为首领运数,而不与人格五行相克者则永远就是首领运数,不能看作是寡妇运数,两者克与不克吉凶差距大不相同。不妨再来评述:

(1)首领运数若占在地格与人格相克而变为寡妇运数者,则多在 23~40 岁之间会出现与配偶离散或者是自己惨亡。若是其姓名中阳多于阴者则会早验,若姓名中阴多阳者则会时间应验较迟。

(2)首领运数若占在外格,与人格相克而变为寡妇运数者,则大多在 40~65 岁之间会出现与配偶离散或者自己惨亡。若是其姓名中阳多于阴者,则会提早应验,若姓名中阴多于阳者,则会时间应验较迟。

(3)首领运数若在总格与人格相克变为寡妇运数者,则大多在 60 岁以后可能会出现与配偶离散或者是自己惨亡。若是姓名中阳多于阴者,则时间会早验,若姓名中阴多于阳者,时间会应验较迟。

四、不论男命或女命,看其生辰八字

命局中日元强者再加上名字有首领运数者都是在事业上有辉煌成就,而且名利双收。若命局中日辰较弱者却不在乎有没有首领运数,若有首领运数反主倍加劳累而无福享受。

五、妇女姓名五格中除去天格

其它格局中没有 21、23、33、39 划数的首领运数或首领运数变为寡妇运数者,只要有下述几种凶数,也主婚姻不幸或有其它色情之灾。

(1)妇女姓名五格中除去天格不算,其余四格只要一格带有 9、10、19、20 等数,谓之为“婚姻变态”数,再加之姓名三才配置不良，可能会发生婚姻不幸或凶杀、情杀、殉情自杀、离婚等凶变之灾。

(2)妇女姓名五格中除去天格不算，其余四格只要一格带有27、28数者，谓之为“婚姻争端”数，再加之姓名三才配置不良，可能会变成夫妻感情不和，或会长期分居，或丧失配偶离婚等婚灾出现。

(3)妇女姓名五格中除去天格不算，其余四格只要有一格带有26、34数者谓之“易丧配偶”数，再加上姓名三才配置不良可能会现家缘很薄，丧失配偶等孤寡之事。

(4)妇女姓名五格中除去天格不算，其中有一格带有4、12、14、22、27、40、43、46、54数者谓之“桃花分情”数，这九个数名为淫欲数。四格中只要有一格带有此数者，再加上三才配置不好，则会变成多妻、多夫、离婚、丧偶或因其色情之事带来凶灾恶祸。

第八节　姓名八十一数之吉凶

万物之根源皆来自于数，数者从一开始至十而终，再复始，循环无穷，永无休止，依次不乱，此乃宇宙自然规律之理也。

其十数称之为盈数与零相同，用哲学理论而言，即是时间与空间也。天地之间最神密的莫过于数，其理包罗万象，以此象生成，化育万物。以现代科学来说，一切都不外乎数之分离偶合。依此之理九九相乘共八十一数，其数之吉凶，隐含宇宙间自然规律之力量，其力量之吉凶尤如天地一样，有阴有阳，有刚有柔，表里相同。所以组成姓名的文字各有数理，其字划之数理亦有吉有凶，因此而影响人生命运、健康、婚姻、家庭等一切事项。

姓名八十一数所有吉凶，皆包含在五格之各数之中，它们互相包含而发生变化，并非单纯地凭一格就能判断出吉凶，须要观察各格的吉凶数理，综合各格之间的生克关系，细察三才配置，详观其相互之间的力量，方能准确地判断出吉凶。总的说来，八十一数是预测姓名吉凶的根本，现将八十一数吉凶详述如下。

一、八十一数四言独步歌诀

现将八十一数吉凶分以下两种符号：

○大吉之符号

▲大凶之符号

常用的姓名八十一数，按笔划定吉凶，无论公司、店铺或个人名字皆可应用，笔划数以康熙字典为蓝本。

1 划○……繁荣发达，信用为上，万人敬仰，可获成功。

2 划▲……动摇不安，荣枯不一，一盛一衰，劳而无功。

3 划○……贵人相助，天赐吉祥，立身稳定，四海名扬。

4 划▲……乌云遮日，苦难折磨，非有毅力，难望成功。

5 划○……阴阳和泰，精神愉快，荣誉亨达，名扬中外。

6 划○……天降吉运，名利双收，立志奋发，无虑无忧。

7 划○……精力旺盛，头脑聪明，排除万难，四海扬名。

8 划○……努力向上，志望成功，不忘进退，万事亨通。

9 划▲……虽有奇才，无有用地，事业无成，诸事不易。

10 划▲……月色无光，暗淡不明，徒劳无功，祸事不停。

11 划○……草木逢春，枝叶茂盛，稳步前进，必得贵人。

12 划▲……欲行无力，孤立无助，外吉内凶，财源无库。

13 划○……天赋吉祥，能得众望，善用智慧，万事荣昌。

14 划▲……苦难不断，没有后福，成败不定，劳而无得。

15 划○……谦恭做事，外得人和，大事可成，合家兴隆。

16 划○……成就大业，能得众望，名利双收，朋友四方。

17 划○……贵人相助，排除万难，把握机遇，万事平安。

18 划○……诸事成就，顺利隆昌，如能谨慎，如日生光。

19 划▲……内外不和，障碍重重，虽有成功，谨防出凶。

20 划▲……志向高大，历经艰难，焦虑忧心，内外难安。
21 划○……雪中梅花，春来怒放，能成大业，万事荣昌。
（21 划虽吉，女人不宜用之，用则主婚姻不好）
22 划▲……秋草逢霜，事不如意，怀才不遇，诸事不利。
23 划○……旭日东升，名显四方，向上发展，万事隆昌。
（23 划虽吉，女人不宜用之，用则孤寡）
24 划○……前程锦秀，所求必得，天生智慧，终生幸福。
25 划○……天时地利，人和可得，讲究信用，必可功成。
26 划▲……波澜不定，事莫放松，若不努力，否则皆空。
27 划▲……一成一败，沉浮不定，须靠努力，方得众信。
28 划▲……龙困沙难，万事皆难，数理不吉，更名可安。
29 划○……如龙得水，直上青云，知谋奋进，万事成功。
30 划▲……大凶之数，有失无得，如同赌博，只输不赢。
31 划○……大吉之数，名利双收，渐进向上，大业成就。
32 划○……池中之龙，只欠风云，一旦得水，万事亨通。
33 划○……成功之运，诸事亨通，大业成就，万事昌隆。
（妇女用此数主婚姻不好）
34 划▲……灾难不断，诸事难成，不吉之数，祸事频生。
35 划○……处事严谨，保守为安，学智兼备，成就非凡。
36 划▲……波澜重叠，困苦不安，动不如静，排除万难。
37 划○……吉人天相，以德服众，逢凶化吉，万事亨通。
38 划△……有名无利，诸事艰难，艺界发展，能入名坛。
39 划○……云开见月，指日可期，光明坦途，诸事风光。
40 划▲……沉浮不定，进退两难，事业无成，诸事不易。
41 划○……吉人天相，德高众望，诸事顺利，前程无量。
42 划▲……事业无成，是非频生，虚心进取，事可得逞。
43 划▲……雨夜之花，最不吉祥，忍耐自重，处处提防。
44 划▲……用尽心机，事难遂愿，吃辛受苦，反得其怨。

45 划○……杨柳逢春，绿叶成荫，突破万难，一举成名。
46 划▲……路途坎坷，艰难重重，若无耐心，难获成功。
47 划○……诸事顺利，大业可成，纵有困难，得遇贵人。
48 划○……美好前程，鹤立鸡群，名利俱备，一际风云。
49 划▲……吉凶不定，有始无终，惟靠谨慎，可避其凶。
50 划▲……吉中有凶，祸事无穷，前程阴暗，运程不通。
51 划▲……一盛一衰，沉浮无常，自量处事，须靠自信。
52 划○……草木逢春，诸事皆顺，顺利无阻，万事亨通。
53 划▲……外祸内苦，盛衰参半，事不如意，先吉后凶。
54 划▲……费尽心机，难望成功，此数最凶，最好不用。
55 划▲……外看荣华，内藏祸患，冲破难关，临危不乱。
56 划▲……事与愿违，终难成功，事无头绪，有始无终。
57 划○……困难已过，时来运转，枯木逢春，花开茂盛。
58 划▲……始吉终凶，浮沉难定，费尽心机，难得众信。
59 划▲……犹豫不定，难以成事，心胸开阔，始可成功。
60 划▲……心迷意乱，黑暗无光，出尔反尔，方针难定。
61 划○……家门余庆，名利双收，子孙贤孝，独占鳌头。
62 划▲……烦闷苦恼，事业难成，灾祸不断，祸事常逢。
63 划○……万物逢春，繁荣之象，胸怀大志，终必成功。
64 划▲……见异思迁，诸事难成，枉费心机，避之为佳。
65 划○……好运到来，能享盛名，把握机遇，进步不停。
66 划▲……信用难守，退进深谷，进入黑夜，内外不和。
67 划○……事业兴旺，万事如意，富贵自来，有名有利。
68 划○……思绪周到，计划成功，勿失时机，大事成功。
69 划▲……时运衰退，动摇不定，机会难得，陷于逆境。
70 划▲……经营失败，难免困境，诸事无成，最好改名。
71 划△……缺乏勇气，沉浮不定，要得成功，必须力行。
72 划▲……利害混杂，凶多吉少，好事难得，自身难保。

73 划▲……志向高大,力不从心,谋求难就,晚运宁叮。

74 划▲……生意失利,坐食山空,智谋失算,难望成功。

75 划▲……吉凶难定,后退不前,守株待兔,有苦难言。

76 划▲……破产之象,此数大凶,速宜避之,以防厄运。

77 划▲……乐极生悲,恩多成怨,只宜坐守,待机可用。

78 划▲……败家破产,此数大凶,须防劫财,诸事难全。

79 划▲……黑夜行程,前途无光,诸事失败,劳而无功。

80 划▲……费尽心机,诸事难成,宜静不动,确保平安。

81 划○……八十一数,还本归元,富贵荣华,此数最吉。

二、八十一数吉凶歌

一数　(天地开泰,太极首领数)大吉

诗曰:　天地开泰宇宙分,身安体泰万事成,

否极泰来诸事顺,事无忧虑喜事逢。

此数乃天地开端,万物开始乃富贵、长寿、伟大昌隆成功之运数,此数宜静不动,等待良机。如旭日东升,万事如意,精明公正,受人敬仰,此为最大之好运数。

二数　(混沌未定,进退失机数)大凶。

诗曰:　混沌未定如浮萍,大风大浪不安宁,

身弱无力多遇难,事不如意人无情。

系混沌未定三才未分,一片漆黑之象,无独立之气魄没有果断的能力,像浮萍一样飘泊不定,有苦难、病弱、短命、损破财之忧,此乃大凶之数,若与好数相伴,短命夭折可免,女命逢之主一生得不到丈夫真诚相爱,单身妇女遇之却能开创一番大业。此数若在外格其凶可免。晚年可行佳运。

三数　(进取如意,增进繁荣数)大吉

诗曰:　进取如意最荣华,知达英明万人夸,

福禄寿财皆如此,诸事如意运不差。

此乃阴阳抱合,万物形成确定之象,有吉祥、成功、发达之象

征，有富贵之天赋，并得名声远扬之自然之福，此数有领导能力，能成就伟业，女人遇之乃温和、贤淑、助夫益子之运势也。属于名利双收，事业有成的福份无穷数。

四数（身遭凶变，万事休止数）大凶

诗曰： 凶变之数最为凶，病难身残运不通，

家破身亡遭灾祸，孝子节妇此数中。

此数之人属于破坏无休止的凶变之数，六亲无靠，兄弟如吴越，没有贵人相助。一生孤独多难，身体病弱，乃夭折、放荡、破灭之运数，此数大多辛苦困难，好在能得其忠孝之子，贞节之妇，很多伟人怪杰都出于此数。

五数 （福禄长寿，福德吉庆数）大吉

诗曰： 福禄长寿合阴阳，身体健康福寿长，

名利双收多富贵，大事有成天下扬。

此乃阴阳和合，安顺吉祥，内藏成功之运数，精神敏锐，身体健康，福禄长寿，能受长辈或上司宠爱，有富贵荣华，一举成名之福，富于乐善好施道德之心，此乃无缺之数也。

六数 （安稳余庆，吉人天相数）大吉

诗曰： 安稳余庆福禄开，吉人天相福自来，

有祸自解须谨慎，终身余庆永无灾。

此数乃福自天来的大吉之数，有兴家立业，大富大贵之象征。如三才配置不良，则难以享此大福。但也不致于大败，此数具有天赋之美，安稳余庆终生之数。

七数 （刚毅果断，排除万难数）大吉

诗曰： 刚毅果断性刚强，独立权威有主张，

内顺外和家余庆，大事有成天下扬。

此乃性情刚烈之数，切忌行动鲁莽，傲慢虚荣而招致内外失和，辛苦艰难在所难免，但是精力充沛且能重振精神成就大业，女性有此数者，难免有男人性格，须要注意性格温和通顺，才会

大吉大利。

八数 （意志刚健，勤勉发展数）大吉

诗曰： 意志坚强最为良，进取之心事业强，
做事多思需忍耐，先难后易大吉昌。

此数意志坚固，忍耐力强，有勇往直前，排除万难的进取心。此数乃大获成功之运格，有许多才子佳人都出于此数，若三才不善者，好事不遇。

九数 （吉过凶来，究苦困难数）大凶

诗曰： 吉过凶始入困途，穷病交加六亲疏。
灾害夭命无所止，生离死别却悲孤。

此数乃成败无定之穷途困苦数。利去财空，逆运、短命、悲痛不绝，或幼小离亲，此乃困苦病弱遭灾遇难之数，容易有短命夭折官司刑罚等不测之祸。此数若自身无有灾害，亦难免有丧失配偶或缺子之厄，实是大凶之数。但也有奇士怪杰，伟人富翁有此数者。

十数 （万事终局，充满损耗数）大凶

诗曰： 事至终局万事空，逆难失意无始终，
病弱短命多凄惨，克妻伤夫屡见凶。

此数之凶胜过九数，为好事无结局之运，有如进入黑暗之地，空虚无物，人格有此数者，多数是多灾或短命，如同黑夜无光，心悸惶惶，少气无力，多败少成，以致家破人离多陷于困苦、病弱、灾弱、刑罚等坏运。若三才配置不好丧命于中年的亦有之，但在绝处逢生中也有能成就大业者。

十一数 （挽回家运，外缘殊胜数）大吉

诗曰： 挽回家运最吉祥，事业成就甚辉煌，
阴阳和合得众望，稳步进展主荣昌。

此数为草木逢春，慈雨润泽，顺序进展，稳步前进之数。在社会上可得众信，并能发展壮大。若人格居此数者，可继承家

业，荣宗耀祖，此乃兴家得助，平静和顺的最大吉数。

十二数　（掘井无泉，意志脆弱数）大凶

诗曰： 掘井无泉最不良，易遭失败有灾殃，

家庭缘薄孤独苦，劝君安分保安康。

此数为亲情如水，骨肉如冰炭，施恩招怨的凶数。小心神精衰弱、外伤、皮肤病和胃癌等病。此数才无正用，创业无果，最后多以失败而告终。对家庭无缘、孤独、病弱、困难重重甚至有短命之忧。

十三数　（春日牡丹，智能超群数）大吉

诗曰： 智略超群博学多，社会交际宜忍和，

谋事功业有成就，子孙余庆可登科。

此数乃智能超群的成功数，富有艺术才能，有智谋奇略，排除万难，能获大功，享受富贵荣华的好运数，女人遇此数者有兴家旺夫，子孙繁荣之运势。

十四数　（沦落天涯，失意烦闷数）大凶。

诗曰： 沦落天涯离双亲，妻离子散最痛心，

寂寞烦闷多灾病，平生浮沉苦仃伶。

此乃大凶之数，坚忍苦难，方可成功。此数难得父母之力，家庭缘薄离祖败家，灾难重叠凶祸临门，事不如意陷于逆境。导致病弱短命，刑罚之灾或幼时别亲，丧失配偶子女等不幸之事。

十五数　（福寿共照，立身兴家数）大吉

诗曰： 福寿共照德望高，慈祥温顺不辞劳，

妻财子禄人敬仰，荣华富贵乐逍遥。

此数为最大吉数，福寿圆满之象，和顺雅量，德高望重，得上司提拔长辈支持，荣华富贵成就大业，属于繁荣兴家的大吉之数。

十六数　（贵人得助，名利双收数）大吉

诗曰： 平生得助遇贵人，财源滚滚事业成，

为人忠信有威望，家门隆庆占上风。

名声在外，慈祥有德，兴家立业，得贵人扶持，属于福禄寿俱全的大好运数，此数可逢凶化吉，成首领，占上风，足智多谋，是大事大业可成的好运数。

十七数　(突破万难，刚柔兼备数)大吉

诗曰： 突破万难有权威，性刚情烈如春雷，

诸事包容需忍耐，事业有成显光辉。

此数之人意志坚固，有突破万难之气魄，可获得很大的成功，适合军人或政治家用之，但有我行我素的弊端，缺乏包容力，自已明知是非却无法改正，容易招人忌妒，带来其它灾难。女人有此数者性刚好斗，若能涵养女德，心存温和者，则福禄寿永伴终身也。

十八数　(铁镜重磨，有志竞成数)大吉

诗曰： 有志竟成事亨通，智谋发展显威风，

性格过刚宜柔德，名利双收大成功。

此数乃威望洋洋，事业有所成就。意志坚固，排除万难，但自我心强，缺乏包容力，凡事宜三思而后行。女人有此数者，旺夫旺子发福之数也。

十九数　(遮云蔽月，辛苦重来数)大凶

诗曰： 遮云蔽月最不安，智能灵活百事难，

孤寡无助多遭难，妻离子散甚贫寒。

此乃大凶之数，自幼不得双亲之力，头脑灵活颇有智商，乃成就大业博得名利之数，但每到成功就会发生意外的陷害，内外不和，困难不绝，缺少贵人相助。若姓名中再没有其它吉神相助者，会出现精神障碍或孤寡、夭折、杀伤、刑罚，以致妻离子散。此属于短命之数。但也有大富翁有此数者。

二十数　(非业破运，灾祸不安数)大凶

诗曰： 非业破运主祸灾，平生厄难重重来，

病弱短命多不幸，丧偶刑子哭声哀。

此数大凶，一生多遭劫难，但智谋灵活，在困难时能得成功，但成功后又失败，一生多遇困难。大志难遂，且到处施恩招怨，灾祸频临，时时不得安宁，有病弱、短命、别亲，子女不幸等凶惨不绝。若自幼能锻炼忍耐之性，处事谨慎，对钱节蓄以备老，才能不致于老来悲惨。此数无论男女在何格遇之，都必会遇到困难，而且重重倒霉之事时有发生。

二十一数　(明月中天，体质刚键数)大吉

诗曰： 明月中天乐嘻嘻，正如百花待放时，

创业兴家有名利，独立权威富贵齐。

此数乃含苞待放之数，万物形成确立之势，好像百花盛开之前，难免有霜雪之苦，待春光一到即香花放发，受人赞赏。只要有刻苦精神，凡事都能获得成功。人格有此数者，主独立权威，只要稳步前进，定可成其大业。此乃首领之运，若妇女用之有克夫之嫌，用之主夫妻不睦，有两虎相斗必有一伤之厄，不是妻子克丈夫就是丈夫克妻子。

二十二数　(秋草逢霜，忧心怨苦数)大凶

诗曰： 秋草逢霜事不宜，逆境挫折运气低，

身世凋零心劳累，晚景凄凉克子妻。

此数人主身弱多病，孤苦伶仃，妇女有此数者，主桃花泛滥，克夫刑子，大凶之数。

二十三数　(旭日东升，发育茂盛数)大吉

诗曰： 旭日东升最为良，功名显达福寿昌，

男用为吉女孤寡，荣华富贵百事强。

此数乃旭日东升，渐序前进之数，虽出身贫苦，终可成首领。有如胜利凯旋之势，又如猛虎添翼之状。一切艰难皆可制伏，然而事业旺盛，感情敏锐，壮丽可爱，功名显达，属于最大的吉数。但是妇女有此数者主婚姻不好，特别在人格有此数者难免孤枕

独眠,香闺零落也。

二十四数 (家门余庆,金钱丰盈数)大吉

诗曰: 家门余庆福无边,子孙昌盛富有钱,
白手成家创大业,财源广进子孙贤。

此数乃一切艰难皆可顺利通过,而且才智谋略出众,凡事心想事成,白手成家,有美好的幸福家庭,而且财源广进,晚年愈丰,为才智奇特,父慈子孝的大吉之数。妇人有此数者可为贤妻良母,助益子孙之运数也。

二十五数 (资性英敏,刚毅果断数)大吉

诗曰: 资性英敏有奇能,特殊才华事业成,
性情古怪要修养,女人用之是贤人。

此数乃资性英敏,口才特殊,办事热心,勤勉好学,有奇特的才能,头脑聪慧,创业成功。但因性情时有偏激,言语带刺会得罪别人,容易影响信誉,如能注意涵养,却能作出一番惊天动地的辉煌事业。

二十六数 (变怪奇异,艰难苦闷数)大凶

诗曰: 变怪之数曲折多,历尽沧桑受折磨,
勤劳侠义人敬佩,经过万难唱凯歌。

此数乃勾绞之数,性情聪明,精神豪侠,初运多受挫折,飘泊不定,但是勤奋努力,有临万难越死线的坚韧不拔精神,最后能获得很大的成功。此数最宜日主强旺,若是弱者容易随波卷入浪潮,永远暗淡沉沦,因而导致家破人亡,孤苦惨境,若再有他格破坏,易有淫乱、短命、离别眷属一生不得平安之事,但也有一些烈士伟人有此数的,妇女用之主守寡再嫁。

二十七数 (迎新弃旧,欲望无止数)大凶

诗曰: 欲望无止最不良,诚实和气有人帮,
心强自高受诽谤,自省弱点万事昌。

此数乃不良之数,有此数之人身体健康、发育良好,中壮年

就能事业有成，但自我心强，易受人诽谤和攻击而导致失败。此数若能戒其弱点和蔼待人，不造成内外责难，可能避免失败而达到成功。但若他格配置不良者，多会陷于刑罚、孤独，变成逆境。

二十八数 （豪气生离，行动无踪数）大凶

诗曰： 豪气生离最不良，妻离子散见灾殃，

此乃凶厄遭难数，一生贫困苦难当。

此数之人在行动上有英雄豪杰气概，毫无顾忌，与人处事易施恩成仇。不仅自己财产空虚，连祖业都难保，此数易陷逆境，离妻丧子，灾祸频生，家族缘薄有流荡他乡，遭怨仇杀伤之厄，妇女得此数者婚姻有生离死别，孤苦无依之悲，此数无论男女用之都是凶数。

二十九数 （才智双全，立大功数）大吉

诗曰： 才智双全欲望高，大事有成是富豪，

猜疑嫉妒性能改，如龙得水万丈高。

此数乃大吉之数，富有谋略思想，志向远大，能成就大业，博取名利，事业发展有如旺龙乘云之势。此数男人用之为吉，很多外交家、发明家、实业家、政治家大多有此数。若妇女有此数者，容易有专横独裁之个性，若三才配置得不好易会有猜疑之性格，若三才配置得好能成四海名扬的外交家。

三十数 （绝境逢生，运途分岐数）大凶

诗曰： 绝境逢生有灾殃，沉浮不定最不祥，

奋斗努力能成事，处事细思保安康。

此数若在人格免不了有忠直粗鲁之个性，然而运气不佳，时成时败，吉凶不定。若与他格配置得当反能有所成就，若配合不好，即沦于失败。此数若意志不坚，遇事不加思索，可能会一败涂地，造成妻离子散，陷于孤独之境。此数一生中难免有一次生命冒险，待绝境逢生后，定会获得很大成功。

三十一数 （智勇得志，安全第一数）大吉

诗曰： 智勇得志万事新，创业兴家有美名，
福禄寿财全具备，德高望重近人情。

此乃德高望重大吉之数。智、仁、勇具备，属威力强大的首领运。意志坚固，百折不挠，脚踏实地，能成就大业，可统率众人，博得名誉，繁荣富贵，幸福温顺，此数乃繁荣吉祥的最好运格。

三十二数　（宝马金鞍，意外惠泽数）大吉

诗曰： 平生多得贵人扶，前程似锦义财疏，
认真努力向前进，风云际会展宏图。

此数乃池中之龙，一得风云便可升天，应认真努力，任职从事可得贵人提拔，抓住机遇，会大有成功，若能得长辈支持，其成功势如破竹。此数不可违背上司或长辈关爱之心，若能避其此短者却能顺利发展，此乃最大的好运，但不可多管闲事，慎之！

三十三数　（家门隆昌，威镇天下数）大吉

诗曰： 威镇天下有精神，博得名利万事成，
权威智谋德望重，纵然天下富贵人。

此数乃旭日东升，家门富贵之大吉之数。有才德兼备，英明果断的精神，有意志坚定成就大业，博得名利威镇天下的大吉运数。但切勿过于刚强武断，以防耽误大事。妇女姓名有此数者主婚姻不好，若再与他数相克，则会变成寡妇运，若不与他格相克者乃是首领运，此数若是单身女人用之最好，能成为天下闻名的女强人、大老板。

三十四数　（破家亡身，见识浅少数）大凶

诗曰： 破家亡身最主凶，大难重重运不通，
灾难亡身破祖业，悲苦刑伤万事空。

此数乃祸灾重重的大凶之数，终生困苦艰难不绝，凶煞一到凶上加凶，虽能创其产业，勤勉变为徒劳。若他格有凶数相克，三才配置不良者，免不了有病弱、短命、丧失配偶、子女离别、刑

伤、杀伐或者精神发狂等灾祸，此乃破家亡身的最凶之数，不论男女、皆不宜用。

三十五数 （温和平静，优雅发展数）大吉

诗曰： 温和平安德望高，才智超人福滔滔，

努力进取前程好，守贞勤俭耐苦劳。

此数之人有美满幸福家庭，有智达的能力，温良和祥之象，在文艺技术方面能有成就。若想在事业上发展需靠自己努力，不可依望他人。此数属于温良平静，能得众望，安分守己，墨守成规之运格，最宜妇女用之，男人用之有消极现象，但若三才配置良好，也能成为权威显达吉祥之人。

三十六数 （穷困潦倒，倒霉多端数）凶

诗曰： 此数生来万事难，豪情侠义在心间，

诸事多思需仔细，免得平地起波澜。

此数乃凶中之大凶之数，前途渺茫，波浪不平，漫无目标。为人排难，舍己成仁，有侠义气概，最后落得凶祸缠身，如行黑暗凶险之路，心悸惶惶。若他格再有凶数或三才配置不好者，不仅受亲友连累而且会导致倾家荡产，或带来残废伤身之灾。

三十七数 （权威显达，德望成功数）大吉

诗曰： 权威显达主辉煌，忠信诚实性忠良，

德高望重人敬仰，富贵荣华四海扬。

此数乃天性聪明，发展基业，温和忠良，权威显达。乃大业奏功告成之象。事业通达，能得众望，有完成大业之志，而且步步得利，乃消重病破万难，富贵荣华之运格，女人得此数者清闲享福快乐吉祥。

三十八数 （意志薄弱，技艺成名数）半吉

诗曰： 意志薄弱主不良，最宜持有一技长，

不屈不挠向前进，意外成功把名扬。

此数乃稍有挫折就失去原来计划，只因意志薄弱而无法达

到最终日的,为此则诸事难以成功。此数在文艺方面能有成就,若能提起精神,不屈不挠的向上努力,获得成功也不是难事。故此数为艺术成功数。

三十九数 (富贵荣华,权威全备数)大吉

诗曰: 富贵荣华福寿长,光明荣达大吉昌,

家门隆庆平安福,事业有成四海扬。

此数乃云开见日,富贵长寿,权威具备四海扬名,此乃贵重之格。此数幼时有几分劳碌,待到中年后定能走进光明。事业发展受万人敬仰,权威之势可压倒天下,实属富贵荣华,福禄荣昌,享名天下的贵重运格。此数为之"首领运"妇女有此数同样成为事业型大老板、女强人。但不可与他格相克,容易变成寡妇运,主婚姻不好。若不与他格相克者无论男女用之大吉。

四十数 (谨慎保守,亲情无定数)凶

诗曰: 谨慎保守勿自骄,智谋才略称英豪,

知难而退自然顺,切易逞强灾自消。

此数乃智力超群,胆力非凡,然而态度傲慢,易受诽谤,好冒险投机,缺乏好德之心,属于吉中带凶之数。如果一直自傲自强,必然陷于失败。容易遭难、孤独、短命、刑伤之事,如能谦让处事可保平安。女人有此数者主意志薄弱病不离身。

四十一数 (德高望重,事事如意数)吉

诗曰: 德高望重四海扬,才智兼备福满堂,

富贵荣华福禄至,名利双收喜洋洋。

此数属于智谋深远、才略具备,名扬四海的最大吉数,在事业上有努力向上,渐进发展的恒心之志,前程远大、事业辉煌,无可限量之运格。

四十二数 (意志薄弱,穷困已极数)凶

诗曰: 意志薄弱最不良,聪明多才好智商,

凡事犹豫不进取,有始无终不久长。

此数乃博学多能，通情达理，但有发明之意，但无创造之能之数。凡事只能有几分钟热度，缺乏专心研究，缺乏进取之心，所以十事九不成。若有恒心之志，可获相当成就，否则尽遭失败。此数为亲情无义，朋友无缘，妻子反目。若三才配置得当者无妨。

四十三数　（误入邪途，夸大妄想数）凶

诗曰： 雨夜之花一时红，外面好看内里空，

诸事虚假诚意少，无情无义无始终。

此数属外祥内苦的妄想之数，做事有一定的才能，仅能成功于一时，因过于弄虚作假，没有坚定的意志，失去信用而导致失败。若能戒去夸大妄想，也可有所成就。此数属于妻弱无助，有子不孝，病弱、外伤，误入邪途之数。

四十四数　（愁眉难展，悲哀遭难数）凶

诗曰： 四十四数破家财，愁眉难展实悲哀，

灾难逆境屡不兴，刚有好运又有灾。

此数属于家财破败，人口离散，惨败困苦，事不遂愿，逆境、病困，时常有之，属于倾家荡产最凶之数。如三才再配置不善，出现凶灾，车祸、精神病时常有之。此数在壮年时也会有一阶段好运，其期一过，就会一败涂地。应在得运之时俭节，以防晚景之凄凉。但也有乱世怪杰，伟人、烈士、孝子、大发明家，贞节之妇出自此数者。

四十五数　（突破万难，成就大业数）吉

诗曰： 此数原来大吉昌，排除万难喜气洋，

事业繁荣扬四海，荣华富贵福满堂。

此乃一帆风顺，成就大业之数。而且智谋深远，才略超人可名扬四海，一举成名，大富大贵之运数。若与其他凶格配置或三才配合不善者，容易被他人控制。

四十六数　（罗网缠身，离祖破家数）凶

诗曰： 罗网破家最主凶，一生困苦不善终，

身病孤寒无人靠，灾难频频万事空。

此数属于载宝沉舟，一生苦难不离的大凶之数，意志薄弱，易入歧途，时有刑罚之灾。若能立志做人，以仁义道德处事者，待灾难过后，也会有成功者。若是三才配置不善者，陷于孤独、病患、短命之事有之。但凡有此数者一生难得幸福。

四十七数 （点石成金，权威显达数）吉

诗曰： 永显权威福禄齐，子孙余庆诸事宜，

大业功成事圆满，合家愉快乐嘻嘻。

此数开花结果的权威进展数。事业有成、家庭圆满、妻贤子孝的吉祥余庆之数，可享天赋幸福，事业若与他人合作可成大业，此乃进则可取，退则能守，自由自在合家快乐，造福于子孙的吉祥之数。

四十八数 （德智兼备，出身清贵数）吉

诗曰： 德智兼备威望高，声名荣达称英豪，

德高望重为师表，身安体泰乐逍遥。

此数之人有高深的智慧，人品道德，在社会上颇受众人敬仰，堪称为顾问之格，威望洋洋，为人师表。此数家庭幸福，子孙圆满，健康长寿，为功利显达的好运数。

四十九数 （吉凶难分，辛苦不断数）凶

诗曰： 辛苦不断最不宜，先吉后凶运气低，

凶星配合家不幸，倒霉之事运不离。

此数属于吉凶难分之数，吉则吉上为吉，凶则凶上加凶，成败得失差距很大，壮年至中年之间，遇吉则吉，但吉中含凶。成败得失全以三才配置吉凶而定，但此数晚年大多变凶，以致陷于失败而招灾。

五十数 （小舟过海，需防覆没数）凶

诗曰： 成败得失一瞬时，浮沉未定运不离，

旺时生活不检点，到了败时后悔迟。

此数属于小舟过海一成一败之数，虽有一时发达，瞬间即告失败，此乃破财零落家破财散之运数，有此数之人在兴旺时要周密考虑到月圆则缺、物极必反之理，要防止在衰败时无藏身之地之惨局。若三才配置不善，即有杀伤、离散、孤寡、刑罚等灾难。此数女人遇之，即有爱美、虚荣、奢侈、好夸之弊端。

五十一数　(盛衰交加，竭力经营数)半吉

诗曰： 盛衰交加运不通，先兴后败无始终，
平时铺好平安路，免得老来受贫穷。

此数属于衰盛交加之数。一盛一衰之象，博得一时之名利，瞬间两手空。晚年穷困落魄，妻子不贤，子女不孝，为此而操心受气。只要平时戒娇，戒傲，自尊，自重，可保平安无事。

五十二数　(先见之明，理想实现数)吉

诗曰： 先见之明识运时，意志坚固是佳期，
功名利禄全俱备，时机一到上云梯。

用此局之人有先见之明，有超人之智慧，意志坚固。能观察时事，善于计谋思考。属于计划必成，实现大志大业，名利双收最佳之运格。

五十三数　(先吉后凶，好景不长数)凶

诗曰： 外盛内衰运不齐，内心苦处自己知，
运至晚年卖家业，若逢好运可维持。

有此数之人从外表看实力雄厚，实质内里空虚。此数有两种可能，不是先辛苦后幸福就是先幸福而后辛苦，乃成败参半的运数。一旦走到败运，大多是山穷水尽，破家亡身。若有吉数相伴，三才配置良好，可能稍好一点。

五十四数　(石上栽花，难以成功数)凶

诗曰： 五十四数最主凶，灾难不绝祸重重，

横死刑伤遭残绝，穷困饥寒不善终。

此数乃多难、凶灾、横死、刑罚、病弱、残废、短命思想顽固的大凶之数，容易受环境刺激丧生于意外之灾。

五十五数　(外善内恶，和顺不实数)半吉

诗曰： 外善内恶数不佳，如同锦上又添花，

物及必反防灾祸，灾难频频运气差。

五乃吉数，五十五吉上加吉，如锦上添花。五数属土，土主诚信，因有良好的信誉，事业上定有很大成功。由于吉数重叠，物极必反故表面荣华，而内里灾祸频频。凡事不能安心。出现危难、离别、凶灾等意想不到的灾难。如能振起精神，坚定信心而创业，也可有成功之日也。

五十六数　(浪里行舟，暮日凄凉数)凶

诗曰： 浪里行舟事难成，灾祸重重不离身，

纵有打算缺勇气，晚年凄惨苦为人。

此数乃事与愿违，因缺乏勇气而事业难成，进取心薄弱，故做事步步艰难屡受挫折，晚运则更加凄惨，此乃孤苦无依大凶之数。

五十七数　(寒雪青松，性格刚强数)吉

诗曰： 寒雪青松性刚强，灾祸过去大吉祥，

一生福德有财运，晚景荣华福无疆。

此数乃雪中青松，性格刚强，有魄力，有胆量之数。需努力前进，任何艰苦情况下不要心灰意冷，最后定能成功、而且大有发展，此数是吉祥、繁荣、幸福享受天赋的好数，又名曰“最后胜利数”。

五十八数　(先苦后甜，天下扬名数)半吉

诗曰： 先苦后甜最为良，任何难事有人帮，

初年虽然受辛苦，晚年兴隆福寿长。

此乃少年艰苦老来享福之数，一度艰难过去，再兴事业特别发达。此数乃家门隆庆，晚运幸福之数，但必须胆大、志大、随机

应变，重整旗鼓，再创家业，老年虽然幸福，但难忘昔日之苦。

五十九数　(寒蝉悲风，时运不济数)凶

诗曰： 车轮无轴不能行，犹豫不决心不宁，

失意烦闷恨逆境，晚景悲惨苦伶仃。

此数乃没有主见之数，做事缺乏谋略犹豫不决。没有成事之才能，一旦遇有灾难失去信心，无法东山再起，此数乃倒而不起的大凶之数。要得事业再起，除非养成大刀阔斧，当机立断的性格，可以成功，但又谈何容易。

六十数　(黑暗无光，动摇不定数)凶

诗曰： 黑暗无光进行难，心迷意乱身不安，

病弱短命多困苦，事业无成甚悲惨。

此数属于轻率而糊涂，做事无有主见之数。凡事犹豫不决没有果断性，总觉前程黑暗无光。这种数理的人动摇不定，心迷意乱出尔反尔，为此，很难获得事业成功，而且一生陷于困苦、烦闷、病弱、刑罚、短命实属大凶之运数也。

六十一数　(名利双收，修心积德数)吉

诗曰： 名利双收事业兴，修身养德近人情，

家门隆庆身有寿，子孝孙贤体康宁。

此数属于名利双收，家门隆庆，繁荣富贵之数，但要戒除傲慢不逊，欠缺雅量，免得带来家庭风波不静之弊端。若能修德慎行，才能防患未然，享天赋贞祥，一生享受不尽的幸福之数。

六十二数　(基础虚弱，艰苦贫困数)凶

诗曰： 内外不和信用无，外面好看内里枯，

失败招灾身贫苦，刑罚官司病未除。

有此数之人意志薄弱，凡事缺乏信用，最后志向难达，家境不幸，辛苦不绝，而且有外伤刑罚，短命等血光之灾。属于骨肉分离，身弱内惨的大凶之数。

六十三数　(富贵荣华，身心安泰数)吉

诗曰： 富贵荣华福寿行，子孝孙贤体康宁，

一生平安无烦恼，怜恤贫困有善心。

此乃万物化育之吉象，子女顺心，互敬互爱，圆满之象，属于家庭幸福一生不费心劳神，诸事如意，富及子孙之吉数。由于能怜恤贫困，施以救济。所以能延年益寿，福德圆满享其安逸愉快之一生吉运。

六十四数 （骨肉分离，家运不幸数）大凶

诗曰： 骨肉分离万事难，身灾多病体不安，

家庭失和无可靠，一生孤独又贫寒。

此乃沉浮难定，失败待兴，一生困难辛苦，家庭不幸难以安全之凶数。有骨肉离散或病患之忧。此乃意外伤害，一生难得平安数。

六十五数 （富贵长寿，光明正大数）大吉

诗曰： 富贵长命体康宁，家运兴隆喜气新，

福禄繁荣又富贵，万事亨通福不轻。

此乃富贵长寿吉祥如意大吉之数，家门隆昌，福寿绵长，事业有成，一生平安。属于福德圆满最吉之数。

六十六数 （内外不和，六亲冷淡数）大凶

诗曰： 内外失和不自由，进退两难总有忧，

灾厄交加多悲惨，六亲冷淡不相投。

此数乃六亲无靠，兄弟疏远，骨肉分离，劳而无功。内外不和，艰难不堪，厄运交加，是家破亡身的大凶之数。

六十七数 （利路通达，坚强得助数）吉

诗曰： 利路亨通最吉祥，和顺通达四海扬，

家运兴隆多茂盛，万商云集甚辉煌。

此数乃白手成家大吉之数，有自力更生，独创大业之能，事事如意，繁荣至上。为人通情达理，做事公平，不贪名利。可得长辈上司之援助，诸事无阻，实现志望，乃富贵荣华的大吉之数。

六十八数 (兴家立业,一帆风顺数)吉

诗曰: 兴家立业志气强,智谋周密四海扬,
意志坚固守信用,德高望重兴家帮。

此数之人乃智慧聪明,威震四方,意志坚固,坚守信用,具有兴家创业之天才,发明创造之才能。能取得众信,为名符其实为人师表的军师数。

六十九数 (坐立不安,烦闷失意数)凶

诗曰: 坐立不安如浮萍,灾病不离身不宁,
病疾短命多祸事,烦心之事不消停。

此数之人亲情冷如冰炭,兄弟不和,互不投机。常陷于逆境穷困、塞滞、逆境,凡事缺乏坚定信念,动摇不安,此乃属于短命、病疾、饱尝痛苦大凶之数。

七十数 (秋菊逢霜,晚景凄凉数)凶

诗曰: 残菊逢霜万事衰,一生惨淡不离灾,
忧苦离乱悲痛数,残疾久病凶祸来。

此数乃秋草逢霜,万物皆走向渐渐灭亡之数,一生灾祸百出,精神苦闷,贫苦交加,属于久病不起之运格。此数藏有杀伤、病疾、刑罚、短命之信息,甚至出现残疾、聋哑等之人,属于大凶之数。

七十一数 (毫无实质,精神耗散数)半吉

诗曰: 诸事养神则安然,修身养性福自添,
凡事遇之需忍耐,正气浩然命由天。

此数属于养神忍耐,修身养德半吉之数。此数之人缺乏气力与忍耐性,故难以成其事业。若能涵养忍耐,凡事能鼓起勇气克服懒惰,努力奋斗便可成功。

七十二数 (先吉后凶,一败涂地数)凶

诗曰: 未雨绸缪防未然,外盛内虚苦而甜,
先吉后凶命注定,得运俭节防晚年。

此数乃久经百战,战无不胜之运格,若一旦失败最后则一败

涂地，永不再起。有此数之人，青年时皆有大的发达，中、晚年必遭失败，最后以惨痛而告终，所以有此数之人在得运时要防止乐中有苦，以免到困苦时落悲。此数属于先甜后苦之数也。

七十三数　(志高力薄，努力奋斗数)半吉

诗曰：志高力微事难成，妄谋无计是非生，
晚年自然享安逸，赢得天赋乐自生。

此数是天赋吉祥、和合安定之数，但缺少实际行动。此数属于喜享受而不思进取之数，最终则平平庸庸，无起无落。

七十四数　(秋霜落叶，沉沦逆境数)凶

诗曰：沉沦之数智商枯，坐吃山空事业无，
老来更悲难渡日，平庸一生病未除。

此数属于无智无能，坐吃山空之凶数，一生沉沦于逆境，处处倒霉，无能为用，虚度一生，若他格再有凶数或三才配置不善者，则会变成残废、疯癫、低智能。给世人认为此人是平庸而无用之废人，此数属于大凶之数。

七十五数　(守则可安，发迹迟慢数)半吉

诗曰：守则可安莫进前，凡事保安顺自然，
妄进招灾必大败，吉人无相命由天。

名带此数者有指挥和领导能力，但不可轻举妄动。若能谨慎动用计谋以守为攻，最终都能心想事成。若不按计划行事，易受他人连累或伤害。但若能得长辈或上司提拔，其成功则势如破竹。此数之人不可过分性急，以免弄巧成拙，是非频生，宜养成退守之耐力，求保平安。

七十六数　(倾离覆散，劳而无功数)凶

诗曰：倾覆离散败家财，逆境凶煞有病灾，
丧妻克子家破败，贫病交迫哭声哀。

此乃最大之凶数，属于为六亲无缘，内外不和，骨肉分离，倾家荡产，亡身悲惨之数。有此数之人，无论在信誉或地位不知不觉的会一落千丈，陷于家财尽散，悲愁无限的凶数。

七十七数　（乐极生悲，多劳悲叹数）半吉

诗曰： 乐极生悲吉藏凶，祖上余德福无穷，

先吉后凶悲其命，中年劳苦晚年荣。

此数吉凶参半之数，得享先人之福根，早年幸福，但到晚年则陷于困苦，属于左右为难，但无大凶之数，若是前半生辛苦，后半生肯定吉祥。若三才配置得当，可解其凶。

七十八数　（抬头望月，身疲力尽数）凶

诗曰： 此数乏力无计谋，精神未定是非多，

失节丧信从未止，受人压迫泪如梭。

此数属于能伸不能屈，知进而不知退，有勇无谋之数。一旦遇挫，则丧失信心，从此而一落千丈，没有挽回之余地。此数缺乏贞节，信用不好，处处受人攻击诽谤，为世人所弃，被公认为废人，但身体健康。

七十九数　（先吉后凶，壮年必败数）半吉

诗曰： 中年发达老来悲，华而不实运不随，

晚景虽无大富贵，穿吃不愁无是非。

此数属于祸福参半，凶多吉少之数。中年以前成功多，失败少，可享自然富贵。一旦进入壮年则逐渐衰退，到了晚年更是劣运。若前半生悲惨，后半生定能吉祥。如若与吉数相配三才配置得好，凶事可免。

八十数　（一生辛苦，孤独空虚数）凶

诗曰： 一生劳碌费心机，半世艰难未得时，

灾病连连常不绝，修身养性莫太迟。

此数乃属于一生辛苦，病患、刑伤、夭折等不断之数，因受挫折太多而终生致病，若能及早修身养德，也可化凶为吉。此数乃九九八十一数将尽，没有半点生机之凶数，慎用之。

八十一数　（还原复始，隆昌尊贵数）吉

诗曰： 还原复始天地尊，万事如意吉运生，

名扬四海多余庆，财源滚滚入家门。

八十一数乃还原复始之数，乃自然尊贵。为万事如意，家门隆庆，富裕无比，功德圆满的最大之吉数。此数属于体力旺盛，喜事多多，吉祥重叠所以属于富贵荣华最佳之吉数。

注："还本归元"八十一数相当于基本之"1"数，82 数与"2"相同，83 数又与"3"数相同。凡是 81 数以上，除去 80，看还余多少，乃以余数推论，比如 161 数，除去两个 80，还剩 1 数，就照 1 数推论可也，其余仿此。

第九节　三才配置对姓名影响

三才者乃是天、地、人格也。它们之间的配置关系是由金、木、水、火、土五行相生相克而产生的。其中包括天格、地格、人格之间的作用关系所反映的暗示诱导力。

人格对天格的关系：反映出与长辈、上司、领导的关系，谓之天、人二格相配，称成功运。

人格对地格的关系：反映出与妻子，子女、员工、下属的关系谓之基础运。

人格对外格的关系：反映出社交能力等外缘关系和凶险状况等。

三才配置是姓名学中非常重要的环节，它直接影响人的社交能力，包括事业、身体、有没有贵人相助等情况。在起名时要特别注意。

姓名三才格局的数理计算方法是：如 1～10 这十个数以 10 数为极数，数到 10 便终止，要从 1 再开始重复，周而复始，因此，对于姓名各格的计算方法是将大于 10 的数减去 10 的倍数。若

正好是 10 的整数可按作 10 数计算。

五行数理阴阳属性对照表

数　理	1	2	3	4	5	6	7	8	9	10
五　行	木		火		土		金		水	
阴阳属性	阳	阴	阳	阴	阳	阴	阳	阴	阳	阴

同样的五行格局虽然五行属性一样，但由于五行阴阳性质的不同，其作用力也大小不同，因此，同种格局虽然断语一样，但所主的事情轻重程度就有所不同。

1. 木木木（大吉）

三才结构组合是天格人格地格都是木，五行一气，三才比和的作用关系。

其含义是基础运稳固，成功运顺通，有积极向上，家门隆昌，心身健康，家门兴旺，兴旺荣昌的诱导暗示，结构组合大吉。

2. 木木火（大吉）

三才结构组合是天人格比和，人格与地格相生的作用关系。

其含义是基础运稳固，成功顺调有向上发展，安泰吉祥，欣欣向荣，终身少劳，享受幸福，健康长寿的诱导暗示，结构组合大吉。

3. 木木土（中吉）

三才结构组合是天格与人格比和，人格与地格相克。

其含义是成功顺达向上发展，仕途顺利，但因基础运不牢而变动不安。怕为子女操心，此组合中吉。

4. 木木金（中凶）

三才组合是天格与人格比和，地格克人格的作用关系。

其含义是基础运不安，但能成功，虽然成功却多受环境影响或他人迫害，受小人与部下干扰而烦闷，又易生头部、腹部、胸部疾病，注意肺疾病。

5. 木木水（大吉）

三才组合结构是天格与人格比和，地格生人格的作用关系。

其含义是成功运顺利，基础运稳固，是事业平稳发展，下属拥戴，子女部下生扶，长幼皆宜，身心健康幸福长寿的格局。

6. 木火木(大吉)

三才组合结构是天格生人格，地格生人格的作用关系。

其含义是基础运坚固，得上级与下属的拥护，得长上福荫，子孙繁荣，身心健康，事业向上，幸福长寿的好兆示。

7. 木火火(大吉)

三才组合结构是天格生人格，人格与地格比和的作用关系。

其含义是成功运通顺，受上司关顾、部下拥戴、子女随顺、长辈关爱，属于工作顺利家庭幸福的好格局。

8. 木火土(大吉)

三才组合结构是天格生人格，人格生地格，为上生下连续相生的组合关系。

其含义是受上司或长辈恩助爱护，其基础安定稳固，子孙昌盛，身心平安，幸福繁荣，此三才乃理想的配置。

9. 木火金(凶)

三才组合结构是天格生人格，而人格克地格的组合关系。

其含义是成功运通顺，得上司及长辈青睐，但基础运不安定，与部下同僚不合，遭子女反对，家庭变动不幸，易患肺部及脑部疾病。

10. 木火水(中凶)

三才组合结构是人格属火，天格生人格，地格克人格的关系。

其含义是成功运顺利，得上司及长辈帮助，但基础运不稳，虽然成功但易受部下，及晚辈拖累恐有意外灾祸，为有急变、急死、风险多的配置。

11. 木土木(大凶)

三才结合结构是天格克人格，同时地格也克人格。

其含义是成功运被压，基础运不稳。虽有才能，但被压制，展现不出，这种格局易生变动，易患脾胃大肠方向疾病，属于孤独不安之命。

12. 木土火（中凶）

三才组合结构是天格为木，人格为土，天格克人格，地格生人格的组合。

其含义是天格克人格受上司压制，事业难成，地格生人格得下属相助，但缺乏成功运，有不平不满的情绪，易患肠胃毛病，先难后易。

13. 木土土（中凶）

三才组合结构是天格克人格，人格为土，天格为木，人格与地格比合格局。

其含义是天格克人格，受上司及长辈压制无法伸展，地格为土比和，得子女及下级帮助，与长辈及上司关系不好，易患肠胃和肝胆疾病。

14. 木土金（中凶）

三才结构是人格为土，被天格所克，人格又生地格的格局。

其含义是天格克人格，成功被压制，人格生地格基础运稳固，主仕途不顺，成功艰难，易生不平之念，易患脾胃和脑部疾病。

15. 木土水（大凶）

三才结构是人格为土被天格所克人格又克地格之格局。

其含义是人格被天格所克，受长辈或上司压迫，难以上进，人格克地格与子女或部下意见不合，属于基础运不稳，易遭不测之祸，易患腹部或脑神经疾患。

16. 木金木（凶）

三才结构是人格克天格，人格又克地格，是反上压下之格局。

其含义是成功运被破，主上与父母上司不睦，下与子女部下不和，成功率不高，苦费心机，易遇不测风波，家庭不幸，易患脑部或肝胆疾患。

17. 木金火（凶）

三才组合是人格克天格，人格又被地格所克。

其含义是下克上，成功运不佳，基础运不稳，主与上级关系难以相合，得不到下属拥戴支助，基础运不稳，一生衰弱、易生肺及肝部疾病，有横死之祸。

18. 木金土（中凶）

三才组合是人格克天格，地格生人格，是失天时得地利的格局。

其含义是基础运较好，成功运不佳，虽有牢固的基础，但下克上的反抗心里较多，难获发展，主身心过劳，易招不幸之祸。

19. 木金金（凶）

三才组合结构是人格与地格同来克天格，人格与地格比和的格局。

其含义是基础运稳固，成功运不顺，是过于刚强易与上司或长辈不合或克父母。主争执、烦恼。易遭家庭不幸，属于孤独之运格，又易生脑部疾病。

20. 木金水（中凶）

三才组合是人格克天格生地格是失天时得地利的格局。

其含义是基础运好，成功运不好，与长辈或上司失和，又为子女及下属操心而失落悲苦，易患脑溢血或其它病难，有暴死之忧。

21. 木水木（吉）

三才组合结构是人格生天格，人格又生地格乃利天时，利地利的运格。

其含义是基础运安定，成功运也佳，一生是孝顺父母，尊敬长上，但为子孙或父母付出较多，乃生上生下之组合。此格最适合命理八字日主强旺之人用，若日主弱一生辛苦之命。

22. 木水火(凶)

三才配置的组合结构是人格生天格，克地格的格局，对长辈上级尊重，唯对下属管制较严，易受下属反对之组合。

其含义是成功运虽好，基础运差，虽可获得成功，但基础不牢，易有病难、灾祸、克妻而生不幸。

23. 木水土(凶)

三才组合结构是人格生天格，地格克人格之格局。

其含义是成功运虽好，基础运不牢，易受父母拖累及子女部下反对。一时可以成功，但会逐渐失败，易生突变而蒙受损失，易得脾胃和肾脏疾患。

24. 木水金(大吉)

三才组合结构是人格生天格，地格生人格，由下向上相生关系。

其含义是下生上连续相生主事业有成，子孝孙贤，得上司及长辈关爱。成功运佳，基础运安定，还得上下惠泽，是名成利就，顺利成功的组合。

25. 木水水(大吉)

三才组合结构是人格生天格，地格与人格比和，同来生天格的作用关系。

其含义是人格与地格同来生天格，为人孝敬父母，尊敬长上，主身心健康，豪富长寿，幸福繁荣，但一切都靠自己努力奋斗的组合，此乃大吉之格局。

26. 火木木(大吉)

三才配置的组合结构是人格之木与地格之木同来生天格之火。

其含义是基础运平稳,成功运也佳。可得子女及部下拥护,只要努力向上发展,良机可遇,身心安泰,乃幸福长寿的好配置。

27. 火木火(吉)

三才配置的组合结构是人格之木生天地二格之火的组合。

其含义是基础运稳定,成功运也佳,际遇安定,成功目的可达,此乃身心安泰,幸福繁荣的配置,但是为儿女付出多,属于自己奋斗的格局。

28. 火木土(中吉)

三才配置的组合结构是人格生天格克地格生上克下的组合。

其含义是向上发展易得上司欢心,但多遭部下反对,属于捧上压下之格。事业成功容易,但缺乏坚实基础,易遭失败的诱导暗示,为境遇欠安的组合。

29. 火木金(凶)

三才配置的组合结构是人格生天格,地格克人格得天时失地利的组合。

其含义是成功运安定,基础运不稳,可保一时之成功,付出太多处境不好,主身心过劳,灾害殊多,易生肝胆部位毛病,属于凶的组合。

30. 火木水(大吉)

三才配置的组合结构是地格生人格之木生天格之火,乃由下生上之格局。

其含义是孝敬父母,尊敬长上得子妇及部下拥戴,其成功顺达,基础安泰是进取发展,晚景昌隆,福寿安泰的好配置。

31. 火火木(吉)

三才配置的组合结构是地格生人格,人格与天格比和的组合。

其含义是基础运牢固,成功运顺达,上得上司关顾,下得下属拥护之组合，是身心安泰，幸福长寿，诸事顺利的好组合。

32. 火火火(大吉)

三才配置的组合结构是天、地、人三格五行一气的比和格局。

其含义是成功运昌盛，基础运稳固乃父慈子孝，德高望重，成功顺达。但性格急躁，缺乏耐性，若要避其此短，必获成功，此格主身体欠佳。

33. 火火土(大吉)

三才配置组合结构是人格与天格比和同生地格的组合。

其含义是成功运顺利和基础运稳固，需努力而获得成功，为子女付出较多，晚景安泰，为人忠厚，但性情急躁，耐性不足若避此短可大获成功。

34. 火火金(凶)

三才配置的组合结构是天格与人格比和，同克地格的组合。

其含义是成功运较好，基础运不稳，虽获一时成功，但因基础不稳而遭致失败。此格子女不孝，与部下不合，晚景身体不好，注意肺部及呼吸道疾病。

35. 火火水(大凶)

三才配置的结构是天人两格比和，地格克人格乃失地利之格局。

其含义是成功运好，基础运太坏，虽获一时成功，但中年灾病多多，子女叛逆抗上，晚景孤苦，易生意外之变，有脑溢血、心肌梗死之可能。

36. 火土木(凶)

三才配置的组合是天格生人格，地格克人格得天时失地利的格局。

其含义是成功运顺利，基础运不稳，得上司或长辈提拔，可得成功发展，但基础不固，最后易遭部下及子女反对而失败，此格易患肠胃疾病。

37. 火土火(大吉)

三才配置组合结构是天格与地格同生人格得天时地利之组合。

其含义是基础运稳固,成功运顺利,得以上司爱护祖荫庇护,得以顺利发展,此乃子孝孙贤,合门余庆,荣昌长寿的大吉组合。

38. 火土土(大吉)

三才配置的组合结构是天格生人格,人格与地格比和之组合。

其含义是成功运顺利,基础运稳固,得上级赏识,同事拥护,此乃向上发展,身心健康,境遇安泰,幸福长寿的好组合。

39. 火土金(大吉)

三才配置的组合结构是天格生人格,人格生地格,从上生下的组合。

其含义是成功运顺利,基础运稳固,得上司提拔,长上关顾,乃身心安泰,幸福繁荣,诸事和顺,健康长寿的最佳组合。

40. 火土水(凶)

三才配置的组合结构是天格生人格,人格克地格,得天时失地利的组合。

其含义是成功运通顺,基础运不稳之格,得长辈及上司提拔,可得成功发展,但因基础运不固由吉变凶,最终导致失败。

41. 火金木(大凶)

三才配置的组合结构是天格克人格,人格克地格,由上克下之组合。

其含义是成功运被压制,基础运不稳,易遭失败的格局。此格乃不利妻子后继无人之格,事业上难以成功,更防筋骨,肺部疾病,是失意烦闷的组合。

42. 火金火(大凶)

三才配置结构的组合是天地两格同来夹克人格的组合。

其含义是成功运被压抑基础运不稳,易患脑疾及肺心病,事业发展艰难,防肺部、脑部疾病,或遭不测之祸。

43. 火金土(凶)

三才配置的结构组合是天格克人格,地格生人格,上凶下吉的组合。

其含义是成功运被压抑,基础运稳固,是虽有好的才能却得不到上司提拔,工作上被压制难伸,但与下属关系好。易烦恼和生肺部、心脏疾病。

44. 火金金(大凶)

三才配置的结构是天格克制人格,地格帮助人格的组合。

其含义是成功运被压抑,基础运稳固,虽然人际关系较好,但得不到上司重用,而且备受压制,事业上不易成功,易生烦恼和肺病。

45. 火金水(凶)

三才配置的组合结构是天格克人格,人格生地格的组合。

其含义是人格被天格所克,成功运被压抑,人格生地格基础运不稳。是有才难伸,有机不遇的配置,主多难,破家、亡身等灾,易患脑病、肺病。

46. 火水木(半吉)

三才配置组合结构是人格克天格,人格又生地格的组合。

其含义是人格克天格成功运不好,在工作上抗上,与长辈及上司意见不合,难得上司提拔,但基础运较好,是护下抗上的表现,易生烦恼、困苦、失败的组合。

47. 火水火(凶)

三才配置的组合结构是人格克天格又克地格的结构组合。

其含义是成功运不吉,基础运也不佳的格局,上下不合,难以成事，家庭离乱，烦燥不安，易患肾和心脏病。

48. 火水土(大凶)

三才配置组合结构是人格克天格，地格克人格由下克上的不良组合。

其含义是成功运被压抑，基础运被破坏，无法伸张，时有烦恼，逆运阻滞，而且病弱、多难，是破家亡身的格局。

49. 火水金(凶)

三才配置的组合结构是人格克天格，地格生人格，失天时得地利之格。

其含义是基础运平稳，成功运不吉的一种，得不到上司提拔和长辈荫庇。时生烦恼，家庭不幸，是灾祸频多的不平安配置。

50. 火水水(凶)

三才配置的组合结构是人格与地格比和同克天格之火。

其含义是成功运极坏，基础运较好，是难以成功之格局，如果一旦成功则是辉煌腾达，此格主家庭离乱而不幸，乃自力更生创大业之格。

51. 土木木(凶)

三才配置的组合结构是人格属木，与地格比和，同克天格之土。

其含义是成功运不佳，基础运较好，由于基础运好而安泰，但事业上不易成功，因为时有抗上的逆反心理，忿怒不平之念。此人脾胃或头部还有病。

52. 土木火(凶)

三才配置的组合结构是人格克天格土，又生地格之火，抗上护下的格局。

其含义是成功运不好，基础运好，得不到上司提拔或祖上恩惠。但因基础运较好，成功运艰难，而且体弱多病，此乃属凶格。

53. 土木土(大凶)

三才配置的组合结构是人格克天格又克地格，乃不得天时地利之组合。

其含义是成功运被压，基础运不稳，对上逆反，对下过严，凡事处境不安，目的难以达到，时时都在苦闷烦恼，而且易患神经衰弱之疾病。

54. 土木金(大凶)

三才配置结构是地格克人格，人格克天格，从下依次向上克的组合。

其含义是成功运被克，基础运不稳，凡事处于逆境，屡遭失败，为此烦闷忿怨，时刻不安，而且肝与肠胃皆有疾病。

55. 土木水(中吉)

三才配置的组合结构是地格生人格，人格克天格的组合。

其含义是基础运最好，成功运不佳，此乃少年艰困，晚年得子女之福，事业晚成，此乃基础雄厚，晚年享福之格。

56. 土火木(大吉)

三才配置的组合结构是地格生人格，人格生天格依次向上相生之组合。

其含义是成功运顺达，基础运稳固，乃根深蒂固，成功发展之配置，即得上司及长辈器重，又得下属及子女尊重，乃健康长寿，安享晚年之格。

57. 土火火(大吉)

三才配置的组合结构是人格与地格比和，同生天格之组合。

其含义是成功运与基础运都比较好，人格与地格共同生天格是积极奋进，努力向上，凡事都获得成功发展。为孝敬父母、尊重长上、子女顺意之组合。

58. 土火土(大吉)

三才配置的组合结构是人格生天地两格的作用关系。

其含义是成功运与基础运都平稳顺利，是极极向上获得成功之组合。凡是易达成功,事业旺盛,基础稳固,身心健康而长寿之格。

59. 土火金(凶)

三才配置的组合结构是人格生天格克地格乃生上克下的格局。

其含义是成功运大吉,基础运不稳,此乃捧上压下之格,对长上敬重,对下属管教较严,虽获一时成功,日久容易失败,而且有病弱,家庭不幸之忧。

60. 土火水(凶)

三才配置结构是人格生天格,地格克人格乃得天时失地利之组合。

其含义是成功运好,基础运不佳,艰苦奋斗而获得成功,但因基础运不固,易生突发事故,而人易患心脏疾病。

61. 土土木(凶)

三才配置的组合结构是人格与天格比和,地格克人格的组合。

其含义是成功运通顺,基础运不安,与上司关系好,受部下反对,得天时而失地利,事业上虽获成功但基础不固,先成后败。

62. 土土火(大吉)

三才配置的组合结构是天格与人格比和,地格生人格的组合。

其含义是成功运大吉,基础运稳固,上得上司欢心,下得部下拥护,此乃幸福美好,事业辉煌,身心健康的组合。

63. 土土土(大吉)

三才配置的组合结构是天人地三才五行一气,三格比和的组合。

其含义是成功运顺利,基础运稳固,其目的可以达到。此乃努力向上,顺利成功,境遇安泰,幸福美好的大吉之格。

64. 土土金(大吉)

三才配置的组合结构是人格与天格比和，人格又生地格之组合。

其含义是成功运顺利，基础运稳固，目的可达，一帆风顺，境遇良好，身心健康，可得长寿之大吉大利之组合。

65. 土土水(凶)

三才配置的组合结构是天格与人格比和，人格克地格天比地克的组合。

其含义是成功运较好，基础运太差。在事业上得上司提拔必然成功，但因基础不好，境遇不安遭失败，有苦闷烦恼困难失败的诱导。

66. 土金木(凶)

三才配置的组合结构是天格生人格，人格克地格的得天时地失利之组合。

其含义是成功运顺利、基础运不稳，得祖上及上司关爱，顺利成功，但基础运不好，有克妻刑子或意外灾难之虑，切注意。

67. 土金火(凶)

三才配置的组合结构是天格生人格，地格克人格得天时失地利之组合。

其含义是成功运大吉，基础运不固，虽事业有成，但有先成后败之虑。因基础运不稳，易患肺疾，或呼吸道器官疾病，境遇不安的组合。

68. 土金土(大吉)

三才配置的组合结构是天格与地格一同来生人格的最佳组合。

其含义是成功运顺利、基础运稳固是得天时地利诸事成功的最佳格局，主身心康泰，幸福美满，健康长寿之组合。

69. 土金金(大吉)

三才配置的组合结构是天格生人格，人格与地格比和的好组合。

其含义是成功运顺调，基础运稳固，得长辈关爱，上司栽培，事业成功之格局，如命中金多，勿用此格，因容易物极必反，会导致他人暗地攻击。

70. 土金水（大吉）

三才配置的组合结构是天格生人格，人格生地格由上逐位生下的最佳组合。

其含义是成功运顺利，基础运稳固，得长辈关爱，上司赏识，下属拥护。凡事容易成功发展，处境平稳，身体健康，精力充沛，是安泰自然的暗示诱导。

71. 土水木（凶）

三才配置的组合结构是天格克人格，人格生地格的组合。

其含义是成功运被压抑，无有伸张之机会，凡事劳而无功，很难得以发展，终是忿怨不平，牢骚满腹，为此身心过劳而病弱，有家庭不幸或短命之忧。

72. 土水火（大凶）

三才配置的组合结构是天格克人格，人格克地格上克下的不良组合。

其含义是成功运被压制，基础运不固，此乃困苦不顺，忿怨不平，有理无法伸张之格局，最终诸事无成、失败、疾病、刑伤之组合。

73. 土水土（大凶）

三才配置的组合结构是天格与地格同来克人格的最凶组合。

其含义是成功被压抑，基础运不稳，凡事不能伸张，劳而无功、病弱、少气无力、境遇不安、成功艰难，易患脑溢血、肾病、糖尿病等病。

74. 土水金（半吉）

三才配置的组合结构是天格克人格、地格生人格的组合。

其含义是成功运被压抑、基础运稳固，不仅得不到祖荫庇护和上级关爱，反而遭受上级打击，凡事不易成功，好在基础稳固，得以下属支持的组合。

75. 土水水（半吉）

三才配置的组合结构是人格与地格比和，同被天格所克之格局。

其含义是成功运被压抑、凡事不能伸张，但基础运较佳，虽然如此，但成功也比较艰难。有病难医和家庭不幸之忧。但少年奔波，晚年幸福。

76. 金木木（凶）

三才配置的组合结构是天格克人格，人格与地格比和的组合。

其含义是成功运被压抑，基础运不稳固，得不到上司提拔、祖荫庇护，而且受到压制，不仅人生难以成功，而且身体病弱，甚至易得中风之疾。

77. 金木火（凶）

三才配置的组合结构是，天格克人格而人格生地格的组合。

其含义是成功运被压制，基础运稳固，得不到祖荫庇护和上司关爱，在事业上处处受压制，群众基础也不好，凡事难以成功，在身体方面也有病弱之烦恼。

78. 金木金（大凶）

三才配置的组合结构是，人格被天地二格同来克之，属于上下受克之组合。

其含义是成功运被压制，基础运不稳固，受上司压迫，下属反对。是不得天时地利之暗示，而且有刑伤病痛、贫困多灾、家境不安之组合。

79. 金木土(大凶)

三才配置的组合结构是,天格克人格,人格克地格逐位上克下之组合。

其含义是成功运被压抑,基础运不稳固,处处受上司压制,而群众基础也不好,凡事都难以发展,身体方面易得肝胆和脾胃之病。

80. 金木水(半吉)

三才配置的组合结构是天格克人格,地格生人格的半凶半吉组合。

其含义是成功运不顺,基础运稳固,但在事业上处处受上司压抑,凡事难以成功,好在群众基础较好,此乃属于烦闷、忿怨、不平的组合。

81. 金火木(半吉)

三才配置的组合结构是,人格克天格、地格生人格,属于半凶半吉的组合。

其含义是成功运不顺,基础运较好,对上司忿怨不平,凡事难以成功,此格局反抗心里强硬,处事难成功,而且易患脑病、心肺之病,好在晚年子女孝顺,后继有人。

82. 金火火(大凶)

三才配置的组合结构是,人格与地格比和,同来克天格的组合。

其含义是成功运大凶,基础运稳固,乃对上级不满,有反抗叛逆的心理,事业上发展艰难不易成功,而且性格暴燥,不平不满易患心脑肺疾。

83. 金火土(凶)

三才配置的组合结构是人格克天格,又生地格的组合。

其含义是成功运不佳,基础运较好,其性格抗上护下,因此群众关系好,人缘不错,但成功运不好,阻力重重,是烦恼,病弱之组合。

84. 金火金(大凶)

三才配置的组合结构是人格克天格又克地格,不利天时地利的组合。

其含义是成功运不吉,基础运不佳,对上司长辈怨声不绝,多遭下属反对,事业上艰难不顺,家境不安,心烦意乱,不平不满,甚至离妻克子的大凶组合。

85. 金火水(大凶)

三才配置的组合结构是人格克天格,地格克人格,从下克上的凶格。

其含义是成功运不吉,基础运不稳,事事坎坷多阻,难以遂心。有处境不吉,体弱无力,有脑溢血,横死之忧。灾祸难脱的不祥之事时有发生,此乃大凶之格。

86. 金土木(凶)

三才配置的组合结构是地格克人格,人格生天格的组合。

其含义是成功运顺利,基础运太差,想得到成功需努力向上攀登,但基础运不好,易遭下属反对,凡是不易成功,家庭不和,子女不听话,而且易患肠胃疾患。

87. 金土火(大吉)

三才配置的组合结构是地格生人格,人格生天格,逐位生上的组合。

其含义是成功运顺利,基础运稳固,事业上发展顺利。可得意外之喜事,家庭圆满,身心健康,毅志刚强,功成名就的大吉之格。

88. 金土土(大吉)

三才配置的组合结构是人格生天格,而人格又与地格比和的组合。

其含义是成功运通顺,基础运稳固,事业有成,处境安泰,谋事易得,名利双收,此乃家庭圆满,财禄宽厚,健康长寿的大吉之格。

89. 金土金(吉)

三才配置的组合是人格生天格又生地格的组合。

其含义是成功运顺利,基础运稳固,事业上能够顺利发展,而且境遇安泰,身心健康,幸福繁荣,可得幸福长寿之格。

90. 金土水(半吉)

三才配置的组合是人格生天格,克地格的生上克下之组合。

其含义是成功运顺利,基础运不稳,在事业上得上司及长辈关爱,可获成功。但因基础运不稳,对下属过严而易遭失败,有遭外伤之灾。

91. 金金木(凶)

三才配置的组合结构是人格与天格比和,人格克地格的组合。

其含义是成功运顺利,基础运不稳,是刚毅果断,向上发展的组合。但因过于固执,对下属不宽容而易遭失败,此格有离妻克子之危险,小心为好。

92. 金金火(凶)

三才配置的组合结构是人格与天格比和,地格又克人格的组合。

其含义是成功运顺利,基础运不稳,虽可获得一些成功,但因基础运不稳,而易遭失败。离乱灾祸,变动殊多,注意有脑溢血,肺部及气管方面之疾。

93. 金金土(大吉)

三才配置的组合结构是人格与天格比和,地格又生人格的组合。

其含义是成功运顺利,基础运安泰,在事业上处境平安,积极向上,家庭中子孝孙贤,合家圆满,而且身心健全,但不宜过刚而遭意外之难。

94. 金金金(大吉)

三才配置的组合结构是天人地三才五行一气，三格比和之组合。

其含义是成功运顺达，基础运稳固，事业上辉煌腾达，处境安泰，乃健康长寿，繁荣幸福之组合，惟恐性格过刚，影响人际交往，宜戒之。

95. 金金水(大吉)

三才配置的组合结构是人格与天格比和，人格又生地格的组合。

其含义是成功运顺达，基础运稳固，事业上成功发展。心想事成，幸福荣盛，积极果断，此乃上安下全，妻贤子孝之格。

96. 金水木(大吉)

三才配置的组合结构是天格生人格，人格生地格，连续由上生下的组合。

其含义是成功运顺利，基础运稳固，乃人生顺利，事业有成，且得以祖荫传承，上司提拔，为健康安乐，吉祥如意的组合。

97. 金水火(凶)

三才配置的组合结构是天格生人格，人格克地格，天生地克之组合。

其含义是成功运顺利，基础运不固。事业上得上司器重，是继承祖辈余德的福运，但因基础运不稳，为子女事操心，有克妻败财，心脑疾病之忧。

98. 金水土(凶)

三才配置的组合结构是天格生人格，地格克人格的组合。

其含义是成功运较佳，基础运不好，事业上多得上司关爱，易得成功。但因基础运不好，凡事容易失败，此格乃早年幸福，晚运悲凄之格。

99. 金水金(大吉)

三才配置的组合结构是天格与地格共同生人格乃得天时地利之组合。

其含义是成功运通顺,基础运稳固,成功运好易得上司提拔长辈关爱,基础运好得下属拥护子孙孝敬,此乃健康长寿,家庭幸福吉祥如意的组合。

100. 金水水(大吉)

三才配置的组合结构是天格生人格,人格与地格比和的组合。

其含义是成功运通顺,基础运稳固,事业上得以上司关爱,易于提拔,是得祖荫之余德而福积自身,此乃体健身康,子孙荣盛,家庭幸福的最佳组合。

101. 水木木(大吉)

三才配置的组合结构,是天格生人格,人格与地格比和,天生地同的组合。

其含义是成功运通顺,基础运稳定,在事业上多受上司提拔,得以成功与发展,此格为身心愉快,繁荣至上,健康长寿的最佳组合。

102. 水木火(大吉)

三才配置的组合结构是天格生人格,人格生地格的上生下组合。

其含义是成功运通顺,基础运稳固,在事业上得上司器重和祖上庇护,是得天时,得地利,上下和睦,一生福分无穷的最佳格局。

103. 水木土(凶)

三才配置的组合结构是天格生人格,人格克地格的组合。

其含义是成功运最好,基础运不吉之组合,事业上虽得祖上栽培、上司提拔而获成功,但因基础运太差,叛逆子女反对,在工作上有如立针尖之上而坐立不安。

104. 水木金(凶)

三才配置的组合结构是天格生人格,地格克人格的组合。

其含义是成功运通顺,基础运不稳,事业得祖上栽培,上司提拔,但因基础不稳,多受下属不尊,子女反对,身体上要防病弱、外伤之厄。

105. 水木水(大吉)

三才配置的组合结构是天格与地格生人格乃得天时得地利的组合。

其含义是成功运通顺,基础运大吉,事业上得上司器重,精心栽培。又因基础运稳固,上下相生,境遇稳如泰山,此乃一生福份无穷之格局。

106. 水火木(凶)

三才配置的组合结构是天格克人格,地格生人格的组合。

其含义是成功运不吉,基础运稳固,事业上得不到长辈和上司重用,成功困难,逆境不顺,易得心脏与肾部之疾。

107. 水火火(凶)

三才配置的组合结构是天格克人格,地格与人格比和的组合。

其含义是成功运受压抑,在事业上得不到上司器重,与长辈关系不好,难以成功与发展,好在基础运稳固,处境还可以,此格身体不佳,预防心脏或小肠出毛病。

108. 水火土(凶)

三才配置的组合结构是天格克人格,而人格生地格的上克下生组合。

其含义是成功受压制,基础运稳定,多有不平忿怨而不满的性格特点,此格主逆境不顺,成功困难,陷于病难,易发疾病,但家境尚好,晚景顺利。

109. 水火金(大凶)

三才配置的组合结构是天格克人格,人格克地格,从上克下的组合。

其含义是成功运被压抑,基础运不稳固,有志不能伸,一生事业难以遂意,刑妻克子,悲惨不绝,坎坷忿怨,而易患心脏和肺部疾病,此乃大凶之格局。

110. 水火水(大凶)

三才配置的组合结构是天格克人格,地格克人格的组合。

其含义是成功运被压抑,基础运不稳固,乃为极凶的配置,在事业上,不仅有志难伸,诸事难成,而且易生脑溢血,心脏病,甚者有杀伤横死的事出现。

111. 水土木(凶)

三才配置的组合结构是地格克人格,人格克天格,从下克上的组合。

其含义是成功运不通,基础运不稳,上下不得助的不得天时地利的最坏组合。一生受挫折,病弱,反抗受屈凶的组合。

112. 水土火(半吉)

三才配置的组合结构是人格克天格,地格生人格下生克上的组合。

其含义是成功运不通,基础运较好,事业上得不到上司帮助,难以上进,时有逆反心理,好在基础运稳固,得以部下支持。此格注意脑疾和身体病弱。

113. 水土土(凶)

三才配置的组合结构是地格与人格比和,人格克天格克上的组合。

其含义是基础运稳固,成功运不佳,向上发展处处受压,障碍重重,时常为困难怨天不助。而且身体不健易生疾患,晚年稍转好运。

114. 水土金(凶)

三才配置的组合结构是人格克天格，生扶地格，克天生地的组合。

其含义是成功运不好，基础运稳固，事业上得不到上司提拔，家庭中得不到长辈关爱，一生多为儿女付出，而且多患头部疾病，此乃凶格。

115. 水土水(凶)

三才配置的组合结构是人格克天格，同时又克地格的克上克下之组合。

其含义是成功运不吉，基础运不佳，为上下抗衡，难以成事之格，一生付出多多，而且会急病遇难，好比弱小之身与强大的势力相争，是多招失败的暗示。

116. 水金木(凶)

三才配置的组合结构是人格生天格，又克地格凶的组合。

其含义是成功运通顺，基础运不稳，凡事惟有自己努力方能成功，但基础运不固，容易失败，而且有刑妻克子，外伤不安的征兆。

117. 水金火(凶)

三才配置的组合结构是人格生天格，地格克人格的组合。

其含义是成功运较好，基础运太差，凡事需付出一定的努力，方可得以成功，但终因基础运太差，容易失败。要注意因过于劳累而导致肺疾。

118. 水金土(大吉)

三才配置的组合结构是人格生天格，地格生人格从下生上的组合。

其含义是成功运通顺，基础运稳固，得上司赏识，下属拥护，事业上能得顺利发展，成就大业，子孝孙贤，上安下全，家庭安泰，健康幸福，此乃一帆风顺的最佳格局。

119. 水金金(大吉)

三才配置的组合结构，人格与地格比和，同生天格的最佳组合。

其含义是成功运通顺，基础运稳固，上乃尊重上司，孝顺父母，下得子女孝敬，部下尊重。而且性刚体健，聪明敢为，此乃大事可成的最好组合。

120. 水金水(大吉)

三才配置的组合结构是人格生天格，又生地格的生天生地的组合。

其含义是成功运通顺，基础运稳固，此乃努力向上，功成名就的暗示。为人心慈好善，上下和睦，得上司欢心，部下拥戴，上安下全的格局。

121. 水水木(大吉)

三才配置的组合结构，人格与天格比和，同来生地格之组合。

其含义是成功运最好，基础运平稳，得祖上福荫，可顺利成功发展，子孙可享受祖上余德，四海交游，家庭富裕，此乃身心健康的最佳组合。

122. 水水火(凶)

三才配置的组合结构是天格与人格比和，人格克地格的组合。

其含义是成功运最好，基础运太差，得上司及祖上恩惠，虽可成功，但因基础运太差，难免易于失败。此格易患突发性心脏病，而且有克妻刑子家庭不幸的可能。

123. 水水土(凶)

三才配置的组合结构，人格与天格比和，地格克人格的组合。

其含义是成功运最好，基础运不佳，虽得一时成功，但因基础运不好，成功难久。此格体弱乏力，因力不从心而导致最后失败。

124. 水水金(大吉)

三才配置的组合结构,人格与天格比和,地格生人格的组合。

其含义是成功运通顺,基础运稳固,有雄厚的实力,事业上可得成功与发展。上得祖上荫庇上司器重,下得部属拥戴子女孝敬。乃智慧超群人缘关系十足的好组合。

125. 水水水(大吉)

三才配置的组合结构是天、地、人三才比和,五行一气的组合。

其含义是成功运通顺,基础运稳固,主子孝孙贤事业有成,名利双收,福禄无穷之组合,此乃大成功之格,此人智慧聪明过人但物极必反,往往会说话做事水分太多,给人有难以捉摸的感觉,若能改此恶习,定是富贵之人。

上述的三才配置总共一百二十五个格局,其中凶的格局较多,吉格较少,在起名时最好按照八字用神起名,务必要选择一个佳格,争取在名字数理上不犯毛病。这是我们起名时应尽的责任。对一百多个三才配置怎样去掌握呢?其中有一定规律,只要掌握其中规律,就不用去死背硬记了。请记住:

1. 以人格为主,人格与天格相比称之为成功运。

2. 以人格为主,人格与地格相比,称之为基础运。

3. 成功运与基础运以三才配置生克论吉凶。

4. 起名时应首先看八字组合,若八字组合得好,用神得位,三才配置就是差一些也无有大碍,所以应以八字为主,三才配置为辅。

现将成功运与基础运按三才配置列表如下以示吉凶

成功运	组合吉凶	基础运	组合吉凶
天格生人格	大　吉	地格生人格	大　吉
天格人格比和	中　吉	地格人格比和	中　吉
人格生天格	中　吉	人格生地格	中　吉
天人二格相克	大　凶	地格人格相克	大　凶

附(一)　数理测名经验谈

凡测姓名以八字为重,先看日主旺衰,日主衰扶之则吉,日主旺抑之则利,扶抑皆以姓名辅之。选择用神,是判断八字的主要关键,用神选取得当,再以姓名扶助用神,这是起名的首要程序。次看三才配置是否得当,起名之法以人格为主,其理离不开八十一数的数理,从中可确定出其名是吉是凶。笔者从多年起名测名的经验中发现,数理吉凶有一定规律,现将多年研究应用心得与点滴经验介绍于下(以便到时查对);

1 数、11 数、31 数:事业上一帆风顺,有所成就,乃富贵之人生。

2 数、12 数、22 数、32 数:事业上最好与人合作,若自己独自经营可能会半途而废,与人合作比自己拼搏好得多。

3 数、13 数、23 数、33 数:容易得贵人相助,外缘很好,给人有一种好的印象。

4 数、14 数、24 数、34 数:此数在经营上不宜与人合作,最好是自己独立经营,若人与合作久之会引起厌烦,最后落得个不欢而散,此数的人有早婚之兆。

5数、15数:财运非常好,乃财源滚滚,金钱丰盈之数,最好离开出生之地往大城市发展,事业上能大有成就。

6数、16数:6数属土,信誉好,说一不二,声誉也不错,任何事业都能稳步前进。

7数、8数、17数、18数:做事有恒心之志,很有耐力,能勤勉上进,在事业上最好在技术、艺能方面发展可得成功,但此数在其他方面不够理想,有孤独感。

9数、19数、39数、49数:此数为婚姻变态数,会因异性朋友引起纠纷或被感情困扰,这种数理为感情失利者特别多,而且一生中常遇逆境,为此时常自悲自叹。

10数、20数、60数:都是大凶之数,倒霉之事特多,容易累及家人,也容易造成犯罪受罚,此数属婚姻变态数,不仅婚姻上容易出毛病,而且身体上也容易出毛病。

13数、23数、33数:此数属于"首领运",具有此数之人,男人刚强果断。女人则相貌美好,兴家创业,可做女强人,但用之主婚姻不好,且13数与23数之人都有风流好淫而不顾大局之倾向。若自已控制不住自己,往往会发生色情风波,姓名有此数之人出现色情事件也屡见不鲜。

26数、36数:此数之人欲望较高,创事业有雄心壮志,抱负远大,有并吞六国之势,有扬名天下的可能,反之,这种数理的人遭遇悲惨下场也往往有之。

21数:此种数理之人往往会因异性关系引起风波,为色情困扰出事者时常有之,男人带此数节制不住自己,女人因事业心太重,多数会担误了婚姻太迟,造成晚婚、或婚姻不顺。

25数:此数若为人格,主才华出众,但最怕与天格、地格、外格任何一格相克(总格除外),如此则会出现男女关系难以摆脱之事。在这几格中若再见13数、23数、19数、20数、26数、29

数、33 数、42 数、43 数，其中之一者，好色、多情是免不了的。

26 数：此数又名叫桃花数，有特别好色之倾向，无论男女定会有“金屋藏娇”或“红杏出墙”之事。

27 数：此数调情手段高明，可称得上“调情专家”，很有与异性交际的手段，但也容易“喜新厌旧”，若遇上这种数理的人，要特别提高警惕，以免白白地为他(她)浪费感情。

28 数：易遭危险事故，或受其意外伤害，有与配偶分居之危险。

29 数、39 数：此数有超人的智慧，乃富贵之命，但贪心太过，永不知足，而且易发脾气。

22 数、34 数：此数无论男女皆主身体虚弱，会因其病而减其寿命，这两个数理，在八十一数是最凶的两个数，有此数者短命、凶灾、恶祸横死屡见不鲜。

42 数：此数主爱情不专，喜欢搞男女关系，容易导致婚姻失败、导致分居或离婚。

43 数：此乃凶数，是多情、多疑的荒淫之数，无论男女都容易陷于腐化堕落，属风流之人物。

46 数、54 数：此乃“意外之凶灾”数，身体易有残疾、精神分裂、破腹产、枪伤、车祸等灾，而且特别强烈。

9 数、10 数、12 数、19 数、20 数、22 数、27 数、29 数、30 数、44 数、46 数，这些数理乃投机赌博之数。

附(二)　五格吉祥数理配置

数理配置，就是将姓名按五格(天格、人格、地格、总格、外格)剖象法，取用三才吉祥的数理配置成一组吉利的组合。五格中，天格是祖上传留的，自身不含任何吉凶，最主要的是察看其它三格，定其吉凶。一个好的数理配置，能使人顺利、成功、大吉大利；不佳的组合，能导致人命运(运气)塞滞、运途阻塞不通。当我们在起名时，最关键的就是注意数理配置和字义的搭配，有的数理男人用之大吉大利，女人用之则不利婚姻，甚则孤寡。有些数理女人用之能有好的婚姻家庭，男人用之则意志消极，不思进取。所以，数理配置对起名十分重要。笔者已将姓氏笔划，按照三才吉祥的数理组合成男女适用之格局，便于你在起名时对照使用，使你不仅节省时间，又避免将数理搭配弄错，请注意查阅。

第十节　八十一数配六十四卦五格吉凶

一划——五行属阳木，先天一数属坤☷卦，○吉数

人格的吉凶所主：

无论男女做事注重实际，凡事善于计划，自律性很强，善于社会交往，到处受人尊敬，而且理想远大，做事有始有终。

地格吉凶所主：

男命：此数尊重感情，温和待人，对爱人体贴，也能娶个好妻子。

女命：为人性格刚强，严紧治家，做事有条有理，而且教子有方，属于旺夫益子之命。

总格吉凶所主：

男命：交际圆满，待人宽厚、性格坚忍、乐于助人，在同事与朋友之间威望极高，能干出自己一番出人头地的光辉事业。

女命：能创出自己的一番事业，婚后能助丈夫的运气，为人涵养性强，有恭和谦让的气量。

外格吉凶所主：

人际关系圆满，容易得到贵人帮助与提拔，在任何情况下都

能与人和睦相处，在事业上能积极向外发展，凡事都易成功。

二划——五行属阴木，先天二数属巽☴卦，●凶数

人格吉凶所主：

不论男女个性倔犟，脾气固执，善于口能舌辩，但待人热心，为人办事有一副热心肠，但内心常有空虚烦闷的感觉。

地格吉凶所主：

男命：为人处事感情只有五分钟热度，缺乏愉快的气氛，婚姻不太稳定，若被天格克制，有离婚危险。

女命：对恋爱的态度比较消极，会对丈夫要脾气，对婚姻不平不满，难以渡过愉快的婚姻生活。

总格吉凶所主：

男命：个性顽固，做事一意孤行，对长上不尊不敬，有时会故意违抗，精神疲倦、凡事少成、生活操劳、身体欠佳。

女命：个性外柔内刚，讲话直来直去，婚姻不太美满，精神不振，成天苦闷不乐，若是人格属阳火者还要好一些。

外格吉凶所主：

无论男女说话坦率，容易得罪人。诚心待人反落抱怨，外格若生人格者恰好相反。

三划——五行属阳火，先天三数属离☲卦，○吉数

人格吉凶所主：

为人乐观豪爽，易得别人帮助，人缘特佳，但有逞强好胜的个性。女人有此格者异性缘佳、有才华魅力，但一生劳碌，难得清闲。

地格吉凶所主：

男命：性格上颇得异性关注，有早婚倾向，婚后也免不了有夜不归宿之事。

女命：有才华有魅力，好胜心强，对丈夫也时常坚持己见，若能成为一个性格温和、对自己丈夫不太约束，乃是旺夫益子之格。

总格吉凶所主：

男命：性格开朗、干劲十足、喜欢指挥别人，不愿受别人约束，此格之人外向好动，易得到下属及晚辈尊重，但是对名利都很看重。

女命：个性刚强，有工作能力，由于对工作狂热而难以照顾家庭，所以在人生运程中常吃暗亏，在感情方面也会遭受挫折。

外格吉凶所主：

若能生助人格者可得众人支持，此格适合担任领导职务及策划工作是名利双得之格。

四划——五行属阴火，先天四数属兑二二卦，●凶数

人格吉凶所主：

理想太远主观意识较强，凡事阻力较多，难以达成心愿，因此有杞人忧天的倾向，此格内藏爆发之个性，不知不觉就能发起火燥脾气。

地格吉凶所主：

男命：婚姻感情不稳定，常有中途婚变的危机，若与人格相生者可免不幸。

女命：对婚姻生活不满意，对丈夫的事业、生活上挑剔，有时会借机发脾气，婚姻上不用说也不太美满。

总格吉凶所主：

男命：虽有才华须靠努力，在工作上大多劳而无功，容易被人误解，属于怀才不遇的格局。此格之大在精神上时常感到忧郁不安。

女命：个性过于刚直，言语直率而易于得罪人，经常会吃人暗亏，在社会交往中，时常会遭受意外的打击，也会在感情上受挫折。

外格吉凶所主:

此格之人性格比较单纯,不善于对外交际,为此吃亏上当是常有的事,此格之人不适合做管理工作,宜从事单独工作,省得造成麻烦,属于出力不讨好的一种。

五划——五行属阳土,先天五数属中宫○吉数

人格吉凶所主:

对人宽厚有礼,社交方面为人敬仰,此格的性格比较倔犟,为人处事要面子,属于打肿脸充胖子之一种,所以最适合工薪阶层的公职人员,或自己经商贸易,为大事大业难成之数。但一生精神愉快生活美好。

地格吉凶所主:

男命:婚姻美满家庭和顺,家庭观念非常重,配贤淑之妻,若不被他格所克,一生过得幸福愉快。

女命:心地善良,心强好胜有配贵夫之命,夫妻感情恩爱,诸事善于协调,此为夫荣子贵穿金戴银之格。

总格吉凶所主:

男命:为人忠厚坦实,稳重谦和,交际关系颇广,易受别人喜欢,思想变化也能跟上时代潮流,但在工作上不能安分终一,如果与其它格局配合得好,可以事业成功,大有发展。

女命:为人个性倔犟,对外能宽宏大量,在家易与丈夫吵闹,但夫妻感情和睦,此乃旺夫益子之数。

外格吉凶所主:

善于演讲,表达能力颇佳,能得到众人信服,而且人缘也好。不论在何种情况下,都能与人和睦相处,为人无论说话做事都非常爽快,所以交际面相当宽广,属于朋友遍天下的一种。

六划——五行属阴土，先天六数属艮☶卦，○吉数

人格吉凶所主：

待人忠厚诚信，慷慨大方，处事热忱宽宏，受人之托忠人之事，无论在任何场合，人缘极好。若得他格相助，事业上定能成功发展，这种格局就是工薪阶层也有相当大发展，辉煌腾达。

地格吉凶所主：

男命：由于待人热心，能得异性欢心，所以恋爱方面非常顺利，若地格不受人格克制，婚姻家庭大多圆满幸福。

女命：相貌姣美，魅力无穷，交际很广，广得人缘，而且子女也特别优秀。

总格吉凶所主：

男命：性格爽快，花钱大手大脚，能得到外界的好评，这种格局的人，常会得到意外的收获。但一生总是财来财去，最好不要被天运五行克制。

女命：此乃贤妻良母的性格，能找个有出息的丈夫，婚后夫妻生活和谐，凡事不用丈夫操心，能有个幸福美满的家庭，最好不与地格或人格相克，否则会减运。

外格吉凶所主：

不论男女社交手段高明，处事方面很受别人欢迎，这种格局的人，大多性格开朗，谈笑风生，而且异性缘也佳。若要从事推销业务，定能引来大量的客户，工作能干得很出色，最好不要与天运或他格相克，否则好事不遇。

七划——五行属阳金，先天七数属坎☵卦，○大吉

人格吉凶所主：

此数主观性强，做事我行我素，凡事都喜欢自已做主张不听别人意见，有不受人牵制的倔犟脾气，而且好胜心也强，但有坚强忍耐的性格，适合带兵打仗及开发工作，则战无不胜。若天运与地格被伤者则好事难成。

地格吉凶所主：

男命：妻子个性刚强，夫妻时有争执。此格之人大多有早婚之象，若与它格相克则不遇。

女命：个性刚强，做事大方，脾气倔犟，对丈夫也毫不示弱，有时会引起三角恋爱的麻烦。

总格吉凶所主：

男命：性格刚强，做事主观，凡事一意孤行，我行我素，所以人际关系不太融洽。此格之人做事变化多端，成功快失败也快。但做事恩怨分明是其最大的优点。

女命：事业心很强，将事业看的比家庭还重要，是事业型的女中强人，在任何时候都忙忙碌碌，若财运与天运五行相生，能干出一番出人头地，惊天动地的事业。

外格吉凶所主：

为人豪爽大方，有社交能力人缘关系好。能言会道，若做推销工作能引来很多客户，很有创业才能，靠自己的能力、毅力，可干出一番很大的事业，天运受克者不遇。

八划——五行属阴金，先天八数属震☳卦，○大吉

人格吉凶所主：

为人做事踏实，不惜名利，靠自己努力创出一番事业，努力奋斗的精神可嘉，但必须天运五行相助，否则一事无成。此格属于付出多而收获少的一种格局。

地格吉凶所主：

男命：配偶个性固执，但婚姻生活还比较不错，算得上幸福家庭。但自己对婚姻生活还比较严谨。

女命：相貌出众，追求者多，但婚姻恋爱过于挑剔，由于过于执着要求过高容易失去良缘而后悔。

总格吉凶所主：

男命：个性固执的格局，很容易陷于一意孤行的局面，但坚忍力强具有突破万难的决心，凡事都能坚持到最后成功。

女命：头脑灵敏，做事精明强干，能言会道，能创造一番惊天动地的事业，也能帮助丈夫共创一个幸福美满家庭，而且教子有方。

外格吉凶所主：

性格豪爽大方，社交能力极好，善于待人，对上司敬重，对部下严肃，到处都受人敬仰，但外格最好不受他格破坏，否则个性会倾向于固执。

九划——五行属阳水，先天九数属乾☰卦，●凶数

人格吉凶所主：

水性聪明，水主财运，会有意想不到的好事来临，其性格争强好胜、爱面子。但为人处事常有我行我素，不听他人意见而为所欲为，如果天运与他格配置不佳，则有怀才不遇之悲。

地格吉凶所主：

男命：对于异性追求缺乏经验，受到一点冷淡就接受不了，婚姻生活免不了大男子主义，为此与爱人缺少融洽。对于家庭观点也欠缺稳定。

女命：对于感情方面抱无所谓态度，为此而会晚婚，此格身体不太健康，需要注意保养。

总格吉凶所主：

男命：此格头脑聪明，爱钻研，但好高骛远，凡事成效不大，精神生活大多陷于苦闷之中，运程上都多灾多难，如果得天运五行生扶者，事业成功也是有之。

女命：此格无论是家庭生活还是精神生活都陷于操劳苦闷的状态，而且劳苦不绝。

外格吉凶所主：

此格交际手段欠佳，常受他人摆布，时常会卷入是非遭受钱财或物质损失，由于常受外来打击，因此在精神生活方面易受困扰。

十划——五行属阴水，先天无卦五行属●凶数

人格吉凶所主：

头脑聪明，反应灵敏，遇事冷静，适合搞研究策划工作，这种格局之人大多没有太高学历，但在文学技艺方面的水平往往不低于人下，若被天运五行生助，大多文才出众成功率相当高。

地格吉凶所主：

男命：地格为感情宫，十划之人对感情较为内向，对喜欢之人暗恋不敢追求，为此会造成晚婚。此格若再被天运五行克制不仅会婚姻过晚，也是个多是多非的家庭。

女命：女子的地格遇此者，大多在感情方面不太遂心，时常陷于孤独空想，总没有心情开朗的时候，若再被天运五行克制则有流产、手术等血光之事出现。

总格吉凶所主：

男命：不喜欢过着平平静静的生活，对投机或偏业的方面都拼命追求，此格之人无论在任何行业创业的过程中挫折都比较多，总没有一帆风顺的时候，若有天格五行扶助，再有其它好的格局配置，却能得到相当大的发展，开创一番辉煌的事业。

女命：对平静的生活不平不满，大多思考一些难以实现的幻想，却为自己孤苦无助而悲观，一天到晚过着彷徨不安的生活，若天运五行有助，它格再没有其它毛病者，反而非常好。

外格吉凶所主：

不论男女，讲话都直来直去，得理不让人，此格之人大多性格高傲自持己见，而且孤癖固执，容易给人造成反感，平白无故的带来精神上的压力与挫折。

十一划——五行属阳木，坤为地䷁卦，○吉数

人格的吉凶所主：

凡事讲究实际，计划周密，行动有条不紊。社交广泛，乐善好施，有远大的理想抱负，为众人所信赖。

地格吉凶所主：

男命：在感情方面始终如一，体贴爱人，家庭和睦。

女命：对丈夫感情温和，对子女教导有方，家庭生活稳固，一生幸福。

总格吉凶所主：

男命：交游广泛，待人直率、性格温和、乐于助人，社会地位威望较高，而且事业有成。

女命：对丈夫体贴入微，事业发展较为顺力，气质幽雅，适合担任领导职务，有很高的威望。

外格吉凶所主：

无论男女人际关系圆满，易得贵人帮助与提拔，在任何情况下都能与人和睦相处，事业稳定，基础牢固，善始善终。

十二划——五行属阴木，地风升䷭卦，●凶数

人格吉凶所主：

不论男女脾气固执，善于口舌，在背地里爱点评他人，为人办事利益为重，但内心常有空虚烦闷的感觉。

地格吉凶所主：

男命：为人处事缺乏耐心，而且热情不高，开始时表现很热心，不久即热情顿减，婚姻感情不够稳定，而且婚姻时有危险。

女命：恋爱非常被动，婚后对丈夫不冷不热，家庭观念淡薄，难以度过幸福的婚姻生活。

总格吉凶所主：

男命：做事一意孤行，缺乏尊老爱幼思想品德，精神空虚，凡事少成多败，而且身体也不好，但是也能安享晚年。

女命：个性外刚内柔，说话坦率直来直去，婚姻不太幸福，精神萎靡成天苦闷，若能克服如此缺点，晚年也能享受幸福。

外格吉凶所主：

无论男女说话直爽，容易得罪人。真心付出却得不到回报，若有他格相助者恰好相反。

十三划——五行属阳火，地火明夷䷣卦，○吉数

人格吉凶所主：

为人乐观豪爽，易得别人帮助，人缘特佳，但有逞强好胜的个性。女人有此格者异性缘佳、有才华魅力，但一生劳碌，难得清闲。

地格吉凶所主：

男命：说话颇得异性关注，有早婚倾向，婚后也免不了有夜不归宿之事。

女命：有才华有魅力，好胜心强，对丈夫也时常坚持己见，若能成为一个性格温和，对自己不太约束的男人的妻子，则无有妨碍。

总格吉凶所主：

男命：性格开朗、干劲十足、喜欢指挥别人，不愿受别人约束，此格之人外向好动，易得下属及晚辈尊重，一般对名利都很看重。

女命：个性刚强，有工作能力，由于对工作狂热而难以照顾家庭，在人生运程中常吃暗亏，在感情方面也会遭受挫折。

外格吉凶所主：

若能生助人格者可得众人支持，此格适合担任领导职务及策划工作是名利双得之格。

十四划——五行属阴火，地泽临䷒卦，●凶数

人格吉凶所主：

理想太远主观意识较强，凡事阻力较多，难以达成心愿，因此有杞人忧天的倾向，此格内藏爆发之个性，不知不觉就能发起火燥脾气。

地格吉凶所主：

男命：婚姻感情不稳定，常有中途婚变的危机，若与人格相生者可免不幸。

女命：对婚姻生活不满意，对丈夫的事业、生活上挑剔，有时会借机发脾气，婚姻上不用说也不太美满。

总格吉凶所主：

男命：虽有才华须靠努力，在工作上大多劳而无功，容易被人误解，属于怀才不遇的那一种，所以精神上时常感到忧郁不安。

女命：个性过于刚直，言语直率而易于得罪人，经常会吃人暗亏，在社会交往中，时常会遭受意外的打击，也会在感情上受挫折。

外格吉凶所主：

此格之人性格比较单纯，不善于对外交际，为此吃亏上当是常有的事，此格之人不适合做管理工作，宜从事单独工作，省得造成麻烦，属于出力不讨好的一种。

十五划——五行属阳土，先天八卦属中央〇吉数

人格吉凶所主：

对人宽厚，待人有礼，社交方面为人敬仰，此格的性格比较倔犟，为人处事要面子，属于打肿脸充胖子之一种，所以最适合工薪阶层的公职人员，或自己经商贸易，为大事大业难成之数。但一生精神愉快生活美好。

地格吉凶所主：

男命：婚姻美满家庭和顺，家庭观念非常重，配贤淑之妻，若不被他格所克，一生过得幸福愉快。

女命：心地善良，心强好胜有配贵夫之命，夫妻感情恩爱，诸事善于协调，此为夫荣子贵穿金戴银之格。

总格吉凶所主：

男命：为人忠厚坦实，稳重谦和，交际关系颇广，易受别人喜欢，思想变化也能跟上时代潮流，但在工作上不能安分终一，如果与其它格局配合得好，可以事业成功，大有发展。

女命：为人个性倔犟，对外能宽宏大量，在家易与丈夫吵闹，但夫妻感情和睦，此乃旺夫益子之数。

外格吉凶所主：

善于演讲，表达能力颇佳，能得到众人信服，而且人缘也好。不论在何种情况下，都能与人和睦相处，为人无论说话做事都非常爽快，所以交际面相当宽广，属于朋友遍天下的一种。

十六划——五行属阴土，地山谦䷎卦，○吉数

人格吉凶所主：

待人忠厚诚信，慷慨大方，处事热忱宽宏，受人之托忠人之事，无论在任何场合，人缘极好。若得他格相助，事业上定能成功发展，这种格局就是工薪阶层也有相当大发展，辉煌腾达。

地格吉凶所主：

男命：由于待人热心，能得异性欢心，所以恋爱方面非常顺利，若地格不受人格克制，婚姻家庭大多圆满幸福。

女命：相貌姣美，魅力无穷，交际很广，广得人缘，而且子女也特别优秀。

总格吉凶所主：

男命：性格爽快，花钱大手大脚，能得到外界的好评，这种格局的人，常会得到意外的收获。但一生总是财来财去，最好不要被天运五行克制。

女命:此乃贤妻良母的性格,能找个有出息的丈夫,婚后夫妻生活和谐,凡事不用丈夫操心,能有个幸福美满的家庭,最好不与地格或人格相克,否则会减运。

外格吉凶所主:

不论男女社交手段高明,处事方面很受别人欢迎,这种格局的人,大多性格开朗,谈笑风生,而且异性缘也佳。若要从事推销业务,定能引来大量的客户,工作能干得很出色,最好不要与天运或他格相克,否则好事不遇。

十七划——五行属阳金,地水师䷆卦,○吉数

人格吉凶所主:

此数主观性强,做事我行我素,凡事都喜欢自己做主张不听别人意见,有不受人牵制的倔犟脾气,而且好胜心也强,但有坚强忍耐的性格,适合带兵打仗及开发工作,则战无不胜。若天运与地格被伤者则好事难成。

地格吉凶所主:

男命:妻子个性刚强,夫妻时有争执。此格之人大多有早婚之象,若与它格相克则不遇。

女命:个性刚强,做事大方,脾气倔犟,对丈夫也毫不示弱,有时会引起三角恋爱的麻烦。

总格吉凶所主:

男命:性格刚强,做事主观,凡事一意孤行,我行我素,所以人际关系不太融洽。此格之人做事变化多端,成功快失败也快。但做事恩怨分明是其最大的优点。

女命:事业心很强,将事业看的比家庭还重要,是事业型的女中强人,在任何时候都忙忙碌碌,若财运与天运五行相生,能干出一番出人头地,惊天动地的事业。

外格吉凶所主:

为人豪爽大方，有社交能力人缘关系好。能言会道，若做推销工作能引来很多客户，很有创业才能，靠自己的能力、毅力，可干出一番很大的事业，天运受克者不遇。

十八划——五行属阴金，地雷复☷☳卦，○吉数

人格吉凶所主：

为人做事踏实，不惜名利，靠自己努力创出一番事业，努力奋斗的精神可嘉，但必须天运五行相助，否则一事无成。此格属于付出多而收获少的一种格局。

地格吉凶所主：

男命：配偶个性固执，但婚姻生活还比较不错，算得上幸福家庭。但自己对婚姻生活还比较严谨。

女命：相貌出众，追求者多，但婚姻恋爱过于挑剔，由于过于执着要求过高容易失去良缘而后悔。

总格吉凶所主：

男命：个性固执的格局，很容易陷于一意孤行的局面，但坚忍力强具有突破万难的决心，凡事都能坚持到最后成功。

女命：头脑灵敏，做事精明强干，能言会道，能创造一番惊天动地的事业，也能帮助丈夫共创一个幸福美满家庭，而且教子有方。

外格吉凶所主：

性格豪爽大方，社交能力极好，善于待人，对上司敬重，对部下严肃，到处都受人敬仰，但外格最好不被他格破坏，否则个性会倾向于固执。

十九划——五行属阳水，地天泰☷☰卦，●凶数

人格吉凶所主：

水性聪明，水主财运，会有意想不到的好事来临，其性格争强好胜、爱面子。但为人处事常又我行我素，不听他人意见而为所欲为，如果天运与他格配置不佳，则有怀才不遇之悲。

地格吉凶所主：

男命：对于异性追求缺乏经验，受到一点冷淡就接受不了，婚姻生活免不了大男子主义，为此与爱人缺少融洽。对于家庭观点也欠缺稳定。

女命：对于感情方面抱无所谓态度，为此而会晚婚，此格身体不太健康，需要注意保养。

总格吉凶所主：

男命：此格头脑聪明，爱钻研，但好高骛远，凡事成效不大，精神生活大多陷于苦闷之中。运程上都多灾多难，如果得天运五行生扶者，事业成功也是有之。

女命：此格无论是家庭生活还是精神生活都陷于操劳苦闷的状态，而且劳苦不绝。

外格吉凶所主：

此格交际手段欠佳，常受他人摆布，时常会卷入是非遭受钱财或物质损失，由于常受外来打击，因此在精神生活方面易受困扰。

二十划——五行属阴水，先天无卦五行属●凶数

人格吉凶所主：

头脑聪明，反应灵敏，遇事冷静，适合搞研究策划工作，这种格局之人大多没有太高学历，但在文学技艺方面的水平往往不低于人下，若被天运五行生助，大多文才出众成功率相当高。

地格吉凶所主：

男命：地格为感情宫，十划之人对感情较为内向，对喜欢之人暗恋不敢追求，为此会造成晚婚。此格若再被天运五行克制不仅会婚姻过晚，也是个事非的家庭。

女命：女子的地格遇此者，大多在感情方面不太遂心，时常陷于孤独空想，总没有心情开朗的时候，若再被天运五行克制则有流产、手术等血光之事出现。

总格吉凶所主：

男命：不喜欢过着平平静静的生活，对投机或偏业的方面都拼命追求，此格之人无论在任何行业创业的过程中挫折都比较多，总没有一帆风顺的时候，若有天格五行扶助，再有其它好的格局配置，却能得到相当大的发展，开创一番辉煌的事业。

女命：对平静的生活不平不满，大多思考一些难以实现的幻想，却为自己孤苦无助而悲观，一天到晚过着彷徨不安的生活，若天运五行有助，它格再没有其它毛病者，反而非常好。

外格吉凶所主：

不论男女，讲话都直来直去，得理不让人，此格之人大多性格高傲自持己见，而且孤癖固执，容易给人造成反感，平白无故的带来精神上的压力与挫折。

二十一划——五行属阳木，风地观䷓卦，○吉数

人格的吉凶所主：

无论男女为人处事仁义有加，乐于帮助他人不求回报，在慈善事业方面有较强的责任感，所以受到众人的赞许和好评。

地格吉凶所主：

男命：有强烈的责任感，严以律己，宽以待人，事业基础牢固，能够顺利发展。

女命：家庭观念较强，时有事非，如能戒除争强好胜的性格，才能得以家庭稳定。

总格吉凶所主：

男命：事业方面基础稳固，无有黑暗面，正直善良待人和气，有较强的家庭责任感，能引导子女树立正确的人生观。

女命：有自己的一番事业，而且发展顺利，如果在慈善事业方面发展，前景广阔。

外格吉凶所主：

男女都为事业型的性格，适合担任领导职务，有较强的责任心，而且前途发展顺利无阻，为众人拥护。

二十二划——五行属阴木，巽为风☴☴卦，●凶数

人格吉凶所主：

内心空虚常有不如意之事，个性直拗脾气古怪，而且口舌之事常有，待人不够热心，不能理解他人，也被他人所不容，如能诚恳待人则能挽回影响。

地格吉凶所主：

男命：热心不高，缺乏果断的毅力，做事消极意志低沉，婚姻也不太稳定，如被他格克制，则婚姻无果。

女命：感情丰富但常不如意，时常抱怨，在婚姻上怨天尤人，难以和谐。

总格吉凶所主：

男命：一条道跑到黑有不撞南墙不回头的精神，为人处事抗上压下，对长辈也很刻薄，对子女缺少耐心，事业少成，晚年不太如意。

女命：个性怪异，感情常被欺骗，抱负心极重，对他人怀有戒心，对丈夫也是如此，婚姻也不如意。

外格吉凶所主：

爱发号施令，受到一点挫折就灰心丧气，若得人格相助则反之。

二十三划——五行属阳火，风火家人☴☲卦，○吉数

人格吉凶所主：

为人乐观豪爽，易得别人帮助，人缘特佳，但有逞强好胜的个性。女人有此格者异性缘佳、有才华魅力，但一生劳碌，难得清闲。

地格吉凶所主：

男命:说话颇得异性关注,有早婚倾向,婚后也免不了有夜不归宿之事。

女命:有才华有魅力,好胜心强,对丈夫也时常坚持己见,若能成为一个性格温和,对自己不太约束的男人的妻子则无有妨碍。

总格吉凶所主:

男命:性格开朗、干劲十足、喜欢指挥别人,不愿受别人约束,此格之人外向好动,易得下属及晚辈尊重,一般对名利都很看重。

女命:个性刚强,有工作能力,由于对工作狂热而难以照顾家庭,在人生运程中常吃暗亏,在感情方面也会遭受挫折。

外格吉凶所主:

若能生助人格者可得众人支持,此格适合担任领导职务及策划工作是名利双得之格。

二十四划——五行属阴火,风泽中孚䷼卦,○吉数

人格五行吉凶判断:

性格理想远大,主观意识较强,办事无有阻力,达不到心愿绝不收兵,一切难事皆能通过,然而能白手起家,一生财源滚滚,心想事成,才智出众的大吉之数。

地格五行吉凶判断:

男命:婚姻感情稳定,没有婚变的危机,若与人格相生者一生婚姻幸福。

女命:对婚姻生活满意,对丈夫的事业、生活上更无挑剔,有时会借机发点脾气,但一说而过,婚姻上不用说是非常美满。

总格五行吉凶判断:

男命:虽有才华做事情努力,在工作上大多认真不怠,容易被上司赞扬、部人拥戴,所以一生感到自由自在。

女命:性情温和,言语真率,在社会交往中,时常会得到异性支助，也会在感情上非常幸福。

此格属于一生平安无事，工作顺利，家庭美满，幸福人生的大吉之数。

外格吉凶所主：

此格之人性格比较乐观，善于对外交际，不容易吃亏上当的运格，但最适合做管理工作，也宜从事单独工作，自己想办的事只要一开口自然就得到贵人扶持、属于心想事成的格局。

二十五划——五行属阳土，先天八卦属中央〇吉数

人格吉凶所主：

对人宽厚，待人有礼，社交方面为人敬仰，此格的性格比较倔犟，为人处事要面子，属于打肿脸充胖子之一种，所以最适合工薪阶层的公职人员，或自己经商贸易，为大事大业难成之数。但一生精神愉快生活美好。

地格吉凶所主：

男命：婚姻美满家庭和顺，家庭观念非常重，配贤淑之妻，若不被他格所克，一生过得幸福愉快。

女命：心地善良，心强好胜有配贵夫之命，夫妻感情恩爱，诸事善于协调，此为夫荣子贵穿金戴银之格。

总格吉凶所主：

男命：为人忠厚坦实，稳重谦和，交际关系颇广，易受别人喜欢，思想变化也能跟上时代潮流，但在工作上不能安分终一，如果与其它格局配合得好，可以事业成功，大有发展。

女命：为人个性倔犟，对外能宽宏大量，在家易与丈夫吵闹，但夫妻感情和睦，此乃旺夫益子之数。

外格吉凶所主：

善于演讲，表达能力颇佳，能得到众人信服，而且人缘也好。不论在何种情况下，都能与人和睦相处，为人无论说话做事都非常爽快，所以交际面相当宽广，属于朋友遍天下的一种。

二十六划——五行属阴土,风山渐䷴卦,●凶数

人格五行吉凶判断:

心地善良,性格实在,只要接受别人所托,都能极力帮忙到底,若是干公务工作,其事业能有所发展但阻力也多,必须得天运五行扶助才能成功。但在其他职业开展的过程中则不顺的事情会经常遇到。

地格五行吉凶判断:

男命:地格为夫妻宫,此格在恋爱时期非常不顺,夫妻宫若不受天运五行及其它格局克害,其婚姻却能圆满,若有伤害则婚姻难以白头到老。

女命:此格之女人在婚姻方面非常被动,不仅性格固执,而且也比较内向。

总格五行吉凶判断:

男命:其个性忠实坦率有不到黄河心不死的坚强精神,但一生挫折较多,凡事成功快,失败也快,变化也快都在一瞬之间。

女命:一生命运起起伏伏,时好时坏,精神生活与物质生活都不太稳定,此格之人性格比较固执,若能将心计放得灵活一些,应有相当大的发展。

外格五行吉凶判断:

此格之人性格固执,说话直来直去,容易遭人反对,适合从事专业工作。

二十七划——五行属阳金,风水涣䷺卦,●凶数

人格五行吉凶判断:

其个性争强好胜,性格主观,善于争辩,凡事我行我素,不接受他人意见,喜欢自己做决定,此格之人适合自己创业,但其成功率不大,若有天运五行相扶,事业成功也是有之,此格属于怀才不遇之数。

地格五行吉凶判断：

男命：配偶脾气不好，若被天运或被他格五行克害，夫妻会时有争执，若没有他格克害，大多是早婚之象。

女命：此格之女性，脾气刚烈，好像男人的性格，一生不落人下，就是对丈夫也不认输，对于婚姻恋爱多事多非。

总格五行吉凶判断：

男命：性格刚强，时有性急之倾向，做事一意孤行，从不听取别人意见，人际关系不好，或成或败变化得特别快。

女命：女强人的性格，事业心很强，将事业看得比家庭还重要，所以有婚姻晚成的倾向，但性格刚强，对丈夫也时常看不上，若有天运相扶，大多成为女事业家。

外格五行吉凶判断：

不论男女，外交关系都不理想，凡事都喜欢指挥别人，说话做事都不居人下，我行我素，容易得罪人，虽有创业的头脑，但一生多受挫折。

二十八划——五行属阴金，风雷益䷩卦，●凶数

人格五行吉凶判断：

无论男女都具有吃苦耐劳的精神，性格刚毅，凡事都靠自己奋斗，从没有依赖别人的思想，此格之人一生劳碌无成，而且时常会遇到官非口舌之事。

地格五行吉凶判断：

男命：配偶性格倔犟，婚姻感情稳固，家庭生活尚可，此格若被天运五行克制，夫妻则时常处于争执之中。

女命：对恋爱过于挑剔，因考虑过多而失去良缘，最后导致晚婚，而且不太满意，因而常为此感到后悔。

总格五行吉凶判断：

男命：有坚韧不屈的毅力，突破万难的意志，此数之人个性固执，不听别人意见，一意孤行，容易进入困境，陷入误区。

女命：女强人的性格，能干固执，像男人一样的脾气，能创出自己的一番事业，婚后夫妻生活很难融合到一起，若再遇天运五行克制，则一生劳而无功。

外格五行吉凶判断：

其性格争强好胜，得理不让人，社会交往及人际关系不好，也时常会招惹官非口舌等麻烦之事。

二十九划——五行属阳水，风天小畜☴☰卦，○吉数

人格五行吉凶判断：

无论男女其个性聪明，性情坦率，做事认真，忍耐力强，若地格与外格配合得好，一生名利双收，若配合得不好反会减福。

地格五行吉凶判断：

男命：异性缘好，对喜爱的女人追之即成，婚后家庭生活很好，感情也比较融洽。

女命：在感情方面比较热情，最好天运五行与他格生助，否则夫妻会争吵不休。

总格五行吉凶判断：

男命：性格爽快，花钱大手大脚，能得到外界的好评，这种格局的人，常会得到意外的收获。但一生总是财来财去，最好不要被天运五行克制。

女命：此乃贤妻良母的性格，能找个有出息的丈夫，婚后夫妻生活和谐，凡事不用丈夫操心，能有个幸福美满的家庭，最好不与地格或人格相克，否则会减运。

外格吉凶所主：

不论男女社交手段高明，处事方面很受别人欢迎，这种格局的人，大多性格开朗，谈笑风生，而且异性缘也佳。若要从事推销业务，定能引来大量的客户，工作能干得很出色，最好不要与天运或他格相克，否则好事不遇。

三十划——五行属阴水，先天无卦五行属●凶数

人格吉凶所主：

头脑聪明，反应灵敏，遇事冷静，适合搞研究策划工作，这种格局之人大多没有太高学历，但在文学技艺方面的水平往往不低于人下，若被天运五行生助，大多文才出众成功率相当高。

地格吉凶所主：

男命：地格为感情宫，十划之人对感情较为内向，对喜欢之人暗恋不敢追求，为此会造成晚婚。此格若再被天运五行克制不仅会婚姻过晚，也是个多是多非的家庭。

女命：女子的地格遇此者，大多在感情方面不太遂心，时常陷于孤独空想，总没有心情开朗的时候，若再被天运五行克制则有流产、手术等血光之事出现。

总格吉凶所主：

男命：不喜欢过着平平静静的生活，对投机或偏业的方面都拼命追求，此格之人无论在任何行业创业的过程中挫折都比较多，总没有一帆风顺的时候，若有天格五行扶助，再有其它好的格局配置，却能得到相当大的发展，开创一番辉煌的事业。

女命：对平静的生活不平不满，大多思考一些难以实现的幻想，却为自己孤苦无助而悲观，一天到晚过着彷徨不安的生活，若天运五行有助，它格再没有其它毛病者，反而非常好。

外格吉凶所主：

不论男女，讲话都直来直去，得理不让人，此格之人大多性格高傲自持己见，而且孤癖固执，容易给人造成反感，平白无故的带来精神上的压力与挫折。

三十一划——五行属阳木，火地晋卦䷢卦，○吉数

人格的吉凶所主：

性格直率表里如一，理想远大，责任心强，言谈举止从容大方，受异性仰慕，而且桃花运极佳，但是有很强的自律性，且家庭圆满。

地格吉凶所主：

男命：注重感情言行一致，孝敬长辈，关心子女。事业基础牢固能够顺利发展。

女命：言谈得体落落大方，争强好胜，事业心强，对于家庭有很强的责任感。

总格吉凶所主：

男命：能得到贵人的帮助，社会交际广泛能得众望，受到众人的欢迎与吹捧，为得天时与人和的状态，事业发展如马走平川前程坦途。

女命：能尊重他人意见，性格慈祥家庭和睦，事业心强。

外格吉凶所主：

注重社会交往，性趣广泛，抱负远大，在众人面前有很高的威望，有强烈的号召力，而且对人较为仁慈。

三十二划——五行属阴木，火风鼎䷱卦，○吉数

人格吉凶所主：

不论男女，性格善良，安分守己，待人处事非常直爽，为任何人办事都有一副热心肠，容易得到朋友或亲友之助。

地格吉凶所主：

男命：为人处事感情稳定，家庭和睦、幸福美满、婚姻感情较好，若被天格相生，则婚姻感情非常稳定。

女命：对恋爱的态度非常明智，会对丈夫特别尊重，若受天运五行相生者，婚姻家庭特别幸福。

总格吉凶所主：

男命：可得祖上余荫，无论在物资经济方面都安乐无忧。若被天运五行相生者，可得意外之财。

女命：温和善良，家庭幸福，精神愉快，一生安乐无忧，若被天运五行相生者，则无论在任何处境下都生活得很幸福。

外格吉凶所主：

无论男女，说话坦率，宽容待人，处事诚心，受人尊重，属于性格温和，处事有方的领导人才。

三十三划——五行属阳火，离为火䷝卦，○吉数

人格吉凶所主：

为人乐观豪爽，易得别人帮助，人缘特佳，但有逞强好胜的个性。女人有此格者异性缘佳、有才华魅力，为求事业发展，难得清闲。

地格吉凶所主：

男命：说话颇得异性关注有女人缘，有早婚倾向，婚后也免不了朝三暮四夜不归宿。

女命：有才华有魅力，有好胜心，对丈夫也时常责怪，若能成为一个性格温和，找一个能自己约束的男人做他的妻子则能婚姻长久。

总格吉凶所主：

男命：性格开朗、干劲十足、喜欢指挥别人，不愿受别人约束，此格之人外向好动，易得下属及晚辈尊重，一般对名利都很看重。

女命：有很强的个性，有工作能力，由于对工作狂热而难以照顾家庭，在事业方面一帆风顺，在感情方面却时有波折。

外格吉凶所主：

若能生助人格者可得众人支持，此格适合担任领导职务及策划工作是名利双得之格。

三十四划——五行属阴火，火泽睽䷥卦，●凶数

人格吉凶所主：

性格上理想太远，主观意识较强，凡事阻力较多，难以达成心愿，因此有杞人忧天的倾向，此格内藏爆发之个性，不知不觉就能发起火燥脾气。

地格吉凶所主：

男命：婚姻感情不稳定，常有中途婚变的危机，若与人格相生者可免不幸。

女命：对婚姻生活不满意，对丈夫的事业、生活上挑剔，有时会借机发脾气，婚姻上不用说也不太美满。

总格吉凶所主：

男命：虽有才华须靠努力，在工作上大多劳而无功，容易被人误解，属于怀才不遇的那一种，所以精神上时常感到忧郁不安。

女命：个性过于刚直，言语直率而易于得罪人，经常会吃人暗亏，在社会交往中，时常会遭受意外的打击，也会在感情上受挫折。

外格吉凶所主：

此格之人性格比较单纯，不善于对外交际，为此吃亏上当是常有的事，此格之人不适合做管理工作，宜从事单独工作，省得造成麻烦，属于出力不讨好的一种。

三十五划——五行属阳土，先天八卦属中央〇吉数

人格吉凶所主：

对人宽厚，做事有礼，社交方面为人敬仰，此格的性格比较倔犟，为人处事要面子，属于打肿脸充胖子之一种，所以最适合工薪阶层的公职人员，或自己经商贸易，为大事大业难成之数。但一生精神愉快生活美好。

地格吉凶所主：

男命：婚姻美满家庭和顺，家庭观念非常重，配贤淑之妻，若不被他格所克，一生过得幸福愉快。

女命:心地善良,心强好胜有配贵夫人之命,夫妻感情恩爱,诸事善于协调,此为夫荣子贵穿金戴银之格。

总格吉凶所主:

男命:为人忠厚坦实,稳重谦和,交际关系颇广,易受别人喜欢,思想变化也能跟上时代潮流,但在工作上不能安分终一,如果与其它格局配合得好,可能事业世功,大有发展。

女命:为人个性倔犟,对外能宽宏大量,在家易与丈夫吵闹,但夫妻感情和睦,此乃旺夫益子之数。

外格吉凶所主:

善于演讲,表达能力颇佳,能得到众人信服,而且人缘也好,不论在何种情况下,都能与人和睦相处,为人无论说话做事都非常爽快,所以交际面相当宽广,属于朋友遍天下的一种。

三十六划——五行属阴土,火山旅䷷卦,●凶数

人格五行吉凶判断:

心地善良,性格实在,只要接受别人所托,都能极力帮忙到底,若是干公务工作,其事业能有所发展但阻力也多,必须得天运五行扶助才能成功。但在其他职业开展的过程中则不顺的事情会经常遇到。

地格五行吉凶判断:

男命:地格为夫妻宫,此格在恋爱时期非常不顺,夫妻宫若不受天运五行及其它格局克害,其婚姻却能圆满,若有伤害则婚姻难以白头到老。

女命:此格之女人在婚姻方面非常被动,不仅性格固执,而且也比较内向。

总格五行吉凶判断:

男命:其个性忠实坦率有不到黄河心不死的坚强精神,但一生挫折较多,凡事成功快,失败也快,变化也快都在一瞬之间。

女命:一生命运起起伏伏,时好时坏,精神生活与物质生活都不太稳定,此格之人性格比较固执,若能将心计放得灵活一些,应有相当大的发展。

外格五行吉凶判断:

此格之人性格固执,说话直来直去,容易遭人反对,适合从事专业工作。

三十七划——五行属阳金,火水未济䷿卦,○吉数

人格吉凶所主:

此数主观性强,做事我行我素,凡事都喜欢自己做主张不听别人意见,有不受人牵制的倔犟脾气,而且好胜心也强,但有坚强忍耐的性格,适合带兵打仗及开发工作,则战无不胜。若天运与地格被伤者则好事难成。

地格吉凶所主:

男命:妻子个性刚强,夫妻时有争执。此格之人大多有早婚之象,若与它格相克则不遇。

女命:个性刚强,做事大方,脾气倔犟,对丈夫也毫不示弱,有时会引起三角恋爱的麻烦。

总格吉凶所主:

男命:性格刚强,做事主观,凡事一意孤行,我行我素,所以人际关系不太融洽。此格之人做事变化多端,成功快失败也快。但做事恩怨分明是其最大的优点。

女命:事业心很强,将事业看的比家庭还重要,是事业型的女中强人,在任何时候都忙忙碌碌,若财运与天运五行相生,能干出一番出人头地,惊天动地的事业。

外格吉凶所主:

为人豪爽大方,有社交能力人缘关系好。能言会道,若做推销工作能引来很多客户,很有创业才能,靠自己的能力、毅力,可干出一番很大的事业，天运受克者不遇。

三十八划——五行属阴金，火雷噬嗑䷔卦，○吉数

人格吉凶所主：

为人做事踏实，不计得失，能靠自己努力创出一番事业，奋发进取精神可嘉，天运五行相助更能展翅高飞大事可成。此格属于大器晚成一种格局。

地格吉凶所主：

男命：配偶个性固执，但婚姻生活还比较不错，算得上幸福家庭。自己对婚姻生活的态度也比较严谨。

女命：相貌出众，追求者多，婚姻恋爱始终如一，婚后家庭生活稳定幸福美满。

总格吉凶所主：

男命：个性固执的格局，很容易陷于一意孤行的局面，但坚忍力强具有突破万难的决心，凡事都能坚持到最后成功。

女命：头脑灵敏，做事精明强干，能言会道，能创造一番惊天动地的事业，也能帮助丈夫共创一个幸福美满家庭，而且教子有方。

外格吉凶所主：

性格豪爽大方，社交能力极好，善于待人，对上司敬重，对部下严肃，到处都受人敬仰，但外格最好不被他格破坏，否则个性会倾向于固执。

三十九划——五行属阳水，火天大有䷍卦，○吉数

人格的吉凶判断：

水性聪明，水主财运，会有意想不到的好事来临，是大事有成的格局，此格之人争强好胜、爱面子，不听他人意见而为所欲为，如果天运五行与他格配置得当，则会四海名扬天下。

地格的吉凶判断：

男命：对于异性追求缺乏经验，受到一点冷淡就接受不了，婚姻生活免不了大男子主义,为此与爱人缺少融洽。对于家庭观点也欠缺稳定。

女命:对于感情方面抱无所谓态度,为此而会造成晚婚现象,此格身体不太健康,需要注意保养则无大碍。

总格的吉凶判断:

男命:此格头脑聪明,爱钻研但好高骛远,凡事成效不大,精神生活大多陷于苦闷之中,运程上都多灾多难,如果得天运五行生扶者,事业成功也是有之。

女命:此格无论是家庭生活还是精神生活都陷于操劳苦闷的状态,而且劳苦不绝。

外格的吉凶所主:

此格交际手段欠佳,常受他人摆布,时常会卷入是非遭受钱财或物质损失,由于常受外来打击,因此在精神生活方面易受困扰。

四十划——五行属阴水,先天无卦五行属●凶数

人格吉凶所主:

头脑聪明,反应灵敏,遇事冷静,适合搞研究策划工作,这种格局之人大多没有太高学历,但在文学技艺方面的水平往往不低于人下,若被天运五行生助,大多文才出众成功率相当高。

地格吉凶所主:

男命:地格为感情宫,十划之人对感情较为内相,对喜欢之人暗恋不敢追求,为此会造成晚婚。此格若再被天运五行克制不仅会婚姻过晚,也是个多是多非的家庭。

女命:女子的地格遇此者,大多在感情方面不太遂心,时常陷于孤独空想,总没有心情开朗的时候,若再被天运五行克制则有流产、手术等血光之事出现。

总格吉凶所主:

男命:不喜欢过着平平静静的生活,对投机或偏业的方面都拼命追求，此格之人无论在任何行业创业的过程中挫折都比较多，总没有一帆风顺的时候，若有天格五行扶助，再有其它好的格局配置，却能得到相当大的发展，开创一番辉煌的事业。

女命：对平静的生活不平不满，大多思考一些难以实现的幻想，却为自己孤苦无助而悲观，一天到晚过着彷徨不安的生活，若天运五行有助，它格再没有其它毛病者，反而非常好。

外格吉凶所主：

不论男女，讲话都直来直去，得理不让人，此格之人大多性格高傲自持己见，而且孤癖固执，容易给人造成反感，平白无故的带来精神上的压力与挫折。

四十一划——五行属阳木，泽地萃䷬卦，○吉数

人格的吉凶所主：

凡是善于计划，做事稳重，讲求实际，善于约束自己，在社会交往方面处处受人尊敬，有远大的理想，安泰平和。

地格吉凶所主：

男命：对爱人体贴入微，重视感情温和待人，妻子精明强干。

女命：性格开朗大方，治家有条有理，并且注重培养子女。

总格吉凶所主：

男命：待人宽和，性格仁慈，乐于助人，性趣广泛，有领导才华，有很高的威信，而且事业有成。

女命：为人处事胸怀坦荡，有修养有上进心，而且事业发展顺利，家庭方面为贤妻良母，教育子女循循善诱。

外格吉凶所主：

无论男女人际关系圆满，在任何情况下都能与人和睦相处，处处受人尊敬，能得到领导的提拔和重视，一生利官近贵。

四十二划——五行属阴木，泽风大过䷛卦，●凶数

人格吉凶所主：

个性倔犟，脾气固执，善于口舌之辩，为人办事很执着，但内心常感觉空虚烦闷。

地格吉凶所主：

男命：为人处事缺乏热情，缺乏愉快的气氛，婚姻感情不稳定，若被天格克制，有离婚的可能。

女命：生活不稳定，尤其在恋爱方面非常被动，对丈夫也很冷淡，时常耍脾气，对婚姻不满意，没有愉快的婚姻生活。

总格吉凶所主：

男命：个性顽固一意孤行，对长上不尊不敬故意违抗，精神疲劳、凡事少成、生活操劳、身体欠佳。

女命：个性外柔内刚，讲话直来直去，婚姻不太美满，精神不振成天苦闷不乐，若是人格属阳火者还要好一些。

外格吉凶所主：

无论男女说话坦率，容易得罪人。诚心待人反落抱怨，若生助人格者恰好相反。

四十三划——五行属阳火，泽火革䷰卦，●凶数

人格吉凶所主：

为人心胸狭隘，施恩招怨，见利忘义，但有逞强好胜的个性。女人有此格者异性缘佳、有才华魅力，但一生劳碌，难得清闲。

地格吉凶所主：

男命：说话不顾左右，言行不一，有早婚倾向，婚后也免不了有夜不归宿之事。

女命：有才华有魅力，好胜心强，对丈夫也时常坚持己见乱发脾气，若能成为一个性格温和，对自己约束的男人的妻子则无有妨碍。

总格吉凶所主：

男命：性格暴躁、见火就发、喜欢指挥别人，不愿受别人约束，此格之人外向好动，易得罪他人却不自知，而且对名利都很看重。

女命：个性刚强，有工作能力，由于对工作狂热而难以照顾家庭，在人生运程中常吃暗亏，在感情方面也会遭受挫折。

外格吉凶所主：

若能生助人格者可得众人支持，此格适合担任领导职务及司法机关工作才能名利双得，否则一事无成。

四十四划——五行属阴火，兑为泽☱卦，●凶数

人格吉凶所主：

理想太远主观意识较强，凡事阻力较多，难以达成心愿，因此有杞人忧天的倾向，此格内藏爆发之个性，不知不觉就能发起火燥脾气。

地格吉凶所主：

男命：婚姻感情不稳定，常有中途婚变的危机，若与人格相生者可免不幸。

女命：对婚姻生活不满意，对丈夫的事业、生活上挑剔，有时会借机发脾气，婚姻上不用说也不太美满。

总格吉凶所主：

男命：虽有才华须靠努力，在工作上大多劳而无功，容易被人误解，属于怀才不遇的那一种，所以精神上时常感到忧郁不安。

女命：个性过于刚直，言语直率而易于得罪人，经常会吃人暗亏，在社会交往中，时常会遭受意外的打击，也会在感情上受挫折。

外格吉凶所主：

此格之人性格比较单纯，不善于对外交际，为此吃亏上当是常有的事，此格之人不适合做管理工作，宜从事单独工作，省得造成麻烦，属于出力不讨好的一种。

四十五划——五行属阳土，先天八卦属中央○吉数

人格吉凶所主：

对人宽厚，待人有礼，社交方面为人敬仰，此格的性格比较倔犟，为人处事要面子，属于打肿脸充胖子之一种，所以最适合工薪阶层的公职人员，或自己经商贸易，为大事大业难成之数。但一生精神愉快生活美好。

地格吉凶所主：

男命：婚姻美满家庭和顺，家庭观念非常重，配贤淑之妻，若不被他格所克，一生过得幸福愉快。

女命：心地善良，心强好胜有配贵夫之命，夫妻感情恩爱，诸事善于协调，此为夫荣子贵穿金戴银之格。

总格吉凶所主：

男命：为人忠厚坦实，稳重谦和，交际关系颇广，易受别人喜欢，思想变化也能跟上时代潮流，但在工作上不能安份终一，如果与其它格局配合得好，可以事业成功，大有发展。

女命：为人虽然个性倔犟，对外能宽宏大量，在家易与丈夫吵闹，但夫妻感情和睦，此乃旺夫益子之数。

外格吉凶所主：

善于演讲，表达能力颇佳，能得到众人信服，而且人缘也好。不论在何种情况下，都能与人和睦相处，为人无论说话做事都非常爽快，所以交际面相当宽广，属于朋友遍天下的一种。

四十六划——五行属阴土，泽山咸䷞卦，●凶数

人格五行吉凶判断：

心地善良，性格实在，只要接受别人所托，都能极力帮忙到底，若是干公务工作，其事业能有所发展但阻力也多，必须得天运五行扶助才能成功。但在其他职业开展的过程中则不顺的事情会经常遇到。

地格五行吉凶判断：

男命：地格为夫妻宫，此格在恋爱时期非常不顺，夫妻宫若不受天运五行及其它格局克害，其婚姻却能圆满，若有伤害则婚姻难以白头到老。

女命：此格之女人在婚姻方面非常被动，不仅性格固执，而且也比较内向。

总格五行吉凶判断：

男命：其个性忠实坦率有不到黄河心不死的坚强精神，但一生挫折较多，凡事成功快，失败也快，变化也快都在一瞬之间。

女命：一生命运起起伏伏，时好时坏，精神生活与物质生活都不太稳定，此格之人性格比较固执，若能将心计放得灵活一些，应有相当大的发展。

外格五行吉凶判断：

此格之人性格固执，说话直来直去，容易遭人反对，适合从事专业工作。

四十七划——五行属阳金，泽水困䷮卦，○吉数

人格吉凶所主：

此数主观性强，做事我行我素，凡事都喜欢自己做主张不听别人意见，有不受人牵制的倔犟脾气，而且好胜心也强，但有坚强忍耐的性格，适合带兵打仗及开发工作，则战无不胜。若天运与地格被伤者则好事难成。

地格吉凶所主：

男命：妻子个性刚强，夫妻时有争执。此格之人大多有早婚之象，若与它格相克则不遇。

女命：个性刚强，做事大方，脾气倔犟，对丈夫也毫不示弱，有时会引起三角恋爱的麻烦。

总格吉凶所主：

男命：性格刚强，做事主观，凡事一意孤行，我行我素，所以人际关系不太融洽。此格之人做事变化多端，成功快失败也快。但做事恩怨分明是其最大的优点。

女命：事业心很强，将事业看的比家庭还重要，是事业型的女中强人，在任何时候都忙忙碌碌，若财运与天运五行相生，能干出一番出人头地，惊天动地的事业。

外格吉凶所主：

为人豪爽大方，有社交能力人缘关系好。能言会道，若做推销工作能引来很多客户，很有创业才能，靠自已的能力、毅力，可干出一番很大的事业，天运受克者不遇。

四十八划——五行属阴金，泽雷随☱☳卦，○吉数

人格吉凶所主：

为人做事踏实，不惜名利，靠自己努力创出一番事业，努力奋斗的精神可嘉，但必须天运五行相助，否则一事无成。此格属于付出多而收获少的一种格局。

地格吉凶所主：

男命：配偶个性固执，但婚姻生活还比较不错，算得上幸福家庭。但自已对婚姻生活还比较严谨。

女命：相貌出众，追求者多，但婚姻恋爱过于挑剔，由于过于执着要求过高，容易失去良缘而后悔。

总格吉凶所主：

男命：个性固执的格局，很容易陷于一意孤行的局面，但坚忍力强具有突破万难的决心，凡事都能坚持到最后成功。

女命：头脑灵敏，做事精明强干，能言会道，能创造一番惊天动地的事业，也能帮助丈夫共创一个幸福美满家庭，而且教子有方。

外格吉凶所主：

性格豪爽大方，社交能力极好，善于待人，对上司敬重，对部下严肃，到处都受人敬仰，但外格最好不被他格破坏，否则个性会倾向于固执。

四十九划——五行属阳水，泽天夬䷪卦，●凶数

人格吉凶所主：

水性聪明，水主财运，会有意想不到的好事来临，其性格争强好胜、爱面子。但为人处事常又我行我素，不听他人意见而为所欲为，如果天运与他格配置不佳，则有怀才不遇之悲。

地格吉凶所主：

男命：对于异性追求缺乏经验，受到一点冷淡就接受不了，婚姻生活免不了大男子主义，为此与爱人缺少融洽。对于家庭观点也欠缺稳定。

女命：对于感情方面抱无所谓态度，为此而会晚婚，此格身体不太健康，需要注意保养。

总格吉凶所主：

男命：此格头脑聪明，爱钻研，但好高骛远，凡事成效不大，精神生活大多陷于苦闷之中。运程上都多灾多难，如果得天运五行生扶者，事业成功也是有之。

女命：此格无论是家庭生活还是精神生活都陷于操劳苦闷的状态，而且劳苦不绝。

外格吉凶所主：

此格交际手段欠佳，常受他人摆布，时常会卷入是非遭受钱财或物质损失，由于常受外来打击，因此在精神生活方面易受困扰。

五十划——五行属阴水，先天无卦五行属●凶数

人格吉凶所主：

头脑聪明，反应灵敏，遇事冷静，适合搞研究策划工作，这种格局之人人多没有太高学历，但在文学技艺方面的水平往往不低于人下，若被天运五行生助，大多文才出众成功率相当高。

地格吉凶所主：

男命：地格为感情宫，十划之人对感情较为内向，对喜欢之人暗恋不敢追求，为此会造成晚婚。此格若再被天运五行克制不仅会婚姻过晚，也是个多是多非的家庭。

女命：女子的地格遇此者，大多在感情方面不太遂心，时常陷于孤独空想，总没有心情开朗的时候，若再被天运五行克制则有流产、手术等血光之事出现。

总格吉凶所主：

男命：不喜欢过着平平静静的生活，对投机或偏业的方面都拼命追求，此格之人无论在任何行业，创业的过程中挫折都比较多，总没有一帆风顺的时候，若有天格五行扶助，再有其它好的格局配置，却能得到相当大的发展，开创一番辉煌的事业。

女命：对平静的生活不平不满，大多思考一些难以实现的幻想，却为自己孤苦无助而悲观，一天到晚过着彷徨不安的生活，若天运五行有助，它格再没有其它毛病者，反而非常好。

外格吉凶所主：

不论男女，讲话都直来直去，得理不让人，此格之人大多性格高傲自持己见，而且孤癖固执，容易给人造成反感，平白无故的带来精神上的压力与挫折。

五十一划——五行属阳木，先天坤卦，●凶数

人格的吉凶所主：

无论男女做事圆滑表现虚伪，凡事善于计划心计颇多，善于百般巴结有权有势之人，对常人则不屑一顾。

地格吉凶所主：

男命：感情虚伪，但能体贴爱人。

女命：对丈夫个性刚强，然而治家有条有理，而且教子有方。

总格吉凶所主：

男命：交际圆滑，待人虚伪、性格狡诈、善于利用关系而博取众人信任，但时间不长即不欢而散，事业波折困难重重。

女命：能利用关系创出自己的一番事业，婚后对丈夫刻薄，没有涵养性和恭和谦让的气量。

外格吉凶所主：

人际关系圆滑，易得众人信任，无论在何时何地都能应付自如。

五十二划——五行属阴木，先天巽卦，○吉数

人格吉凶所主：

性格善良，安分守己，为人处事非常直爽，为他人办事都非常热心，也容易获得长辈和朋友之助。

地格吉凶所主：

男命：家庭和睦幸福美满，待人接物注重礼仪，婚姻感情较好，若被天格相生，则诸事发展顺利。

女命：对恋爱的态度非常端正，尊重丈夫互敬互爱，若受天运五行相生者，婚姻家庭特别稳固。

总格吉凶所主：

男命：可得祖上余荫，无论在物资经济方面都安乐无忧。若被天运五行相生者，可得意外之财。

女命：温和善良，家庭幸福，精神愉快，一生安乐无忧，若被天运五行相生者，则无论在任何处境下都生活得很幸福。

外格吉凶所主：

无论男女说话直爽，宽以待人，处事诚心，受人尊重，为性格温和，处事有方的领导人才。

五十三划——五行属阳火，先天离卦，●凶数

人格吉凶所主：

为人心胸狭隘，施恩还怨，见利忘义，但有逞强好胜的个性。

女人有此格者异性缘佳、有才华魅力，但一生劳碌，难得清闲。

地格吉凶所主：

男命：说话不顾左右，言行不一，有早婚倾向，婚后也免不了有夜不归宿之事。

女命：有才华有魅力，好胜心强，对丈夫也时常坚持己见乱发脾气，若能成为一个性格温和，对自己约束的男人的妻子则无有妨碍。

总格吉凶所主：

男命：性格暴躁、见火就发、喜欢指挥别人，不愿受别人约束，此格之人外向好动，易得罪他人却不自知，而且对名利都很看重。

女命：个性刚强，有工作能力，由于对工作狂热而难以照顾家庭，在人生运程中常吃暗亏，在感情方面也会遭受挫折。

外格吉凶所主：

若能生助人格者可得众人支持，此格适合担任领导职务及司法机关工作才能名利双得，否则一事无成。

五十四划——五行属阴火，先天兑卦，●凶数

人格吉凶所主：

理想太远主观意识较强，凡事阻力较多，难以达成心愿，因此有杞人忧天的倾向，此格内藏爆发之个性，不知不觉就能发起火燥脾气。

地格吉凶所主：

男命：婚姻感情不稳定，常有中途婚变的危机，若与人格相生者可免不幸。

女命：对婚姻生活不满意，对丈夫的事业、生活上挑剔，有时会借机发脾气，婚姻上不用说也不太美满。

总格吉凶所主：

男命：虽有才华须靠努力，在工作上大多劳而无功，容易被人误解，属于怀才不遇的那一种，所以精神上时常感到忧郁不安。

女命：个性过于刚直，言语直率而易于得罪人，经常会吃人暗亏，在社会交往中，时常会遭受意外的打击，也会在感情上受挫折。

外格吉凶所主：

此格之人性格比较单纯，不善于对外交际，为此吃亏上当是常有的事，此格之人不适合做管理工作，宜从事单独工作，省得造成麻烦，属于出力不讨好的一种。

五十五划——五行属阳土，先天八卦属中央●凶数

人格吉凶所主：

对人宽厚，待人有礼，社交方面为人敬仰，此格的性格比较倔犟，为人处事要面子，属于打肿脸充胖子之一种，所以最适合工薪阶层的公职人员，或自己经商贸易，为大事大业难成之数。但一生精神愉快生活美好。

地格吉凶所主：

男命：婚姻美满家庭和顺，家庭观念非常重，配贤淑之妻，若不被他格所克，一生过得幸福愉快。

女命：心地善良，但心强好胜。待人接物忠厚诚实，夫妻感情恩爱，诸事善于协调，但就是事业发展不利，旺夫益子之命。

总格吉凶所主：

男命：为人忠厚坦实，稳重谦和，交际关系颇广，易受别人喜欢，思想变化也能跟上时代潮流，但在工作上不能安分终一，如果与其它格局配合得好，可以事业成功，大有发展。

女命：为人个性倔犟，对外能宽宏大量，在家易与丈夫吵闹，但夫妻感情和睦，此乃旺夫益子之数。

外格吉凶所主：

善于见风使舵，所以能得到众人关注，因此人缘也好。一般情况下，都能与人和睦相处，为人处事见机行事表现得很实在，所以交际面相当宽广，朋友也很多。

五十六划——五行属阴土，先天艮卦，●凶数

人格五行吉凶判断：

心地善良，性格实在，只要接受别人所托，都能极力帮忙到底，若是干公务员工作，其事业能有所发展但阻力也多，必须得天运五行扶助才能成功。但在其他职业开展的过程中则不顺的事情会经常遇到。

地格五行吉凶判断：

男命：地格为夫妻宫，此格在恋爱时期非常不顺，夫妻宫若不受天运五行及其它格局克害，其婚姻却能圆满，若有伤害则婚姻难以白头到老。

女命：此格之女人在婚姻方面非常被动，不仅性格固执，而且也比较内向。

总格五行吉凶判断：

男命：其个性忠实坦率有不到黄河心不死的坚强精神，但一生挫折较多，凡事成功快，失败也快，变化也快都在一瞬之间。

女命：一生命运起起伏伏，时好时坏，精神生活与物质生活都不太稳定，此格之人性格比较固执，若能将心计放得灵活一些，应有相当大的发展。

外格五行吉凶判断：

此格之人性格固执，说话直来直去，容易遭人反对，适合从事专业工作。

五十七划——五行属阳金，先天坎卦○吉数

人格五行吉凶判断：

其个性争强好胜，性格义气，善于把握时机，凡事主观性强，不善于接受他人意见，喜欢自己做决定，此格之人适合自己创业，成功率高，若有天运五行相扶，事业成功势如破竹，此格属于时有怀才不遇之感。

地格五行吉凶判断：

男命：配偶脾气不好，若被天运或被他格五行克害，夫妻会时有争执，若没有他格克害，大多是早婚之象。

女命：此格之女性，脾气刚烈，好像男性的性格，一生不落人下，就是对丈夫也不认输，对于婚姻恋爱时有事非。

总格五行吉凶判断：

男命：性格刚毅，时有性急之倾向，做事坚持己见，不愿听取别人意见，人际关系好，事业成功率高有贵人相助。

女命：女强人的性格，事业心很强，将事业看得比家庭还重要，所以有婚姻晚成的倾向，但性格刚强，对丈夫也时常看不上，若有天运相扶，大多成为女事业家。

外格五行吉凶判断：

不论男女，外交关系较佳，但是凡事都喜欢指挥别人，说话做事都不居人下，我行我素。有很强的事业心，但一生波折也多。

五十八划——五行属阴金，先天震卦，●凶数

人格五行吉凶判断：

无论男女都具有吃苦耐劳的精神，性格刚毅，凡事都靠自己奋斗，从没有依赖别人的思想，此格之人一生劳碌无成，而且时常会遇到官非口舌之事。

地格五行吉凶判断：

男命：配偶性格倔犟，婚姻感情稳固，家庭生活尚可，此格若被天运五行克制，夫妻则时常处于争执之中。

女命：对恋爱过于挑剔，因考虑过多而失去良缘，最后导致晚婚，而且不太满意，因而常为此感到后悔。

总格五行吉凶判断：

男命：有坚韧不屈的毅力，突破万难的意志，此数之人个性固执，不听别人意见，一意孤行，容易进入困境，陷入误区。

女命:女强人的性格,能干固执,像男人一样的脾气,能创出自己的一番事业,婚后夫妻生活很难融合到一起,若再遇天运五行克制,则一生劳而无功。

外格五行吉凶判断:

其性格争强好胜,得理不让人,社会交往及人际关系不好,也时常会招惹官非口舌等麻烦之事。

五十九划——五行属阳水,先天乾卦,●凶数

人格吉凶所主:

水性聪明,水主财运,会有意想不到的好事来临,其性格争强好胜、爱面子。但为人处事常有我行我素,不听他人意见而为所欲为,如果天运与他格配置不佳,则有怀才不遇之悲。

地格吉凶所主:

男命:对于异性追求缺乏经验,受到一点冷淡就接受不了,婚姻生活免不了大男子主义,为此与爱人缺少融洽。对于家庭观点也欠缺稳定。

女命:对于感情方面抱无所谓态度,为此而会晚婚,此格身体不太健康,需要注意保养。

总格吉凶所主:

男命:此格头脑聪明,爱钻研,但好高骛远,凡事成效不大,精神生活大多陷于苦闷之中,运程上都多灾多难,如果得天运五行生扶者,事业成功也是有之。

女命:此格无论是家庭生活,还是精神生活都陷于操劳苦闷的状态,而且劳苦不绝。

外格吉凶所主:

此格交际手段欠佳,常受他人摆布,时常会卷入是非遭受钱财或物质损失,由于常受外来打击,因此在精神生活方面易受困扰。

六十划——五行属阴水,先天无卦五行属●凶数

人格吉凶所主：

头脑聪明，反应灵敏，遇事冷静，适合搞研究策划工作，这种格局之人大多没有太高学历，但在文学技艺方面的水平往往不低于人下，若被天运五行生助，大多文才出众成功率相当高。

地格吉凶所主：

男命：地格为感情宫，十划之人对感情较为内向，对喜欢之人暗恋不敢追求，为此会造成晚婚。此格若再被天运五行克制不仅会婚姻过晚，也是个多是多非的家庭。

女命：女子的地格遇此者，大多在感情方面不太遂心，时常陷于孤独空想，总没有心情开朗的时候，若再被天运五行克制则有流产、手术等血光之事出现。

总格吉凶所主：

男命：不喜欢过着平平静静的生活，对投机或偏业的方面都拼命追求，此格之人无论在任何行业，创业的过程中挫折都比较多，总没有一帆风顺的时候，若有天格五行扶助，再有其它好的格局配置，却能得到相当大的发展，开创一番辉煌的事业。

女命：对平静的生活不平不满，大多思考一些难以实现的幻想，却为自己孤苦无助而悲观，一天到晚过着彷徨不安的生活，若天运五行有助，它格再没有其它毛病者，反而非常好。

外格吉凶所主：

不论男女，讲话都直来直去，得理不让人，此格之人大多性格高傲自持己见，而且孤癖固执，容易给人造成反感，平白无故的带来精神上的压力与挫折。

六十一划——五行属阳木，山地剥䷖卦，〇吉数

人格的吉凶所主：

善于计划疏漏也多，善于社会交往，也会投机取巧，事业上能得贵人提拔，也经历了不少挫折，理想远大，所追求的目标最终都会实现。

地格吉凶所主：

男命：事业心强，有很高的领悟力，做事有始有终，体贴爱人爱护子女。

女命：为人端庄大方，性格开朗，孝敬公婆教子有方，所以家庭基础稳固，事业顺畅通达。

总格吉凶所主：

男命：事业发展较为顺利，做事井井有条，但有时因粗心大意而失去很多机会，晚年生活幸福美满，有此数者长寿者居多。

女命：对丈夫体贴入微，对子女教育有方，此乃相夫教子之数。

外格吉凶所主：

性趣广泛，交际关系也佳，易得他人相助，对人仁义大方不计个人得失，事业繁荣兴盛。

六十二划——五行属阴木，山风蛊䷑卦，●凶数

人格吉凶所主：

不论男女个性倔犟，脾气固执，善于口舌之能、待人热心，为人办事有一副热心肠，但内心常有空虚烦闷的感觉。

地格吉凶所主：

男命：为人处事感情热度五分钟，缺乏愉快的气氛，婚姻感情不太稳定，若被天格克制，有离婚危险。

女命：对恋爱的态度比较消极，会对丈夫要脾气，对婚姻不平不满，难以度过愉快的婚姻生活。

总格吉凶所主：

男命：个性顽固一意孤行，对长上不尊不敬故意违抗，精神疲劳、凡事少成、生活操劳、身体欠佳。

女命：个性外柔内刚，讲话直来直去，婚姻不太美满，精神不振成天苦闷不乐，若是人格属阳火者还要好一些。

外格吉凶所主：

无论男女说话坦率，容易得罪人。诚心待人反落抱怨，若生助人格者恰好相反。

六十三划——五行属阳火，山火贲䷕卦，●凶数

人格吉凶所主：

为人乐观豪爽，易得别人帮助，人缘特佳，但有逞强好胜的个性。女人有此格者异性缘佳、有才华魅力，但一生劳碌，难得清闲。

地格吉凶所主：

男命：说话颇得异性关注，有早婚倾向，婚后也免不了有夜不归宿之事。

女命：有才华有魅力，好胜心强，对丈夫也时常坚持已见，若能成为一个性格温和，对自己约束的男人的妻子则无有妨碍。

总格吉凶所主：

男命：性格开朗、干劲十足、喜欢指挥别人，不愿受别人约束，此格之人外向好动，易得下属及晚辈尊重，一般对名利都很看重。

女命：个性刚强，有工作能力，由于对工作狂热而难以照顾家庭，在人生运程中常吃暗亏，在感情方面也会遭受挫折。

外格吉凶所主：

若能生助人格者可得众人支持，此格适合担任领导职务及策划工作是名利双得之格。

六十四划——五行属阴火，山泽损䷨卦，●凶数

人格吉凶所主：

理想太远主观意识较强，凡事阻力较多，难以达成心愿，因此有杞人忧天的倾向，此格内藏爆发之个性，不知不觉就能发起火燥脾气。

地格吉凶所主：

男命：婚姻感情不稳定，常有中途婚变的危机，若与人格相生者可免不幸。

女命：对婚姻生活不满意，对丈夫的事业、生活上挑剔，有时会借机发脾气，婚姻上不用说也不太美满。

总格吉凶所主：

男命：虽有才华须靠努力，在工作上大多劳而无功，容易被人误解，属于怀才不遇的那一种，所以精神上时常感到忧郁不安。

女命：个性过于刚直，言语直率而易于得罪人，经常会吃人暗亏，在社会交往中，时常会遭受意外的打击，也会在感情上受挫折。

外格吉凶所主：

此格之人性格比较单纯，不善于对外交际，为此吃亏上当是常有的事，此格之人不适合做管理工作，宜从事单独工作，省得造成麻烦，属于出力不讨好的一种。

六十五划——五行属阳土，先天八卦属中央〇吉数

人格吉凶所主：

对人宽厚，待人有礼，社交方面为人敬仰，此格的性格比较倔犟，为人处事要面子，属于打肿脸充胖子之一种，所以最适合工薪阶层的公职人员，或自己经商贸易，为大事大业难成之数。但一生精神愉快生活美好。

地格吉凶所主：

男命：地格为婚姻宫，婚姻美满家庭和顺，家庭观念非常重，配贤淑之妻，若不被他格所克，一生过得幸福愉快。

女命：心地善良，心强好胜有配贵夫人之命，夫妻感情恩爱，诸事善于协调，此为夫荣子贵穿金戴银之格。

总格吉凶所主：

男命：为人忠厚坦实，稳重谦和，交际关系颇广，易受别人喜欢，思想变化也能跟上时代潮流，但在工作上不能安分终一，如果与其它格局配合得好，可能事业成功，大有发展。

女命：为人个性倔犟，对外能宽宏大量，在家易与丈夫吵闹，但夫妻感情和睦，此乃旺夫益子之数。

外格吉凶所主：

善于演讲，表达能力颇佳，能得到众人信服，而且人缘也好，不论在何种情况下，都能与人和睦相处，为人无论说话做事都非常爽快，所以交际面相当宽广，属于朋友遍天下的一种。

六十六划——五行属阴土，艮为山☶☶卦，●凶数

人格五行吉凶判断：

心地善良，性格实在，只要接受别人所托，都能极力帮忙到底，若是干公务员工作，其事业能有所发展但阻力也多，必须得天运五行扶助才能成功。但在其他职业开展的过程中则不顺的事情会经常遇到。

地格五行吉凶判断：

男命：地格为夫妻宫，此格在恋爱时期非常不顺，夫妻宫若不受天运五行及其它格局克害，其婚姻却能圆满，若有伤害则婚姻难以白头到老。

女命：此格之女人在婚姻方面非常被动，不仅性格固执，而且也比较内向。

总格五行吉凶判断：

男命：其个性忠实坦率有不到黄河心不死的坚强精神，但一生挫折较多，凡事成功快，失败也快，变化也快都在一瞬之间。

女命：一生命运起起伏伏，时好时坏，精神生活与物质生活都不太稳定，此格之人性格比较固执，若能将心计放得灵活一些，应有相当大的发展。

外格五行吉凶判断：

此格之人性格固执，说话直来直去，容易遭人反对，适合从事专业工作。

六十七划——五行属阳金，山水蒙☶☵卦，○吉数

人格吉凶所主：

此数主观性强，做事我行我素，凡事都喜欢自己做主张不听别人意见，有不受人牵制的倔犟脾气，而且好胜心也强，但有坚强忍耐的性格，适合带兵打仗及开发工作，则战无不胜。若天运与地格被伤者则好事难成。

地格吉凶所主：

男命：妻子个性刚强，夫妻时有争执。此格之人大多有早婚之象，若与它格相克则不遇。

女命：个性刚强，做事大方，脾气倔犟，对丈夫也毫不示弱，有时会引起三角恋爱的麻烦。

总格吉凶所主：

男命：性格刚强，做事主观，凡事一意孤行，我行我素，所以人际关系不太融洽。此格之人做事变化多端，成功快失败也快。但做事恩怨分明是其最大的优点。

女命：事业心很强，将事业看的比家庭还重要，是事业型的女中强人，在任何时候都忙忙碌碌，若财运与天运五行相生，能干出一番出人头地，惊天动地的事业。

外格吉凶所主：

为人豪爽大方，有社交能力人缘关系好。能言会道，若做推销工作能引来很多客户，很有创业才能，靠自己的能力、毅力，可干出一番很大的事业，天运受克者不遇。

六十八划——五行属阴金，山雷颐☶☳卦，○吉数

人格吉凶所主：

为人做事踏实，不惜名利，自己努力创出一番事业，努力奋斗收获颇丰硕果累累，凡事有贵人相助，广交朋友仗义疏财。此格属于软不欺硬不怕的一种格局。

地格吉凶所主：

男命：配偶个性固执，但婚姻生活还比较不错，算得上幸福家庭。对婚姻生活充满乐观。

女命：相貌出众，追求者多，但婚姻恋爱态度端正，婚后生活幸福快乐，属于无忧无虑的健康人生。

总格吉凶所主：

男命：个性刚毅的格局，具有很强的坚忍力具有突破万难的决心，凡事都能坚持到最后成功。

女命：头脑灵敏，做事精明强干，能言会道，能创造一番惊天动地的事业，也能帮助丈夫共创一个幸福美满家庭，而且教子有方。

外格吉凶所主：

性格豪爽大方，社交能力极好，善于待人，对上司敬重，对部下严肃，到处都受人敬仰，但外格最好不被他格破坏，否则个性会倾向于固执。

六十九划——五行属阳水，山天大畜☶☰卦，●凶数

人格吉凶所主：

水性聪明，水主财运，会有意想不到的好事来临，其性格争强好胜、爱面子。但为人处事常又我行我素，不听他人意见而为所欲为，如果天运与他格配置不佳，则有怀才不遇之悲。

地格吉凶所主：

男命：对于异性追求缺乏经验，受到一点冷淡就接受不了，婚姻生活免不了大男子主义，为此与爱人缺少融洽。对于家庭观点也欠缺稳定。

女命:对于感情方面抱无所谓态度,为此而会晚婚,此格身体不太健康,需要注意保养。

总格吉凶所主:

男命:此格头脑聪明,爱钻研,但好高骛远,凡事成效不大,精神生活大多陷于苦闷之中。运程上都多灾多难,如果得天运五行生扶者,事业成功也是有之。

女命:此格无论是家庭生活还是精神生活都陷于操劳苦闷的状态,而且劳苦不绝。

外格吉凶所主:

此格交际手段欠佳,常受他人摆布,时常会卷入是非遭受钱财或物质损失,由于常受外来打击,因此在精神生活方面易受困扰。

七十划——五行属阴水,先天无卦五行属●凶数

人格吉凶所主:

头脑聪明,反应灵敏,遇事冷静,适合搞研究策划工作,这种格局之人大多没有太高学历,但在文学技艺方面的水平往往不低于人下,若被天运五行生助,大多文才出众成功率相当高。

地格吉凶所主:

男命:地格为感情宫,十划之人对感情较为内相,对喜欢之人暗恋不敢追求,为此会造成晚婚。此格若再被天运五行克制不仅会婚姻过晚,也是个多是多非的家庭。

女命:女子的地格遇此者,大多在感情方面不太遂心,时常陷于孤独空想,总没有心情开朗的时候,若再被天运五行克制则有流产、手术等血光之事出现。

总格吉凶所主:

男命:不喜欢过着平平静静的生活,对投机或偏业的方面都拼命追求,此格之人无论在任何行业创业的过程中挫折都比较多,总没有一帆风顺的时候,若有天格五行扶助,再有其它好的格局配置，却能得到相当大的发展，开创一番辉煌的事业。

女命：对平静的生活不平不满，大多思考一些难以实现的幻想，却为自己孤苦无助而悲观，一天到晚过着彷徨不安的生活，若天运五行有助，它格再没有其它毛病者，反而非常好。

外格吉凶所主：

不论男女，讲话都直来直去，得理不让人，此格之人大多性格高傲自持己见，而且孤癖固执，容易给人造成反感，平白无故的带来精神上的压力与挫折。

七十一划——五行属阳木，水地比䷇卦，●凶数

人格的吉凶所主：

为人做事圆滑表现虚伪，凡事攻于心计表里不一，对于权贵百般巴结，对常人则不屑一顾，因此，在事业上开始顺利而最终失败。

地格吉凶所主：

男命：虽然感情虚伪，但是对爱人还能够体贴。

女命：对丈夫时好时坏，虚荣心强，对任何事都爱斤斤计较，但对子女关怀备至。

总格吉凶所主：

男命：功利主义喜欢物质享受，爱指挥他人多管闲事，处事圆滑，见风使舵，在事业上也有成有败。

女命：能充分的利用人际关系为自己的事业发展创造良好的机会，婚后对丈夫不够体贴，没有涵养性和恭和谦让的气量。

外格吉凶所主：

不论男女人际关系圆滑，所以最适合担任领导工作，无论在何时何地都能应付自如。

七十二划——五行属阴木，水风井䷯卦，●凶数

人格吉凶所主：

不论男女个性倔犟，脾气固执，善于口舌之能、待人热心，为人办事有一副热心肠，但内心常有空虚烦闷的感觉。

地格吉凶所主：

男命：为人处事感情热度五分钟，缺乏愉快的气氛，婚姻感情不太稳定，若被天格克制，有离婚危险。

女命：对恋爱的态度比较消极，会对丈夫耍脾气，对婚姻不平不满，难以度过愉快的婚姻生活。

总格吉凶所主：

男命：个性顽固一意孤行，对长上不尊不敬故意违抗，精神疲劳、凡事少成、生活操劳、身体欠佳。

女命：个性外柔内刚，讲话直来直去，婚姻不太美满，精神不振成天苦闷不乐，若是人格属阳火者还要好一些。

外格吉凶所主：

无论男女说话坦率，容易得罪人。诚心待人反落抱怨，若生助人格者恰好相反。

七十三划——五行属阳火，水火既济䷾卦，〇吉数

人格吉凶所主：

为人乐观豪爽，易得别人帮助，人缘特佳，但有逞强好胜的个性。女人有此格者异性缘佳、有才华魅力，但一生劳碌，难得清闲。

地格吉凶所主：

男命：说话颇得异性关注，有早婚倾向，婚后也免不了有夜不归宿之事。

女命：有才华有魅力，好胜心强，对丈夫也时常坚持己见，若能成为一个性格温和，对自己约束的男人的妻子则无有妨碍。

总格吉凶所主：

男命：性格开朗、干劲十足、喜欢指挥别人，不愿受别人约束，此格之人外向好动，易得下属及晚辈尊重，一般对名利都很看重。

女命：个性刚强，有工作能力，由于对工作狂热而难以照顾家庭，在人生运程中常吃暗亏，在感情方面也会遭受挫折。

外格吉凶所主：

若能生助人格者可得众人支持，此格适合担任领导职务及策划工作是名利双得之格。

七十四划——五行属阴火，水泽节䷻卦，●凶数

人格吉凶所主：

理想太远主观意识较强，凡事阻力较多，难以达成心愿，因此有杞人忧天的倾向，此格内藏爆发之个性，不知不觉就能发起火爆脾气。

地格吉凶所主：

男命：婚姻感情不稳定，常有中途婚变的危机，若与人格相生者可免不幸。

女命：对婚姻生活不满意，对丈夫的事业、生活上挑剔，有时会借机发脾气，婚姻上不用说也不太美满。

总格吉凶所主：

男命：虽有才华须靠努力，在工作上大多劳而无功，容易被人误解，属于怀才不遇的那一种，所以精神上时常感到忧郁不安。

女命：个性过于刚直，言语直率而易于得罪人，经常会吃人暗亏，在社会交往中，时常会遭受意外的打击，也会在感情上受挫折。

外格吉凶所主：

此格之人性格比较单纯，不善于对外交际，为此吃亏上当是常有的事，此格之人不适合做管理工作，宜从事单独工作，省得造成麻烦,属于出力不讨好的一种。

七十五划——五行属阳土,先天八卦属中央●凶数

人格吉凶所主:

对人宽厚,待人有礼,社交方面为人敬仰,此格的性格比较倔犟,为人处事要面子,属于打肿脸充胖子之一种,所以最适合工薪阶层的公职人员,或自己经商贸易,为大事大业难成之数。但一生精神愉快生活美好。

地格吉凶所主:

男命:婚姻美满家庭和顺,家庭观念非常重,配贤淑之妻,若不被他格所克,一生过得幸福愉快。

女命:心地善良,但心强好胜。待人接物忠厚诚实,夫妻感情恩爱,诸事善于协调,但就是事业发展不利,旺夫益子之命。

总格吉凶所主:

男命:为人忠厚坦实,稳重谦和,交际关系颇广,易受别人喜欢,思想变化也能跟上时代潮流,但在工作上不能安分终一,如果与其它格局配合得好,可以事业成功,大有发展。

女命:为人个性倔犟,对外能宽宏大量,在家易与丈夫吵闹,但夫妻感情和睦,此乃旺夫益子之数。

外格吉凶所主:

善于见风使舵,所以能得到众人关注,因此人缘也好。一般情况下,都能与人和睦相处,为人处事见机行事表现得很实在,所以交际面相当宽广,朋友也很多。

七十六划——五行属阴土,水山蹇䷦卦,●凶数

人格五行吉凶判断:

心地善良,性格实在,只要接受别人所托,都能极力帮忙到底,若是干公务员工作,其事业能有所发展但阻力也多,必须得天运五行扶助才能成功。但在其他职业开展的过程中则不顺的事情会经常遇到。

地格五行吉凶判断：

男命：地格为夫妻宫，此格在恋爱时期非常不顺，夫妻宫若不受天运五行及其它格局克害，其婚姻却能圆满，若有伤害则婚姻难以白头到老。

女命：此格之女人在婚姻方面非常被动，不仅性格固执，而且也比较内向。

总格五行吉凶判断：

男命：其个性忠实坦率有不到黄河心不死的坚强精神，但一生挫折较多，凡事成功快，失败也快，变化也快都在一瞬之间。

女命：一生命运起起伏伏，时好时坏，精神生活与物质生活都不太稳定，此格之人性格比较固执，若能将心计放得灵活一些，应有相当大的发展。

外格五行吉凶判断：

此格之人性格固执，说话直来直去，容易遭人反对，适合从事专业工作。

七十七划——五行属阳金，坎为水☵☵卦，●凶数

人格五行吉凶判断：

其个性争强好胜，性格主观，善于争辩，凡事我行我素，不接受他人意见，喜欢自己做决定，此格之人适合自己创业，但其成功率不大，若有天运五行相扶，事业成功也是有之，此格属于怀才不遇之数。

地格五行吉凶判断：

男命：配偶脾气不好，若被天运或被他格五行克害，夫妻会时有争执，若没有他格克害，大多是早婚之象。

女命：此格之女性，脾气刚烈，好像男性的性格，一生不落人下，就是对丈夫也不认输，对于婚姻恋爱多事多非。

总格五行吉凶判断：

男命：性格刚强，时有性急之倾向，做事一意孤行，从不听取别人意见，人际关系不好，或成或败变化得特别快。

女命：女强人的性格，事业心很强，将事业看得比家庭还重要，所以有婚姻晚成的倾向，但性格刚强，对丈夫也时常看不上，若有天运相扶，大多成为女事业家。

外格五行吉凶判断：

不论男女，外交关系都不理想，凡事都喜欢指挥别人，说话做事都不居人下，我行我素，容易得罪人，虽有创业的头脑，但一生多受挫折。

七十八划——五行属阴金，水雷屯䷂卦，●凶数

人格五行吉凶判断：

无论男女都具有吃苦耐劳的精神，性格刚毅，凡事都靠自己奋斗，从没有依赖别人的思想，此格之人一生劳碌无成，而且时常会遇到官非口舌之事。

地格五行吉凶判断：

男命：配偶性格倔犟，婚姻感情稳固，家庭生活尚可，此格若被天运五行克制，夫妻则时常处于争执之中。

女命：对恋爱过于挑剔，因考虑过多而失去良缘，最后导致晚婚，而且不太满意，因而常为此感到后悔。

总格五行吉凶判断：

男命：有坚韧不屈的毅力，突破万难的意志，此数之人个性固执，不听别人意见，一意孤行，容易进入困境，陷入误区。

女命：女强人的性格，能干固执，像男人一样的脾气，能创出自己的一番事业，婚后夫妻生活很难融合到一起，若再遇天运五行克制，则一生劳而无功。

外格五行吉凶判断：

其性格争强好胜，得理不让人，社会交往及人际关系不好，也时常会招惹官非口舌等麻烦之事。

七十九划——五行属阳水，水天需☰☵卦，●凶数

人格吉凶所主：

水性聪明，水主财运，会有意想不到的好事来临，其性格争强好胜、爱面子。但为人处事常又我行我素，不听他人意见而为所欲为，如果天运与他格配置不佳，则有怀才不遇之悲。

地格吉凶所主：

男命：对于异性追求缺乏经验，受到一点冷淡就接受不了，婚姻生活免不了大男子主义，为此与爱人缺少融洽。对于家庭观点也欠缺稳定。

女命：对于感情方面抱无所谓态度，为此而会晚婚，此格身体不太健康，需要注意保养。

总格吉凶所主：

男命：此格头脑聪明，爱钻研，但好高骛远，凡事成效不大，精神生活大多陷于苦闷之中。运程上都多灾多难，如果得天运五行生扶者，事业成功也是有之。

女命：此格无论是家庭生活还是精神生活都陷于操劳苦闷的状态，而且劳苦不绝。

外格吉凶所主：

此格交际手段欠佳，常受他人摆布，时常会卷入是非遭受钱财或物质损失，由于常受外来打击，因此在精神生活方面易受困扰。

八十划——五行属阴水，先天无卦五行属●凶数

人格吉凶所主：

头脑聪明，反应灵敏，遇事冷静，适合搞研究策划工作，这种格局之人大多没有太高学历，但在文学技艺方面的水平往往不低于人下，若被天运五行生助，大多文才出众成功率相当高。

地格吉凶所主：

男命：地格为感情宫，十划之人对感情较为内相，对喜欢之人暗恋不敢追求，为此会造成晚婚。此格若再被天运五行克制不仅会婚姻过晚，也是个多是多非的家庭。

女命：女子的地格遇此者，大多在感情方面不太遂心，时常陷于孤独空想，总没有心情开朗的时候，若再被天运五行克制则有流产、手术等血光之事出现。

总格吉凶所主：

男命：不喜欢过着平平静静的生活，对投机或偏业的方面都拼命追求，此格之人无论在任何行业创业的过程中挫折都比较多，总没有一帆风顺的时候，若有天格五行扶助，再有其它好的格局配置，却能得到相当大的发展，开创一番辉煌的事业。

女命：对平静的生活不平不满，大多思考一些难以实现的幻想，却为自己孤苦无助而悲观，一天到晚过着彷徨不安的生活，若天运五行有助，它格再没有其它毛病者，反而非常好。

外格吉凶所主：

不论男女，讲话都直来直去，得理不让人，此格之人大多性格高傲自持己见，而且孤癖固执，容易给人造成反感，平白无故的带来精神上的压力与挫折。

八十一划——五行属阳木，雷地豫䷏卦，○吉数

人格的吉凶所主：

无论男女做事稳重注重实际，凡事善于计划自律性很强，善于社会交往到处受人尊敬，而且理想远大，有始有终。

地格吉凶所主：

男命：尊重感情温和待人，体贴爱人而且能娶个好妻子。

女命：对丈夫个性刚强，然而治家有条有理，而且教子有方。

总格吉凶所主：

男命：交际圆满，待人宽厚、性格坚忍、乐于助人，在同事与朋友之间威望极高，能干出自己一番光辉事业。

女命：能创自己的一番事业，婚后能助丈夫的运气，为人涵养性强有恭和谦让的气量。

外格吉凶所主：

人际关系圆满，易得贵人帮助与提拔，在任何情况下都能与人和睦相处，所以能积极向外发展。

二划姓的五格吉祥数理配置

姓氏：丁、卜、刁、乃、力		
1. 男性适用格局 (1) 3 火 15 2 土 19 21 木 14 33 火 35 土	2. 男性适用格局 (1) 3 火 11 2 木 11 13 火 10 21 木 23 火	3. 男女适用格局 (1) 3 火 11 2 木 3 5 土 10 13 火 15 土
4. 男女适用格局 (1) 3 火 5 2 土 9 11 木 4 13 火 15 土	5. 男性适用格局 (1) 3 火 5 2 土 19 21 木 4 23 火 25 土	6. 男性适用格局 (1) 3 火 13 2 火 21 23 火 12 33 火 35 土
7. 男性适用格局 (1) 3 火 15 2 土 9 11 木 14 23 火 25 土	8. 男性适用格局 (1) 3 火 13 2 火 19 21 木 12 31 木 33 火	9. 男性适用格局 (1) 3 火 13 2 火 9 11 木 12 21 木 23 火
10. 男性适用格局 (1) 3 火 13 2 火 11 13 火 12 23 火 25 土	11. 男女适用格局 (1) 3 火 13 2 火 3 5 土 12 15 土 17 金	12. 男性适用格局 (1) 3 火 21 2 木 13 15 土 20 33 火 35 土

三划姓的五格吉祥数理配置

姓氏：于、山、上、千、士、弋、凡、夕、女、也、幺、弓、尸

1. 男女适用格局 (1) 3　4 火 8　11 木 5　13 火 6 土 16 土	2. 男性适用格局 (1) 3　4 火 12　15 土 6　18 金 7 金 21 木	3. 男性适用格局 (1) 3　4 火 13　16 土 5　18 金 6 土 21 木
4. 男女适用格局 (1) 3　4 火 10　13 火 5　15 土 6 土 18 金	5. 男性适用格局 (1) 3　4 火 3　6 土 15　18 金 16 土 21 木	6. 男性适用格局 (1) 3　4 火 20　23 火 12　32 木 13 火 35 土
7. 男女适用格局 (1) 3　4 火 10　13 火 22　32 木 23 火 35 土	8. 男性适用格局 (1) 3　4 火 18　21 木 14　32 木 15 土 35 土	9. 男女适用格局 (1) 3　4 火 3　6 土 12　15 土 13 火 18 金
10. 男女适用格局 (1) 3　4 火 8　11 木 24　32 木 25 土 35 土	11. 男女适用格局 (1) 3　4 火 2　5 土 6　8 金 7 金 11 木	12. 男性适用格局 (1) 3　4 火 2　5 土 16　18 金 17 金 21 木

四划姓的五格吉祥数理配置

姓氏:王、毛、方、孔、文、牛、尤、尹、太、巴、公、水、戈、仇、井、壬、元、支、木、火、天、卞、仁、仆、仉、殳、亢

1. 男女适用格局 (1)　5 土 5 土　4 9　13 火 4　13 火 17 金	2. 男性适用格局 (1)　5 土 13 火　4 13　17 金 12　25 土 29 水	3. 男女适用格局 (1)　5 土 23 火　4 9　13 火 22　31 木 35 土
4. 男性适用格局 (1)　5 土 7 金　4 11　15 土 6　17 金 21 木	5. 男性适用格局 (1)　5 土 15 土　4 19　23 火 14　33 火 37 金	6. 男性适用格局 (1)　5 土 15 土　4 11　15 土 14　25 土 29 水
7. 男女适用格局 (1)　5 土 16 土　4 20　24 火 15　35 土 39 水	8. 男性适用格局 (1)　5 土 13 火　4 9　13 火 12　21 木 25 土	9. 男性适用格局 (1)　5 土 13 火　4 19　23 火 12　31 木 35 土
10. 男女适用格局 (1)　5 土 17 金　4 21　25 土 16　37 金 41 木	11. 男女适用格局 (1)　5 土 3 火　4 9　13 火 2　11 木 15 土	12. 男性适用格局 (1)　5 土 6 土　4 12　16 土 5　17 金 21 木

五划姓的五格吉祥数理配置

姓氏：田、史、石、古、白、甘、司、申、包、弘、丙、平、右、央、冉、令、左、丘、皮、付、世、由、句、布、目、召

1. 男女适用格局 (1)　6土 6　5 土　3　8金 5　8金 13火	2. 男性适用格局 (1)　6土 8　5 金　11　16土 7　18金 23火	3. 男性适用格局 (1)　6土 15　5 土　10　15土 14　24火 29水
4. 男性适用格局 (1)　6土 7　5 金　10　15土 6　16土 21木	5. 男性适用格局 (1)　6土 5　5 土　20　25土 4　24火 29水	6. 男性适用格局 (1)　6土 6　5 土　19　24火 5　24火 29水
7. 男性适用格局 (1)　6土 15　5 土　18　23火 14　32木 37金	8. 男性适用格局 (1)　6土 5　5 土　12　17金 4　16土 21木	9. 男性适用格局 (1)　6土 7　5 金　18　23火 6　24火 29水
10. 男女适用格局 (1)　6土 25　5 土　8　13火 24　32木 37金	11. 男性适用格局 (1)　6土 6　5 土　13　18金 5　18金 23火	12. 男女适用格局 (1)　6土 6　5 土　8　13火 5　13火 18金

六划姓的五格吉祥数理配置

姓氏:伍、安、光、匡、曲、朱、伊、吉、向、伏、年、任、百、同、有、仲、仰、多、羽、印、州、米、危、羊、全、戎、充、后、牟

1. 男性适用格局 (1) 7 金 6 6 土 10 16 土 5 15 土 21 木	2. 男性适用格局 (1) 7 金 15 6 土 9 15 土 14 23 火 29 水	3. 男女适用格局 (1) 7 金 16 6 土 10 16 土 15 25 土 31 木
4. 男性适用格局 (1) 7 金 7 6 金 9 15 土 6 15 土 21 木	5. 男女适用格局 (1) 7 金 17 6 金 9 15 土 16 25 土 31 木	6. 男性适用格局 (1) 7 金 18 6 金 12 18 金 17 29 水 35 土
7. 男性适用格局 (1) 7 金 5 6 土 19 25 土 4 23 火 29 水	8. 男女适用格局 (1) 7 金 17 6 金 19 25 土 16 35 土 41 木	9. 男女适用格局 (1) 7 金 15 6 土 11 17 金 14 25 土 31 木
10. 男女适用格局 (1) 7 金 7 6 金 19 25 土 6 25 土 31 木	11. 男女适用格局 (1) 7 金 8 6 金 11 17 金 7 18 金 24 火	12. 男性适用格局 (1) 7 金 7 6 金 11 17 金 6 17 金 23 火

七划姓的五格吉祥数理配置

姓氏：李、吴、宋、杜、江、吕、佟、良、汝、希、利、吾、言、冷、成、巫、辛、岑、池、车、谷、余、伯、甫、别、佘、何、贝、束、步、况

1. 男性适用格局 (1) 8 7 8 金 金 9 16 土 7 16 土 23 火	2. 男女适用格局 (1) 17 7 8 金 金 8 15 土 16 24 火 31 木	3. 男女适用格局 (1) 7 7 8 金 金 18 25 土 6 24 火 31 木
4. 男女适用格局 (1) 16 7 8 金 土 9 16 土 15 24 火 31 木	5. 男性适用格局 (1) 6 7 8 金 土 11 18 金 5 16 土 23 火	6. 男性适用格局 (1) 16 7 8 金 土 10 17 金 15 25 土 32 木
7. 男性适用格局 (1) 7 7 8 金 金 10 17 金 6 16 土 23 火	8. 男女适用格局 (1) 8 7 8 金 金 18 25 土 7 25 土 32 木	9. 男女适用格局 (1) 17 7 8 金 金 9 16 土 16 25 土 32 木
10. 男女适用格局 (1) 15 7 8 金 土 11 18 金 14 25 土 32 木	11. 男性适用格局 (1) 7 7 8 金 金 10 17 金 6 16 土 23 火	12. 男性适用格局 (1) 11 7 8 金 木 22 29 水 10 32 木 39 水

八划姓的五格吉祥数理配置

姓氏：林、沈、卓、汪、金、武、孟、周、东、尚、季、明、杭、房、易、犹、长、念、岳、屈、艾、官、沙、来、和、昌、祁、狄、宗、於、汲、松、牧、幸、扶、居、沃、空、竺		
1. 男性适用格局 (1) 9 水 6 8 土 10 18 金 5 15 土 23 火	2. 男女适用格局 (1) 9 水 8 8 金 9 17 金 7 16 土 24 火	3. 男性适用格局 (1) 9 水 17 8 金 9 17 金 16 25 土 33 火
4. 男性适用格局 (1) 9 水 17 8 金 13 21 木 16 29 水 37 金	5. 男性适用格局 (1) 9 水 11 8 木 23 31 木 10 33 火 41 木	6. 男女适用格局 (1) 9 水 7 8 金 10 18 金 6 16 土 24 火
7. 男性适用格局 (1) 9 水 8 8 金 24 32 木 7 31 木 39 水	8. 男性适用格局 (1) 9 水 16 8 土 10 18 金 15 25 土 33 火	9. 男性适用格局 (1) 9 水 7 8 金 9 17 金 6 15 土 23 火
10. 男性适用格局 (1) 9 水 7 8 金 23 31 木 6 29 水 37 金	11. 男性适用格局 (1) 9 水 11 8 木 13 21 木 10 23 火 31 木	12. 男女适用格局 (1) 9 水 6 8 土 24 32 木 5 29 水 37 金

九划姓的五格吉祥数理配置

姓氏:纪、柯、施、俞、柴、姚、查、美、段、封、韦、柳、侯、宣、帅、相、柏、南、狐、皇、红、禹、宦、计、姜、昝、羿、秋、咸、胥、姬、法		
1. 男性适用格局 (1) 10 水 9 21 木 12 21 木 20 32 木 41 木	2. 男女适用格局 (1) 10 水 9 8 金 8 17 金 7 15 土 24 火	3. 男女适用格局 (1) 10 水 9 7 金 9 18 金 6 15 土 24 火
4. 男女适用格局 (1) 10 水 9 11 木 22 31 木 10 32 木 41 木	5. 男性适用格局 (1) 10 水 9 13 火 12 21 木 12 24 火 33 火	6. 男性适用格局 (1) 10 水 9 23 火 2 11 木 22 24 火 33 火
7. 男性适用格局 (1) 10 水 9 17 金 23 32 木 16 39 水 48 金	8. 男女适用格局 (1) 10 水 9 8 金 9 18 金 7 16 土 25 土	9. 男性适用格局 (1) 10 水 9 18 金 22 31 木 17 39 水 48 金
10. 男性适用格局 (1) 10 水 9 3 火 22 31 木 2 24 火 33 火	11. 男性适用格局 (1) 10 水 9 12 木 12 21 木 11 23 火 32 木	12. 男性适用格局 (1) 10 水 9 13 火 20 29 水 12 32 木 41 木

十划姓的五格吉祥数理配置

姓氏：秦、袁、夏、翁、洪、高、花、徐、殷、祖、凌、席、耿、马、唐、孙、时、晋、奚、倪、祝、邗、家、芮、乌、宫、能、苍、贡、宰、桑、桂、晏、容、师、晁、益、桓

1. 男女适用格局 (1) 11 木 18 10 金 14 24 火 17 31 木 41 木	2. 男女适用格局 (1) 11 木 13 10 火 3 13 火 12 15 土 25 土	3. 男性适用格局 (1) 11 木 13 10 火 13 23 火 12 25 土 35 土
4. 男性适用格局 (1) 11 木 11 10 木 13 23 火 10 23 火 33 火	5. 男性适用格局 (1) 11 木 8 10 金 14 24 火 7 21 木 31 木	6. 男性适用格局 (1) 11 木 13 10 火 11 21 木 12 23 火 33 火
7. 男性适用格局 (1) 11 木 13 10 火 19 29 水 12 31 木 41 木	8. 男性适用格局 (1) 11 木 11 10 木 3 13 火 10 13 火 23 火	9. 男性适用格局 (1) 11 木 3 10 火 11 21 木 2 13 火 23 火
10. 男性适用格局 (1) 11 木 11 10 木 11 21 木 10 21 木 31 木	11. 男女适用格局 (1) 11 木 11 10 木 21 31 木 10 31 木 41 木	12. 男性适用格局 (1) 11 木 21 10 木 11 21 木 20 31 木 41 木

十一划姓的五格吉祥数理配置

姓氏：张、康、章、苗、商、茆、苑、寇、尉、崔、梅、麦、许、班、梁、曹、范、戚、毕、常、麻、娄、邢、符、宿、鱼、苟、终、坚、鹿、茅、胡、焉、浦、习、国、敖、那、巢、涂、海

1. 男性适用格局 (1) 11 12 木 13 火 12 23 火 12 24 火 35 土	2. 男女适用格局 (1) 11 12 木 15 土 10 21 木 14 24 火 35 土	3. 男女适用格局 (1) 11 12 木 5 土 2 13 火 4 6 土 17 金
4. 男女适用格局 (1) 11 12 木 12 木 2 13 火 11 13 火 24 火	5. 男女适用格局 (1) 11 12 木 23 火 2 13 火 22 24 火 35 土	6. 男性适用格局 (1) 11 12 木 3 火 22 33 火 2 24 火 35 土
7. 男性适用格局 (1) 11 12 木 24 火 18 29 水 23 41 木 52 木	8. 男女适用格局 (1) 11 12 木 21 木 21 32 木 20 41 木 52 木	9. 男女适用格局 (1) 11 12 木 5 土 20 31 木 4 24 火 35 土
10. 男性适用格局 (1) 11 12 木 9 水 13 24 火 8 21 木 32 木	11. 男性适用格局 (1) 11 12 木 4 火 18 29 水 3 21 木 32 木	12. 男女适用格局 (1) 11 12 木 4 火 21 32 木 3 24 火 35 土

十二划姓的五格吉祥数理配置

姓氏:邵、邱、彭、傅、程、阮、项、童、贺、荆、盛、荀、闵、云、费、焦、舒、尧、惠、贵、朝、冯、单、强、嵇、项、邰、喻、黄、贲、钮、富、钭、景、屠、乔、堵、茹、越、曾、须、钦

1. 男女适用格局

	(1)	
11	12	13 火
木	3	15 土
	10	13 火
	25 土	

2. 男女适用格局

	(1)	
13	12	13 火
火	23	35 土
	12	35 土
	47 金	

3. 男性适用格局

	(1)	
15	12	13 火
土	9	21 木
	14	23 火
	35 土	

4. 男性适用格局

	(1)	
15	12	13 火
土	19	31 木
	14	33 火
	45 土	

5. 男性适用格局

	(1)	
15	12	13 火
土	21	33 火
	14	35 土
	47 金	

6. 男性适用格局

	(1)	
11	12	13 火
木	11	23 火
	10	21 木
	33 火	

7. 男性适用格局

	(1)	
13	12	13 火
火	11	23 火
	12	23 火
	35 土	

8. 男女适用格局

	(1)	
13	12	13 火
火	13	25 土
	12	25 土
	37 金	

9. 男性适用格局

	(1)	
11	12	13 火
木	13	25 土
	10	23 火
	35 土	

10. 男性适用格局

	(1)	
13	12	13 火
火	9	21 木
	12	21 木
	33 火	

11. 男性适用格局

	(1)	
21	12	13 火
木	13	25 土
	20	33 火
	45 土	

12. 男性适用格局

	(1)	
5	12	13 火
土	19	31 木
	4	23 火
	35 土	

十三划姓的五格吉祥数理配置

姓氏：杨、庄、游、虞、楚、路、雷、莫、汤、裘、湛、解、雍、郁、廉、新、靳、温、蜀、詹、琥、贯、经、农、莘、逢、禄

1. 男女适用格局 13 火 (1) 13　14 火 12　25 土 12　24 火 37 金	2. 男女适用格局 16 土 (1) 13　14 火 3　16 土 15　18 金 31 木	3. 男性适用格局 15 土 (1) 13　14 火 2　15 土 14　16 土 29 水
4. 男女适用格局 15 土 (1) 13　14 火 18　31 木 14　32 木 45 土	5. 男性适用格局 15 土 (1) 13　14 火 10　23 火 14　24 火 37 金	6. 男女适用格局 7 金 (1) 13　14 火 12　25 土 6　18 金 31 木
7. 男性适用格局 17 金 (1) 13　14 火 8　21 木 16　24 火 37 金	8. 男女适用格局 7 金 (1) 13　14 火 18　31 木 6　24 火 37 金	9. 男女适用格局 6 土 (1) 13　14 火 3　16 土 5　8 金 21 木
10. 男女适用格局 23 火 (1) 13　14 火 2　15 土 22　24 火 37 金	11. 男女适用格局 6 土 (1) 13　14 火 19　32 木 5　24 火 37 金	12. 男女适用格局 24 火 (1) 13　14 火 12　25 土 23　35 土 48 金

十四划姓的五格吉祥数理配置

姓氏：赵、廖、连、滕、郎、管、华、郝、熊、郗、赫、裴、荣、滑、翟、闻、臧、源、韶、齐、凤、甄、宁、部、寿、通、慎

1. 男女适用格局 (1)　15 土 7　14 金　11　25 土 6　17 金 ———— 31 木	2. 男女适用格局 (1)　15 土 8　14 金　11　25 土 7　18 金 ———— 32 木	3. 男女适用格局 (1)　15 土 16　14 土　3　17 金 15　18 金 ———— 32 木
4. 男性适用格局 (1)　15 土 15　14 土　9　23 火 14　23 火 ———— 37 金	5. 男性适用格局 (1)　15 土 23　14 火　9　23 火 22　31 木 ———— 45 土	6. 男性适用格局 (1)　15 土 13　14 火　3　17 金 12　15 土 ———— 29 水
7. 男性适用格局 (1)　15 土 13　14 火　9　23 火 12　21 木 ———— 35 土	8. 男性适用格局 (1)　15 土 13　14 火　11　25 土 12　23 火 ———— 37 金	9 男性适用格局 (1)　15 土 25　14 土　9　23 火 24　33 火 ———— 47 金
10. 男性适用格局 (1)　15 土 24　14 火　10　24 火 23　33 火 ———— 47 金	11. 男性适用格局 (1)　15 土 15　14 土　19　33 火 14　33 火 ———— 47 金	12. 男性适用格局 (1)　15 土 23　14 火　3　17 金 22　25 土 ———— 39 水

十五划姓的五格吉祥数理配置

姓氏：刘、叶、部、欧、董、樊、鲁、褚、万、乐、谈、黎、厉、巩、满、墨、贤、葛、郭、广、慕		
1. 男性适用格局 (1) 17　15　16 土 金　8　23 火 16　24 火 39 水	2. 男性适用格局 (1) 16　15　16 土 土　9　24 火 15　24 火 39 水	3. 男女适用格局 (1) 15　15　16 土 土　2　17 金 14　16 土 31 木
4. 男性适用格局 (1) 15　15　16 土 土　18　33 火 14　32 木 47 金	5. 男女适用格局 (1) 24　15　16 土 火　9　24 火 23　32 木 47 金	6. 男女适用格局 (1) 8　15　16 土 金　10　25 土 7　17 金 32 木
7. 男性适用格局 (1) 15　15　16 土 土　10　25 土 14　24 火 39 水	8. 男女适用格局 (1) 16　15　16 土 土　22　37 金 15　37 金 52 木	9. 男性适用格局 (1) 16　15　16 土 土　18　33 火 15　33 火 48 金
10. 男女适用格局 (1) 18　15　16 土 金　20　35 土 17　37 金 52 木	11. 男性适用格局 (1) 16　15　16 土 土　3　18 金 15　18 金 33 火	12. 男性适用格局 (1) 7　15　16 土 金　18　33 火 6　24 火 39 水

十六划姓的五格吉祥数理配置

姓氏：陈、潘、钱、蒙、卢、赖、骆、陶、钱、蒲、穆、陵、鲍、霍、鄂、衡、都、蒯、战、瓯、阎、诸、陆、龙、燕、融		
1. 男女适用格局 (1) 16　17 金 17 金　9　25 土 16　25 土 41 木	2. 男女适用格局 (1) 16　17 金 7 金　19　35 土 6　25 土 41 木	3. 男女适用格局 (1) 16　17 金 5 土　21　37 金 4　25 土 41 木
4. 男性适用格局 (1) 16　17 金 15 土　9　25 土 14　23 火 39 水	5. 男女适用格局 (1) 16　17 金 8 金　9　25 土 7　16 土 32 木	6. 男性适用格局 (1) 16　17 金 17 金　13　29 水 16　29 水 45 土
7. 男性适用格局 (1) 16　17 金 5 土　19　35 土 4　23 火 39 水	8. 男性适用格局 (1) 16　17 金 5 土　13　29 水 4　17 金 33 火	9. 男女适用格局 (1) 16　17 金 7 金　9　25 土 6　15 土 31 木
10. 男女适用格局 (1) 16　17 金 15 土　2　18 金 14　16 土 32 木	11. 男性适用格局 (1) 16　17 金 25 土　23　39 水 24　47 金 63 火	12. 男性适用格局 (1) 16　17 金 16 土　2　18 金 15　17 金 33 火

十七划姓的五格吉祥数理配置

<table>
<tr><td colspan="3">姓氏：谢、蔡、邹、韩、蒋、阳、钟、应、邬、蔚、糜、缪、鞠、鲜、婴、营、隋、蓬、隆</td></tr>
<tr>
<td>1. 男女适用格局
(1)
7 17 18 金
金 18 35 土
6 24 火
41 木</td>
<td>2. 男女适用格局
(1)
17 17 18 金
金 8 25 土
16 24 火
41 木</td>
<td>3. 最适合女性格局
(1)
18 17 18 金
金 18 35 土
17 35 土
52 木</td>
</tr>
<tr>
<td>4. 最适合女性格局
(1)
15 17 18 金
土 1 18 金
14 15 土
32 木</td>
<td>5. 男女适用格局
(1)
16 17 18 金
土 20 37 金
15 35 土
52 木</td>
<td>6. 男性适用格局
(1)
16 17 18 金
土 1 18 金
15 16 土
33 火</td>
</tr>
<tr>
<td>7. 男女适用格局
(1)
8 17 18 金
金 8 25 土
7 15 土
32 木</td>
<td>8. 男女适用格局
(1)
11 17 18 金
木 8 25 土
10 18 金
35 土</td>
<td>9. 男女适用格局
(1)
18 17 18 金
金 1 18 金
17 18 金
35 土</td>
</tr>
<tr>
<td>10. 男性适用格局
(1)
6 17 18 金
土 1 18 金
5 6 土
23 火</td>
<td>11. 男女适用格局
(1)
8 17 18 金
金 1 18 金
7 8 金
25 土</td>
<td>12. 男性适用格局
(1)
7 17 18 金
金 12 29 水
6 18 金
35 土</td>
</tr>
</table>

十八划姓的五格吉祥数理配置

姓氏：魏、颜、简、戴、聂、阙、迟、丰、隗、瞿、颛、濮、礼、濯、环、职、济、骐、肖、储、双、党、璩、鄢

1. 男性适用格局 (1) 11 18 19 水 木 11 29 水 10 21 木 39 水	2. 男性适用格局 (1) 7 18 19 水 金 11 29 水 6 17 金 35 土	3. 男性适用格局 (1) 21 18 19 水 木 3 21 木 20 23 火 41 木
4. 男女适用格局 (1) 11 18 19 水 木 3 21 木 10 13 火 31 木	5. 男女适用格局 (1) 21 18 19 水 木 19 37 金 20 39 水 57 金	6. 男性适用格局 (1) 8 18 19 水 金 14 32 木 7 21 木 39 水
7. 男性适用格局 (1) 11 18 19 水 木 13 31 木 10 23 火 41 木	8. 男性适用格局 (1) 16 18 19 水 土 14 32 木 15 29 水 47 金	9. 男性适用格局 (1) 11 18 19 水 木 19 37 金 10 29 水 47 金
10. 男性适用格局 (1) 10 18 19 水 水 14 32 木 9 23 火 41 木	11. 男性适用格局 (1) 17 18 19 水 金 13 31 木 16 29 水 47 金	12. 男性适用格局 (1) 9 18 19 水 水 21 39 水 8 29 水 47 金

十九划姓的五格吉祥数理配置

姓氏：郑、邓、关、谭、薛、薄、庞、蓟、谯

1. 男女适用格局 (1) 19　20 水 21 木　28　47 金 20　48 金 67 金	2. 男女适用格局 (1) 19　20 水 31 木　18　37 金 30　48 金 67 金	3. 男性适用格局 (1) 19　20 水 21 木　12　31 木 20　32 木 51 木
4. 男性适用格局 (1) 19　20 水 18 金　12　31 木 17　29 水 48 金	5. 男性适用格局 (1) 19　20 水 8 金　22　41 木 7　29 水 48 金	6. 男性适用格局 (1) 19　20 水 17 金　13　32 木 16　29 水 48 金
7. 男性适用格局 (1) 19　20 水 12 木　18　37 金 11　29 水 48 金	8. 男性适用格局 (1) 19　20 水 23 火　10　29 水 22　32 木 51 木	9. 男性适用格局 (1) 19　20 水 22 木　12　31 木 21　33 火 52 木
10. 男女适用格局 (1) 19　20 水 21 木　18　37 金 20　38 金 57 金	11. 男性适用格局 (1) 19　20 水 21 木　13　32 木 20　33 火 52 木	12. 男性适用格局 (1) 19　20 水 9 水　10　29 水 8　18 金 37 金

二十划姓的五格吉祥数理配置

姓氏：罗、蓝、释、怀、觉、严、宾、阚、藉、骞、酆

1. 男性适用格局 (1) 21 木 18 20 金 4 24 火 17 21 木 41 木	2. 男性适用格局 (1) 21 木 11 20 木 3 23 火 10 13 火 33 火	3. 男性适用格局 (1) 21 木 3 20 火 13 33 火 2 15 土 35 土
4. 男女适用格局 (1) 21 木 8 20 金 4 24 火 7 11 木 31 木	5. 男性适用格局 (1) 21 木 23 20 火 3 23 火 22 25 土 45 土	6. 男女适用格局 (1) 21 木 13 20 火 5 25 土 12 17 金 37 金
7. 男性适用格局 (1) 21 木 13 20 火 13 33 火 12 25 土 45 土	8. 男性适用格局 (1) 21 木 13 20 火 1 21 木 12 13 火 33 火	9. 男女适用格局 (1) 21 木 21 20 木 12 32 木 20 32 木 52 木
10. 男性适用格局 (1) 21 木 11 20 木 11 31 木 10 21 木 41 木	11. 男性适用格局 (1) 21 木 13 20 火 3 23 火 12 15 土 35 土	12. 男性适用格局 (1) 21 木 24 20 火 9 29 水 23 32 木 52 木

二十一划姓的五格吉祥数理配置

姓氏：顾、饶、巍、珑、续、藩、铁

1. 男女适用格局 (1) 22 木 15 21 土 10 31 木 14 24 火 45 土	2. 男性适用格局 (1) 22 木 24 21 火 8 29 水 23 31 木 52 木	3. 男女适用格局 (1) 22 木 14 21 火 11 32 木 13 24 火 45 土
4. 男性适用格局 (1) 22 木 5 21 土 12 33 火 4 16 土 37 金	5. 男性适用格局 (1) 22 木 15 21 土 2 23 火 14 16 土 37 金	6. 男女适用格局 (1) 22 木 5 21 土 20 41 木 4 24 火 45 土
7. 男性适用格局 (1) 22 木 4 21 火 8 29 水 3 11 木 32 木	8. 男性适用格局 (1) 22 木 23 21 火 2 23 火 22 24 火 45 土	9. 男性适用格局 (1) 22 木 11 21 木 8 29 水 10 18 金 39 水
10. 男性适用格局 (1) 22 木 13 21 火 12 33 火 12 24 火 45 土	11. 男女适用格局 (1) 22 木 14 21 火 3 24 火 13 16 土 37 金	12. 男女适用格局 (1) 22 木 21 21 木 11 32 木 20 31 木 52 木

二十二划姓的五格吉祥数理配置

姓氏：苏、龚、权、蔺

1. 男性适用格局 (1) 5 22 23 火 土 13 35 土 4 17 金 39 水	2. 男性适用格局 (1) 15 22 23 火 土 9 31 木 14 23 火 45 土	3. 男性适用格局 (1) 5 22 23 火 土 3 25 土 4 7 金 29 水
4. 男性适用格局 (1) 11 22 23 火 木 13 35 土 10 23 火 45 土	5. 男性适用格局 (1) 15 22 23 火 土 11 33 火 14 25 土 47 金	6. 男性适用格局 (1) 5 22 23 火 土 19 41 木 4 23 火 45 土
7. 男女适用格局 (1) 13 22 23 火 火 13 35 土 12 25 土 47 金	8. 男女适用格局 (1) 13 22 23 火 火 3 25 土 12 15 土 37 金	9. 男女适用格局 (1) 5 22 23 火 土 9 31 木 4 13 火 35 土
10. 男女适用格局 (1) 3 22 23 火 火 13 35 土 2 15 土 37 金	11. 男性适用格局 (1) 15 22 23 火 土 3 25 土 14 17 金 39 水	12. 男性适用格局 (1) 21 22 23 火 木 3 25 土 20 23 火 45 土

第七章 配置篇

第一节 起名宜忌

名字如人的影子，有人将名字看作是人的灵魂，它不仅是人生的特定符号，而且它伴随着人们终生。它是一个人身份的特定标志，是社会交往中不可缺少的特定代码。人人都想有一个响亮动听，让人好叫好记而且又与人生命理、数理相生相合的好名字。一个佳名雅号可给你带来社交融洽，做事顺利、事业有成、婚姻美满、家庭幸福、身体健康等诸多方面的益处。所以在起名时必须要认认真真、多思多想，多翻阅古今名人书籍，结合多方面因素起名，决不能随随便便草率行事。在起名时最好遵照以下几个原则，否则会陷入起名误区。

1. 依照其人的生辰八字，确定用神。

2. 依照出生年的干支确定天运五行和命卦五行。

3. 依照数理五格按男女配出最佳格局。

4. 依照五格剖象数理分别找出大运流年。

5. 依照三才配制，相生吉、相克则凶（若用三格起名可不用三才配置）。

6. 依照天运五行确定出年运吉凶。

7. 依照字形、字音、字义五行对命主用神选行扶抑。

8. 无论是公司店铺或是人名，都要以《康熙字典》繁体字笔划为准，不用简体字。

第二节　姓名配置

现将男女姓名笔划的合理配置编排如下：

1. 二划数的姓氏

丁卜刁乜

二划数的姓氏配 11、10 划数的合理组合：

娅祝　偕芮　英洛　浦轩　浩洪　雪娜　偕庭　乾芬
旋航　旌伦　振家　竟耕　晨洲　第洋　伟峰　近纯
茂恒　浩玳　晗栩　尉恩

上述组合人格属火，地格属木，适合命理五行用神属火之人用之。其三才配置是“火火木”，从下生上，其成功运通顺，基础运稳固。向上发展，安泰吉祥，终年少劳，享受幸福，属于健康长寿的最佳格局。

二划数的姓氏配 21、12 划数的合理组合：

艺乔　鹤茹　俪景　艺朝　誉迪　巍淳　巍涵　鹤云
珑喻　霹淋　艺博　巍婷　铁雯　鹤涯　顾朝　莺竣
樱钦　鹤皓　艺岚

上述组合人格属火，地格属火，适合命理五行用神属火之人用之。其三才配置是“火火火”，成功运通顺，基础运稳固，得上司或长辈爱护，子孙昌盛，身心平安，幸福繁荣，此乃诸事通顺的最好格局。

二划数的姓氏配 19、14 划数的合理组合：

攀华　镜溪　麒毓　玺嘉　宝荣　鹏玮　滢瑞　薪莱
烁彰　鹊榕　宝菊　麒滔　鹏维　薪瑜　宝瑞　镜鸣
攀韶　丽逍　鹏豪

上述组合人格属木，地格属火，适合命理五行用神属木之人用之。其三才配置是“火木火”,基础运稳定,成功运也不错,是际遇安定,可达到成功目的,身心安泰,幸福繁荣的配置。此格是对儿女、长辈付出较多,属于白手起家,奋发图强,自己拼博的最佳格局。

2. 三划数的姓氏

于上山干弓千川勺弋子凡夕女也

三划数的姓氏配 18、14 划数的合理组合:

璧宁 丰嘉 槟荣 丰华 翘瑞 涛箕 蕊歌 丰玮
简图 骐璋 济福 丰硕 丰榕 馥菊 槟郡 环瑞
馥 璧瑜 骐瑞 双珲 曜萌 璧侨 翘祯 丰铭
丰韶 蕊辅 璧逍 璧菲 璧瑗 蕊阁 曜途 滨莱
丰华 翘台

上述组合人格属木,地格五行属木,适合命理五行用神属木之人用之。其三才配置是“火木木”,下生上,成功运稳固,基础运也佳,向上发展,安泰吉祥,终身少劳,享受幸福,健康长寿的最佳组合。

三划数的姓氏配 13、5 划数的合理组合:

楷司 莆尼 楚冬 靳仙 雍平 圣尼 湘永 诗永
传正 楷生 义白 暄弘 诗禾 廉正 韵弘 琪立
湛功 琢冉 煦北

上述组合人格五行属土,地格五行属金,适合命理五行用神属金之人用之。其三才配置是“火土金”,逐位向下相生,成功运通顺,基础运稳固,事业上得上司提拔,长上关顾,此乃一心向上发展,身心安泰,幸福繁荣,诸事顺利,幸福长寿的最好组合。

三划数的姓氏配 12、6 划数的合理组合:

项伊 乔朴 景戎 雅帆 朝宇 淳圳 雯丞 云舟
雯旭 喜冰 舒宇 翔伊 钦朴 凯戎 雯圭 竣帆
清宇 雁妃 普臣 云丞 茹仲 朝仰 淮舟 雅旭

景屹　乔弛　荆竹

上述组合人格五行属土，地格五行属金，适合命理五行用神属金之人用之。其三才配置是“火土金”，逐位从上生下，成功运通顺，基础运稳固，得上司提拔，长上关顾，乃身心安泰，幸福繁荣，诸事和顺，健康长寿的最佳组合。

3. 四划字的姓

王孔毛文方尤牛尹卞支巴仇戈公井元水勾什

四划数的姓氏配 13、12 划数的合理组合：

荻乔　雍景　靳雅　扬朝　游迪　路涵　湘茹　莆喻
新迪　楷智　琢强　业善　爱云　圣闰　愉顺　枫雁
业普　靖舒　会淋　廉茵　义斯　暄朝　群策　煋翔
园清　琦晶　傲森　想婷　盟雯　煦雁　琰竣　韵钦
琬惠　敬超　湃钧　诣博　业淳　琢惟　义凯　圣凯
靖棠　琪弼　暄尧　爱轸　歆茜　诗舜　新淦　郁茹
楷盛　傲博　靖茵　歆朝

上述组合人格属金，地格属土，适合命理五行用神属金之人用之。其三才配置是“土金土”，上下相生，其成功运通顺，基础运稳固，得长辈与上司关爱，子女及下属拥护，境遇平稳，乃身体健康，精力充沛安泰自然的最佳组合。

四划数的姓氏配 9、22 划数的合理组合：

品鉴　星霁　泓璎　冠苏　治骄　叙懿　建骅　奎峦
俊骄　叙璎　炳峦　飞璎　治骁　俊苏　帝骄

上述组合人格属火，地格属木，适合命理五行用神属火之人用之。其三才配置是“土火木”，逐位从下生上，其成功运通顺，基础运稳固，得上司或长辈恩助，部下爱戴，子孙昌盛，身心安泰，幸福繁荣，此乃理想的最佳组合。

四划数的姓氏配 20、15 划数的合理组合：

耀欧　馨黎　曦颉　怀俭　献谊　藉锋　蓝葳　觉赐

耀颉 瀚萱 耀娴 释霈 嬴葳 阐毅 继磐 怀毅
怀乐 耀赐 曦瑶 龄萱 馨影 阐纬 耀蝶 瀚蒂

上述组合人格属火,地格属土,适合命理五行用神属火之人用之。其三才配置是“土火土”,人格生天格又生地格,其成功运与基础运都比较稳固,是极积向上,获得成功,事业旺盛,身心健康的最佳组合。

四划数的姓氏配12、5划数的合理组合:

乔石 景申 雅仙 朝弘 邴禾 云旦 岚卉 景石
云白 舒永 岚玄 尧北 茜民 淦弘 淑旦 晴卉
朝功 茹平 越禾 盛本

上述组合人格属土,地格属金,适合命理五行用神属土金之人用之。其三才配置是“土土金”,天格与人格一同生地格。成功运通顺,基础运稳固,事业上一帆风顺,境遇良好,此乃身体健康,诸事安泰的大吉组合。

四划数的姓氏配21、16划数的合理组合:

艺龙 鹤达 艺蒲 莺壁 铎衡 览潮 铁运 鹤霖
俪寰 艺凝 誉达 铁璋 巍霖 艺谐 鹤龙 艺洁
铁陶 顾潮 艺衡

上述组合人格属土,地格属金,适合命理五行用神属土之人用之。其三才配置是“土土金”,其基础运通顺,成功运也佳,事业上一帆风顺,心想事成,属于健康长寿,家安人泰之最佳组合。

4. 五划数的姓

石甘白包央申皮古平史司左令冉由付世句布目召田

五划数的姓氏配10、14划数的合理组合:

晋彰 师瑜 书瑞 祚萌 恩侨 珊铭 芮铭 轩鸣
耘瑚 芳硕 笑宁 祖赫 笑齐 耘嘉 素萌 芮华
恩瑞 祚歌 晁玮 洛彰 轩福 峰硕 哲榕 益菁
芳菊 晏溪 书维 恭碧 航瑜 师瑞 娜瑄 祚萌

芮慈　芬铭　恩铺　芷瑞　祚逍　珖菲　晢豪　芳菀

轩瑚　洛宾　祚筝　恩阁　轩逞　晋僮　师台

上述组合人格五行属土，地格五行属火，适合命理五行用神属火土之人用之。其三才配置是“土土火”，从下生上之组合，成功运通顺，基础运稳固，上得领导欢心，下得部下拥护，乃幸福美好，事业辉煌，身心健康的最佳组合。

五划数的姓氏配10、6划数的合理组合：

庭伊　晋戎　芮舟　朔屹　珊弛　祚丞　耘安　纯朴

书任　珖全　纳印　俱戎　席帆　晁宇　祖戎　耘帆

芳朴　师任　晋帆　书宇　耘妃　庭圳　玲竹　芮丞

家仲　轩竹　珀仰　祚旨　神州　桓舟　芮冰　晋如

洪旭　宸屹　洪安

上述组合人格五行属土，地格属土，适合命理五行用神属土之人用之。其三才配置结构是“土土土”，属于天地人三才一气，三格比合之格局，基础运稳固，成功运通顺，乃努力向上，顺利成功，境遇安泰，幸福美好的最佳格局。

5. 六划数的姓

朱牟伊任伍米安羊全伏危百吉向年仲同匡曲衣老印

六划数的姓氏配12、17划数的合理组合：

景阳　雅举　惠浓　朝聪　皓键　凯鸿　朝阳　茜璐

景遥　景泽　朝骏　荆蔓　雯谦　晶黛　弼浓　淑阑

舒隆　超忆　雯操　尧键　智远　淅阳　皓阳　雅蔚

朝霞　迪浓　云聪　博联　翔鸿　竣蔚　堪遥　雯优

舒应　朝璐　惠遥

上述组合人格五行属金，地格五行属水，适合命理五行用神属金水之人用之。其三才配置是“金金水”，人格与天格同生地格，成功运通顺，基础运稳固，事业上成功发达，心想事成，幸福荣盛，刚毅果断，上安下全之最佳组合。

六划数的姓氏配19、16划数的合理组合：

薪潭 攀璇 鹏霏 镜晔 麒默 宝澈 鹊樵 滢潮

薇蓉 关蒲 镜潭 滢燕 鹏学 麒运 韬衡 关凝

麒翰 烁达 宝璋 薇霖 麒谐 镜璇 鹏霏 攀睿

薪颖 攀瑾 蕾洁 鹏锦

上述组合人格五行属土，地格属土，适合命理五行用神属金土之人用之。其三才配置结构是“金土土”，人格与地格一同生天格，其成功运通顺，基础运稳固，乃事业有成，处境安泰，谋事易得，财禄宽厚，健康长寿之最佳组合。

六划数的姓氏配9、6划数的合理组合：

冠竹 韦帆 风仰 沫冰 品臣 奕帆 韦伊 施百

建朴 韦任 宣年 相全 韦吉 泰查 沫戎 施圭

昭帆 星宇 俏羽 怡妃 泳名 宣臣 相丞 泓光

怡竹 春曲 柳西 品先 昭旨 昱州 泉舟 宦冰

威全 品名 美如 星聿 红旭 春屹 禹州 品安

上述组合人格五行属土，地格属土，适合命理五行用神属土之人用之。其三才配置是“金土土”，地格与人格一同生天格，成功运通顺，基础运稳固，此乃处境安泰，名利双收，家安人泰，幸福美满，财禄丰厚，健康长寿的最佳组合。

6. 七划数的姓

李吴宋杜江何辛巫车利甫池良贝冷别赤

七划数的姓氏配9、7划数的合理组合：

冠彤 韦杉 风吟 沫辰 品宏 奕廷 韦甫 冠孚

俞村 建成 宦言 泉岑 泊呈 星宏 禹君 建佟

星伯 美辰 禹含 建均 帝良 泊伶 俏男 美杉

泳孝 妍秀 春序 昭含 军佑 勇志 虹廷 怡佐

泓汐 品廷 俊吟 昭利

上述组合人格五行属土，地格属土，适合命理五行用神属土的人用之。其三才配置是“金土土”。人格与地格同生天格之组合。成功运通顺,基础运稳固,属于家庭美满,财禄丰厚,妻贤子孝之最佳格局。

七划数的姓氏配 8、16 划数的合理组合:

政达　昀壁　佳运　知衡　昊霏　朋霖　念蒲　知潭
岳燕　明学　知壁　明运　东衡　佩寰　卓凝　咏璋
昌霖　明谐　秉凝　采霏　佳霏　政颖　沛瑾　咏奋
艾洁　宗锦　依潮　武冀　念桥　宛蓉　易树　咏默
昊润　昀憬　明澈　京融　承儒　岱樵　岸熹

上述组合人格五行属土,地格属火,适合命理五行用神属土之人用之。其三才配置是“金土火”,从下逐位生上之组合,成功运通顺,基础运稳固,事业上得上司器重,部下尊重,属于家庭圆满,身心健康,志向刚健,功成名就之最佳组合。

七划数的姓氏配 9、15 划数的合理组合:

俊欧　冠仪　亮锋　南颉　勃萱　俐娴　品毅　泰黎
风楼　施墨　宦谊　柯俭　禹乐　星赐　禹德　星慧
星靓　韦贤　建锋　宣卫　星卫　帝颉　美莹　俏蒂
奎兴　宣庆　品枢　冠纬　帝影　韦震　姿锐　香蝶
亮剑　昭俭　韦亿　威帜　俊霄　勃苇　沫逸　奕磊
昭贤　昱霄　红葆　星巩　俐磐　柯瑶

上述组合人格五行属土,地格属火,适合命理五行用神属土之人用之。其三才配置是“金土火”,下生上之组合。成功运顺达,基础运稳固,属于妻贤子孝,部下遂顺,上安下全之最佳组合。

七划数的姓氏配 11、14 划数的合理组合:

偕菲　国瑞　曼宁　晨嘉　海瑞　健彰　晗菁　晨硕
英菊　旌瑜　海宁　娅侨　若铭　婉韶　茁逍　浚菲
梓豪　竟菲　旌阁　率绮　偕连　晨赫　娅闻　晨嘉

馗荣 娅华 敏瑞 若境 婧翠 绍歌 茁玮 悦图
梓彰 英福 英硕 海榕 班旗 浦菁 婉菊 率溶
健滔 培郡 曼溪 绍维 英碧 若瑜 浦瑞 浚珲
茁萌 侦侨 婉墅 偕祯 海缀 若鸣 英辅 唯韶
浚逍 梓豪 近槐 尉瑚 若宾 涌翡 毕瑗 彩
尉阁 旌途 健莱 偕僮 厢绮 悦台

上述组合人格属金,地格属土适合命理五行用神属金之人用之。其三才配置是“金金土”,含义是人格与地格同生助天格,成功运顺利,基础运稳固,事业有成,处境安泰,谋事易得,名利双收,属健康长寿的大吉之格。

7. 八划数的姓

林周汪金官季孟易宗沈屈杭武居牧幸和呼艾竺房状尚昌

八划数的姓氏配 9、7 划数的合理组合:

禹均 奕杉 勃延 冠男 宦伯 宣岑 建谷 南甫
宣池 南孚 禹成 宣言 厚岑 奕呈 叙宏 星位
昭君 宦佟 沫彤 星伯 俊辰 沫言 品均 建伶
宣男 美岐 禹杉 品秀 勃廷 奎佑 泳束 奎廷
俞汐 思延 柏作 昶吟 勉灼

上述组合人格属金,地格属土,适合命理五行用神属金之人用之。其三才配置是“水金土”,含义是地格生人格,人格生天格,逐位向上而生,属于成功运顺畅,基础运稳固,事业顺利,能成大业,子孝孙贤,上安下全,乃一帆风顺最佳的格局。

八划数的姓氏配 13、10 划数的合理组合:

琢耘 楚轩 诗娜 鼎芬 煦航 琪洛 楷纯 煦伦
靖芳 韵洲 筱庭 煦耕 煜恭 诗芮 楷桓 爱师
阿晋 诗桀 歆朔 湛书 琢洵 业珊 湃宸 诗格
煦珀 鼎芮

上述组合人格属木,地格属火,适合命理五行用神属木火之人用之。其三才配置是“水木火”。其含义是天格生人格，人格生地格，从上逐位生下，成功运顺利，基础运稳固，事业上得到上司器重，祖上庇护，是得天时得地利，上下和睦，一生福份无穷的最佳格局。

八划数的姓氏配10、15划数的合理组合：

轩瑶　芳谊　芬仪　倩锋　书颉　珂颍　芮蒂　晋逸
桀娴　恩缇　纯毅　芳蝶　祚俭　师剑　玳婵　哲欧
育樊　晋黎　书楼　峰墨　贡谊　师婵　轩乐　师漫
耘慧　轩靓　纯贤　玲锋　晋卫　师德　芮颉　书莹
恒莹　珂霆　洛婵　师娴　恩霈　晏慷　恭阅

上述组合人格属金，地格属土，适合命理五行用神属金土之人用之。其三才配置是人格生天格，地格生人格，“水金土”逐位从下生上之格局。成功运顺利，基础运稳固，事业上得到上司赏识，部下拥护，能成就大业，上安下全，一帆风顺最佳之格局。

八划数的姓氏配13、16划数的合理组合：

靖衡　煊凝　廉璋　煜霖　颂谐　嵩璇　诗瑾　韵潮
诗霖　湛桥　煦蓉　暄澈　鼎融　椿樵　靳蒲　楚鄂
游霍　新潭　靖燕　琪壁　煊运　楷衡　渤凝　靖达
楷达　传璋　琢霖　业霏　廉儒　煊瑾　琪奋　韵洁
诗潮　琬桥　稚蓉　诗默　湛谕　琰澈　湃融　暄儒
湛樵　莉樽　廉熹　湛燃

上述组合人格属木，地格属水，适合命理五行用神属水木之人用之。其格局是天格生人格，地格也生人格，其三才配置是“水木水”，含义是成功运通顺，基础运稳固，事业上得祖上栽培，上司器重，凡事得以成功，此乃一生繁荣，福份无穷最佳之格局。

8. 九划数的姓

纪柯施俞段姚姜韦查侯柳封风柏红首哈重南宦计帅宣

九划数的姓氏配 12、11 划数的合理组合：

景馗　凯旋　闰晨　茜曼　淳英　晴唯　皓悦　茜若
惟彬　雯旌　晶浩　智冕　淑晗　乔尉　舒茁　淑悦
茜娅　婷野　云敖　淦翎　珺爽　景旋　舒曼　堪晨
朝若　崴海　云振　舜崎　茹晨　智健　雅英　雅唯
淳悦　善伟　智敏　惠侦　云旌　絮爽　景浩　乔率
迪祥　舒冕　堪笙　舒苒　茵绍　雯彩　凯烽　智卿
朝尉　砚厢　茜苓　雁翎　茹茁　舒婉　婷彗　棣规
舜馗　云规　皓坚　雯若

上述组合人格属木，地格属火，适合命理五行用神属木火之人用之。其格局是天格生人格，人格生地格，从上逐位生下，其三才配置是“水木火”，含义是成功运通顺，基础运稳固，事业上受到上司器重，祖上庇护，乃得天时得地利，一生福份无穷的最佳格局。

九划数的姓氏配 9、6 划数的合理组合：

亮羽　冠丞　河舟　奎宇　沫冰　勃旭　建州　厚伊
奕任　韦戎　品光　帝帆　施宇　品妃　星羽　昭如
沫臣　禹丞　美充　怡仲　音竹　春曲　昱旨　俞州
泉舟　泊冰　美企　宦如　星聿　扁旭　衪屹　泓弛
建安　俏伊

上述组合人格属金，地格属土，适合命理五行用神属金土之人用之。其格局是地格生人格，人格生天格，逐位从下生上，其三才配置是“水金土”，成功运通顺，基础运稳固，上得上司赏识，下得部下拥护，事业上顺利发展，能成就大业。家庭安泰，属于一帆风顺的最佳格局。

九划数的姓氏配 9、7 划数的合理组合：

品江　星余　南辛　施谷　宣甫　盈村　昭成　治言
泓岑　怡呈　泳宏　春位　品君　宣佟　香彤　峒伯

虹辰　亮含　品均　勃伶　泳男　彦岐　沫杉　红秀

亮序　红言　帝佑　禹志　威東　军壮　昱廷　宦孜

泰汐　奕延　峒作　相努　冠吟　柯言　宣利

上述组合人格属金，地格属土，适合命理五行用神属金土之人用之。其格局是地格生人格，人格生天格，其三才配置是“水金土”。成功运通顺，基础运稳固，得长辈关爱，上司赏识，下属拥护，凡事容易成功，属于身体健康，精神充沛，安泰自然的最佳组合。

九划数的姓氏配 20、12 划数的合理组合：

耀雄　曦涵　瀚迪　怀云　瀚杰　潆凯　嬴皓　馨朝

蓝乔　献朝　馨景　腾翔　藉凯　阐云　龄博　瀚雄

耀博　继钧　觉然　曦弼　馨尧　耀清　瀚钦　怀钧

馨博　献景　曦淦　腾斐　阚博　瀛超　阐闵　嬴凯

释雅　龄茹　觉淳　继雯　瀚博　龄涵　龄尧

上述组合人格属水，地格属木，适合命理五行用神属水木之人用之。其格局天格人格比合，人格生地格，其三才配置是“水水木”。成功运通顺，基础运平稳，得上司爱护，享祖上福荫，此乃属四海交游，身心健康的最佳组合。

9. 十划数的姓

秦晋倪夏翁洪高花徐殷孙祖凌席班乌贡祝家桂马晏奚耿容唐师索时

十划数的姓氏配 14、17 划数的合理组合：

瑞泽　玮骏　嘉蔓　玮谦　菲黛　僮逊　瑜键　瑞阳

语浓　碧鸿　华蔚　瑄璐　银鸿　菲遥　宁泽　华骏

华谦　玮黛　溶阔　歌蔓　诚遥　瑞隆　玮蓬　歌忆

硕键　珲远　尔霞　韶聪　铭蔚　宾泽　图择　侨璐

碧檐　瑞遥

上述组合人格属火，地格属木，适合命理五行用神属火木之人用之。其格局天格生人格，地格生人格。其三才配置是“木火木”，其含义是成功运通顺，基础运稳固，事业上得上司庇护，部下拥护，此乃身心健康，向长发展，幸福长寿的最佳组合。

十划数的姓氏配13、12划数的合理组合：

莆乔　湘景　渤雅　煊博　楷朝　琪迪　楠茜　靖涵
爱茹　圣喻　诗雯　琛博　新淅　琪智　楷云　靖雯
微竣　廉钦　诗惠　湛凯　晖晴　煦尧　湃茜　诣舜
琢淦　诗凯　业雯　琬淑　诗朝　诗雅　湘迪　莆淳
楷茹　傲涵　琢闵　圣智　煊博　靖越　廉强　煜善
枫云　愚斐　诗闰　椿雁　诘雄　晖普　煜舒　莘婷
琰茵　韵斯　农策　诗翔　靖淋　楠清　煦晶

上述组合人格属火，地格属土，适合命理五行用神属土火之人用之。其格局天格生人格，人格生地格，三才配置是“木火土”，含义是成功运通顺，基础运稳固，事业上得上级器重下属拥护及子孙繁荣事业向上，幸福长寿的最佳格局。

十划数的姓氏配13、10划数的合理组合：

楠轩　圣耘　煦芬　诗伦　传芳　颂耕　靖哲　廉纯
靖芮　琢桓　湘玳　渤师　业桃　琢恩　鼎朔　煜书
珏祚　韵庭　煦珊　琬书　湘祝　琪庭　廉笑　群素
莆轩　诗娜　湛耘　琰芬　靳航　楷格　盟迅　绣容
湃伦　诣芳　靖益　琪家　业耕　楠哲　新洲　楚洋
鼎峰　暄洛　圣纯　爱玲　湛恭　诗晏　煦珊　筱芮
诘桓　阿玳　莘栩　诗恒　韵桃　筱师　愉晋　渤桀
诗朔　琬珂　绣书　暄娱　楷祚　靖笈　楠芯　裕珊
诣宸　韵晁　琬桐　煜珀　诗洋　湛洲　靖轩

上述组合人格属火，地格属火，适合命理五行用神属火之人用之，其格局天格生人格，人格与地格比合，其三才配置是“木火火”。含义是成功运通顺，基础运稳固，事业上受上司器重，长辈关爱，子女随顺，下属拥戴，属于和睦幸福的好格局。

十划数的姓氏配 19、12 划数的合理组合：

薪策 镜茹 麒然 鹏博 滢岚 宝钦 滢皓 鹊岚
蕾茜 攀尧 薪凯 薇茗 镜乔 鹏雅 攀棣 薪朝
麒迪 薇淳 宝涵 鹊茹 际喻 鹏程 关博 鹏智
韬越 宝强 烁凯 宝云 鹏斐 薪闰 宝雁 关雄
麒越 烁涵 蟾茵 烁斯 宝策 麓翔 薪贵 宝淋
镜清 滢媛 烁晶 鹏婷 薪雅

上述组合人格五行属水，地格五行属木，适合命理五行用神属水木之人用之。其格局是人格生天格，人格又生地格，其三才配置是“木水木”，含义是成功运安定，基础运也佳，一生孝敬长上，爱护部属，但由于生上顾下，一生多辛苦劳碌。

十划数的姓氏配 14、17 划数的合理组合：

嘉蔚 铭霞 碧浓 翠荫 碧隆 鸣阳 飒浓 华谦
歌黛 玮忆 飒霞 溶璐 梦遥 尔霞 嘉蔓 语泽
嘉骏 维泽 硕阳 瑄浓

上述组合人格属火，地格属木，适合命理五行用神属火属木之人用之。其格局天格生人格，地格也生人格。其三才配置是“木火木”，其含义是成功运通顺，基础运稳固，得长辈福阴，上司提拔，下属拥戴，子女孝顺，凡事容易成功，然而家庭美满，晚辈幸福之大好格局。

10. 十一划数的姓

许张梅章梁康曹从那邢商寇苗尉浦常戚符国崇麻毕范

十一划数的姓氏配 10、14 划数的合理组合：

恩碧 芳硕 轩玮 庭彰 芬瑞 恒华 洛瑜 纯瑞
恒珲 芬菲 玳侨 哲鸣 师韶 益鸣 晋菲 书豪
玳瑚 玲翡 庭玮 祚图 芮莱 恭台 珂侨 晋嘉
祝荣 育箕 祝华 庭瑞 宸境 笑通 祚歌 师畅

哲玮 轩图 恒彰 师硕 桃榕 晁菁 宸溪 玳维
耘碧 宸语 芮瑜 宸瑞 笑珲 耘萌 芳侨 玳铭
庭辅 恩韶 航逍 娜菲 晏豪 纳瑚 朔翡 芮阁
晋途 祝绮 芳菽

上述组合人格五行属木，地格五行属火，适合命理五行用神属木火之人用之。其格局天格与人格比合，人格生地格上生下，其三才配置是“木木火”，成功运顺利，基础运稳固，属于终身少劳，享受幸福，事业上向上发展，安泰吉祥，乃健康长寿的最佳格局。

十一划数的姓氏配13、8划数的合理组合：

琢林 暄昂 琢周 湘宛 诗岱 煦京 靖典 楷依
义杭 琢明 农雨 诗昀 靖知 渤咏 歆政 义昆
煊定 湘易 煦亚 筱昀 湛杭 诗政 莞姗 敬坦
椿昊 楚林 靳岳 义东 琢昂 裕京 诗典 暄念
廉坤 韵知 琦欣

上述组合人格五行属火，地格五行属木，适合命理五行属木火之人用之，其格局天格生人格，地格生人格，其三才配置是“木火木”，成功运通顺，基础运稳固，事业上得上级庇护，下级拥护，属于子孙繁荣，身心健康的最佳格局。

十一划数的姓氏配13、11划数的合理组合：

楷笛 韵伟 煦晗 诗婉 渲若 廉唯 晖笛 焕伟
椿笛 琢伟 暄朗 煦涓 诗若 韵娅 莉涓 楷英
廉卿 敬章 楷浦 椿范 暄曼 琢符 煦晨 湘若
楷常 义笛 敬彬 渤唯 韵悦 靖伟 湛专 煊侦
湛爽 廉浩 义祥 韵冕 义笙 诗野 敬婕 靖烽
义晗 楚翎 煦婧 靳勘 湛敖 湘偕 琢梓 义浙
廉涓 农坚 湛宿 裕斌 暄伟 诗朗 靖钏 筱寅

上述组合人格五行属火，地格五行也属火，适合命理五行属木属火之人用之，其格局人格与地格比和，其三才配置是“木火火”乃上生下之格，成功运顺利，基础运稳固，事业上得上司提拔，长辈关爱，下属拥戴，子女随顺，乃工作顺利，事业辉煌，大吉大利之最好组合。

11. 十二划数的姓

黄曾邵邱彭傅程阮项贺乔富荆盛景荀喻云费焦舒单辜冯茹超覃贲

十二划数的姓氏配 9、14 划数的合理组合：

冠瑞　俏华　柯荣　韦嘉　品赫　星侨　宣玮　勃尔
思图　泓硕　亮榕　美菊　红滔　治郡　革维　泳碧
俊韶　美逍　亮菲　星豪　奕菘　叙槐　泰瑚　保翡
宦阁　沫魁　宦台　美绮　相僮　春莱　柯逞　星阁
俐瑜　春语　禹翡　泳宾　芊赫　宣齐　炫宁　奎嘉
勃荣　奕华　春瑞　奕通　胥歌　勇玮　盈图　品彰
芊硕　昭榕　相菁　冠菊　春溪　俊维　昭玮　泓瑜
勉瑛　怡珲　姿萌　沫侨　泊墅　俊祯　俐铭　治宾
俏瑗

上述组合人格属木，地格属火，适合命理五行用神属木火之人用之。其格局人格生天格，人格又生地格，三才是“火木火”之配置，成功运通顺，基础运稳固，虽对父母及儿女付出较多，但可达到成功目的，此乃身心安泰，幸福繁荣的配置。

十二划数的姓氏配 11、10 划数的合理组合：

偕朔　康庭　国轩　曼娜　浦耘　茁芬　伟航　若芬
英伦　健芳　乾耕　振哲　晨洋　若峰　晨洛　彬纯
伟倩　唯哲　晗芮　绍桓　娅珖　振恩　悦师　旋恒
旌桀　培栖　伟珂　敏书　浩洵　绍庭　尉笈　海庭
婉珊　偕洪　娅芳　康耘　振洋　彩峰　浦洛　曼纯
振洲　浚栩　健桃　梵哲　浚伦　尉轩　偕洛　浩航

绍桀　率栖　婉芳　晗株　唯洵　率轩　英晁

上述组合人格属火，地格属木，适合命理五行用神属木火之人用之。其格局是人格与天格比合，地格生人格，三才配置是“火火木”，成功运通顺，基础运稳固，含义是得上司关顾，部下拥护，是身心安泰，幸福长寿，诸事顺利的最佳组合。

十二划数的姓氏配13、12划数的合理组合：

枫乔　琢雅　雍朝　圣景　新迪　业淳　湘茹　楷喻
煊迪　靖雄　莎雁　煜舒　禄茵　微斯　廉策　楠翔
爱清　煦媛　琬晶　靖婷　楚乔　琰晶　晖弼　圣栋
诗雯　楷竣　湃钦　裕惠　韵超　暄皓　钰淦　阿乔
诗舜　煜迪　筱雅　椿砚　暄淑

上述组合人格五行属土，地格五行也属土，适合命理五行用神属土之人用之。其三才配置是天格生人格，人格与地格比合，乃“火土土”之配置，其成功运通畅，基础运稳固，此乃向上发展，身心健康，境遇安泰，幸福长寿的最佳组合。

12. 十三划的姓

杨庄詹游虞楚路雷莫汤裘湛解雍郁廉新靳温蜀农贾

十三划数的姓氏配10、14划数的合理组合：

耘韶　芳碧　轩硕　庭彰　洛瑜　芬瑞　原侨　师墅
哲铭　祚辅　芮宁　玳菲　恩豪　晋槐　书瑞　朔魁
宫赫　轩齐　祝嘉　庭荣　凌箕　宫华　轩瑞　晁境
祚歌　书畅　笈玮　洛图　晋彰　栩硕　恩榕　晏菁
笑菊　栓溶　育维　珂碧　朔瑜　宸珲　芯萌　津逞
轩侨　秩祯　晁铭　桓鸣　桐辅　恩逍　洪菲　哲豪
宸菘　洵宾　笈翡　益玮　城魁　笑台

上述组合人格五行属火，地格五行属火，适合命理五行用神属火之人用之。其三才配置是人格与天格地格比合，乃“火火火”天地人三才五行一气之格局，其含义是成功运昌盛，基础运稳固,乃父慈子孝,德高望重,成功顺利的量佳格局。

十三划数的姓氏配12、6划数的合理组合(适合男女):

博伊　朝任　景旭　雅帆　乔宇　竣臣　朝圳　智丞
舒竹　统州　茹冰　闵旭　雁舟　翔戎　越弛　集印
景伊　朝安　云朴　景任　凯年　舒全　淑印　雯考
竣匡　景帆　雄宇　茜羽　絮伏　雅妃　统圳　智臣
弼充　惠仲　云竹　雅西　尧先　清吁　博仰　淑伊
盛百　笔帆　凯帆　斐宇　智臣　景丞　博弛　岚旭

上述组合人格属土,地格属金,天格生人格,人格生地格,由上生下的格局,适合命理五行用神属土之人用之。其三才配置是"火土金",其含义是成功运通顺,基础运稳固,为得上司及长辈的关顾子孙贤孝的最佳格局。

十三划数的姓氏配8、16划数的合理组合:

知衡　定寰　亚凝　金桥　抒壁　佩潭　承运　昀翰
京达　昊璋　抒霖　欣谐　坦达　昊璇　抒颖　忠瑾
奉潮　欣蓉　亚润　易澈　卓融　昕儒　佳熹　亚壁
沛洁　宗璇　抒颖　岳洁　明璋　昀谐　东霖　承寰
卓谕　佩潮　艾桥　沛潭　宗霖　亚壁　抒衡　政寰
岸凝　承翰　易达　明谐　知璇

上述组合人格属木,地格属火,适合命理五行用神属火木之人用之。其三才配置是"火木火",其含义是基础运稳固,成功运也佳,此乃身心安泰,幸福繁荣的最佳配置,只是为儿女和长上付出较多,属于自己奋斗的组合。

13. 十四划数的姓

赵廖连郎管华郝熊郗赫裴荣滑翟臧源韶齐

十四划数的姓氏配11、7划数的合理组合:

晨宏　偕君　娅彤　康伯　浦辰　英含　健均　曼伶
曼君　伟杉　旌孝　英秀　率彤　馗佑　浩廷　悦汐

尉辰	厢吟	婉利	浚成	尉男	偕余	浚甫	婉言
浩岑	英呈	彩宏	绍君	伟彤	健伯	晗辰	伟含
晨均	若伶	英男	偕岐	若秀	娅杉	旋伶	绍廷
馗佐	厢汐	康延	唯言	婉吟	浦成	伟利	曼辰

上述组合人格属土，地格属金，适合命理五行用神属土金之人用之。其三才配置“土土金”，成功运通顺，基础运稳固，事业上一帆风顺，境遇良好，身心健康，乃大吉大利之格局。

十四划数的姓氏配9、14划数的合理组合：

星华	建玮	宣瑞	宦荣	建彰	星豪	禹硕	相榕
美旗	勃滔	红郡	春维	泓碧	品瑞	泳萌	宣侨
科鸣	奕韶	俊豪	思嘉	冠赫	柯荣	建华	柯瑞
宣境	禹通	品歌	宣畅	亮玮	冠图	品彰	泳福
虹硕	昱榕	禹旗	叙菁	美菊	南溪	昭维	奕碧
沫瑜	泓溢	星瑞	俏珲	炫逞	建墅	亭祯	宦铭
禹侨	姿台	怡阁	春豪	勃宾			

上述组合人格属火，地格属火，适合命理五行用神属火之人用之，其三才配置“土火火”，成功运通顺，基础运稳固，下生上，积极奋进，努力向上，凡事都能成功发展，此乃孝顺父母，尊敬领导，子女顺意之格局。

十四划数的姓氏配9、12划数的合理组合：

南乔	勇翔	亮雅	建朝	柯迪	相茹	勃凯	俐博
俏博	品钦	相智	昭云	军普	相舒	炫策	春翔
昱晶	信雯	帝涯	姿竣	相涵	炳然	帝晴	思雯
禹茜	虹雅	韦朝	施越	冠迪	奕淳	星智	美茵
俏媛	星迪	宣茹	禹涵	帝越	波云	亮清	信雄
春翔	奎强	勃傲	品策	炫舒	香雯	厚翔	禹雯
泓普	勉淇	柏善	沫云	虹舒	泳善		

上述组合人格属火，地格属木，适合命理五行用神属火属木

之人用之，其三才配置是“土火木”，从下逐位生上，基础运稳固，成功运通顺，乃根深蒂固，成功发展之配置，上得上司器重，下得子女及属下尊重，属健康长寿，安享晚年的运格。

14. 十五划数的姓

刘郭葛樊鲁欧董万乐谈黎满墨叶卫巩贤

十五划数的姓氏配8、16划数的合理组合：

卓燕　欣潭　东壁　易学　政寰　佩霖　京运　尚衡

昀翰　依达　承璋　易霖　知谐　定璇　明霏　沛瑾

宗洁　定蓉　岸澈　亚潮　念熹　东睿　采燕　昌龙

秉学　昕运　抒衡　知凝　明翰　佳达　依龙　佩璋

卓霖　咏谐　岸璇　卓霏　宗霖　知颖　易瑾　雨洁

念蒙　春潮　忻桥　沛蓉　抒默　宛谕　知润　亚澈

亚融　朋儒　昕静　忻樵　政熹

上述组合人格属火，地格属火，适合命理五行用神属火之人用之，其三才配置是“土火火”，从下生上之格局，成功运顺利，基础运稳固，事业积极向上，凡事都能获得成功发展，属于孝敬父母，尊重上级，爱护下属之最佳格局。

十五划数的姓氏配9、15划数的合理组合：

俏欧　星谊　南俭　柯仪　宣乐　星娴　施靓　品贤

冠锋　宣卫　昶莹　泓萱　相婵　咨漫　品毅　星瑶

勃颍　泳兴　帝纬　思影　泳震　星剑　思俭　泓葆

胥谊　徇俭　思蒂　思缇　柯影　俞娴　冠葳　美蝶

勉枢　泓锐　品瑶　虹娇　勃苇　芊亿　红葆　俐萱

禹玛　泳瑰　怡靓　叙萱　香缇　昭婵　怡霈　春纬

俐锋　沫颉　昭慧　施乐　昭仪　宣汉

上述组合人格属火，地格属火，适合命理五行用神属火之人用之。其三才配置是“土火火”，成功运顺利，基础运稳固，事业上努力向上，积极奋进，凡事都能成功发展，此乃孝敬父母，尊重长上,子女顺意的最佳格局。

十五划数的姓氏配10、7划数的合理组合:

芮君　轩彤　恩伯　书辰　祚含　师男　书秀　珍言
师佑　席廷　芳佐　晋延　师作　笑吟　轩灼　耘利
祚孚　芳村　育伸　轩成　晋言　素岑　秩言　晋良
祖君　纾佟　芮彤　纾伯　笈辰　宸均　素良　秩伶
祚男　席岐　家杉　宸孝　纯秀　芳孜　俸廷　玲孜
晋汐　玳希　恒延

上述组合人格属土,地格属金,适合命理五行用神属土金之人用之。其三才配置是"土土金",基础运稳固,成功运通顺,事业上境遇良好,身心健康,属于一帆风顺,健康长寿,大吉大利之组合。

十五划数的姓氏配18、15划数的合理组合:

骐俭　滨颉　璧萱　芜莹　骐乐　丰赐　蕊婵　曜娴
丰漫　璧瑶　璨蒂　蕊黎　环谊　丰俭　馥仪　丰乐
蕊影　蕊靓　聂锋　曙卫　曜德　颜颉　翘莹　鄢萱
曜霆　璧婵　馥娴　馥霈　丰缇　骐葳　骐漫

上述组合人格属火,地格属火,适合命理五行属火之人用之。其三才配置"土火火",从下生上,成功运通顺,基础运稳固,乃努力向上,积极奋进,凡事都能获得成功之组合。

十五划数的姓氏配10、14划数的合理组合:

轩玮　原瑞　庭华　晋彰　晏嘉　洛铭　书瑄　纯瑞
朔萌　芯墅　晋赫　轩宁　恒嘉　师荣　益华　恒瑞
芮歌　恩畅　洛豪　纯彰　益硕　容菁　芳瑄　祚溶
席郡　纾溪　洵维　庭碧　笈瑜　津瑞　宸珲　书萌
贡侨　师瑜　桀铭　芮鸣　晋辅　桓魁　纯逍　格菲
益豪　航台

上述组合人格属土,地格属火,适合命理五行用神属土火之人用之。其三才配置是“土土火”,成功运通顺,基础运稳固,事业上得上司欢心,部下拥护,此乃幸福美好,身心健康的最佳格局。

15. 十六划数的姓

陈陶潘赖钱霍龙鲍卢鄂冀衡朴历诸骆阎蒲穆陆

十六划数的姓氏配 9、16 划数的合理组合:

春霖　亮璇　奕洁　冠潭　南儒　柯燕　宦霖　春学
禹璇　星蓉　昱衡　勃寰　俏霖　星翰　建达　宣谐
红霏　建璋　保融　泓瑾　飞奋　奕融　思潮　禹桥
姿蓉　品默　春谕　香润　厚憬　奎澈　帝稣　奕融
俊儒　红樵　建樽　美熹　冠燃　禹静　冠融　俏儒

上述组合人格属土,地格属土,适合命理五行用神属火土之人用之。其三才配置是“金土土”乃下生上之组合。成功运通顺,基础运稳固,此乃尊敬长上,孝顺父母,妻儿遂顺,子孝孙贤,健康长寿,家安人泰之最佳组合。

十六划数的姓氏配 19、6 划数的合理组合:

镜宇　鹏曲　鹊竹　鹏舟　薪茹　曜伊　蕾旭　韫竹
烁宇　宝帆　镜伊　鹏圭　薪妃　宝臣　麒聿　薇曲
鹊伊　宝弛　攀屹　镜冰　鹏旭　蟾舟　薪旭　玺宇
宝伊　薇如　蕾羽

上述组合人格属土,地格属土,适合命理五行用神属土之人用之。其三才配置是“金土土”之组合,乃下生上之组合。成功运通顺,基础运稳固,事业上得上司照顾,长上关爱,部下敬仰,属于上安下全,子孝孙贤,健康长寿之最佳组合。

十六划数的姓氏配 13、16 划数的合理组合:

诗霖　琪壁　湘龙　新运　愚达　廉璋　诗蒲　楚燕
禄衡　钰寰　渤凝　煊翰　靖霖　义谐　琢璇　业霏
爱霖　韵瑾　诗潮　琬桥　湛蓉　湛谕　暄润　蒿憬

诗樵 煦樽 傲熹 筱儒 鼎融

上述组合人格属水，地格属水，适合命理五行用神属水之人用之。其三才配置是“金水水”之组合，此乃天格生人格，人格与地格比合之格局。成功运通顺，基础运稳固，事业上得上司提拔，长辈关爱，诸事顺利，家庭中得子女尊敬，此属家庭圆满，子孝孙贤之最佳组合。

十六划数的姓氏配21、4划数的合理组合：

俪尹 莺月 鹤仁 艺丹 誉文 俪元 铁元 览月

霸中 俪予 巍屯 珑方 艺之 灌文 铁夫

上述组合人格属金，地格属土，适合命理五行用神属金之人用之。其三才配置是“金金土”之组合。此乃人格与天格比合，地格生人格之组合。成功运通顺，基础运稳固，事业上得上司帮助，长辈关爱，下属敬仰。属于上安下全，子孝孙贤，家庭圆满，事业有成之最佳组合。

16. 十七划数的姓

蒋韩蔡谢邹阳应隋隆蔚縻缪鞠鲜婴励

十七划数的姓氏配8、10划数的合理组合：

承祝 尚轩 岳庭 明笑 采芬 艾娜 承航 昂格

昌迅 岱容 京伦 明哲 咏洲 沛洋 念峰 佳洛

依纯 宛芮 政洋 卓恒 亚庭 念桃 昊晋 抒玳

咏恩 宜恒 昕朔 沁书 东祚 佳庭 忠祖 卓芬

朋素 秉轩 知娜 宛耘 承航 采格 依迅 宜倖

宛容 岸伦 昀芳 沛益 岸耕 亚哲 欣洲 抒洋

明峰 沛纯 宛芮

上述组合人格属土，地格属金，适合命理五行用神属金土之人用之。其三才配置是“金土金”之组合，此乃人格生天格，又生地格之组合。基础运通顺，成功运稳固，事业上能通顺发展，境遇安泰，身心健康，幸福美满之最佳组合。

十七划数的姓氏配18、17划数的合理组合：

丰阳　璧谦　骐蔚　涛鸿　曜浓　丰谦　简鞠　馥骏

蕊泽　丰蔓　璧谦　环忆　骐钟　曜隆　丰忆　槟远

曙阳　翘浓　骐聪

上述组合人格属土，地格属土，适合命理五行用神属土之人用之。其三才配置是“金土土”，此乃人格生天格，人格与地格比合的最佳组合，由下生上，上得长辈关爱、上司提拔，下得部属拥护、子女孝顺，成功运通顺，基础运稳固，为上下通达的最佳组合。

十七划数的姓氏配12、6划数的合理组合：

景伊　乔戎　雯圭　云帆　朝宇　喻臣　斯仲　茹丞

茜竹　钦仰　皓舟　茹冰　晶如　竣屹　舒弛　淑印

尧旭　雅伊　乔朴　景任　淳印　絮光　智考　郃帆

涵宇　晴羽　茹妃　喻圳　景臣　雯仲　荀竹　博仰

闰臣　云丞　善如　雁竹　喻先　雁旨　闰州　普舟

雁冰　雯聿　雯屹

上述组合人格属水，地格属金，适合命理五行用神属金水之人用之。其三才配置是“金水金”，此乃天格生人格，地格又生人格之组合。成功运通顺，基础运稳固，事业上能通顺发展，境遇安泰，身心健康，属于健康长寿，幸福美满，妻贤子孝的最佳组合。

十七划数的姓氏配20、15划数的合理组合：

馨赐　蓝锋　赢颉　腾莹　馨谊　曦俭　瀚仪　曦乐

藉慧　觉靓　耀贤　潆卫　献德　瀚颉　怀萱　馨婵

曦娴　释霈　继阅　潆葳　释毅　龄瑶　怀颖　曦娇

馨蒂　耀兴　瀚萱　献纬　耀蝶

上述组合人格属金，地格属土，适合命理五行用神属金土之人用之。其三才配置是“金金土”，人格与天格比合，地格又生人格之组合。成功运通顺,基础运稳固,事业上与上司相处和睦,得以部下敬重,诸事得以“成功发展”,此乃合家圆满,子孝孙贤,身心健康之最佳格局,由于二金比合,作事不宜过刚。

17. 十八划的姓

颜魏简聂阙丰隗颛濮礼濯环济骐鄢肖迟戴储

十八划数的姓氏配 11、10 划数的合理组合:

偕耘　娅轩　康庭　馗轩　梅娜　雪峰　习航　浦格
伟迅　曼原　曼容　海伦　若芳　健益　振家　悦耕
伟哲　茂洲　唯育　彬洋　率纯　祥玲　茁芳　婉芮
绍恭　尉洪　冕芮　厢玳　彩栩　健恩　浚桓　若桃
悦师　涌晋　娅朔　伟倬　振珂　伟桐　偕珍　彬娥
彩娱　笠津　婉珊　旌晁　婉珊　茂纹　英哲　浚珀

上述组合人格属水,地格属木,适合命理五行用神属水木之人用之。其三才配置是“水水木”,人格与天格比合,人格又生地格。成功运通顺,基础运稳固。得祖上福荫,享受祖上余德,事业上可顺利发展,四海交友,家庭富裕,此乃荣华富贵的最好组合。

十八划数的姓氏配 14、7 划数的合理组合:

华岑　瑞宏　玮君　嘉谷　连池　华成　境彤　瑞伯
硕杉　福含　尔均　图男　榕杉　菁秀　榕序　滔吟
碧佑　郡廷　维佐　瑞延　珲作　萌吟　逞利　嘉吟
荣孚　歌言　玮呈　菁宏　华君　碧佟　瑞彤　瑜伯
尔辰　韶辰　萌均　赫伶　瑞男　玮岐　侨杉　瑛孝
维秀　嫦秀　韶彤　滔汐　铭延

上述组合人格属木,地格属木,适合命理五行用神属木之人用之。其三才配置是“水木木”,人格受天格所生,人格又与地格比合。成功运通顺,基础运稳固,在事业上多受上司提拔,顺利发展,此乃身心愉快,繁荣至上,属于健康长寿的最佳组合。

十八划数的姓氏配 14、15 划数的合理组合：

嘉谊　荣俭　华仪　歌德　畅影　玮贤　翠锋　菁德

榕颉　逍婵　菲娴　尔霈　尔缇　图蕨　尔漫　硕瑶

菊颖　碧娇　溢苇　瑞逸　珲稷　嘉磊　逢贤　铭德

玮德　瑞磐　阁玛　宾瑰

上述组合人格属木，地格属水，适合命理五行用神属水木之人用之。其三才配置是"水木水"，人格受天格所生，同时地格也生人格。成功运通顺，基础运稳固，上下相生，根基稳如泰山，此乃一生繁荣至上，福份无穷的最佳组合。

18. 十九划的姓

郑邓关薛蓟疆攀庞谭薄谯郸庞

十九划数的姓氏配 13、16 划数的合理组合：

诗龙　新陶　群蒲　渤潭　楷燕　传霖　路达　湘运

业寰　琢凝　煊翰　圣达　琳璋　诗霖　圣谐　楠璇

靖霏　琛睿　意颖　钰瑾　义晓　群洁　挥锦　暄潮

煜桥　想蓉　晖润　琦憬　煦澈　湃融　敬儒　照静

农樵　鼎樽　愚熹　筱霏　煊燃　琢霖

上述组合人格属木，地格属水，适合命理五行用神属水木之人用之。其三才配置是"水木水"，人格与天格相生，同时地格也生人格。成功运通顺，基础运稳固，乃得天时、地利、人和的运格，事业上得祖上栽培，上司器重，凡事得以成功，此乃一生荣华富贵，福份无穷最大的好组合。

十九划数的姓氏配 12、17 划数的合理组合：

景鞠　舒阳　景骏　迪蔓　朝谦　淳黛　邴隆　茹蓬

喻操　贺键　博阳　雯霞　茵浓　贵聪　策联　晶鸿

笔谦　晶蔚　晴璐　皓远　情遥　淳霞　雅隆　景操

喻键　智远　智阳　茹浓　茹聪

上述组合人格属木，地格属水，适合命理五行用神属水木之人用之。其三才配置是“水木水”，人格受天格所生，地格也生人格，此乃得天时得地利的最佳组合。成功运顺利，基础运稳固，得上司提拔，长上关爱，部下尊敬，妻贤子孝，家庭幸福吉祥如意的最好组合。

十九划数的姓氏配 18、11 划数的合理组合：

蕊坚　滨伟　璧茁　曜国　馥晨　骐若　璧海　骐健
骐英　聂彬　璧唯　济悦　馥敏　蕊爽　璨野　骐悦
蕊英　丰曼

上述组合人格属金，地格属水，适合命理五行用神属金水之人用之。其三才配置是“水金水”，人格生天格又生地格的组合。成功运通顺，基础运稳固，此乃向上发展，功成名就的组合，为人心慈好善，上下和睦，上得上级欢心，下得部下爱戴，属于上安下全之格局。但是一生付出较多。

十九划数的姓氏配 12、21 划数的合理组合：

雯铎　凯鹤　景俪　斯巍　舒艺　云鹤　清俪　岚莺
笔巍　凯霸　茜巍　竣澜　晶铁　尧览　雅鹤　朝珑
景艺　智莺　雅俪　凯铎　晶珑

上述组合人格属木，地格属火，适合命理五行用神属木火之人用之。其三才配置是“水木火”，人格受天格所生，人格又生地格，从上逐位生下，基础运稳固，成功运通顺，事业上得上司器重，祖荫庇护，是得天时得地利，上下和睦，一生福份无穷之最佳组合。

十九划数的姓氏配 10、8 划数的合理组合：

芮昀　师咏　笑函　桓知　师易　素昀　芮东　芳采
耘昌　笑昂　轩岱　凌承　耘京　师典　纾依　恒佳
芮杭　晋和　轩明　芮雨　师卓　晏坤　芳宛　玲昕
纯沁　祝知　晁岸　凇帕　哲咏　耘汶　芳明　家奇
祚昕　纯雨　桀易　容沛　师念　恒欣　峰昀

上述组合人格属水，地格属金，适合命理五行用神属金水之人用之。其三才配置是“水水金”，人格与天格比合，地格又生人格。成功运通顺，基础运稳固，有雄厚实力，得祖荫庇护，上司器重，部下尊敬，子女孝顺，属于智慧超群的好组合。

19. 二十划数的姓

严蓝释藏铙怀觉窦阚藉党罗

二十划数的姓氏配12、20划数的合理组合：

凯曦　雯馨　舒蓝　博阐　舒腾　景曦　雅潆　云怀
云蓝　智献　博腾　集献　云藉　舒阐　竣赢　善龄
翔瀚　笔觉　凯潆　茜耀　舒瀚

上述组合人格属木，地格属木，适合命理五行用神属木之人用之。其三才配置是“木木木”，人格与天格地格比合。成功运通顺，基础运稳固，事业上得上司提拔，得以成功发展，身心愉快，繁荣至上的最佳组合。

二十划数的姓氏配13、12划数的合理组合：

传乔　莆景　琪雅　路朝　渤涵　湘茹　渤喻　煊晴
传博　琪智　圣强　盟善　湘喻　暑雁　诗雄　楠普
靖舒　暄云　楷斯　琢翔　韵媛　会雯　靖涯　廉竣
爱钦　愉惠　诗云　晖然　颂岚　琦轸　琬晴　诗迪
湛岚　韵凯　煦雯　琢盛　歆茜　靖深

上述组合人格属火，地格属土，适合命理五行用神属火土之人用之。其三才配置是“木火土”，从上逐位生下之组合。成功运通顺，基础运稳固，事业上得上司器重，此乃得天时得地利，上下和睦，一生福份无穷的最佳组合。

二十划数的姓氏配9、23划数的合理组合：

沫兰　姣麟　奕栾　音恋　星驿　泓显　品驿　星洒
勃显　禹骐　冠驿

上述组合人格属水，地格属木，适合命理五行用神属水木之人用之。其三才配置是“木水木”，人格生天格又生地格。乃得天时得地利的运格。一生孝顺父母，尊重长上，但为父母或子孙付出较多，此乃生上生下之运格，最适合命主日干强旺之人用之，若日干衰弱之人用之不吉。

二十划数的姓氏配11、10划数的合理组合：

伟轩　竟耘　晨航　曼芮　健伦　振芳　若哲　健洲
彬洋　笛峰　英洛　唯纯　悦轩　伟桓　敏玳　旌栩
浩恩　率峰　冕津　彩珊　伟晁　尉庭

上述组合人格属木，地格属木，适合命理五行用神属木之人用之。其三才配置是“木木木”，天地人三格都是木，为之五行一气，三木比合之格局。成功运通顺，基础运稳固，事业上积极向上，身心愉快，家门隆昌，乃兴旺繁荣，合家欢庆的大吉格局。

20. 二十一划字姓

顾巍珑饶铁

二十一划数的姓氏配10、14划数的合理组合：

芳荣　庭华　轩瑞　耘境　恩畅　纯彰　耕硕　晏菊
家溶　师溪　晋维　芮逍　玳瑜　纯瑞　洛萌　书侨
朔辅　晋韶　祚逍　席菲　晋豪　恩槐　芳菽　晋阁

上述组合人格属木，地格属火，适合命理五行用神属木火之人用之。其三才配置是“木木火”，人格与天格比合，人格又生地格。成功运通顺，基础运稳固，事业向上发展，安泰吉祥，终生少劳，享受幸福，属于健康长寿大吉大利的最佳组合。

二十一划数的姓氏配11、20划数的合理组合：

曼羲　晨耀　伟瀚　英怀　彩蓝　伟献　厢藉　健瀛
健馨　彬耀　浩瀚　彩潆　浩怀　旌献　婉怀　伟藉
曼瀛　率龄　英瀚　旋继　彬觉　若怀　浦蓝

上述组合人格属木，地格属木，适合命理五行用神属木之人用之。其三才配置是“木木木”，天地人三格都是木，为五行一气，三才比合之格局。成功运通顺，基础运稳固，在事业上积极向上，属于身心愉快，家门昌隆，幸福繁荣，合家欢乐的大吉之格。

二十一划数的姓氏配 12、4 划数的合理组合：

舒尹　云丹　景月　智元　雯屯　雅之　乔元　智予

雯予　舒屯　茜文　钦文　竣中　晶心　尧文　普方

雁木　雯水　皓元　婷方

上述组合人格属火，地格属土，适合命理五行用神属火土之人用之。其三才配置是"木火土"，天格生人格，人格生地格，逐位向下连续相生之格局。其成功运通顺，基础运稳固，受上司及长辈恩助，受部下和子女爱戴，此乃子孝孙贤，幸福繁荣，身心安泰之最佳组合。

21. 二十二划字姓

苏龚权边蔺

二十二划数的姓氏配 9、14 划数的合理组合：

韦宁　俞嘉　施荣　冠华　泊瑞　宦境　宣畅　俏玮

柯尔　星图　禹彰　宣硕　纪榕　韦菁　春维　相溪

红碧　信瑜　品图　建珲　思萌　品侨　厚铭　亮辅

勃韶　沫逍　界菲　冠玮　奕瑚　昱翡　星瑗　音阁

炳图　禹绮　建魁

上述组合人格属木，地格属火，适合命理五行用神属木火之人用之。其三才配置是"火木火"，此乃人格生天格，人格又生地格之组合。成功运通顺，基础运稳固。际遇安全，事业上成功，属于身心安泰，幸福繁荣之组合。但对儿女付出较多，实属自己奋斗的格局。

二十二划数的姓氏配 13、10 划数的合理组合：

琢纯　楠祝　煦庭　楷轩　圣耘　琪娜　爱芬　渤航

靖洲　煊哲　会洋　廉峰　业芮　煦桓　诗玳　靖恩

楷师　靖桃　楚轩　楚伦　筱纯　诗芮　圣轩　诗纳
煊娜　靳耘　诗芬　楚航　裕格　榆迅　煦容　菁伦
琪芳　诗益　湘哲　渤洲　殿洋　扬峰　楷洛　新纯
爱玲　圣恭　琢航　枫芮　义桓　诗玳　楠栩　靖恩
义恒　楷桃　业哲　诗晋　传桀　微朔　颂珂　湃书
琬芯　诗洵　湛峰　歆宸

上述组合人格属土，地格属火，适合命理五行用神属火之人用之。其三才配置是“火土火”，天格与地格共同来生人格。成功运通顺，基础运稳固。事业上得上司爱护，祖荫庇佑，可顺利发展，此乃子孙贤孝，家门余庆，健康长寿之最佳组合。

第八章　实例篇

第一节　公司企业店铺起名概述

随着市场经济的开放，一些新颖别致的商品的名称、广告，伴随着春风向人们扑面而来。在一些经济发达的国家，企业不仅对自己名称重视，对商品的名字也非常有研究，他们靠品牌、产品立足于激烈的市场竞争之中。在竞争的同时，企业家们意识到，商品名字的好坏能直接影响商品销路。公司、店铺的名字能代表公司的形象。这两点可直接关系到公司命运的成败。一个成功企业的名字与品牌必须名正言顺、爽朗上口，而且要与众不同，这样才能显示出公司、企业的良好形象，才能一鸣惊人、名闻天下。

跨进21世纪，我国已成为WTO成员国，面对世界市场竞争问题，无论是国营企业、民营企业都面临着激烈的竞争。好的名字是进入市场的突破口，也是树立国际品牌的第一标志。陈腐老旧的名字，不仅不能反映出该企业的性质、规模、产品、特征，而且会影响公司企业的形象。如果企业名称太俗，范围狭小，不仅不能被群众认可，也会影响销路。若是公司规模大而名称太小，这个公司的知名度肯定不高，会直接影响这个企业的发展。若公司规模太小而名称太大，容易给人带来名不符实的感觉，也不会给公司带来好的效益。

好的名字能给企业带来丰厚的利润，然而一个好的商品名字，并不是轻而易举就能起好的，必须要在音、形、义上反复推敲，大动一翻脑筋。名字不仅是区别商品的符号，而且是一幅广告，它是商品的一幅金字招牌，给公司企业带来无形的效益。有丰富的内涵和美感，也带给人们无限的期望。

好的商品名字宛如一曲动人的歌谣，滋润着人们的心田，人们将它比作一幅画、一首诗、一篇座右铭、一声美好的祝福、一道真理闪电、一阵夏日凉风，使人们陶醉。像一场心灵的春雨，让人心旷神怡。

好的商品名字在音、形、义上无论你怎么推敲，都具有千古不朽的魅力。不仅具有音美、形美、意美、文辞美等多种美，而且具有永久的生命力，既有起到招揽客户的功能，又与公司企业老总的人生命运相连。所以人们总结出“商品叫得好，赛如无价宝”，它像镶在商品上的一块价值连城的宝石，闪闪发光，引来无数顾客的关注。

第二节　好名字是公司企业金字招牌

美国经济学家戴维·贝尔说过，商名是企业形象和品牌的载体，大家都知道，那些声名显赫的驰名品牌都有一个特别好听的名字。一个响亮的名字会使顾客有美好的联想，能提高产品的知名度与市场的竞争力。这说明商业名字的重要性，肯定了商品的名字，对于公司企业的成败具有重要作用。公司、企业、店铺以及商标品牌的名字，在不同的年代，有着不同的叫法，它与国家制度、经济制度、思想文化的发展有着重要关系。好名字的确定，是以创始者、法人、经营者的出生年月或吉祥幸运数字来确定的，若真正按照这些传统方式去确定名字，会给公司、企业或者店铺带来好运气，因此近代起名都很重视这些。

公司企业的利润来自销售量多少，而销售量多少又与客流量多少有直接关系。所以，客流量多少是决定公司利润多少的绝对因素，因此，客流量越多，公司赚钱越多。那么怎样使客流量增多，名字又是其中的绝对因素。

无论这个公司产品怎么好，如果没有顾客光顾，产品再好也难以销售出去，产品销不出去，公司也就无法赚钱。那么怎么样才能让公司赚更多的钱呢？这就需要更多的客户光顾你的公司、记住你的公司，最重要的就是必须要有个好名字，才能让客流量增多。总的来说，你的公司企业成败如何，名字是可以决定公司、企业命运的主要因素。从实践中证明，公司、企业的名字好坏和产品销售量的利润高低成正比。

一个好名字能为公司企业引来更多人的关注，满足更多人的需要，吸引更多人的消费和欲望。反过来说，名字不好，会使企业无人问津，更谈不上赚来利润。

这个公司企业的事业成败与否，主要还是来自产品销量，要想产品销量大，必须要适合顾客购买心理。因此，只有打动顾客购买心理，商品才可能畅销出去。所以，必须要引导顾客购买的心理，使其产生购买兴趣。

好名字就是公司企业引导顾客的一个金字招牌，从实践中证明，公司企业的名字，包括商品、商标的名字，都会影响人们购买商品的欲望和销售量。所以，公司企业的名字可直接引起众多企业家，公司老总的关注。

早在 20 世纪 60 年代，美国就有一家“起名研究所”，这个研究所成立伊始，即门庭若市，生意十分红火。据报导，美国一家私人集团公司在投资引进红外线高端侦视的一项生产技术后，花上 500 万美金向社会征集名字，一个名字为何竟值 500 万美金呢？原因是商品的名字是属于知识产权的范筹，知识的价值是无法估量的，起名师的知名度越高，这名字的品牌就越受销费者欢迎，而名字就会越叫越响，名字的含金量也就伴随着销售量的增加而越来越高。

给产品商标起名字，并不是一件小事，需要认真推敲，开动脑筋，产品名字起出后，争取使产品上市后一炮打响，永传于世。

第三节　商品起名的原则

一、要有识别性

企业的名称是这个企业与其他企业识别的标志，在起名时要做到具有独特的创意，自己的风格，力避与其它企业的名字相同或相近，要让人听起来有舒服感。

二、要有统一性

企业名称要与企业产品性质一致，不能文不对题，更不能自相矛盾，绝对不能给顾客听起来有对不上号的感觉。

三、要有吸引力

企业名称要简明、清晰、易读、易写、易记，这是吸引消费者的首要条件。一个公司无论是开拓精神怎么好，条件怎么成熟，如果没有知名度就等于什么也没有。在市场竞争中，必须要在消费者的心中留下一个具有冲击力的名字，才能使这个公司生命永存。

一个易读、易念的公司企业名字，不仅能在公众的心目中留下深刻的印象，而且有利于在消费者之间互相传播，传播的人越多，产品销售量就越广，公司的名声就会越来越大。

若要起个易读、易写、易记的名字，必须要做到以下几点：

1. 笔划要简单

公司的名字不宜笔划太多，若笔划太多会使顾客难以分辨。特别是从未来过的外地客人或驾车行走的过路客人，若分辨不清是什么字，即使从门前经过也不愿意进去光顾。

从市场信息传递过程来看，商品名称越短越好，越短越容易记忆，也起到互相传播信息的作用。所以，在商品起名时，力求字数少，笔划少，字形结构好看，才显绝对优势。因此，商品名称最好不要超过四个字，因为笔划越少，公众记起来和写起来也越方便。

2. 不要写繁体字

很多公司或企业，在起名时都喜欢用繁体字，在招牌上也写上繁体字，这种现象尤其在南方比较普遍。

这种现象，初看起来好像奇怪，其实不然，但凡公司、企业、店铺谁都想发财致富，为了讨个吉利，无非是在字划数理上追求一个好的吉祥之数。这些都是受传统命名方法影响，也不为过也，但在写的时候最好不用繁体字，因繁体字不少人不认识，给人看起来不知是怎么回事，会起反作用。

3. 字数不要太多

公司企业的名字，字数不宜太多，最好在四个字以内，因字数太多使人不好记忆。根据科学的测验，对以千分之一秒，或千分之二秒收听广告者瞬间测试，一般人最多只能记住五个字。因此，公司企业的名字最多不能超过五个字，最好是四个字为佳。

还有研究表明，人们在看字时和听到时，记忆速率是差不多的。

4. 要名符其实

任何事情都要讲究实际，离开实际就失去了意义，所以“名正言顺，名符其实”就是这个意思。名字是事物的专有标志，只有名符其实，才能反映出事物的特征，才能名正言顺，听着顺耳，读着顺口。“名正言顺”和“名符其实”就是这个意思。因此，这两句铭言是公司企业起名的标准。

目前有很多新的公司起名夸大、攀高的现象特别严重，比如说一些档次不高、规模不大的小饭店，却想起个大饭店的名字，还有的叫美食城、食品大世界等等，这样还不算，也有叫什么五大洲、娱乐城的等等。

我国颁布的《企业名称登记管理规定》明确指出，企业名称不得含有“对公众造成欺骗或误解”的内容或文字。

名字虽大，与实不符，很容易使人会产生华而不实的感觉，并不是好事。

5.不要带欺骗性

在目前商品竞争的大潮中，企业都想提高自己的知名度，难免有些夸大求洋的心理，但也不能与实际悬殊太大，例如有家卷烟厂，申请注册“健康牌”香烟，结果被工商部门驳回，因大家有所共知，香烟本来是一种有损身体健康的商品，要给香烟注册为“健康牌”，不是明显带有欺骗性吗？

第四节　公司企业名称是老板的身价

公司企业的名字好坏，可显示出这个公司企业的实力如何，也显示出老板的身份如何。

假如说他是一家著名的公司企业老板，即使穿着朴素，人们也不会对他小看，因为他的公司企业本身就已经说明一切。正因如此，那些没有名气的老板，为把自己的公司企业包装起来而费尽脑筋，有的是将他的公司与有名的公司企业联系起来，但到最后还得投靠在那些有名的企业名下。说白了也就是想借用有名公司企业的名气从事商业活动，实现自己的目标。

一个好名字对公司企业的形象与影响特别大，当然企业产品的质量、技术、服务状况，与顾客的关心程度是分不开的，其中最主要的还是名字起决定因素。

公司企业的名字与人名一样，都属于景观文化的范畴，但是公司企业名字具有任何东西都不可替代的市场效应，公司企业的名字对市场效应主要体现在“品牌战略”上，一个好名字可有利于商家打开市场销路，产生名牌效应。

公司企业的名称对于企业市场效应是十分巨大的。如果充分发挥市场效应，则无疑能使这个公司收到很好的效益。

企业走上市场，必须要向顾客推广信息，而名字就是其中的第一条广告，如果公司企业的名字听起来能让顾客有好感，那么购买产品的人就多，若是公司企业的名字不好，那么销售员嘴皮子磨烂了也难以让顾客对购买产生兴趣。

公司企业名称的形象来自人们的印象，而人们对于名称的印象，乃是对公司印象的首要部分，只要是公司企业的名称好，即使人们一次都没去过，没有打过一次交道，一听说后，也会想去看看，无意中就会对企业产生一种好感。相反的说，名字不好，给人一听起来就会产生一种厌恶感，也会根本不想去光顾。

在日常生活中，我们经常听到一些人充满自豪地说：

我家的电冰箱是“海尔牌”、青岛产的；

我身上穿的这件上衣是“金狐狸牌”、韩国产的；

我手上戴的这块表是某某牌、某某国家产的。

说这样话的人，不难看出他们都免不了有一种炫耀的心理，在他们的炫耀中，说明这家公司企业的名称或商品已经成为货真价实、质量优异的代表而且肯定是世界有名的名牌产品。

第五节　公司企业起名的特征

公司、企业、店铺成败与否，重要关键是在于形象，而商品名称又是公司企业的第一形象，很多好的商品能给更多的人认识，能让消费者有信赖感。所以，无论企业起名或是商品起名，都要有与众不同的特征。

所谓与众不同，就是要避开与其它公司企业名字相同，应选择一些未被人们意识到的语词，使名字富有自己的个性或独特性。目前，许多公司企业的名字大体相似的情况十分普遍，因我国《企业名称登记管理规定》中，对于企业名称侵权的保护有明文规定，“企业的名称、地域、字号、行业、组织形式等四项完全相同才构成侵权，其中只要有一项不同即为合法登记。”因此，一些商家企业便借此在名称上大动脑筋，而实际上，一个好名字应该是与你的行业对上号而且响亮的名字。

所以，要想取一个好名字，必须先看企业法人命理，而后再看公司性质，其中地域、行业、组织、形式都要通盘考虑。同样的名字，要看与企业法人的命理是否相合，与命理相合的人用之可以大发财源。反之，若是与命理不合的人用之，不仅无财而且适得其反，弄不好能将本钱赔光。因此起名不仅要参照上面起名要求，首先要顺耳好听，对于字音、字义、数理都要逐字推敲，更重要的就是要与企业法人的命理相合，这样才能算个好名字。千万不能张冠李戴，生搬硬套。

第六节　起名要注意音韵合辙

起名要注意读音，读音是名字好坏的主要关键，因为读音关系到名字的听觉与形象，能否读起来顺口，听起来好听。

许多赫赫有名的公司企业，在起名时都极力想给自己商标品牌起个读起来顺口，听起来顺耳，叫起来响亮而且铿锵有力的最佳发音。那么，怎样才能起出最好的发音呢？

这个问题早在我国古时，古人在古诗的作品中就有了“合辙押韵”的规律。因此，从韵母的同与不同的程度上，对于音节进行分类。把与韵母的发音相似的音归为一类，叫做韵部，又称之为“辙”，因此将韵母的音节分成为十三大类，以便使读音有一定的规律可依，此法称之为“韵律”，又称之为“十三辙”。

其十三辙的分类为：

1. 东：中东韵，其中包括松、工、翁、空、终、轰等十三个字；
2. 西：知诗韵，其中包括期、低、妻、西、机、梯等十三个字；
3. 南：干单韵，其中包括寒、蚕、还、难、谈、颜等十三个字；
4. 北：黑白韵，其中包括特、克、勒、得、福、册等十三个字；
5. 杭：强阳韵，其中包括狼、扬、堂、昌、娘、黄等十三个字；
6. 波：坡梭韵，其中包括歌、鹅、何、多、科、柯等十三个字；
7. 辰：人辰韵，其中包括伦、冯、成、腾、根、生等十三个字；
8. 迁：天仙韵，其中包括天、嫌、坚、颠、烟、先等十三个字；
9. 亏：灰飞韵，其中包括摧、吹、威、追、推、堆等十三个字；
10. 枯：姑苏韵，其中包括都、乎、初、乌、疏、夫等十三个字；
11. 给：铁歇韵，其中包括节、热、测、舌、勒、实等十三个字；
12. 排：怀来韵，其中包括才、猜、哀、开、埋、孩等十三个字；
13. 夸：扒砂韵，其中包括他、花、抓、拉、花、差等十三个字。

第七节 起名要讲究平仄协调

上述十三辙中，不同的韵部有不同的发音，由于发音不同，使人听起来感受也有所不同。在给公司企业起名时，应根据企业的特点和整体结构选择与此合适的音节，用词来进行调韵。如要求起个阳刚而豪放的名字，可在名字最后一字采用强阳韵辙。若要求起个阴柔、婉转的名字，可采用知诗辙、灰飞辙等发音比较细柔的韵辙。

一、平仄协调

起名最讲究音韵平仄协调，因汉语的音节本身就有声调之分，有平、上、去、入四声。古人曾有"平声哀而安，上声厉而举，去声清而远，入声直而促"的评述。

平、上、去、入四声，古人将之分为两个类别，平声为单独一类，上声、去声、入声又归为一类，称之为仄声。现代汉语中，入声已经不用，将保留在方言之中。平声分为阴平和阳平，所以，现在的平声是指阴平和阳平，仄声是指上声和去声。

所谓平仄协调，就是平声读起来语调平缓，仄声读起来沉重曲折，所以在起名时，千万注意不要平仄声相连。若是平声相连，虽然有失抑扬顿挫的节律，但由于语调拉长不变，从大局上来讲，也影响不了音节搭配效果。

以上所说的平仄协调就是在取名时，将名字的用字平仄相调，使整体名字的用字抑扬顿挫读起来顺口而不拗咀，富于音律美的感觉。因此，在起名时要精心构思，反复推敲，用精美的语调，塑造一个响亮的名字。

一个好的商品名称，必须叫起来顺口，听起来顺耳。在日常的语言交谈中，说话者必须说得清楚，让人听得明白，所以首先要求用发音响亮、单纯、清楚、抗干扰力强的字。汉语的语言自身有许多可利用的规律。在古汉字中以平声字为多，在古时音韵学中最早有"平声平调莫低昂"的说法，说明平声字发音悠长，清晰易辨，对于传播效果自然容易。

在为公司企业起名时，我们如能利用上面的这些韵律，充分发挥平仄声相调的优势，起好公司企业的名字就是轻而易举的事了。

二、注意方言读法

另外，在起名时还要注意地区方言的影响。我国地域广大，语言复杂，这给起名带来很大影响，有些企业的名字明显带有地方之语，但本地方叫起来可能效果非常好，如果在其它地方或用普通话读起来，可能就会天地悬殊。

公司企业起名的主要原则是好读、好记、好认、顺口、顺耳，而这些都与语言有密切关系，对于起名专业人员来说，最好将唐诗搬过来读一读，学一学李、杜写诗的精神，提高起名质量。

第九章　公企篇

第一节　为商厦园区起名

通过本书逐篇系统的介绍，读者已充分了解名字对人生的重要意义，已经掌握了起名、改名的主要规则，现在可以实地操作了。本章专门论述为公司、店铺及各行各业起名的实用办法。

公司商铺起名与个人起名一样，要想将名字起好，先要学会分析命理，将法人的出生时间换算成天干地支八个字，在八字中详细分析日主旺衰，若是日主旺则财官抑之，日主衰则以印比扶之。将旺衰掌握后，再按前述八字篇中通关、扶抑、病药等方法确定用神。取用神是起名的关键，因用神是命造之核心，等于是命主的灵魂，故名字的主气必须为命主的喜用神。如果不将这个原则掌握住，那么名字对于人生就没有什么保护意义了。

命理用神与八十一数一样重要，八字为先天，八十一数为后天，在实用中以八字用神为主，八十一数为辅，将两者综合在名字中，这样的名字才能真正起到有助于改命、助命的作用。现将这些年为全国各地各行各业取名以及实用方法例举如下，供读者在起名时参考：

盛　世　桃　源

哈尔滨宝泰隆房地产开发公司在哈尔滨学府路建一住宅楼

区，老总来我所要起名，要求亮、动听、大气，要是能带点古香古色、诗情画意之气为最好。连带半开玩笑地说，若是顺利好卖发大财当然更好，面对这些要求我不得不大动一番脑筋。

宝泰隆房地产公司老板姓秦，是与另外二位姓王的老板三家共同开发的。小区地点在学府路与大直街交接处，楼高二十层左右。因为秦老板是法人，所以要他提供自己的出生时间。按照他出生时间推出八字，找出用神。其八字是丁酉、癸丑、辛卯、戊戌。经分析，日主辛金生在丑月既得生又有余气，而又通根于年支酉金，酉丑半合金局，且得时柱印生日主偏旺，虽酉金遇丁火七煞盖头，大减其力，日主辛金自坐卯木财星而泄日主之气，但综观全局日主身旺。取日支卯木为用神。我对他说，看来你一直是搞房地产的，他说，这些年来我是一直从事房地产开发工作的，根据他的八字用神，起出“丽云阁”、“学府新城”、“盛世桃源”等 3 个名字任其选择。最后他们决定选用“盛世桃源”。

“盛世桃源”喻意深长，响亮动听。“盛世”者因 21 世纪一元复始，全国上下万民欢腾，歌颂盛世。“桃源”者此楼乃三人合作共创建，取《三国演义》中，刘、关、张三人桃园结义之意，而且时值阳春三月，正是百花争艳，桃花盛开。所以，取名曰“盛世桃源”。

“盛世桃源”共计四十一数，此数为：天赋吉运，德望兼备，努力进取，前途无限之大吉运数。此乃博得名利的最佳好运数。

为此楼附诗一首，镶挂于售楼处的显目之处以作宣传：

诗　曰： 华夏万民歌盛世，
龙江欢腾颂桃源。
学府风水旺千古，
新居宝地世流传。

此为七言藏头诗，从左向右念。

“华夏万民歌盛世”

指中华民族从远古直至现在从来就没有像今天这样天下太平、国富民强，为此盛世时期，万民皆欢，歌颂21世纪的繁荣昌盛。

“龙江欢腾颂桃源”

是指黑龙江人民喜庆欢腾，庆祝建筑桃源小区这样的盛大工程。

“学府风水旺千古”

学府指的哈尔滨学府路，这里有黑大、师大、理大等多所大学院校，是黑龙江省人才汇集之地，人们都认为这里是块风水宝地。

“新居宝地世流传”

意思是我们在这块风水宝地安居了，一定会世世代代的传下去。

这首藏头诗不仅横着念，也可用第一行的第一个字和第二个字两个字排着往下念，即：

“华夏龙江学府新居”

再用第三个字和第四个字排着从上往下念即：

“万民欢腾风水宝地”

再从第五个字从上往下念即：

“歌颂旺世”

再用第六和第七两个字，排着往下念即：

“盛世桃源千古流传”

将名字起好后，又择一旺财旺丁的良辰吉日奠基庆典，又另撰一副长联悬挂售楼两旁。

联　曰：

楼雄黑土，水汇松江，镇落儒区，精工雕梁画栋

建筑恢廓，气势绕云，崇古仿今，还看盛世桃源

起名的派别很多，无论那一派起名都离不开命理用神和九九八十一数。企业公司起名，首先要明确企业法人的生辰八字，按旺衰喜忌确定用神。

鸿 基 明 苑

“鸿基明苑”位于哈尔滨市道外区，是离松花江不远的一处新开发的住宅小区，系恒基伟业房地产公司和鸿翔房地产开发公司两家共同合作开发，此名是将恒基伟业房地产公司和鸿翔房地产公司两家公司各抽一字组成，其意为“基业永固，鸿飞于天”。

“鸿基明苑”四字总格是四十七画，为百花开放之像，点石成金之意，天赋吉庆，万事如意，乃功利显达的大吉之数。

诗 曰：

鸿鹏万里展宏图，
基业根深震华都。
明智通达显大志，
苑集高贤盖世无。

七字藏头诗用小区“鸿基明苑”四字写出来的，从此诗开头第一个字横着念是“鸿鹏万里展宏图”。再从第一个字竖着往下念即“鸿基明苑”。

此名起出后，又针对两家老总的生辰八字选择一个平安顺利、旺丁旺财的良辰吉日，举行奠基仪式，此楼从奠基至落成一切顺利，未出半点差错，楼还未建完毕，就已销售一空。

华　阳　芳　舟

公司老总前来找我为小区命名，名字的要求：大气、豪爽，要有诗情画意，与自己命理相合的名字，不论三字四字都行。

面对多方面的要求，笔者伏案深思片刻后，要他提供小区具体位置，公司性质，法人姓名，出生时间做以参考。

法人出生时间：1963 年 2 月 7 日 17 时 30 分

乾造：	食	财	日	煞
	癸	甲	辛	丁
	卯	寅	巳	酉

命局分析：辛金日主生于寅月不得令，时干七煞丁火克身，命局中财星重重助丁火而克制日主，辛金日主虽通根于时支酉金本气，但因财煞耗克使日主四面受敌，日主衰弱无疑。取时支酉金为用神。楼房的名字应取土生金，或取比劫助金。故取“学仕佳苑”、“蓬莱盛世”、“华阳芳舟”，最后选定“华阳芳舟”。

“华阳芳舟”意为新世纪的嘉园流芳百世，人们居此新居心旷神怡，有驾着一叶小舟，颠波起舞，快乐逍遥，含有诗情画意的味道。

“华阳芳舟”四字总笔为四十七划数，五行属金，扶助日主酉金用神，为得天时，得地理，得人和的格局，而且性情忠厚，办事热心，讲信用，创大业，能作出一番惊天动地的辉煌事业。

撰七字藏头诗一首，悬挂售楼明显处：

诗　曰：

华夏万民歌华阳，
龙江喜庆游芳舟。
学府风水传千载，
安居宝地美名留。

此诗为七字藏头诗，可横着念，也可竖着念，竖念以前两字排着往下念即“华夏龙江学府安居”。第三字或第四字排着往下念为“万民喜庆风水宝地”，第六或第七两个字排着往下念是“华阳芳舟千载名留”。

又按法人的八字用神，择一生助用神的日期奠基典礼，一切程序按传统规矩办事，楼还没有落成，早已销售一空。

金都新城

哈尔滨宝泰隆房地产开发公司，在阿城市开发一原住宅园区，小区位于离金朝宫殿旧址不远的地方建造。老总前来起名，按企业法人的出生日期取辅助用神的名字，取“金都新城”、“金业雅阁”、“金圣源”让其选择，最后选定“金都新城”。

“金都新城”总笔划为四十七划数，乃杨柳逢春、绿叶成荫，突破万难，一举成名的大吉之数，其蕴含智谋深远，才略超人，名扬四海，大富大贵之运的数。

此乃是上述开发“盛世桃源”的房地产开发公司与阿城市一家房地产开发公司合作开发，其阿城市法人八字用神喜金。依四十七数的数理，以金相助。“金都新城”：所谓“金都”指阿城乃宋末元初，大金国在此建都之地，现原址城墙还在，今在此开发新的住宅小区，故起名曰“金都新城”。

诗 曰： 金朝旧址气势雄，
都城已故万物空。
新建民居胜古殿，
城廓赛过旧皇宫。

一、为住宅园区起名

世纪佳园（哈尔滨住宅小区） 总格 35 划，五行属土，供命局五行用神属土属火或命局五行需要火土之人用之，若命局用神五行水木之人不宜用之。

世纪金城（佳木斯住宅小区）　总格32划，五行属木，供命局五行，用神属木属火，或命局五行需要火木之人用之，若命局用神属金属水之人不宜用之。

世纪华苑（济南住宅小区）　总格39划，五行属水，供命局五行用神属木属水或命局五行需要木水之人用之，若命局用神属火属土之人不宜用之。

世纪嘉园（青岛住宅小区）　总格41划，五行属木，供命局五行用神属木属火或命局五行需要木火之人用之，若命局用神属金属土之人不宜用之。

世纪阳光（哈尔滨住宅小区）　总格37划，五行属金，供命局五行用神属水属金或命局五行需要金水之人用之，若命局用神属火属木之人不宜用之。

世纪千华（哈尔滨市住宅小区）　总格31划，五行属木，供命局五行用神属火属木或命局五行需要木火之人用之，若命局用神属金属土之人不宜用之。

世纪华堂（上海住宅小区）　总格39划，五行属水，供命局五行用神属木属水或命局五行需要水木之人用之，若命局用神属火属土之人不宜用之。

鼎基花园（哈尔滨住宅小区）　总格47划，五行属金，供命局五行用神属金属水或命局五行需要金水之人用之，若命局用神属火属木之人忌用之。

学府千城（哈尔滨学府小区）　总格37划，五行属金，供命局五行用神属金属水或命局五行需要金水之人用之，若命局用神属火属木之人忌用这。

世纪金原（南京住宅小区）　总格32划，五行属木，供命局五行用神属火属木或命理五行需要火木之人用之，若命局用神属金属土之人不宜用之。

世纪金阳(哈尔滨住宅小区)　总格 39 划,五行属水,供命局五行用神属木属水或命局五行需要木水之人用之,若命局五行属土属火之人不宜用之。

蓝天名苑(大庆住宅小区)　总格 41 划,五行属木,供命局五行用神属木属火或命局需要木火之人用之,若命局用神属土属金之人忌用之。

蓝天白云(齐市住宅小区)　总格 41 划,五行属木,供命局五行用神属木属火或命局五行需要木火之人用之,若命局用神属土属金之人忌用之。

蓝天新月(哈尔滨住宅小区)　总格 41 划,五行属木,供命局五行用神属木属火或命局五行需要木火之人用之,若命局用神属金属土之人忌用之。

蓝天丽月(北京住宅小区)　总格 47 划,五行属金,供命局五行用神属金属水或命局五行需要金水之人用之,若命局用神属火属木之人忌用之。

蓝天阳光(北京住宅小区)　总格 47 划,五行属金,供命局五行用神属金属水之人用之,若命局用神属木属火之人用之为凶。

蓝色庄园(北京密云小区)　总格 52 划,五行属木,供命局五行用神属木属火之人用之,若命局五行用神属金属土之人忌用之。

蓝天秋色(哈尔滨住宅小区)　总格 39 划,五行属水,供命局五行用神属水属木之人用之,若命局五行属火属土之人忌用之。

蓝海龙潮(大连开发小区)　总格 63 划,五行属火,供命局五行用神属火属土之人用之,若命局五行用神属金属水之人用之为凶。

蓝天龙翔（牡丹江住宅小区）　总格52划，五行属木，供命局五行用神属木属火或命局五行需要木火之人用之，若命局五行属金属土之人忌用之。

蓝天宇辰（哈尔滨住宅小区）　总格37划，五行属金，供命局五行用神属金属水之人用之，或命局五行需金缺水之人用之，若命局五行属火属木之人用之为凶。

蓝天皎阳（大庆住宅小区）　总格52划，五行属木，供命局五行用神属木属火或命理五行需要木火之人用之，若命理五行属金属土之人用之为凶。

二、为商场、商厦起名

要好听、好记、顺耳、字音合辙而且与命理相合，有传统文化意义的名字，字数最好不要太多，用两字或三个字为最好。

蓝天商厦（江苏徐州）　总格47划，五行属金，适合法人命理五行需要金水之人用之，此为"草木逢春，万象更新，难关已过，雨过天晴"大吉之数，若命理五行属金属火之人忌用之。

丽云阁商厦（上海浦东）　总格68划，五行属金，适合法人命理五行需要金、水之人用之，此为"杨柳逢春、绿叶成荫、突破万难、一举成名"大吉之数，若命理五行用神属火属木者忌用之。

华深威（深圳百货商场）　总格35划，五行属土，适合法人命理五行需要金、土之人用之。"处事谨慎、保安为安、学智兼备、成就非凡"大吉之数。

新时潮（广州鞋业）　总格39划，五行属水，适合法人命理五行需要水木之人用之。为"云开见日、指日可期、光明坦途、诸事皆宜"大吉之数。

蓝天虹（杭州百货商场）　总格33划，五行属火，适合法人命理五行需要火、土之人用之，为"成功之运、诸事亨通、成就大业、万事昌隆"大吉之数。

华龙飞（重庆百货商场）　总格39划，五行属水，适合法人命理五行需要水、木之人用之。为“云开见日、指日可期、光明坦途、诸事皆宜”大吉之数。

蓝天阳(浙江宁波服装商场)　总格41划,五行属木,适合法人命理五行需要木、火之人用之。为“天赋吉运、德望具备、只需努力、前程无量”大吉之数。

蓝海潮(大连服饰商场)　总格47划,五行属金,适合法人命理五行需要金、水之人用之。为“诸事顺利、大业可成,如遇困难,得遇贵人”大吉之数。

金浪潮(青岛鞋业商城)　总格35划,五行属土,适合法人命理五行需要土、金之人用之,为“处事谨慎、保守为安、学智兼备、成就非凡”之大吉之数。

金月波(西安电器专卖商场)　总格21划,五行属木,适合法人命理需要火、木之人用之。为“雪中梅花、先苦后福、春来怒放、成就大业”之大吉之数。

金华特(北京学府电子商城)　总格32划,五行属木,适合法人命理需要木、火之人用之。为“天性聪明、发展基业、温和忠良、权威独行”之大吉之数。

金阳光(哈尔滨地下百货商场)　总格31划,五行属木,适合法人命理五行需要火、木之人用之。为“意志坚固、千挫不挠、脚踏实地、成就大业”之大吉之数。

第二节　为酒楼、饭店起名

酒店要想起个好名字,也有一番大学问,一方面要与老板的八字命理相合,二方面是名字叫起来响亮,听起来顺耳,要与服务项目贴谱,字义、音韵都要反复推敲。一个好的名字可以比喻是一块吸盘,是一块闪闪发光的金字招牌,吸引从未光顾的客人

"闻香下马品一品，知味停车尝一尝"的。

君 品 乐

进入黑龙江省哈尔滨市南岗开发区的安顺街，你会看到并不起眼的一家酒店，这家酒店的高度仅六层楼，门前挂着一块用霓虹灯制作的牌子，上写"君品乐"三个大字的金字招牌，这块招牌非常显目，无论是白天、黑夜都在闪闪发光，而且闪耀夺目，过路行人不用介绍就知道这是一家酒店，因为从字义中也表白了。你要健康，请品尝一下本店酒菜，你一定会满意的。

这个酒店饭菜质量特殊，但价格也特别昂贵，一桌不起眼酒菜，没有万元是下不来的，一般客户（特别工薪族）根本接受不了。但虽如此，几乎天天客满。

此店老板是女的，平时对易经命理起名择吉都有所了解，也非常挑剔，自己曾起了很多名字，却不知用那个最好，一直没有确定下来。因此，找我替她起名，根据她的日主衰弱的八字，午火生于冬月，地支水火交战，取木通关，故起名"君品乐"酒店，又赋诗一首：

康健美食请品尝
君到如朋饮琼浆
品评珍食与美味
乐与贵宾欢一堂

"君品乐"三字的数理总格是31划，五行属木，老板的命局用神属火，日主较弱，采用木来生火。从字义上"君品乐"，"君"指君子，朋友，又指顾客；"品"指品尝，品味，从字形上看，品乃多口之象，表示前来品味的人多；"乐"指快乐欢乐，从四个字整体上看，本店的健康食品，君若品尝后，定会满意的。

三十一划的数理五行属木，乃德高望重，事事如意数。

诗　曰：　　　德高望重四海扬，
　　　　　　　才智兼备福满堂。
　　　　　　　富贵荣华福禄到，
　　　　　　　名利双收喜洋洋。

此数乃才智谋智兼备，名扬四海的最大好运数，只要有努力向上的恒心之志，前程定会辉煌腾达不可限量。

将名字起好后，又请笔者到酒店，亲临现场将风水堪察一下，对老板桌、收银台、厨灶朝向用先后天八卦进行调整，将员工的生辰八字与老板的八字详细推敲，看是否相合，看命分工，并选择一良辰吉日，进行开业，从 2002 年开始一直是红红火火的。

一　品　华　堂

位于南岗开发区“一品华堂”大酒店，2002 年我给起的名字，从开业至今门庭若市，客满盈门。这个名字我们是根据老板的生辰八字命名的，老板的命理五行用神属金，“一品华堂”这四个字总格为 35 划，五行属土，采用土来生金之意。

其 35 划的五行数理乃“温和平安，优雅发展数”。

诗　曰：　　　温和平静德重高，
　　　　　　　才智超人福滔滔。
　　　　　　　努力进取前程好，
　　　　　　　勤俭职员不惜劳。

其 35 划的含义是有智达能力温良和祥。

一、为饭店、酒楼起名

君品乐　是说高贵的上帝如你品尝一下我家的饭菜，您会感到是种享受。总格 31 划，五行属木，适合法人命理五行属木或命理五行需要木火之人用之。

久品鲜　我家的饭菜有别具一格的特色，您若品尝以后，会感到有越品越鲜的味道。总格 29 划，五行属水，适合法人命理五行用神属水或命理五行需要水木之人用之。

溢香楼　意为我家的食品香气满园，只要您在很远的地方就会闻到此处的香味。总格 38 划，五行属金，适合法人命理五行用神属金或命理五行需要金水之人用之。

满庭芳　意为芬芳的食品，满庭院都是香气。总格 35 划，五行属土，适合法人，命理五行用神属土或命理五行需要土金之人用之。

沁馨园　芬芳的食品香气满园，食之入人心脾。总格 41 划，五行属木，适合法人命理五行用神属木或命理五行需要木火之人用之。

今品特　意为本店饭菜与众不同，品尝后有特别的味口。总格 23 划，五行属火，适合法人命理五行用神属火或命理需要火土之人用之。

一品乐　意为本店食品独特，你品尝后，会觉得乐滋滋的感觉。总格 25 划，五行属土，适合法人命理五行用神属土或命理五行需要土金之人用之。

绿原春　意为本店食品都来自无污染的绿色草原。总格 33 划，五行属火，适用于法人命理用神属火或命理五行需要火土之人用之。

绿华康　意为该店食品采用中华传统工艺使用绿色无污染之原料，食用后身体健康。总格 39 划，五行属水，适合法人命理五行用神属水，或命理五行需要水木之人用之。

聚馥楼　意为五福聚全的财神爷，闻到我店芬芳香味都到这里聚会。总格 47 划，五行属金，适合法人命理五行用神属金，或命理五行需要金水之人用之。

君品鲜　意为请高贵的客人来品尝一下，品尝我店的饭菜你会觉得鲜味可口。总格 33 划，五行属火，适合法人命理五行用神属火，或命理五行需要火土之人用之。

华龙香 这是哈尔滨一家酒店，干得非常红火，该店是中国黑龙江名牌酒店，香气满园。总格 39 划，五行属水，适合法人命理五行用神属水，或命理五行需要水木之人用之。

一品华堂 此乃位于哈尔滨开发区的一家酒店，2002 年起的名字。意指该店高雅，装饰富丽堂皇，属于高级酒店。总格 35 划，五行属土，适用于法人命理五行用神属土，或命理五行需要火土之人用之。

我附写诗一首，挂大厅醒目处，乃一首七字藏头诗：

一品珍馐食美名扬，
华堂佳酿醉十方。
名扬觥筹知一品，
十方交错源华堂。

此诗用前两竖着往上念即："一品华堂名扬十方"，用后两字竖着往下念即："名扬十方一品华堂"。

天香一品 意指我店酒菜具有国色天香，独树一帜的特色。总格 23 划，五行属火，适用于法人命理五行用神属火或命理五行需要火土之人用之。

云外天 成都一家云外天大酒楼，是远近知名的一家酒店，该店自丙子年来我所起名后，一直红红火火，席无虚坐。总格 21 划，法人命理五行用神属火，用木来生火助之。

该店要我附诗一首，留着悬挂大厅之内，遵嘱写藏头诗一首，诗曰：

云外蓝天如画图，
仙客光临入成都。
闻香下马刘伶醉，
畅吟诗兴酒一壶。

绿山缘 绿色食品起源于山，品尝本店食品健康长寿，此乃缘份。总格32划，五行属木，适用于法人命理五行属木或命理五行需要木火之人用之。

华龙威　此乃哈尔滨道里一家酒店，此店从丙子年开始命名，生意非常红火。总格39划，五行属水，适合法人命理五行用神属水或命理五行需要水木之人用之。

百味楼　总格29划，五行属水，适合法人命理五行用神属水或命理五行需要水木之人用之。

龙丰园　是哈尔滨人在北京丰台开的一家酒楼，生意十分红火。老板的八字日主属水，生于巳月，日主衰弱，喜用金来生水"龙丰园"三字。总格47划，五行属金，适合法人命主五行属金或命主五行需要金水之人用之。

小渔舟　用于鱼锅饭店。总格24划，五行属火，适合法人命理五行属火或命理需要火土之人用之。

老渔翁　用于海鲜为主的饭店。总格31划，五行属木，适合法人命理五行缺木或用于命理五行需要木火之人用之。

钓鱼岛　总格32划，五行属木，适合法人命理五行用神属木或命理五行缺木，或命理五行需要木火之人用之。

鱼品鲜　总格37划，五行属金，适合命理五行用神属金或命理五行需要金水之人用之。

鱼锅一绝　总格41划，五行属木，适合命理五行用神属木或命理五行需要木火之人用之。

老渔歌　总格35划，五行属土，适合命理五行用神属土或命理五行需要土金之人用之。

鲜鱼王　总格32划，五行属木，适合命理五行用神属木或命理需要木火之人用之。

渔翁岛　总格35划，五行属土，适合法人命理用神属土或命理五行需要土金之人用之。

酸菜·小鱼冻　总格52划，五行属木，适合命理五行用神属木或命理五行需要木火之人用之。

二、为洗浴行业取名

给洗浴行业起名，需要与水有关的名词，词汇要动人好听、艺术，使人听起来像江河海浪就在眼前的感觉。

蓝海潮　总格 47 划，五行属金，适合法人命理五行用神属金，或命理五行需要金水之人用之。

一千河　总格 13 划，五行属火，适合法人命理五行用神属火，或命理五行需要火土之人用之。

金水泉　总格 21 划，五行属木，适合法人命理五行用神属木，或命理五行需要木火之人用之。

碧海弄潮　总格 48 划，五行属金，适合法人命理五行用神属金，或命理五行需要金水之人用之。

逐浪江山　总格 35 划，五行属土，适合法人命理五行用神属土，或命理五行需要土金之人用之。

秋水蓝天　总格 37 划，五行属金，适合法人命理五行用神属金，或命理五行需要金水之人用之。

水天一色　总格 15 划，五行属土，适合法人命理五行用神属土，或命理五行需要土金之人用之。

蓝天江月　总格 35 划，五行属土，适合法人命理五行用神属土，或命理五行需要土金之人用之。

碧水湖　总格 31 划，五行属木，适合法人命理五行用神属木，或命理五行需要木火之人用之。

蓝海龙潮　总格 63 划，五行属火，适合法人命理五行用神属火，或命理五行需要火土之人用之。

镜泊河　总格 37 划，五行属金，适合法人命理五行用神属金，或命理五行需要金水之人用之。

小洞天　总格 17 划，五行属金，适合法人命理五行用神属金，或命理五行需要金水之人用之。

浏阳河　总格 45 划，五行属土，适合法人命理五行用神属土，或命理五行需要土金之人用之。

映月潭　总格 29 划，五行属水，适合法人命理五行用神属水，或命理五行需要木水之人用之。

碧水明珠　总格 37 划，五行属金，适合法人命理五行用神属金，或命理五行需要金水之人用之。

三、为美容化妆品店起名

现代人对美的追求越来越重视了，尤其是女性，几乎没有一个不与美容化妆品结下了不解之缘。化妆品本身就是为了美，所以它的名字当然就要更美一些。

给美容化妆品店取名，与其它行业不同，既要幽雅娇柔又要亲切好听，重要的是要与法人命理五行相生相合，现将我所近年来部份取名实例录下，以供参考：

月亮鱼　美容保健中心，总格 24 划，适用于法人命理五行用神属火或命理五行需要火土之人用之。位于辽河街 290 号月亮鱼美容保健中心，法人宣女士的八字用神属土，用此名后，店面开得非常红火。

蝶恋花　美容化妆品商店，位于道里宣化街，法人命理五行用神属金，蝶恋花三字 48 划，五行属金，适合命理五行属金或命理五行需要金水之人用之。

浪漫鱼　总格 33 划，五行属火，适合法人命理五行用神属火或命理五行需要火土之人用之。

雪娃娃　总格 29 划，五行属水，适合法人命理五行用神属水或命理五行需要水木之人用之。

娇娇鸟　总格 41 划，五行属木，适合法人命理五行用神属木或命理五行需要木火之人用之。

美多多　总格 21 划，五行属木，适合法人命理五行用神属木或命理五行需要木火之人用之。

润花村　总格 33 划,五行属火,适合法人命理五行属火或命理五行需要火土之人用之。

娇伶花　总格 32 划,五行属木,适用于法人命理五行用神属木或命理五行需要木火之人用之。

七彩蝶　总格 33 划,五行属火,适合法人命理五行用神属火或命理五行需要火土之人用之。

月中仙子　总格 16 划,五行属土,适合法人命理五行用神属土或命理五行需要土金之人用之。

蓝天虹　总格 33 划,五行属火,适合法人命理五行用神属火,或命理五行需要火土之人用之。

伊丽佳人　总格 35 划,五行属土,适合法人命理五行用神属土,或命理五行需要土金之人用之。

七彩兰　总格 41 划,五行属木,适合法人命理五行用神属木,或命理五行需要木火之人用之。

蓝月亮　总格 33 划,五行属火,适合法人命理五行用神属火,或命理五行需要火土之人用之。

蓝彩蓉　总格 47 划,五行属金,适合法人命理五行用神属金,或命理五行需要金水之人用之。

蓝花语岸　总格 52 划,五行属木,适合法人命理五行用神属木,或命理五行需要木火之人用之。

世外桃园　总格 33 划,五行属火,适合法人命理五行用神属火,或命理五行需要火土之人用之。

娇娃娃　总格 33 划,五行属火,适合法人命理五行用神属火,或命理五行需要火土之人用之。

俏妞妞　总格 23 划,五行属火,适合法人命理五行用神属火,或命理五行需要火土之人用之。

蓝天皎月　总格 39 划,五行属水,适合法人命理五行用神属水,或命理五行需要水木之人用之。

彩蝶飞翔　总格47划，五行属金，适合法人命理五行用神属金，或命理五行需要金水之人用之。

蝶满川　总格33划，五行属火，适合法人命理五行用神属火，或命理五行需要火土之人用之。

金海潮　总格35划，五行属土，适合法人命理五行用神属土，或命理五行需要土金之人用之。

四、为服装精品店起名

服装的名字应起得优雅，给人一看有舒适愉快的感觉，现将近年所起的数千家服装名选一些例子，以供参考。

新时潮　总格39划，五行属水，适合法人命理五行用神属水，或命理五行需要水木之人用之。

蓝天虹　总格33划，五行属火，适合法人命理五行用神属火，或命理五行需要火土之人用之。

九彩蝶　总格35划，五行属土，适合法人命理五行用神属土，或命理五行需要金土之人用之。

俏年华　总格29划，五行属水，适合法人命理五行用神属水，或命理五行需要水木之人用之。

千姿莠　总格25划，五行属土，适合法人命理五行用神属土，或命理五行需要金土之人用之。

俏多多　总格21划，五行属木，适合法人命理五行用神属木，或命理五行需要木火之人用之。

美尔姿　总格32划，五行属木，适合法人命理五行用神属木，或命理五行需要木火之人用之。

兰花雨　总格41划，五行属木，适合法人命理五行用神属木，或命理五行需要木火之人用之。

诗睿迪　总格41划，五行属木，适合法人命理五行用神属木，或命理五行需要木火之人用之。

五彩蝶　总格31划，五行属木，适合法人命理五行用神属木,或命理五行需要火木之人用之。

花诗林 总格 31 划,五行属木,适合法人命理五行用神属木,或命理五行需要木火之人用之。

皎之岛 总格 25 划,五行属土,适合法人命理五行用神属土,或命理五行需要土金之人用之。

蝶山川 总格 21 划,五行属木,适合法人命理五行用神属木,或命理五行需要火木之人用之。

七彩兰 总格 41 划,五行属木,适合法人命理五行用神属木,或命理五行需要木火之人用之。

玉彩蓉 总格 32 划,五行属木,适合法人命理五行用神属木,或命理五行需要木火之人用之。

秋水伊人 总格 21 划,五行属木,适合法人命理五行用神属木,或命理五行需要火木之人用之。

女世界 总格 17 划,五行属金,适合法人命理五行用神属金,或命理五行需要金水之人用之,此名最适宜女装专卖。

男时潮 总格 33 划,五行属火,适合法人命理五行用神属火,或命理五行需要火土之人用之,此名最适宜男装专卖。

金丝猫 总格 33 划,五行属火,适合法人命理五行用神属火,或命理五行需要土火之人用之。

华尔姿 总格 37 划,五行属金,适合法人命理五行用神属金,或命理五行需要金水之人用之。

五、为歌舞厅起名

声曼曼 总格 39 划,五行属水,适合法人命理五行用神属水,或命理五行需要水木之人用之。

今缘会 总格 32 划,五行属木,适合法人命理五行用神属木,或命理五行需要木金之人用之。

比翼鸟 总格 33 划,五行属火,适合法人命理五行用神属火,或命理五行需要火土之人用之。

情多多　总格24划，五行属火，适合法人命理五行用神属火，或命理五行需要火土之人用之。

风情鸟　总格32划，五行属木，适合法人命理五行用神属木，或命理五行需要木火之人用之。

今世缘　总格24划，五行属火，适合法人命理五行用神属火，或命理五行需要土火之人用之。

相思鸟　总格29划，五行属水，适合法人命理五行用神属水，或命理五行需要水木之人用之。

开心人　总格18划，五行属金，适合法人命理五行用神属金，或命理五行需要金水之人用之。

金韻豪　总格41划，五行属木，适合法人命理五行用神属木，或命理五行需要木火之人用之。

意浓浓　总格47划，五行属金，适合法人命理五行用神属金，或命理五行需要金水之人用之。

清平乐　总格32划，五行属木，适合法人命理五行用神属木，或命理五行需要木火之人用之。

龙凤巢　总格41划，五行属木，适合法人命理五行用神属木，或命理五行需要木火之人用之。

今世情　总格21划，五行属木，适合法人命理五行用神属木，或命理五行需要木火之人用之。

两只蝴蝶　总格47划，五行属金，适合法人命理五行用神属金，或命理五行需要金水之人用之。

红玫瑰　总格33划，五行属火，适合法人命理五行用神属火，或命理五行需要火土之人用之。

知情鸟　总格31划，五行属木，适合法人命理五行用神属木，或命理五行需要木火之人用之。

美滋滋　总格37划，五行属金，适合法人命理五行用神属金，或命理五行需要金水之人用之。

一家人 总格 13 划,五行属火,适合法人命理五行用神属火,或命理五行需要火土之人用之。

凤求凰 总格 31 划,五行属木,适合法人命理五行用神属木,或命理五行需要火木之人用之。

漫步云端 总格 48 划,五行属金,适合法人命理五行用神属金,或命理五行需要金水之人用之。

浪漫人生 总格 29 划,五行属水,适合法人命理五行用神属水,或命理五行需要水木之人用之。

靠近我 总格 33 划,五行属火,适合法人命理五行用神属火,或命理五行需要火土之人用之。

含羞草 总格 29 划,五行属水,适合法人命理五行用神属水,或命理五行需要水木之人用之。

听音阁 总格 45 划,五行属土,适合法人命理五行用神属土,或命理五行需要土金之人用之。

浪漫情川 总格 41 划,五行属木,适合法人命理五行用神属木,或命理五行需要木火之人用之。

再回首 总格 21 划,五行属木,适合法人命理五行用神属木,或命理五行需要木火之人用之。

金色天华 总格 32 划,五行属木,适合法人命理五行用神属木,或命理五行需要火木之人用之。

音乐星空 总格 41 划,五行属木,适合法人命理五行用神属木,或命理五行需要木火之人用之。

自由空间 总格 31 划,五行属木,适合法人命理五行用神属木,或命理五行需要木火之人用之。

月影亮点 总格 45 划,五行属土,适合法人命理五行用神属土,或命理五行需要土金之人用之。

爱好世界 总格 29 划,五行属水,适合法人命理五行用神属水,或命理五行需要金水之人用之。

六、为商店、公司起名

给公司、企业、店铺起名，既要反映出自身的外在形象，又要与自身财运，法人命理五行相结合，既要朗朗上口，又要与众不同，这样才能塑造好自身良好形象，否则就不能一名惊人。

蓝天阳　总格41划，五行属木，适合法人命理五行用神属木，或命理五行需要木火之人用之。

喜浪威　总格32划，五行属木，适合法人命理五行用神属木，或命理五行需要木火之人用之。

华隆特　总格41划，五行属木，适合法人命理五行用神属木，或命理五行需要木火之人用之。

爱斯特　总格35划，五行属土，适合法人命理五行用神属土，或命理五行需要土金之人用之。

佳嘉乐　总格37划，五行属金，适合法人命理五行用神属金，或命理五行需要金水之人用之。

金达利　总格31划，五行属木，适合法人命理五行用神属木，或命理五行需要木火之人用之。

喜洋洋　总格32划，五行属木，适合法人命理五行用神属木，或命理五行需要木火之人用之。

华特威　总格33划，五行属火，适合法人命理五行用神属火，或命理五行需要火土之人用之。

金皓阳　总格37划，五行属金，适合法人命理五行用神属金，或命理五行需要金水之人用之。

亚华威　总格31划，五行属木，适合法人命理五行用神属木，或命理五行需要木火之人用之。

金亿达　总格39划，五行属水，适合法人命理五行用神属水，或命理五行需要水木之人用之。

金宝源　总格41划，五行属木，适合法人命理五行用神属木，或命理五行需要木火之人用之。

新泰阳 总格39划,五行属水,适合法人命理五行用神属水,或命理五行需要水木之人用之。

金阳光 总格31划,五行属木,适合法人命理五行用神属木,或命理五行需要木火之人用之。

金色阳光 总格37划,五行属金,适合法人命理五行用神属金,或命理五行需要金水之人用之。

世纪金阳 总格39划,五行属水,适合法人命理五行用神属水,或命理五行需要水木之人用之。

盛世年华 总格37划,五行属金,适合法人命理五行用神属金,或命理五行需要金水之人用之。

金世添华 总格39划,五行属水,适合法人命理五行用神属水,或命理五行需要水木之人用之。

新世翱翔 总格48划,五行属金,适合法人命理五行用神属金,或命理五行需要金水之人用之。

蓝天宇辰 总格37划,五行属金,适合法人命理五行用神属金,或命理五行需要金水之人用之。

盛世龙翔 总格45划,五行属土,适合法人命理五行用神属土,或命理五行需要土金之人用之。

晨光 总格17划,五行属金,适合法人命理五行用神属金,或命理五行需要金水之人用之。

龙帜 总格31划,五行属木,适合法人命理五行用神属木,或命理五行需要木火之人用之。

众信 总格21划,五行属木,适合法人命理五行用神属木,或命理五行需要木火之人用之。

金星 总格17划,五行属金,适合法人命理五行用神属金,或命理五行需要金水之人用之。

金泰 总格17划,五行属金,适合法人命理五行用神属金,或命理五行需要金水之人用之。

天华　总格18划，五行属金，适合法人命理五行用神属金，或命理五行需要金水之人用之。

聚丰　总格32划，五行属木，适合法人命理五行用神属木，或命理五行需要木火之人用之。

晨钟　总格31划，五行属木，适合法人命理五行用神属木，或命理五行需要木火之人用之。

春宇　总格15划，五行属土，适合法人命理五行用神属土，或命理五行需要土金之人用之。

亿达　总格31划，五行属木，适合法人命理五行用神属木，或命理五行需要火木之人用之。

七、为学校起名

学世清华　总格47划，五行属金，适合法人命理五行用神属金，或命理五行需要金水之人用之。（黑龙江省学世清华教育学院）

新智源　总格39划，五行属水，适合法人命理五行用神属水，或命理五行需要水木之人用之。

小神童　总格25划，五行属土，适合法人命理五行用神属土，或命理五行需要土金之人用之。

小清华　总格29划，五行属水，适合法人命理五行用神属水，或命理五行需要水木之人用之。

黄金傍　总格32划，五行属木，适合法人命理五行用神属木，或命理五行需要木火之人用之。

新智博　总格37划，五行属金，适合法人命理五行用神属金，或命理五行需要金水之人用之。

小皇帝　总格21划，五行属木，适合法人命理五行用神属木，或命理五行需要木火之人用之。（适合幼儿学前班）

小状元　总格15划，五行属土，适合法人命理五行用神属土，或命理五行需要土金之人用之。

翰林苑　总格 35 划,五行属十,适合法人命理五行用神属土,或命理五行需要土金之人用之。

振华博　总格 37 划,五行属金,适合法人命理五行用神属金,或命理五行需要金水之人用之。

智博威　总格 33 划,五行属火,适合法人命理五行用神属火,或命理五行需要火土之人用之。

鸿光阁　总格 37 划,五行属金,适合法人命理五行用神属金,或命理五行需要金水之人用之。

华博智源　总格 52 划,五行属木,适合法人命理五行用神属木,或命理五行需要木火之人用之。

智博书苑　总格 45 划,五行属土,适合法人命理五行用神属土,或命理五行需要土金之人用之。

理想书园　总格 48 划,五行属金,适合法人命理五行用神属金,或命理五行需要金水之人用之。

八、为有色金属有限公司起名

盛世辰阳　总格 41 划,五行属木,适合法人命理五行用神属木,或命理五行需要木火之人用之。

智金阳　总格 37 划,五行属金,适合法人命理五行用神属金,或命理五行需要金水之人用之。

紫金融　总格 35 划,五行属土,适合法人命理五行用神属土,或命理五行需要土金之人用之。

金丽源　总格 41 划,五行属木,适合法人命理五行用神属木,或命理五行需要木火之人用之。

金雪原　总格 29 划,五行属水,适合法人命理五行用神属水,或命理五行需要水木之人用之。

九彩虹　总格 29 划,五行属水,适合法人命理五行用神属水,或命理五行需要水木之人用之。

金泰　总格 17 划,五行属金,适合法人命理五行用神属金,或命理五行需要金水之人用之。

九、为农产品购销有限公司起名

佳农　总格21划，五行属木，适合法人命理五行用神属木，或命理五行需要木火之人用之。

喜浪　总格23划，五行属火，适合法人命理五行用神属火，或命理五行需要火土之人用之。

庆丰　总格33划，五行属火，适合法人命理五行用神属火，或命理五行需要火土之人用之。

绿珠　总格25划，五行属土，适合法人命理五行用神属土，或命理五行需要火土之人用之。

农博　总格25划，五行属土，适合法人命理五行用神属土，或命理五行需要土金之人用之。

华农特　总格37划，五行属金，适合法人命理五行用神属金，或命理五行需要金水之人用之。

千重浪　总格23划，五行属火，适合法人命理五行用神属火，或命理五行需要火土之人用之。

绿原春　总格33划，五行属火，适合法人命理五行用神属火，或命理五行需要火土之人用之。

十、为制药有限公司起名

康源村　总格32划，五行属木，适合法人命理五行用神属木，或命理五行需要木火之人用之。

金康源　总格33划，五行属火，适合法人命理五行用神属火，或命理五行需要火土之人用之。

天行健　总格21划，五行属木，适合法人命理五行用神属木，或命理五行需要木火之人用之。

盛世康成　总格35划，五行属土，适合法人命理五行用神属土，或命理五行需要土金之人用之。

康源　总格25划，五行属土，适合法人命理五行用神属土，或命理五行需要土金之人用之。

寿而康　总格31划，五行属木，适合法人命理五行用神属木，或命理五行需要木火之人用之。

康泰园　总格33划，五行属火，适合法人命理五行用神属火，或命理五行需要火土之人用之。

华康　总格25划，五行属土，适合法人命理五行用神属土，或命理五行需要土金之人用之。

十一、为计算机高科技公司起名

学世光华　总格41划，五行属木，适合法人命理五行用神属木，或命理五行需要木火之人用之。

蓝天皎阳　总格52划，五行属木，适合法人命理五行用神属木，或命理五行需要木火之人用之。

金月波　总格21划，五行属木，适合法人命理五行用神属木，或命理五行需要木火之人用之。

蓝天宇辰　总格37划，五行属金，适合法人命理五行用神属金，或命理五行需要金水之人用之。

盛世辰阳　总格41划，五行属木，适合法人命理五行用神属木，或命理五行需要木火之人用之。

金越球　总格32划，五行属木，适合法人命理五行用神属木，或命理五行需要木火之人用之。

盛世明越　总格37划，五行属金，适合法人命理五行用神属金，或命理五行需要金水之人用之。

华夏千博　总格39划，五行属水，适合法人命理五行用神属水，或命理五行需要水木之人用之。

十二、为室内外装饰有限公司起名

华丰威　总格41划，五行属木，适合法人命理五行用神属木，或命理五行需要木火之人用之。

今璧辉　总格37划，五行属金，适合法人命理五行用神属金，或命理五行需要金水之人用之。

兰花雨　总格41划，五行属木，适合法人命理五行用神属木，或命理五行需要木火之人用之。

金色鸿光　总格37划，五行属金，适合法人命理五行用神属金，或命理五行需要金水之人用之。

蓝天虹　总格33划，五行属火，适合法人命理五行用神属火，或命理五行需要火土之人用之。

蓝天皎月　总格39划，五行属水，适合法人命理五行用神属水，或命理五行需要水木之人用之。

七彩珠　总格29划，五行属水，适合法人命理五行用神属水，或命理五行需要水木之人用之。

新时潮　总格39划，五行属水，适合法人命理五行用神属水，或命理五行需要水木之人用之。

十三、为台球俱乐部起名

逐月台　总格32划，五行属木，适合法人命理五行用神属木，或命理五行需要木火之人用之。

流星月　总格24划，五行属火，适合法人命理五行用神属火，或命理五行需要火土之人用之。

桌霸王　总格35划，五行属土，适合法人命理五行用神属土，或命理五行需要土金之人用之。

乾坤台　总格33划，五行属火，适合法人命理五行用神属火，或命理五行需要火土之人用之。

月老台　总格24划，五行属火，适合法人命理五行用神属火，或命理五行需要火土之人用之。

园原源　总格37划，五行属金，适合法人命理五行用神属金，或命理五行需要金水之人用之。

天地良缘　总格32划，五行属木，适合法人命理五行用神属木，或命理五行需要木火之人用之。

十四、为汽车修理有限公司起名

超世通 总格31划,五行属木,适合法人命理五行用神属木,或命理五行需要木火之人用之。

华途威 总格37划,五行属金,适合法人命理五行用神属金,或命理五行需要金水之人用之。

金龙驰 总格37划,五行属金,适合法人命理五行用神属金,或命理五行需要金水之人用之。

京亚融 总格32划,五行属木,适合法人命理五行用神属木,或命理五行需要木火之人用之。

金寰诗 总格37划,五行属金,适合法人命理五行用神属金,或命理五行需要金水之人用之。

纵贯天地 总格35划,五行属土,适合法人命理五行用神属土,或命理五行需要金土之人用之。

金星赶月 总格35划,五行属土,适合法人命理五行用神属土,或命理五行需要土金之人用之。

纵横辰坤 总格48划,五行属金,适合法人命理五行用神属金,或命理五行需要金水之人用之。

盛世联华 总格48划,五行属金,适合法人命理五行用神属金,或命理五行需要金水之人用之。

八达巨星 总格37划,五行属金,适合法人命理五行用神属金,或命理五行需要金水之人用之。

第三节 如何给公司店铺起个好名字

自改革开放以来,百业俱兴,人们对起名的认识越来越高,我所从1993年建所以来起名的业务越来越多,为公司、品牌、店铺起名就有万例之多。各行各业的名字性质不同,无论对那一行业起名，叫起来都要与行业贴谱，而且要动听，更重要的是名字数理五行要与法人命理五行相生相合，否则就称不上一个好名字。所以，起任何一个名字都需要反复推敲，动一番脑筋。

以上诸例，只是随便翻开记录本找出几个不同行业录出，为了节省篇幅，不浪费读者的宝贵时间了。只要掌握其中程序与规律，起名不是什么难事。

1. 先学会推八字：找用神是起名的第一道工序，其具体方法在本书的第二章已经简明阐述，如果只是为起名而学习八字，本书的内容已足以够用了。若要想深入研究，还要请参阅拙著《八字应用经验学》，也可到市场购买其他贤士名著阅读。

2. 掌握八十一数数理的具体内容：其中之数理哪些是吉数，哪些是凶数，以及吉凶数理进行归类等，应用时将名字的总数相加，看所得之数是吉是凶，如超过 80 数则将全数减去 80，余下的数理有几数就算几数。

3. 学会三才配制：这一点特别重要，天格代表上司、祖上、公司、店铺又代表国家、省、市、县区域；人格代表自己；地格代表公司企业称号又代表妻儿子女、下属员工或晚辈之人。

4. 最后即可考虑名字的创意，所谓创意不外乎以下几条：一要跟上时尚；二要迎合用户求吉心理；三要独特新颖；四要与行业贴谱；五要讲究字义；六要文雅大气；七要顺口好听；八要排除禁忌；九要名业相符；十要大胆创新。

现举几则实例，以作参考：

例一：

深圳一家美容美发店，老板专程坐飞机来哈找我取名，要求文雅新潮，顺口好听，要富有现代化气息，法人娄女士出生于 1962 年 5 月 14 日子时，其八字是：

比	伤	日	枭
壬	乙	壬	庚
寅	巳	子	子

根据这个八字来取用神。日主壬水生于巳月不得令。但自坐强根为之得地，一般来说，自坐强根身不为弱，而且又有时支日支子水枭比助身，当然更属身旺，何况又有年干壬水比肩相助，时干庚金枭印生身乙庚合而化金。日主虽然失令，但得势而又得地，属于身旺无疑，身旺者须宜泄之，故取月干乙木伤官为用神，因乙木伤官可以泄身。我对她说，看来你的生意非常不好。命主说一点都不错，因生意不好才来改名，请问老师是怎么知道我近来生意不好的呢？我告诉她伤官主聪明伶俐，说明你有一定的经商头脑，可是伤官乙木在命局中虽然通根于年支寅木，因寅木不是坐支，故寅木的力量不大，况且乙木又坐巳火财星，财星泄乙木之气，使乙木难以达到日主之需求，由于乙木伤官是日主的伤官，伤官主聪明能干，能说会讲，可是这样一来，日主就不能发挥出聪明才干，就无法在事业上发挥，只有用名字来弥补用神的不足的部分，才能发挥出全部才能。现起出以下几个名字以供参考：

(1)蓝天新月　　(2)伊丽诗兰　　(3)兰花雨

最后选定：**“兰花雨”**

“兰花雨”总格为41划，五行属木，适合法人命理五行用神属木，或命理五行需要木火之人用之。用此数理可助日主用神乙木力量不足的一臂之力。

再从字义上看，“兰花”鲜艳美丽，“雨”为滋润之意。“兰花雨”的名字，叫起来不仅对用神乙木起扶助作用，而且在数理上也合乎要求，其中更显示出有“诗情画意”之感。

这家老板老家是哈尔滨，取名以后我又为她选择一个扶助用神的良辰吉时重新开业，从那开始，生意一直越干越好。

例二：

广州番禺有一家叫“芳雅”的歌舞厅，生意一直不好，在电话里要求改名，老板出生于 1966 年元月 13 日寅时，其八字是：

伤	官	日	比
乙	**己**	**壬**	**壬**
巳	**丑**	**申**	**寅**

日干壬水生于丑月，自坐长生，又得时干壬水比肩帮身，乍看日主不弱，可是年干伤官，月干官星一齐都来耗泄日主，详细分析日主偏弱，取日支申金印星时干壬水为喜用神。再看命局中日支与时支相冲，又地支寅巳申组成三刑，对用神威胁极大，用神被刑冲克害无力。此命局不仅生意不好，而且多灾多病，为此，起三个名字供以参考：

(1)多情鸟　　**(2)音乐星空**　　**(3)超极震憾**

最后选择**“多情鸟”**

命主用神属金水，“多情鸟”总格 29 划，五行属水，适合法人命理五行用神属水，或命理五行需要金水之人用之。

从字义上看，多情鸟有相亲相爱，情投意合的特征，一见面就有难分难离的感觉。从词意上看，表示多情多意、潇洒、快乐、浪漫兼有诗情画意的味道。

例三：

哈尔滨市道里一家农肥销售有限公司取名，要求现实，雅致大气，好听，顺便再看看财运如何。法人张某出生于 1960 年 6 月 13 日未时，其八字是：

	枭	比	日	财
乾造	**庚**	**壬**	**壬**	**丁**
	子	**午**	**申**	**未**
大运	癸	甲	乙	丙
	未	申	酉	戌

日干壬水自坐长生,虽通根于年支子水,又有天干比枭相助,看似较强但是壬水生于午月休囚之地,午子相冲,根基动摇,月干壬水坐午火减力,关于丁壬相合,综观全局日干偏弱无疑,故取金水为用神。遗憾的是月支午火与年支用神子水相冲,午火被壬水盖头,如此说明命主的财运不好,而且心脏也不好。

已知金水是本命主的用神,我告诉他,子午相冲,午火是命主的财星,财星被冲不仅财运不好,更重要的是你的心脏不好。张某吃惊的说,这个公司我已干了三年,生意一直在赔钱,近来我心脏病很严重,成天不离吃药,请老师给我起个好名字,改变一下我的命运吧! 我说试试吧。

起三个名字供以参考:

(1)盛世金翔　(2)绿色佳农　(3)正农

最后选择**"盛世金翔"**

命主用神属金水,"盛世金翔"总格 37 划,五行属金,适合法人命理五行用神属金水之人或命理五行需要金水之人用之。

张某的八字用神水火交战,需要用木通关,使之五行调和,我让他多用绿色,这样不仅财运会好,对命主的心脏也会大有帮助。

再以"盛世金翔"的词意来看,农肥乃农家之本,有了好农肥,农民丰收在握,再逢今天的富农政策,农民像大鹏展翅一样,任意飞翔。

例四：

刘女士在道外刚买一所近400米的半地下房子想做买卖，要看一看干点什么最好，其出生时间是1968年7月16日早8点，根据她的出生时间，排成八字是：

伤	食	日	印
戊	**己**	**丁**	**甲**
申	**未**	**亥**	**辰**

日干丁火生在未月得余气，命局中食伤重重，泄身太过，加之日主坐煞，取时干甲木印星为用神。印星为文化教育事业，我告诉她，从你八字上看，你可能做过老师吧。她惊奇的说对，我现在还是个老师。你的命中就应该做教学、文化口才等事业工作，那么你的房子可以办私人学校，可以办幼儿班、学前班或补习班等，这些你都可以办，而且能办的很好。她惊喜的说，不瞒秦老师，我原来就有这个打算，就是不知道可不可行，这样说来我心中就有底了，请老师给起个好名字。

根据她命理用神"甲木"，起三个名字以供选择。

(1)**盛世智源**　(2)**翰林苑**　(3)**小皇帝**

最后选择"**小皇帝**"

命主用神属木火，"小皇帝"总格21划，五行属木，适合法人命理五行用神属木火，或命理五行需要木火之人用之。

依照法人命理五行用神属木，日主属火，命局中土多的特点，用21划属木数理，既可生助日主，又可辅助用神，达到命理平衡。

例五：

戚某在哈尔滨南岗开发区开一百货超市，来我所为超市起名，要求名字要庄重、文雅、大气而且要符合自己的命理。为此，他报出自己的出生时间，命主生于1968年7月21日戌时，排出八字是：

	煞	官	日	枭
乾造	**戊**	**己**	**壬**	**庚**
	申	**未**	**辰**	**戌**

日干壬水生于未月失令，但通根于年支申金，又坐在日支辰土之上，有时干庚金印星相生，但壬水在一片官煞土的包围之中，难免衰弱，命局中官煞重重，应取时干庚金枭印为用神，枭印虽然不能全部化掉官煞，但对日主来说是一个很强的支柱。

庚金既然是命局中用神，就该取一个五行属金的名字来扶助用神起调和作用。

起三个名字供以选择。

(1)**紫金阳**　(2)**金色阳光**　(3)**新世翱翔**

最后选择“**金色阳光**”民货超市。

“金色阳光”总格37划，五行属金，正好与命主五行用神相同，可扶助命主用神，使命局阴阳平衡。

再者“金色阳光”三字听起来顺耳，叫起来顺口，有豪气不俗，表现出命主在阳光普照的盛世时期，能创造一番惊天动地的辉煌事业。

第十章　名讳篇

起名程序与实例详解

推命理细看生辰详八字
改名字详察五行找用神

近些年来国内百业兴旺,万象更新。随着国民经济的蓬勃发展,人们知识水平、文化素质也逐渐提高,为此,名字也被人们越来越重视。近些年来,人们不仅对给孩子起名重视,成人更名的也越来越多,对名字的质量要求也越来越高。有些顾客一进门就问:能否给我起个生意兴隆、财源茂盛的名字;能否给我家孩子起一个官运亨通、大吉大利的名字;我家孩子读书不肯上进,能否起一个学习认真、能考上一流学校的名字;我家孩子身体不好,能否起一个健康长寿的名字,等等。

这些情况给起名行业增加了不少压力,面对这些要求,怎样才能做到使顾客感到名字起用后确实收到了满意的效果,怎样才能使顾客对您的起名水平信服,使他们认识到中国传统姓名确实是一门高深的学问,这些问题都是命名行业急需做好的一件大事。笔者认为,要做好这些问题并不难,但要建立一套正确而有效、切实可行的理论体系,使命名艺术有法可依,像医生治病一样,虽不能药到病除,最起码药吃下去能行之有效,这样才能使人信服。现将近些年在实践应用中所得心得体会以及一些实例提出，供读者参考。

要想起一个吉祥如意、完美好听名字确实不易，每起一个名字都需要动一番脑筋。名字的学问很深，不一定叫起来好听就是好名字，必须要符合命理用神，按照日主旺衰喜忌，扶弱抑强，使用后能使儿童身体健康智慧，学习认真、学业有成，对成人能使工作顺利、事业辉煌，这样才能算是个好名字。我从多年来的实践经验中发现，无论哪一派起名法，都必须要根据持名人命理八字确定用神，这是起名的关键一步，然后按字音、字义，起出一个爽口动听的好名字。笔者日常起名是根据以下几个步骤进行的，附诗一首供同道们参考：

先排八字分五行，细评命理找用神，
日主旺衰分喜忌，扶弱抑强是为真。
确定五格按数理，三才配置吉凶分，
天格五行看祖上，人格代表是自身。
地格下属妻儿女，总格之数看一生，
性情交际外格看，按此起名是总根。
字音字义都重要，合仄押韵用四声，
按此测名定休咎，起名专家不枉称。

起名之前，首先按照持名者的出身年月日时排出八字，确定格局，找准用神，这是起名的关键一步。再依照用神定出五格和三才配置。五格之中以人格代表命主自己，天格代表父母、上司，地格代表子女或下属员工，总格代表人生的事业成败，外格代表持名人的外交关系和工作能力。现举实例说明如下：

例一：

乾造：高俊轩，出生于 1951 年农历十一月十五日丑时，哈尔滨机电厂干部，因有心脏病不能正常工作，1997 年经过朋友介绍前来预测名字好坏。

第一步：按照出生年月日时排出八字：

偏	正	日	偏
财	财	主	财
辛	**庚**	**丁**	**辛**
卯	**子**	**亥**	**丑**
偏	偏	正正	食偏偏
印	官	官印	神官财

第二步，命局分析：

命局中三金一火二水一木一土。丁火日干生于子月，处于绝地，日主失令，月干正财无强根，在子月不得令，年干辛金虽然长生在子月，但无强根，月支子水虽未透干但得令而旺，地支丑土食神在子月无力，年支卯木偏印得月建生之而旺。

纵观全局，日主丁火生于子水之月不得时，不得地，年干辛金、月干庚金、时干辛金皆来泄日主之气，使日主不得势，加之亥子丑三会水局，日主过弱。

第三步，此八字以木火为用神，金土水为忌神：

第二步将用神确定之后，再看原来的名字与用神合与不合，即可知其持名人的处境如何，对于用神有益则用，对忌神有益则改之。现来分析一下高俊轩原来的名字如何？

	(1)	11划天格(木)
外格11(木)	**高** 10	
	俊 9	19划人格(水)
	軒 10	19划地格(水)

总格29(水)

"高俊轩",人格 19 划,数理属水,地格 19 划属水,总格 29 划也属水,只有天格与外格属木,此人难怪心脏不好,名字中水多木浮,命局中丁火太弱,几乎没有生机,再加上名字中水气过旺,使心脏难以承受,好在名字中天格与外格属木,木可泄水之气,不然的话可能要更厉害,建议赶快改名,在名字中选用助木旺火的人格数理即可。

第四步,选格改名:

姓氏的天格不能改变,但天格也不起任何吉凶,主要将人格与地格数理变为火的格局,确定选中间字 13 划,最后一字选用 10 划,即可用这个数理起出一个字义佳美,响亮动听的字。最后起出三个名字供以选择。

(1)高煦伦　(2)高煜桓　(3)高暄杰

最后选择"高煜桓"。

(1)
外格 11(木)　高 10　11 划天格(木)
煜 13　23 划人格(火)
桓 10　23 划地格(火)

总格 33(火)

"高煜桓"的名字人格与地格都是 23 划,五行属火,总格 33 划也属火,天格与外格属木,形成木来生火,其三才配置是"木火火"。这样的格局不仅对软弱无力的日主丁火起生扶作用,而且能使身体早日康复,对工作事业,人缘关系都能得到好的转变(具体优劣请参看有关篇章),同时又嘱咐以下注意事项进行配合:

1. 有利方位及坐位,宜东方、南方或东南方。

2. 幸运数字：无论电话号码或手机号码、门牌号或车牌号最后数字宜 1234 最好。

3. 凡是服装、被褥或室内外装修，宜红色、蓝色，绿色最佳。

4. 身体情况：平常要多加活动，注意心脏病、心肌炎、心脏过速、败血症、多汗心衰等疾病。

5. 遇到困难可找属猪、属鸡、属兔之人帮助。对属龙属猴之人少接触为好。

名字起好后又赠送藏头诗一首，嘱咐悬挂在客厅或房间内，抬头即能见到之处。

诗　曰

高山流水逐逝波，煜光照耀起沉疴。
桓木参天阳光灿，养神默念心经歌。
心清神爽养真气，通开冲壬无差讹。
气归丹田藏血海，诀传缘人颂此歌。

说来也怪，通过改名后，身体逐渐好转。

例二：

助用神加印星名登金榜
看命理按五行更改前名

很多顾客会问，我的孩子头脑不笨，学习也用功，但每到考试时总是发挥不好，请秦老师给我推算一下，是否是名字不好，若是名字不好，请给改个名字。面对这样的事情很多，总是给以满意的答复，可以！。

这是 2005 年的事，孙某和我是朋友，孩子孙伟俊，头脑聪明，学习用功，但每到考试时的分数总是差得很多，在班级倒数第三名。为此非常着急，要我看看他的名字好不好，若是不好，请替他改个名字，我要他报出出生年月日时进行详细分析，如下：

乾造:1993年农历十月初二日子时

伤官	伤官	日主	偏印
癸	**癸**	**庚**	**戊**
酉	**亥**	**子**	**子**
刃	病	死	死

第一步,命理分析:

庚金日干生于亥月不得令,满盘食伤透出,得令而旺,时干偏印虽透干,但无强根,偏印无力,酉金劫财亥月无力。该八字二金一土五水,金寒水冷土冻之时,取火为用神,土为喜神,水为忌神。

第二步,五格数理分析:

原名孙伟俊,人格21划,地格20划,总格30划。该名字的三才配置水行太旺,是命主八字的忌神,属于水多火灭,孩子不仅学习不好,应该心脏和脾胃都不好,朋友说正是如此,孩子自小就不爱吃饭、活动一点就觉得心跳难受,请将改个好名字。现按照原命局的用神,取三个名字,以便选择。

(1)孙煜伦　(2)孙煦航　(3)孙楠轩

最后选字"**孙煦航**",字"**楠轩**"。

(1)
孫10 ── 11划天格(木)
煦13 ── 23划人格(火)
航10 ── 23划地格(火)
外格11(木)

总格33(火)

第三步，名字数理分析：

命局金寒水冷，火为用神，“孙煜航”的名字人格23划，地格23划，总格33划五行皆属火，其三才配置是“木火火”，不仅将用神助起来，特别将原命局少气无力的偏印也强壮起来。

再者“孙煦航”三字，“煦”字的含意是代表“春风和煦，温暖宜人”，“航”是航天，意味着在春风和煦的阳光丽日之下，驾着飞船在宇宙间航行，不仅与数理命局相符，从字理行间看出内藏诗情画意之风格。名字起好后又赠送“魁罡点元”的藏头诗一首，嘱悬挂于书房之内。

奇哉！怪哉！将名字改了以后，考分突飞猛进，身体也逐渐见强，还不到一年进入前九名，考上重点中学。

其诗七字韵律，乃按古代“魁罡点元”的格式改写（写时念“踏罡步斗”咒七遍），北斗星君步天罡，文殊大帝显圣光，神笔润原朝魁斗，书令点化孙煦航。

斗书令点化孙
魁罡文殊大煦
朝天北斗帝航
原步君星显
润笔神光圣

例三：

看命局财官弱仕途不顺
改名字助用神官运享通

2002年春天，北京某部一位官员，慕名前来找笔者预测仕途，毫无隐讳地说：工作这些年，官运一直不顺，每到关键时刻身体就有病，目前有个晋升机会，但竞争人很多，而且都比我年青，我今年已48岁，如果再上不去，再也就没有机会了，久闻秦老师大名，专程前来求测一下，看看官运如何？我要他报上生日时辰,给他推算一下。

乾造:1953 年 2 月 15 日寅时,出生河北保定市。

偏官	正印	日主	正官
癸	**甲**	**丁**	**壬**
巳	**寅**	**酉**	**寅**

	4	14	24	34	44	54
大运:	癸	壬	辛	庚	己	戊
	丑	子	亥	戌	酉	申

日干丁火生于寅月得令,月支主气透干为之正印格,又得年支巳火帮扶,时支寅木生助,日干为旺,取酉金为用。此八字财官印俱全,目前正走金运,用神得地,“但不知你叫什么名字?”“我名叫林安州”。根据“林安州”三字的姓名判断,林姓 8 画,安字和州字都是 6 画,从五格剖象上看,人格 14 画乃失意烦闷之凶数,地格 12 画乃“掘井无泉”也是凶数,总格 20 画乃非业破运大凶之数,难怪乎仕途蹇滞不通,建议他重新再起一个名字,人格数理代上木(印),总格数理代上金(财),地格数理代水(官),让所有认识他的人都叫新起的名字,叫的人越多越好,他同意这样办,按照他八字用神将他起三个名字供选择。

(1)林诗衡　　(2)林靖达　　(3)林湛熹

最后确定选择**“林靖达”**,字**“湛熹”**。

外格	姓名	笔画	三才
外格17(金)	(1)		9划天格(水)
	林	8	
	靖	13	21划人格(木)
	達	16	29划地格(水)

总格37(金)

查林靖达的名字,总格属金,地格属水,人格属木,属于金生水,水生木的组合,用之可使命主官运享通,财源大顺,交际和谐。从三才配置来说"水木水"属于基础运稳固,成功运通顺,事业上得上司器重,精心栽培。上下相生,属于福分无穷的好格局。

2002年年底来电话说,新名字用了以后,不仅在仕途上通顺,而且其它方面都很好,特别在身体方面也逐渐好转,以往每年到冬天,稍一活动就气喘嘘嘘,心脏跳得难受,今年直到现在没有任何感觉,从未想到名字对人生有这样大的影响。

例四:

乾造:姓曲,于2003年二月初七日申时

1. 八字组合:　癸未　　乙卯　　辛巳　　丙申

2. 寻找用神:日主辛金,生卯月失令,自坐杀地受克,好在通根于时支申金,日主虽弱不枯,取时支申金为用神。月干乙木坐支卯木为强根,又得年干癸水之生,命局财星旺相,财星又生时干丙午官星,此命局将来必定官财两旺。取三个名字以供选择。

3. 确定姓名

(1)曲景阳　　(2)曲凯浓　　(3)曲皓谦

最后确定用"**曲皓谦**"。

4. 皓谦，皓乃皓日当空，谦指谦虚恭让，“皓谦”二字指君子有博大胸怀，凡事恭让于人，其志向如皓日当空，永久不败。此乃大事大业可成之格局。

5. 五格组合

查曲浩谦，曲姓6划，皓字12划，谦字17划，五格剖象人格18划，乃铁镜重磨，有志意成数，其三才配置：金金水。

例五：

乾造：陈立永，生于1952年闰五月十九日已时

八字：　壬辰　　丁未　　丁巳　　乙巳

找用神：丁火日主自生强根，又通于时支已火和月支未土，得月时支比相助，丁火偏旺，取年干壬水官星为用神。

原的名字人格22划，地格12划，总格28划，皆大凶之数。再看三才配置“金木木”，上克下，成功运被压，基础运不稳，也皆大凶之数，建议改名。

起三个名字以供选择：

(1)陈冠霖　　(2)陈奕达　　(3)陈建璋

最后确定“**陈建璋**”。

例六：

坤造：陶桂霞，出生于山东济南，1952年六月二十日已时生

八字：　壬辰　　戊申　　戊子　　己未

找用神：戊土日主生于申月不得令，但在地支通根于年支辰土和时支未土，又得月干戊土和时干己土比肩帮助，日主偏旺，取年干壬水为用神。用神财星通根于子水，又得月令申金助之，地支申子辰拱水局用神得力。

原名陶桂霞，用五格剖象来说人格26划，地格28划，总格44划，为大凶之数，建议改名。

起三个名字供选择：

(1)陶奕融　　(2)陶冠稣　　(3)陶思璇

最后确定“**陶冠稣**”。

例七：

乾造：贾勇恒，1962年十一月初四日卯时

八字：　壬寅　　辛亥　　壬申　　乙卯

近几年工作不顺处处遇到阻力，加之身体不好，家庭也不和睦，专程前来改名。名字要求响亮动听，对工作顺利，身体健康，家庭和顺。

贾勇恒人格22划，地格19划，皆大凶之数，总格32划，命理分析：日主壬水自坐长生，命主生在初冬亥月水旺之时，四柱比印相生，日主身强，应取克制和耗泄日主的用神，但柱中没有官煞，只有时柱丙火财星可以耗日主五行之气，此命局以财星为用神。

起三个名供选择：

(1)**贾耘韶**　　(2)**贾洛瑜**　　(3)**贾轩碧**

最后确定“**贾耘韶**”。

由于篇幅所限，若要一一介绍，反而耽误读者的宝贵时间，关于成人改名的原则，本书以上已叙述得很清楚，不再重述。总而言之，起任何名字要叫起顺口，听之入耳，在五格剖象和三才配置上，一定要符合命主的生辰八字，起到辅助用神的作用，这样才能称得上好名字。

第十一章　八卦篇

第一节　八卦与六十四卦起名法

《易经》是中华民族古文化中的经典著作，其中展现了无所不包的多层面视野，内藏肉眼所见不到的景物，古人在易理象数中，用——线代表阳爻，以－ －代表阴爻，以一代表阳爻，以二代表阴爻，将一与二相加总数为三。正如《道德经》所说，道生一、一生二、二生三、三生万物。以此理论结合大自然天、地、水、火、风、雷、山、泽之八大原数，而组合成乾、坎、艮、震、巽、离、坤、兑八个象征，这就是人们所说的八卦，然后又将八卦演变出六十四卦，再由六十四卦各爻变化总结出三百八十四爻，巧妙地用六十四卦说明一切事物的生态与发展。近年来，西方一些国家，对中国易经更为重视，已将易学应用到企业管理，并且从数学、物理学、天文学、地理学等多方面进行研究和运用。宋朝以前，我们的易学先圣即将八卦演变而来六十四卦运用到姓名学上来，称为卦象姓名学与八十一数姓名学，并逐步形成我国传统姓名学的一套完整的数术理论。关于八卦与六十四卦的详细解释与应用，在拙著《周易应用经验学》、《风水》内有详解。

卦是爻砌成的，爻分阳爻和阴爻，阳爻以一划的形象表示，阴爻以将一划断开表示（即以"——"代表阳爻，以"－ －"代表阴爻），用阴爻和阳爻组合成为一个基本单卦。即乾、兑、离、震、巽、坎、艮、坤八个基本单卦，因基本单卦有八种，故称为八卦，以此表示出宇宙间的万事万物。

为了方便记忆，须将宋朝大易学家朱熹所编的《八卦象形歌》熟记。

诗曰： 乾三连与坤六断，震仰盂与艮覆碗；

兑上缺与巽下断，离中虚对坎中满。

乾三连☰……乾卦即三横连在一起，所以叫做乾三连，次序为一，方位西北，人体为头，代表老父。

兑上缺☱……兑卦即三横上面有个缺口，所以叫做兑上缺。次序为二，人体为口，方位正西，代表少女。

离中虚☲……离卦即三横中间一横是虚线，所以叫离中虚。次序为三，方位正南，人体为目代表中女。

震仰盂☳……震卦即三横上两横是虚线，像一个痰盂仰起，所以叫震仰盂，次序为四，方位正东，人体为足，代表长男。

巽下断☴……巽卦是三横的下面一横断开，所以起名叫做巽下断。次序为五，方位东南，人体为股，代表长女。

坎中满☵……坎卦是三横上下两横断开，中间一横不断，所以叫坎中满。次序为六，人体为耳，方位正北，代表中男。

艮覆碗☶……艮卦即三横下两横断开，像碗覆盖的形象，所以叫艮覆碗。次序为七，方位东北，人体为手，代表少男。

坤六断☷……坤即三横切开变成六断，所以叫做坤六断，次序为八，方位西南，人体为腹，代表老母。

八卦中的每一卦都代表一个数，然而先天八卦数与后天八卦数不一样，在姓名学中所采用的是先天八卦数，即乾一、兑二、离三、震四、巽五、坎六、艮七、坤八。

每一卦都有大自然的象征，即乾卦为天、坤卦为地、震卦为雷、巽卦为风、艮卦为山、兑卦为泽、坎卦为水、离卦为火。如将两个单卦重叠起来,便是复卦,例如上面是乾卦,下面是震卦,即乾卦为天,震卦为雷,合起来就叫"天雷无妄"卦。又如上面是坎卦,下面是离卦,坎卦为水,离卦为火,两个单卦合起来即成"水火既济"卦,其余类推。

八个卦中,无论任何上下两个卦重叠起来都叫做复卦。八个卦中每两个卦重叠起来组成各不相同的六十四个卦象,这些不同的组合就是《易经》所阐述的"八八六十四卦"。下面就是六十四卦名称:

乾宫八卦:

乾为天、天风姤、天山遁、天地否、风地观、山地剥、火地晋、火天大有。

坎宫八卦:

坎为水、水泽节、水雷屯、水火既济、泽火革、雷火丰、地火明夷、地水师。

艮宫八卦

艮为山、山火贲、山天大畜、山泽损、火泽睽、天泽履、风泽中孚、风山渐。

震宫八卦:

震为雷、雷地豫、雷水解、雷风恒、地风升、水风井、泽风大过、泽雷随。

巽宫八卦:

巽为风、风天小畜、风火家人、风雷益、天雷无妄、火雷噬嗑、山雷颐、山风蛊。

离宫八卦:

离为火、火山旅、火风鼎、火水未济、山水蒙、风水涣、天水讼、天火同人。

坤宫八卦:

坤为地、地雷复、地泽临、地天泰、雷天大壮、泽天夬、水天需、水地比。

兑宫八卦：

兑为泽、泽水困、泽地萃、泽山咸、水山蹇、地山谦、雷山小过、雷泽归妹。

六十四卦每一卦都是由两个单卦合成，在上面的叫做上卦，又称外卦，在下面的叫做下卦，又称为内卦。

例如：上卦是“离卦为火”，下卦是“艮卦为山”将上下两卦合起来，便叫做“火山旅卦”例如：

这个卦上卦离为火、下卦艮为山，上下两卦合起来称之为“火山旅”卦。

第二节　姓名与八卦的配用方法

一、求余数定八卦

1. 将名字的笔划数合起来用 8 除，所剩的余数为下卦或称为内卦。

2. 再将姓名的全部笔划合起来的总和除以 8，得的余数即为上卦，又称为外卦。

3. 如果是单字则将此单字之划数除以 8(假添之数不算)，所剩余数即为下卦，如不足 8 划，则以基本笔划计算。

(4)笔划数被 8 除尽，仍与 8 相同，以坤卦的数计算。

余一数……即乾卦☰:乾为天。(乾卦形为,乾三连)

余二数……即兑卦☱:兑为泽。(兑卦形为,兑上缺)

余三数……即离卦☲:离为火。(离卦形为,离中虚)

余四数……即震卦☳:震为雷。(震卦形为,震仰盂)

余五数……即巽卦☴:巽为风。(巽卦形为,巽下断)

余六数……即坎卦☵:坎为水。(坎卦形为,坎中满)

余七数……即艮卦☶:艮为山。(艮卦形为,艮覆碗)

余八数……即坤卦☷:坤为地。(坤卦形为,坤六断)

二、六十四卦之卦名表

余数	上卦 / 下卦	一 乾 ☰	二 兑 ☱	三 离 ☲	四 震 ☳	五 巽 ☴	六 坎 ☵	七 艮 ☶	八 坤 ☷
一	乾 ☰	1 乾为天	43 泽天夬	14 火天大有	34 雷天大壮	9 风天小畜	5 水天需	26 山天大畜	11 地天泰
二	兑 ☱	10 天泽履	58 兑为泽	38 火泽睽	54 雷泽归妹	61 风泽中孚	60 水泽节	41 山泽损	19 地泽临
三	离 ☲	13 天火同人	49 泽火革	30 离为火	55 雷火丰	37 风火家人	63 水火既济	22 山火贲	36 地火明夷
四	震 ☳	25 天雷无妄	17 泽雷随	21 火雷噬嗑	51 震为雷	42 风雷益	3 水雷屯	27 山雷颐	24 地雷复
五	巽 ☴	44 天风姤	28 泽风大过	50 火风鼎	32 雷风恒	57 巽为风	48 水风井	18 山风蛊	46 地风升
六	坎 ☵	6 天水讼	47 泽水困	64 火水未济	40 雷水解	59 风水涣	29 坎为水	4 山水蒙	7 地水师
七	艮 ☶	33 天山遁	31 泽山咸	56 火山旅	62 雷山小过	53 风山渐	39 水山蹇	52 艮为山	15 地山谦
八	坤 ☷	12 天地否	45 泽地萃	35 火地晋	16 雷地豫	20 风地观	8 水地比	23 山地剥	2 坤为地

例如：上卦是乾下卦是兑，乾卦为天、兑卦为泽，从上卦乾一顺着向下数至兑二。乾与兑的交接处即为10，其卦象是䷉"天泽履卦。天泽履卦象上面的"10"的阿拉伯字码为天泽履卦的顺序代号，只是方便查找别无它用。

如果想查找某个复卦的卦象或断语属于哪一条断语，可依照此表即可查出。又如：查"火风鼎"卦，上卦是离下卦是巽，从上卦离卦向下查，再从下卦巽卦往右查，两卦的交接点，就是"火风鼎"卦。火风鼎卦的数序此卦是50数，再按照六十四卦中的50数火风鼎的断语，凶照凶断，是吉照吉断。图中每个卦名上面的阿伯数字，是按八宫中每一宫顺序往下排列的，如乾宫八卦，乾为天，为1；兑为泽2；离为火3，等等。

第三节　六十四卦的吉凶

一、吉卦

乾为天、坤为地、水地比、地天泰、天火同人、火天大有、地山谦、雷地豫、泽雷随、地泽临、山火贲、地雷复、山天大畜、离为火、泽山咸、雷风恒、雷天大壮、火地晋、风火家人、雷水解、山泽损、风雷益、泽地萃、地风升、水风井、泽火革、火风鼎、风山渐、雷火丰、兑为泽、水泽节、风泽中孚、水火既济、共33个吉卦。

凡遇此33卦皆是大吉之卦，凡事谋求顺利无阻，事业辉煌腾达，吉利安祥。

二、凶卦

水雷屯、山水蒙、水天需、天水讼、地水师、风天小畜、天泽履、天地否、山风蛊、风地观、火雷噬嗑、山地剥、天雷无妄、山雷颐、泽风大过、坎为水、天山遁、地火明夷、火泽睽、水山蹇、泽天夬、天风姤、泽水困、震为雷、艮为山、雷泽归妹、火山旅、巽为风、雷山小过、火水未济共30个凶卦。

另外一个“风水涣”卦比较特殊，在不同的情况下会有重大的突变，可能凶会变吉，吉易变凶。

三、八纯卦

八纯卦，又名六冲卦共有8种，即乾为天、兑为泽、离为火、震为雷、巽为风、坎为水、艮为山、坤为地共8个纯卦。凡是上下卦相同者乃为八纯卦，大运主卦遇八纯卦者，有生命危险。

四、归魂卦

归魂卦共有8种，即火天大有、天火同人、雷泽归妹、山风蛊、泽雷随、风山渐、地水师、水地比以上8种谓之归魂卦。但凡身体有病或犯法而入狱，如遇上归魂卦皆大凶之兆，犯罪不易出狱，有病无药可医，寿命不得长久。

如遇凶卦，诸事不顺，事情会越来越坏，遇吉卦，则办事顺利，事情会越来越好。

八卦姓名学除了上述八纯卦（六冲），归魂卦和六十四卦中的凶卦、其余的皆为吉卦。

第四节 姓名八卦起卦方法

要知姓名是何卦，将名字的笔划数相加除以八，得的余数为下卦，再将姓与名字笔划相加，得总数除以八，得的余数为之上卦。将上下卦两个卦加起来，则为六十四卦中的任何一卦，如：林心如的姓名，林字8划，心字4划，如字6划，先将林心如三字加起来得总数（总格）18划，用8除之，即18÷8=2余2，余下的2数为兑“☱”卦。兑为上卦。再将心如二字加起来用8除之，即 10÷8＝1 余 2，余下的 2 数，得兑“☱”卦。兑为下卦。将上卦兑与下卦兑重叠在一起得“䷹”兑为泽卦。我们将兑为泽称之为本命卦，再将总格除以 6 求动爻产生变卦。

姓与名字的笔划相加起来除以 8 余 1 有：9、17、25、33、41、49、57、65 等数为之乾一☰卦

姓与名字的笔划相加起来除以 8 余 2 有：10、18、26、34、42、50、58、66 等数为之兑二☱卦

姓与名字的笔划相加起来除以 8 余 3 有：11、19、27、35、43、51、59、67 等数为之离三☲卦

姓与名字的笔划相加起来除以 8 余 4 有：12、20、28、36、44、52、60、68 等数为之震四☳卦

姓与名字的笔划相加起来除以 8 余 5 有：13、21、29、37、45、53、61、69 等数为之巽五☴卦

姓与名字的笔划相加起来除以 8 余 6 有：14、22、30、38、46、54、62、70 等数为之坎六☵卦

姓与名字的笔划相加起来除以 8 余 7 有：15、23、31、39、47、55、63、71 等数为之艮七☶卦

姓与名字的笔划相加起来除以 8 余 0 有：8、16、24、32、40、48、56、64、72 等数为之坤八☷卦

现将姓名配卦之法举例于下：

一、单字姓双字名的起卦方法

李 7
政 8
达 16

总格 31 划数

李政达的姓名总格 31 划，地格 24 划，其配卦方法是：

1. 将姓名总笔划的 31 数(总格)除以 8，即 31÷8＝3 余 7，余下的 7 数为艮卦“☶”将此艮卦作上卦。

2. 再将名字的总划 24 数(地格)除以 8，即 24÷8＝3 正好除尽，除尽的卦为坤卦“☷”将此坤卦作下卦。

3. 然后将上卦艮“☶”，下卦坤“☷”便组成了山地剥“䷖”卦，称之为基础卦。

4. 将本命卦确定之后，再在本命卦中求动爻，求动爻之法，是将总格 31 数除以 6(六爻)，即 31÷6＝5 余 1，余 1 数为初爻动。

5. 山地剥“䷖”卦，初爻动，变为山雷颐“䷚”卦，我们将此三雷颐卦称之为变卦。

6爻	———	6爻	———
5爻	— —	5爻	— —
4爻	— —	4爻	— —
3爻	— —	3爻	— —
2爻	— —	2爻	— —
1爻	— —	1爻	———
山地剥为基础卦		基础卦初爻动变山雷颐卦	

二、单字姓单字名的起卦方法

贺 姓 12

锋 名 15

总格 27 划数

贺锋的姓名总划为 27 数(总格)其配卦方法是:

1. 将姓名总笔划之 27 数(总格)除以 8,剩余 3 数即 27÷8＝3 余 3 数,剩余的 3 数为“离”☲卦,为上卦。

2. 将名字的 15 划数(单字名只取单字实划)除以 8 而余 7 数,即:15÷8＝1 余 7 数,余下的 7 数为艮卦“☶”,艮为下卦。

3. 再将上下卦重叠便构成火山旅“䷷”卦,称之为基础卦。

4. 再将总格的 27 数除以 6(六爻)27÷6＝4 余 3 数,三爻便是动爻。

5. 火山旅“䷷”卦,三爻动,变为火地晋“䷢”卦。这个变出来的火地晋卦,我们称之为变卦。

6. 火山旅卦三爻动变成火地晋卦:

火山旅为基础卦		变为火地晋卦	
6 爻	——	6 爻	——
5 爻	— —	5 爻	— —
4 爻	——	4 爻	——
3 爻	——	3 爻	— —
2 爻	— —	2 爻	— —
1 爻	— —	1 爻	— —

火山旅为基础卦　　　　变为火地晋卦

三、双字姓单字名的起卦方法

字	笔划	分格	总格
诸	16	姓 31 划	总格 40 划
葛	15		
亮	9	名字 9 划	

诸葛亮的姓名，诸葛二字 31 划，名字 9 划，总数 40 划。其配卦方法是：

1. 先将姓名总格 40 划除以 8，即 40÷8＝5，正好除尽为坤“☷”卦，坤为上卦。

2. 再将名字“亮”字的 9 划（单字名只取单字实划）除以 8，即 9÷8＝1 余 1 数，余下的 1 数为乾“☰”卦，乾为下卦。

3. 然后再将上卦坤“☷”，下卦乾“☰”，两卦合在一起，组成地天泰“䷊”卦。这个地天泰卦我们称之为基础卦。

4. 然后再将总格的 40 数除以 6（六爻），即 40÷6＝6 余 4 数，余下的 4 数便知是四爻动。

5. 地天泰“䷊”卦，四爻动，变为“䷡”雷天大壮卦。这个雷天大壮卦我们称之为变卦。

地天泰卦为基础卦

变为雷天大壮卦

四、双字姓双字名的起卦方法

字	笔画	分格	总格
司	5	姓15划	总格28划
马	10		
季	8	名字13划	
主	5		

司马季主的姓名，“司马”二字共 15 划，名字“季主”二字共 13 划，其装卦方法是：

1. 先将姓名总格 28 划除以 8，即 28÷8＝3 余 4 数，剩余的 4 数为震☳卦，震为上卦。

2. 再将名字“季主”二字的 13 划除以 8，即 13÷8＝1 余 5 数，余下的 5 数为巽“☴”卦，巽为下卦。

3. 然后再将上卦震☳”，下卦巽“☴”，两卦合在一起，组成雷风恒“䷟”卦。

4. 然后再将总格的 28 数除以 6(六爻)，即 28÷6＝4 余 4 数，余下的 4 数便知是四爻动。

5. 雷风恒“䷟”卦，四爻动，变为地风升“䷭”卦，我们将此称之为基础卦。

雷风恒为基础卦	变为地风升卦
6爻 ⚋	6爻 ⚋
5爻 ⚋	5爻 ⚋
4爻 ⚊	4爻 ⚋
3爻 ⚊	3爻 ⚊
2爻 ⚊	2爻 ⚊
1爻 ⚋	1爻 ⚋

八卦姓名学是以变卦为关键因素，若不用变卦则无法判断出流年吉凶。简单的说，姓名基础变卦是判断姓名流年吉凶的主要根据，先将基础卦装出以后，再将基础卦演变成基础变卦，然后再按变化，即可预测出大运流年、流月、流日之吉凶。

八卦姓名学的配卦方法非常简单，不外乎以下几条：

1. 姓名总划数除以8，得余数为上卦。
2. 名字总划数除以8，得余数为下卦。
3. 两个单卦上下重叠而成之卦，称之为基础卦。
4. 将姓名总格除以6，得余数称之为基础变卦。

第五节 姓名变爻与大运流年看法

姓名基础卦，只看其人10岁以前之安危，至于10岁以后的事，再从基础卦中求出基础变卦，以后预测每年的吉凶祸福从变卦的初爻开始往上逐爻变化，每变一卦管十年运程。因姓名中的大运流年都是从动卦变爻中变出来的。所以，变卦是主要关键。对于变卦，我们称之为“大运起始卦”。所有大运流年的变化皆从此变卦开始。

姓名变卦主其人10岁起至20岁之间的运程，以后从初爻开始每十年依序变化，以变爻的卦名判断每个十年为一阶段的吉凶情况。这段时间，我们将称之为“大运期”。

大运卦必须要以虚岁来计算,即出生的当年为1岁,出生的第二年为2岁。例如1988年戊辰年出生的人为1岁到第二年1989年己巳年为2岁。每年以立春节为交节点,比如1990年正月初九立春,那么正月初八出生的人还是算前一年生人,必须在初九日以后才能算第二年生人,若以阳历来推算,以2月4日为交节点,因每年大多数是2月4日立春,因此2月4日前一天出身的人算前一年,2月4日以后出生的人则算后一年,从变卦中求动爻我们称之为大运卦。

从基础卦可演化出大运卦、流年卦、流月卦、流日卦。现在我们来逐步进行演示如下:

一、大运卦之配卦方法

第一步首先以基础卦推出十年期大运卦

基本卦为不动之卦,管其人1~10岁之间的大运吉凶。

大运变卦即(六爻变卦),管其人11~21岁之间的大运吉凶。

大运变卦变初爻——管其人21~31岁之间的大运吉凶。

大运变卦变二爻——管其人31~41岁之间的大运吉凶。

大运变卦变三爻——管其人41~51岁之间的大运吉凶。

大运变卦变四爻——管其人51~61岁之间的大运吉凶。

大运变卦变五爻——管其人61~71岁之间的大运吉凶。

大运变卦变六爻——管其人71~81岁之间的大运吉凶。

例如:姓名变卦为水泽节之人

大运变卦水泽节"䷻"卦,影响其人11~21岁的运气。

水泽节卦变初爻为坎为水"䷜"卦,影响其人21~31岁的运气。

水泽节卦变二爻为水雷屯"䷂"卦,影响其人31~41岁的运气。

水泽节卦变三爻为水天需“䷄”卦，影响其人 41～51 岁的运气。

水泽节卦变四爻为兑为泽“䷹”卦，影响其人 51～61 岁的运气。

水泽节卦变五爻为地泽临“䷒”卦，影响其人 61～71 岁的运气。

水泽节卦变六爻为风泽中孚“䷼”卦，影响其人 71～81 岁的运气。

学会大运变卦方法以后，即可用大运卦的卦象推算某一十年中可发生的吉凶之事了。

在推算大运卦吉凶时，若遇到八纯卦（六冲之卦）为最凶之卦可能会有生命之危险。遇上归魂卦也是凶卦，主有病难愈，官事狱灾，寿命难久。遇吉卦诸事皆吉遇凶卦诸事不顺，甚者凶祸临头。（具体细节本篇上有详述）。

二、年运卦之配卦方法

年运卦又称之为流年卦，其配卦方式，是根据大运卦之卦象，按大运年龄阶段演变而来的。现仍以姓名变卦为水泽节为例，例如其人是 43 岁，想知道今年流年如何，可根据上述十年期之大运卦卦式，每动一爻即可知其第一年或第六年的运气。卦式如下：

十年期之大运式变初爻，为该大运第一年的运气。

十年期之大运式变第二爻，为该大运第二年的运气。

十年期之大运式变第三爻，为该大运第三年的运气。

十年期之大运式变第四爻，为该大运第四年的运气。

十年期之大运式变第五爻，为该大运第五年的运气。

十年期之大运式第六年的流年卦与第一年相同。

十年期之大运式第七年的流年卦与第二年相同。

十年期之大运式第八年的流年卦与第三年相同。

十年期之大运式第九年的流年卦与第四年相同。

十年期之大运式第十年的流年卦与第五年相同。

姓名的基础卦只是观察 1～10 岁之间的安危。除此以外是不起任何作用的，关于 10 岁以后直至一生的吉凶成败，完全以变卦为主，所以说变卦才是辨别人生祸福的主要关键。

现将姓名成卦及变卦方法录出以供参考。

例一，张作霖的姓名成卦方法：

张作霖的姓名“张”字 11 划，“作”字 7 划，“霖”字 16 划，姓名三个字加在一起 34 划（总格），其成卦方法是：

1. 先将姓名的 34 划（总格）除以 8，即 34÷8=4 余 2 数，余下的 2 数为兑“☱”卦，将此兑卦作为上卦。

2. 又将名字“作霖”二字 23 划除以 8，即 23÷8=2 余 7，余下的 7 数为艮卦，将此艮卦为下卦。

3. 将上卦兑“☱”卦，下卦艮“☶”卦，两卦合在一起，便组成“䷞”泽山咸卦。这个泽山咸卦，我们称之为基础卦。

然后再将姓名总格 34 划除以 6（六爻），即 34÷6=5 余 4，余下的 4 数便是基础卦，四爻动称为基础变卦。

4. 泽山咸“䷞”卦四爻动，变成水山蹇“䷦”卦，这个水山蹇卦即为变卦。

大运变卦每动一爻管十年之间的安危，如求 11～21 岁之间的大运看大运变卦，求 21～31 岁之间的大运看初爻，求 31～41 岁之间的大运看二爻，求 41～51 岁之间的大运看三爻，求 51～61 之间的大运看四爻，求 61～71 之间的大运看五爻，求 71～81

岁之间的大运看六爻。

如大运起始卦为水泽节的人求测 48 岁的这年流年如何，首先要在大运卦中求出 41～51 之间是什么卦。查水泽节卦的四爻动，即水泽节“䷻”四爻动变为兑为泽“䷹”卦、兑为泽就是这个人所需求测 41－51 岁之间的流年卦。要想知道 48 岁这年能发生何事，怎么去预防，可直接用“兑为泽”作为基础卦，从中再逐位查变爻。

41、46 岁流年卦，由兑为泽变——泽水困卦“䷮”

42、47 岁流年卦，由兑为泽变——泽雷随卦“䷐”

43、48 岁流年卦，由兑为泽变——泽天　卦“䷪”

44、49 岁流年卦，由兑为泽变——水泽节卦“䷻”

45、50 岁流年卦，由兑为泽变——雷泽归妹“䷵”

又如韩宣伦这个名字总笔划为 36 划，除以 8 即 36÷8＝4 余 4，余下的 4 数为震☳卦。再将名字“宣伦”二字的笔划加起来共 19 划除以 8，即 19÷8＝2 余 3，余下的 3 划为离☲卦。将上卦震“☳”卦和下卦离“☲”卦组合为“䷶”雷火丰卦，基础卦是雷火丰卦，求其 38 岁这年流年如何，先将姓名基础命卦除以 6(六爻)得出变卦，然后再动变六爻变成大运卦，以后再动三爻，即变为流年卦。

例如：

䷶　　　䷝　　　䷔

基础卦雷火丰	基础卦六爻动 变离卦为大运卦	求 38 岁流年 再将大运变动 三爻为火雷噬嗑卦

已知其人 38 岁这年的流年卦是“火雷噬嗑”卦，查六十四卦中火雷噬嗑卦断语乃属凶卦：主事业难成，贫苦至极，有劳无功，宜安分守已，凡事不宜动。

六爻动，变为离为火卦，这离为火卦我们将其称之为“大运卦”韩某想问 38 岁这年的流年如何？查 31～41 岁之间的大运卦。该段时间的大运卦三爻发动，变为“火雷噬嗑”卦，主该大运期的第几年运气，即查六十四卦“火雷噬嗑”卦的断语以知吉凶。

三、流月卦的配卦方法

知道每一年的流年卦以后，即可对照下面六十四卦断语推算年运卦的吉凶如何。有了流年卦可以进一步由流年卦再推流月卦，流年卦以每年立春节开始起正月。

从该流年卦变初爻——看该年正月、七月之运程。

从该流年卦变二爻——看该年二月、八月之运程。

从该流年卦变三爻——看该年三月、九月之运程。

从该流年卦变四爻——看该年四月、十月之运程。

从该流年卦变五爻——看该年五月、十一月之运程。

从该流年卦变六爻——看该年六月、十二月之运程。

例如：某人的流年卦为雷水解“䷧”卦。

卦动初爻得——䷵雷泽归妹卦主正月、七月的事。

卦动二爻得——䷏雷地豫卦主二月、八月的事。

卦动三爻得——䷟雷风恒卦主三月、九月的事。

卦动四爻得——䷆地水师卦主四月、十月的事。

卦动五爻得——䷮泽水困卦主五月、十一月的事。

卦动六爻得——䷿火水未济卦主六月、十二月的事。

知道流月卦，就可以了解每个月的运气如何了。

中国姓名学的学问博大精深，六十四卦姓名学更与其它姓名学不同，对于初学者，能用卦象来判断行运现象好坏就不错了，如果再想往深处进行，还可精细地推到某一天可发生什么事情，那么就不单是以卦象来解释了，必须再用流年地支与流年的卦象来进行综合判断，从中能分析出很多精细的信息。

四、流日卦的配卦方法

流日卦的配卦方法，与流月卦相似，先将某一月的流月卦求出后，再依该月的月卦从初爻开始变动，每一爻管五天运气吉凶，但姓名学如用到某日来推算，其作用也就不大了，它不像八字的日柱那样重要。

从月卦看初爻，初爻变动——看初一至初五日之间之事。

从月卦看二爻，二爻变动——看初六至初十日之间之事。

从月卦看三爻，三爻变动——看十一至十五日之间之事。

从月卦看四爻，四爻变动——看十六至二十日之间之事。

从月卦看五爻，五爻变动——看二十一至二十五日之间之事。

从月卦看六爻，六爻变动——看二十六至三十日之间之事。

现将古今名人姓名的成卦方法及动爻的位置在那一爻用实例来解释现录于下，以供参考：

例一：岳飞的姓名

岳飞(1103～1142)字鹏举，出身于河南省汤阴县。南宋时抗金名将，祖代务农，因出生时有大鹏鸟飞过来，故有一世外高人给他起名岳飞，并赐字鹏举，意思是“鹏程万里、远举高飞”。

岳飞自小聪慧过人，勤奋好学，因家中贫困无钱买纸笔，便以河沙作纸，柳枝为笔，其母教其读书认字。据说其母曾在其背上刺以"精忠报国"四字,以督其学。岳飞学习认真刻苦,不久又拜师学武,精心研究《孙子兵法》,对《左氏春秋》特别爱好,平时学习骑射,后又学习枪法,练就一身好武艺。19 岁时就投军抗辽,1126 年金兵入侵中原,岳飞投军,保家卫国抗击金军,开始了他的戎马生涯。

岳飞年幼时就苦读兵书,以保家卫国为己任,从军后屡破金军,历任荆湖东路安抚都总,湖南、湖北诸路招讨使、枢密副使等职。后来朝廷听信奸邪,以致徽钦二帝被掳。宋高宗听说岳飞忠勇,召集上殿,官封要职,命其光复失土,消灭金兵。绍兴十一年(1141)岳飞大破金兵,势如破竹,锐不可当,立下丰功。金兵闻之丧胆,正当岳飞进军朱仙镇(今开封南 45 里)准备发兵直捣金兵老巢黄龙府(今吉林)收复北方失地时,宋高宗赵构听信奸相秦桧之谗言,于 1 日内用十二道金牌,迫使岳军退兵,以莫须有的罪名,将岳飞父子害死于风波亭中,并将全部家产充公。岳飞时年只有 39 岁,一生赤胆忠心,最后竟蒙冤受害。据说,岳飞死时,临安(今浙江杭州西)城内外黑雾迷空,狂风大作,只刮得飞砂走石,灯火皆灭,连续 20 多个小时不见天日。此冤历经二十多年,直至孝宗淳熙六年(1179)才得以平反昭雪,赐谥武穆。

今以岳飞之姓名配卦:

1.岳飞的名字,"飞"字 9 划数(单字名只求单字笔划数),以 8 除之而余 1 数,余 1 数为乾卦"☰"作为下卦。

2.岳飞的姓氏"岳"字 8 划,飞字 9 划其总笔划为 17 数(总格),17 除以 8 而余 1 数,余 1 数为乾卦"☰"作上卦。

3.以两个单卦上下重叠便组成了"䷀"乾为天卦。

4.再以姓与名字的总数(总格)17 划以 6 除之,即 17÷6=2 余 5,而所余的 5 数便是动爻在第五爻。乾为天"䷀"卦五爻动后则变为“䷍”火天大有卦。

5. 乾为天是岳飞姓名的基础卦。

6. 基础卦五爻动则变为火天大有卦，此火天大有乃是“变卦”，变卦则是判断其人姓名吉凶的主要关键。

岳飞为什么会死在39岁？请看姓名30～40岁之间的大运卦。

1. 岳飞姓名基础卦是“䷀”乾为天卦，基础卦除了在此基础上求变卦，以及观察其人10岁之前的吉凶遭遇外，其他是用不上的，对于其人10岁以后直至一生的吉凶安危则以变卦为准。

2. 再说得明白一些，姓名总格17划除以6余5，所余5数为五爻动，乾为天卦五爻动变为“䷍”火天大有卦，这个“火天大有”卦乃是判断其人一生运程的开始。

岳飞姓名基础卦为乾为天䷀卦、乾为天动第五爻变为火天大有䷍卦
火天大有䷍卦，主管其人十岁至二十岁之运程
火天大有卦变初爻为火风鼎䷱卦，主管其人二十至30岁之运程
火天大有卦变二爻䷝离为火卦（八纯卦大凶）主管其人30至40岁运程
火天大有卦变三爻䷥火泽睽卦（凶）主管其人40岁至50岁运程

看其姓名基础卦为乾为天“䷀”卦变火天大有“䷍”卦，火天大有二爻动，变为离为火“䷝”卦，主管看其人 30～40 岁运程，离为六冲卦，又叫八纯卦。但凡六冲之卦皆有生命危险，六冲者即上卦与下卦相同，有乾为天，坎为水，艮为山，震为雷，巽为风，离为火，坤为地，兑为泽也。表中 30～40 岁之间运程乃离为火“䷝”卦（八纯凶卦）。那么为什么死于 39 岁？我们再来看一下上述年运配卦方法表中 30 至 40 岁的离卦：

变上爻只是看其人35岁	
变五爻看其人	34、40岁
变四爻看其人	33、39岁
变三爻看其人32、38岁	
变二爻看其人	31、37岁
变初爻看其人30、36岁	

从离卦上来看，岳飞 39 岁那年临在第四爻，我们再将离卦的第四爻变一下为山火贲卦“䷕”你再查一下本书中六十四卦 22 条山火贲卦断语“美景将尽一切结束，内含隐忧之象”。若是到 40 岁，离卦为火卦“䷝”五爻动“䷌”变为天火同人卦（请查 13 条天火同人断语），那么不仅不死，反而平安吉祥，万事如意，广结人缘，扬眉吐气了。

例二：张作霖的姓名

张作霖乃奉系军阀、土匪出身，后归顺清朝政府。在袁世凯称帝失败后援助段祺瑞，后来掌握东北三省兵权。1922 年 4

月，第一次直奉战争惨败后，回到东北实行东北三省自治，自命为保安司令，后来打败直系军阀，掌握北京政府后，又自命安国军总司令，兼任奉天省省长。后来由于没有答应日本侵略中国的无理要求，在从北京乘火车返回东北老家，经过沈阳附近的皇姑屯三孔桥时，被日本关东军特工炸死，时年53岁。

以张作霖之姓名配卦。

如张作霖的姓名张字11划，作字7划，霖字16划，起卦方法是：

1. 姓名“张作霖”三字合计34划数（总格），以8除之即34÷8=4余2数，为兑“☱”卦作为上卦。

2. 又将名字“作霖”二字23划，除以8即23÷8=2余7数，余下的7数为艮“☶”卦，作为下卦。

3. 将上下两卦重叠起来，便组成了“䷞”泽山咸卦，这个“泽山咸”卦我们将称之为基础卦。

4. 再以总格的34数以6（六爻）除之即34÷6=5余4，余4数便是4爻动，以泽山咸卦四爻动变为“䷦”水山蹇卦，为之变卦。

— —六爻　　— —六爻
———五爻　　———五爻
———四爻（动）　— —四爻
———三爻　　———三爻
— —二爻　　— —二爻
— —一爻　　— —一爻

“泽山咸”第四爻发动变成为“水山蹇”卦

张作霖姓名基础卦为泽山咸“䷞”四爻动变为“䷦”水山蹇卦。

张作霖姓名基础卦为泽山咸䷞卦，第四爻动变水山蹇䷦，这个"水山蹇卦我们称之为大运卦。
大运开卦即：䷦水山蹇卦主其人 11～21 岁运程。
水山蹇卦变初爻即：䷾水火既济主其人 21～31 岁运程。
水山蹇卦变二爻即：䷯水风井主其人 31～41 岁运程。
水山蹇卦变三爻即：䷇水地比主其人 41～51 岁运程。
水山蹇卦变四爻即：䷞泽山咸主其人 51～61 岁运程。

例三：民族英雄郑成功的姓名

民族英雄郑成功（1624～1662）出生于明朝末年。在朝为官，封延平王，清兵入关灭了明朝，郑成功誓死不降、孤军力战，并收复台湾，成为有功于后世的民族英雄。他先后为复明抗清而大义灭亲，其忠烈的爱国精神使后人由衷敬仰。

郑成功生于不幸之年代，亦病殁于不幸之境遇。在与清作战时，日以继夜地操练士兵，时刻准备反清复明。由于过度操劳，享年只 39 岁。临终时双手掩面失声痛哭，说了声"复国未成、无颜见先帝于九泉"，便伏案而亡。

今将郑成功的名字配卦方法介绍如下：

1. 郑成功的姓名总笔划为 31 数（总格）以 8 除之即 31÷8＝3 余 7，余下的 7 数为艮"☶"卦，为上卦。

2. 再以名字两个字的笔划数 12 划（地格）除以 8，即 12÷8

=1 余 4,余下的 4 数为震“☳”卦,为下卦。3. 再将艮“☶卦与震☳”两卦重叠起来,便组成了山雷颐“䷚”卦。

4. 再将总格 31 除以 6(六爻),即 31÷6=5 余 1 数,余下 1 数便是第一爻动。

5. 原卦山雷颐“䷚”卦动第一爻变为山地剥“䷖”卦。

6. 这山雷颐卦称之为基础卦,变出来的山地剥卦称为大运卦。

基础卦山雷颐动初爻,变成为山地剥卦

今以郑成功的姓名变卦求变卦,观察其人十年运期之大动期吉凶情况:

郑成功姓名基础卦为䷚山雷颐,动第一爻变为䷖山地剥卦
大运卦山地剥䷖卦,主其人 10～20 岁之间之运气
大运卦山地剥䷖卦,变初爻为山雷颐䷚卦,主其人 20～30 岁之间之运气
大运卦山地剥䷖卦,变二爻为山水蒙䷃卦,主其人 30～40 岁之间之运气
大运卦山地剥䷖卦,变三爻为艮为山䷳卦,主其人 40～50 岁之间之运气。

从表中可以看出姓名基础卦的作用，只是求出变卦和管辖其人1～10岁的运程，以外是不用的。对于其人10岁以后直至终年所有的吉凶安危都以变卦为主，再从变卦中求变卦。

姓名的变卦、被称之为“大运卦”，关于判断流年、流月、流日之方法，皆从此大运卦开始，但要知姓名变卦是主其人10～20岁之间的事，以后从变卦初爻开始直至第六爻，每变一爻管十年为一阶段的吉凶安危。

看39岁这年如何，必须看其人30～40岁之间的大运卦，查郑成功30～40岁的大运卦是“山水蒙”卦，此卦可看其人30岁～39岁之间的运程。

六爻变专看其人35岁	
五爻变看	34～40岁
四爻变看	33～39岁
三爻变看	32～38岁
二爻变看31～37岁	
初爻变看	30～36岁

看其39岁这年的运程，必须看大运卦四爻的变卦，郑氏的30～39岁的大运卦为“山水蒙”卦，山水蒙卦为大凶之卦(查看六十四卦运吉凶断语)。

再将其“山水蒙”卦四爻变、变成为“火水未济”，查“火水未济”为六十四卦顺序最后一卦，属于凶卦，但是先凶而后可吉。意思是万事不如意运气不通之卦，若能挺过这段黑暗时间，很快就会黎明到来，在这种艰难情况下应该拿出勇气定能迎来大好时机。若与他人合作，可完成大事大业。但郑氏没有挺到39岁就死于非命，就是挺过39岁交40岁以后又犯八纯(六冲)卦，也难逃死亡这一关。

第六节　六十四卦起名深入研究

为使本书的读者确能一看即明，现将高层次的命名方法用实例说明，以便在运用时参考。

首先应将下述这两表格细细看一遍，再用心去体会一下其中含义，明白后方可往下进行深入，否则读者会感到无从着手。

一、天干阴阳的正克与正合

天干之正克	甲木克戊土	乙木克己土	丙火克庚金	丁火克辛金	戊土克壬水	己土克癸水	庚金克甲木	辛金克乙木	壬水克丙火	癸水克丁火	阴克阴最终相克到底，阴克阳克中有情，最终和顺。阳克阳最终相克到底，阳克阴克中有情，最终和顺。
天干之正合	甲木合己土	乙木合庚金	丙火合辛金	丁火合壬水	戊土合癸水	己土合甲木	庚金合乙木	辛金合丙火	壬水合丁火	癸水合戊土	

二、诸格灵数与十二地支五行配置

凡天、人、地、外、总诸格的个位1数——是寅木可变甲木
凡天、人、地、外、总诸格的个位2数——是卯木可变乙木
凡天、人、地、外、总诸格的个位3数——是巳火可变午火
凡天、人、地、外、总诸格的个位4数——是午火可变巳火
凡天、人、地、外、总诸格的个位5数——是辰土或戌土
凡天、人、地、外、总诸格的个位6数——是未土或丑土
凡天、人、地、外、总诸格的个位7数——是申金可变酉金
凡天、人、地、外、总诸格的个位8数——是酉金可变申金
凡天、人、地、外、总诸格的个位9数——是亥水可变子水
凡天、人、地、外、总诸格的个位10数—是子水可变亥水

三、六十四卦吉凶所主

六十四卦是以八卦演变而成的，我国的姓名学最早在宋朝就有之，其中最精彩的一个部分就是六十四卦姓名学，称为卦象姓名学，是中国传统的数术智慧结晶。卦象姓名学的奥妙之处，就是把六十四卦的卦理，应用于姓名之中，用来论断其人生活过程中各种事情，读者可将亲友及熟人名字的笔划，按起卦方法，找出自己及他人的名字属于哪一卦，然后看六十四卦中每一卦所断的事象，与事实符与不符。特别注意的是，无论你用哪一种预测方法，最好与先天生辰八字同时判断，如果生辰八字组合良好，名字纵然有些缺陷，还可以逢凶化吉，如果生辰八字组合不好，那么名字再好，也会减轻福份。

四、六十四卦吉凶断法

1. 乾为天“䷀”（八纯卦之一，上下卦俱为乾卦）大吉

诗曰： 困龙得水好运来，不由喜气上心怀。
一切谋望皆遂意，向后事业步天台。

乾卦属纯阳，为之天象，古人以天为大，气量无穹。乾为天道，对大地影响极大，天行健自强不息，为天地之尊。本卦大吉为“困龙得水”之象。姓名笔划得出乾为天的卦，无论任何事情，皆能如意吉祥，事业兴旺，学业有成，名利双得，无论社会地位，兴家立业，皆是大吉之象。但凡卦逢六冲，不能得意忘形，如过骄傲，以防将好运破坏而招致失败甚至带来生命危险，故不能不谨慎。此卦最适合男子，妇女得此卦者，表示唯我独尊，是事业型男人的性格。

2.坤为地“䷁”（八纯卦之一，上下俱为坤卦）吉卦

诗曰： 一只饿虎入山岗，遇着肥羊把口张。

一张谋望皆遂意，得此卦数大吉昌。

坤为地，为老母，与天有相同的功劳、坤柔乾刚，互相配合，坤为纯阴，万物得此而滋生、成长、茁壮。地势坤厚德载物，能担一切重任，任劳任怨，能容纳一切。品格上性格廉洁、传统保守、待人有礼、循序发展。

姓名遇得此卦者吉，长辈之意需顺从莫违背。事业方面与人合伙共商为吉。万事不可过于冒进，在已有的基础上发展。如果轻举妄动，则自酿灾祸，此卦属于先苦后甜之象，较适合女性及保守之人。此卦六冲，流年遇之防不测之祸。

3.水雷屯“䷂”（上卦为坎，下卦为震）凶卦

诗曰： 终朝忙碌不见头，颠三倒四犯焦愁。

诸事不可多急燥，盲目反惹不自由。

此卦水在上为云雨，震在下为雷，阴云密怖乌云遮日，有暴雨欲来之势，一片忧郁，随时都有狂风暴雨之象，弄得难以招架，乱了阵脚。此卦乃多灾多难之象，凡事切勿轻举妄动，要有坚忍奋斗的意志，埋头苦干的精神，即可排除万难。然而大功欲成又来洪水涂难，应遵照上司或有谋略之人的指示，方可走出迷途。

4.山水蒙“䷃”(上卦为艮,下卦为坎)大凶

诗曰: 蒙卦处境处处凶,处处蹇滞运不通。
时防小人施暗计,费尽心机不善终。

山在外,水在内,水宜畅顺为佳,但却有山势阻挡,故进退两难,处于惆怅莫展。诸事困难,后果难以设想。

此卦事理不明,缺乏果断,处事犹豫不决而耽误大事。遇事应积极遵照指示,接受他们教导,耐心自重以等待机会,黎明即在前面。万万不能所从诡计,防止小人从中设套。在交往上处处小心,会带来很为不利的影响,特别在文书证件及支出等方面注意,仅防出现差错,或处理不当而蒙受不应有的灾难或损失。

5.水天需“䷄”(上卦为坎,下卦为乾)凶卦

诗曰: 一棵明珠土里埋,纵有光亮不显才,
若有农夫扒土去,重新出现见云开。

上水为坎,下乾为天,水在天为云,渐聚成雨,雨能润泽大地,故为需。

欲事业有成,必须静心等待,不可操持过急,更不可过份轻举妄动,等待时机最为重要,如果时机未到而出动,必然招致失败。唯有忍耐,方可度过难关,把握机会,事可有成。此卦合乎性格刚强有志之士,可以大显神通,无才德的姓名构成此卦者为凶,务必要注意免去酒色,而后可保平安。

6.天水讼“䷅”(上卦为乾,下卦为坎)极凶

诗曰: 讼卦历来运不齐,诸事谋略待时机,
有志之人显身手,平人见之最不宜。

乾为天在上,坎为水在下,此卦需要达不到满足,需要的资源不足,故而相争,争则必讼。在社会交往方面,容易被小人谋害,甚至反目为仇。故人缘不好,或因他人事而闯出大祸,或在

事业上受其诽谤。

此卦属于运气不通，诸事不顺，凡事有阻不吉之卦，遇此卦者应注意遇事不可操之过急，宜等待机会自然解顺。不宜与人争执，容易带来不必要的麻烦。虽然理直气壮，也难免陷于是非临头，招来诉讼之灾。到时纵有深谋大智，也必招不堪设想的后果。另外又容易错误估计对方而反中对方奸计，招来不利之事。

7. 地水师“䷆”(上卦为坤，下卦为坎)凶卦

诗曰： 将帅领旨去征东，身骑骏马硬拉弓。

一步一个打得准，满载而归得大功。

大将兴师在外，两国交争，定有争端，无论成败，都有一定损失，如能才华出众，以德服人，虽经风浪而事业有成，重建一番事业，往后则能顺利，若不如此，则长期处于动荡之中。

此卦不可图其私利而卖弄手段，应守正道，拿出果断的毅力处事，然后可以排除万难，得到意外的利益。但内中还藏有急功近利而反遭失败之象。或有本身业务上的变动，或因居住处出现纠纷，难以解决之象。

8. 水地比“䷇”(上卦为坎，下卦为坤)吉卦

诗曰： 行船顺风扯起篷，上天又来助顺风。

不用费力朝前进，任意行驶百事成。

此乃相亲相爱携手合作，适合与他人建立良好关系，可得贵人相助能成大事。但诸事避免过于激进，否则好运则遭破坏，比如猎人打猎一样，一般都留有出口，让猎物有逃生之路，凡事应宽宏大量，以受人尊敬，总而言之，这个名字是指人际关系良好，依靠此际关系而能成事，循序渐进，顺风得水，事业有成之大吉之卦。

9. 风天小畜“䷈”(上卦为巽，下卦为乾)凶卦

诗曰： 运气不遂阻碍多，小人当道无奈何，
诸事忍耐等机会，时来自能消折磨。

小畜者，阴阳失调，阳气上行而阴气下降，无以成雨，运气不畅。阻碍多多，小人当道，自身软弱，事业难成，只求平安。诸事不可悲观失望，应忍耐等待时机，方见天日，运气自能开通。此卦乃静中有阻，劫而有难之象，如为男性，易受女人所欺，或者会因女色惹祸。

10. 天泽履“䷉”（上卦为乾，下卦为兑）大凶

诗曰： 阴阳失序本为凶，只宜谦让方为功，
诸事宜退不宜进，待机行事有始终。

处于困难危机的环境之中，只要谦和忍让方能度过难关。天在上为尊，泽在下为卑，老阳少阴为自然序，此卦宜退而不可进、进则危险，在处于困难的同时，只要以和顺的态度应付就可平安无事。并且以谦逊自尊之心理等待机会，无论什么困难，自能化险为夷，此卦向前推进不利，退守即吉。

11. 地天泰“䷊”（上卦为坤，下卦为乾）吉卦

诗曰： 成绩优异上金榜，文章满腹入考场，
志得意满满载归，耀祖荣宗喜昂昂。

阳气上升而阴气下降，二气相交，阴阳和合为开泰之象，故而为吉，此卦应家有喜事重重，前途美好，事业繁荣，实为大吉之卦。然而不能因春风得意而骄傲，或因过分顺利而放松一切戒备，以免因此而破坏三阳开泰的大好时机。

12. 天地否“䷋”（上卦为乾，下卦为坤）大凶

诗曰： 天地不交否卦祥，事不如意主灾殃，
不可失意悲观望，意志蓬勃拿主张。

否以匪人，不利君子贞，大往小来，则是天地不交，而万物不

通也，上下不变，而上无帮也，内阴而外阳，内柔而外刚，内小人而外君子，小人道长，君子道消也。

天在上，地在下，阳气上行，阴气下行，阴阳二者不能调和，以致不通而闭塞。故有危险加以小心。运气不通，困难多多，事不如意，多有小人陷害和离别之苦，此时不可悲观失望，盛衰是自然的，必须拿出勇气，提起精神，艰苦奋斗，和困难作斗争。耐心等待有利机会，不可急燥，此卦宜退守为上策。

13. 天火同人“䷌”（上卦为乾，下卦为离）吉卦

诗曰： 凡事切忌多猜疑，诸事顺利运不低，

自有明人来指引，诸般忧愁自消之。

乾上离下，谓之天火同人，火性向上，乃志同道合平安无事之卦。此卦一帆风顺万事无阻。为人处事，正直无私、不畏强暴，与人合作经营，事业可大获成功。最宜广结人缘兴家立业。而且性情聪明有上进之心，只怕我行我素，做事过度主观，或者因私事而失去公正立场，会引起他人不满。最好约束自己，谦虚行事，否则会遭受不应有的小人报复，应尽量避免与他人发生争执。无论男女，都文才出众，用人有方。

14. 火天大有“䷍”（上卦为离，下卦为乾）吉卦

诗曰： 贵人提拔有威名，作风正派为清官，

乐善好施心宽广，有勇和谋任意行。

火在天上，光照一切，功德俱备，此乃道德之卦，此卦万事亨通得天时地利。此卦代表万物繁殖，丰盛富有，然而内中隐藏着物极必反，盛极而衰的预兆，要用谨慎处世的态度避免光芒太露以确保在这大好时机继续发展，否则成为众矢之的，带来不必要的烦恼。

15. 地山谦“䷎”（坤卦在上，艮卦在下）吉卦

诗曰： 谦让恭和事平和，天赐两人一块金，

二人分得金到手，一切谋望都称心。

此乃万事平安，事事如意之数，凡事都要保持平衡、恭谦相谦，切忌骄傲横行，最容易遭致失败，应诸事加以忍耐，不与他人相争，才为上策，此乃心相事成大吉之卦。

16. 雷地豫“䷏”（上卦为震，下卦为坤）吉卦

诗曰： 太公手持杏黄旗，收妖保主为西歧，

自此龙虎有地位，一切谋望运不低。

震在上，雷在下，阳气强烈，平地生雷很有气魄，事来成功信心十足，遭遇艰难也不畏惧。但在洋溢安泰之中，但不可留恋于欢乐场所。当然，人生得意须尽欢，莫使金樽空对月，此卦容易因私生活不检点而惹祸。必须继续努力，保持良好的态度，凡事按步取行，平常保存整理一些对事物有关的文字证据，以备以后发生争讼之需，太大意不但易惹灾祸，还易有遭盗之象。

17. 泽雷随“䷐”（兑卦在上，震卦在下）吉卦

诗曰： 随卦随心百事成，诸事顺利有精神，

事业多得贵人助，少图私利防小人。

上泽下雷，雷先响而后有暴雨，动中有福，事业有成的大吉之卦，但是兑为少女，震为长男，女在男上，容易因色惹出麻烦，当心小人诱导，宜安心工作，减少贪图思想，加固人缘关系，借助他人的力量，可以成就大业。最好专于某一种事业，不可兼业太多。

18. 山风蛊“䷑”（艮卦在上，巽卦在下）大凶。

诗曰： 山上风下失常伦，坚守贞操防小人，

大胆革新成大业，戒去酒色免祸根。

艮为山，巽为风，山下有风破坏伦常秩序，在道德操守方面

防止是非，容易因桃色惹祸，在事业方面，防止因管理不善而遭失败，此时必须拿出最大勇气，大胆革新，争取有利时机早日亨通。

19. 地泽临“䷒”（坤卦在上，兑卦在下）吉卦

诗曰：　　地上泽下乐滔滔，家安人泰好运交，
　　一切谋望皆遂意，步踏楼梯上云霄。

地在上，水在下，水泽能润万物，万物受益，事业有成，人际关系和顺，家庭生活平稳，大运亨通，万事如意，前途光明，就是有点小风小浪，也可逢凶化吉。但不可因此而骄傲，得意忘形，容易失去大好时机，同时要在交际方面要多加留意，更需待人温和，不可轻浮失节。如果人际关系不好，容易遭到失败。

20. 风地观“䷓”（巽卦在上，坤卦在下）凶卦

诗曰：　　此卦原来运不高，手扶醉酣过吊桥，
　　虽然不能掉下水，恍几恍来摇几摇

风在上，地在下，随风而去动摇不定。二女同居败坏伦常，应避免私人生活因不检点而遭非议，诸事忍耐才为上策。

21. 火雷噬嗑“䷔”（离卦在上，震卦在下）凶卦

诗曰：　　行人路过独木桥，眼里好景心动摇，
　　进退两难心不定，如临黑暗把心焦。

有火有雷、雷为声音、火为光明，破坏多而成功少，凡事都不随心，无法向前迈进，此卦必须要有敢作敢为的果断精神，方可排除面临的灾难，要有“偏向虎山行”的勇气才能达到目的，此卦容易听信谗言，防止与他人发生矛盾而遭受损失，特别要防止因女色带来灾祸。凡事宜亲自处理为妥。

22. 山火贲“䷕”（上卦为艮，下卦为离）吉卦

诗曰：　　一只猛虎下山来，又得名利又得财，

但防猎手暗算计，诸事小心免祸灾。

外表美而内空，美景将尽，一切以往忧愁之事就此结束，而另有新的变化，内含隐忧之象，必须充实自己，然后才能通达，此卦得人缘，有朋友，但防因忽略小事而耽误大事。此卦若问婚姻、爱情、则非常吉利，若问其它之大事，防止受骗上当，慎之。

23. 山地剥“䷖”（上卦为艮，下卦为坤）大凶

诗曰： 兔入虎口险事多，防止小人起风波，
恩人无义反为怨，破财生灾动干戈。

山在上，地在下，意为小人当道，凡事多阻，因交友不慎而受牵连，一生多受小人连累，此卦不利男女感情，容易卷八三角恋爱之中，或堕入桃花陷阱，多受欺骗，财运不佳，事业倒退。

24. 地雷复“䷗”（坤卦在上，震卦在下）吉卦

诗曰： 逆运已过好运来，当心小人怀鬼胎，
诸事稳步向前进，去过险境笑颜开。

覆，亨，刚反。雷属阳，地属阴，要好好培养，才能滋润万物。目前运气虽有不顺，不久就会有好运来临，现在不是急进的时候，必须要脚踏实地，一步一步的向前发展。此卦不利婚姻感情，容易离散，但有散而又复之象，而且要当心小人谗言，小不忍则乱大谋。

25. 天雷无妄“䷘”（上卦为乾，下卦为震）凶卦

诗曰： 一只孤雁在山坡，风吹雨打受折磨，
谨防小人射暗箭，离开是非免风波。

天在上，雷在下，生长变化开始，此时生命力不坚固，容易受自然种种威胁，故生长中藏有危机，要多加小心，不可醉心于个人利益，否则必招意外之灾，陷于可怕的深渊之中，以守为主，不要盲动。

26.山天大畜“䷙”(上卦为艮,下卦为乾)吉卦

诗曰：　困龙得水好运来,诸事皆能得安排,

一切谋望皆遂意,大吉大利笑颜开。

天居山下,云在山中,山含藏诸物,代表此人拥有各方面的才智,并能脚踏实地,受人尊敬。可是运途暂时还不太通顺,虽有宏图大志,而事不遂心,若能坚守正道,埋头若干,最后终能成就一番大事大业。最后会有很多积畜。

27.山雷颐“䷚”(上卦为艮,下卦为震)凶卦

诗曰：　木在山下进取难,好逸恶劳家不安,

是非口舌皆不断,诸事小心过难关。

艮山在上,震雷在下,其人如果家富则好逸恶劳,欠进取心,只能充当二世祖,挥霍一生,由于懒惰,造成家贫如洗。坚守正道可以安逸,如再粗心妄动,会招意外之灾,或言多而招口舌,争执必败,或身体不佳,但与人共事而有成就。

28.泽风大过“䷛”(兑卦在上,巽卦在下)大凶

诗曰：　命中生来运气低,不受人欺受鬼欺,

胸怀大志无用处,早改思维莫迟疑。

上兑下巽,泽在风上,乃泽水淹了木风,此乃怀才不遇之象,空有才华没有机会,很多计划都如梦想,最后都不能如愿,因而导致郁郁不安背负过重力不从心,因不能完成大业,而遭受挫折运气不济。此卦应该转变方针,改变计划,如果轻举妄动,则会招致失败。要多注意文书方面的错误或纠纷,或遭遇水灾方面的祸事。

29.坎为水“䷜”(上下俱为坎卦)凶卦

诗曰：　坎卦为险最主凶,身心不定无始终,

水势汹涌多灾难,反复无常运不通。

纯坎之卦，水势汹涌，于民不利，主人生多凶，有些事原来很顺，但最终却自找麻烦，将事情搞坏。必须培养坚强意志，用真诚而不屈不挠之精神，等待机会，而且要有战胜艰难为来日的幸福而奠定基础。不可急进，以守为上策。此卦虽有谋略，却身心不定，家庭纠纷不断，盗灾，病灾，水灾等意外之事不断，此乃大凶之卦。

30. 离为火“䷝”（上下俱为离卦）吉卦

诗曰： 离主斯文大吉昌，文才出众显四方，
谦虚恭和君子态，胸有卓见四海扬。

明中之明，灿烂非常，凡事不可锋芒过露，易招小人妒嫉。或因才华出众招怨，最好要持谦虚和顺的态度，亲君子远小人才可改变人际关系。此卦性格急燥有一掷千金之气概，但作事最好三思而后行，如缺少慎重考虑，会令自己陷于经济拮据。

31. 泽山咸“䷞”（兑为上卦，艮为下卦）吉卦

诗曰： 山上少女唱山歌，泽山交感乐呵呵，
万事如意创大业，终身顺利无坎坷。

兑为少女、艮为少男，男女结合，人之常情，天地交感化生万物之卦。主其人生活美满愉快，万事如意，为心想事成之大好局面。但防有沉迷酒色之弊端，而导致好运被破坏，带来不明不白的是非之灾。结交朋友应该小心，防止被小人连累而误入歧途，只要谨慎共事，所谋之事可望成功。

32. 雷风恒“䷟”（震卦在上，巽卦在下）吉卦

诗曰： 恒卦原来大吉昌，上帮下助喜非常，
事业有成财通顺，家安人泰体健康。

雷助风势，互相扶持，此卦适合与人合作，或因顺从长辈和领导而受益，不适合自己经营。但脾气暴躁，容易惹祸。麻烦事

多，而财运较佳，诸事平安大吉，但最好坚守原则，不可妄动。

33. 天山遁“䷠”（乾卦在上，艮卦在下）凶卦

诗曰：　命中生来运不齐，气势衰退运气低，
　　　　谨防小人受连累，离开是非不宜迟。

山在天之下，合乎常规，但正常气势有衰退之象，需明哲保身，远离小人，万事宜退守而自保平安。否则内外都会出现灾难，以及小人陷害等事，若识时务者，退为上策。

34. 雷天大壮“䷡”（震卦在上，乾卦在下）吉卦

诗曰：　大鹏展翅好运交，一轮明月照九霄，
　　　　一切谋望皆遂意，步踩楼梯渐渐高

雷在天上，气势磅礴，可以成就一番事业，但气势旺盛，却不可轻举妄动，否则有破运之嫌。应保持良好的心态，若手段残忍，待人无情，容易造成心境孤独而无知交。必须要真诚待人处事，方能免去其灾，如能找个好配偶，厄运可以改变。

35. 火地晋“䷢”（离卦在上，坤卦在下）吉卦

诗曰：　此命生来贵人扶，扯帆直航下姑苏，
　　　　名利双收财源旺，时机莫失展宏图。

火向上升，越升越明，事业鼎盛的大好时机，若得贵人相助，或得长辈提拔，在事业上则有更大的进展。在业务繁忙声望渐高事事如意的时候，若参与公共事业，可大获红利。但不可过分独断独行否则会遭诽谤，在人际关系方面千万注意分寸。

36. 地火明夷“䷣”（坤卦在上，离卦在下）凶卦

诗曰：　此卦生来运不祥，一生作事无主张，
　　　　戒骄戒躁上下顺，凡事忍耐百事强。

坤地在上，离火在下，缺少见识，容易受人唆使，做事糊涂，作风草率，办事冷酷无情，手段残忍，为此造成不堪设想的后果。

如不控制不该发的脾气,很多凶事会不断而来,遇此困境者,应忍耐自重,君子待时,同时要注意损伤,最好能谨慎择交,近朱者赤,性格会有所改变。

37.风火家人"䷤"(巽卦在上,离卦在下)大吉

诗曰: 家安人泰万事和,诸事顺利喜气多,
事业稳定有大志,上安下全无坎坷。

长幼有序,阴阳协调,夫妻和谐,儿女孝顺,尊敬父母,家人和睦,合家平安。此外事业稳定,基础扎实,没有大起大落。必须尊重自己的职务,发展方向不可转移,此卦属于喜气洋洋之卦。

38.火泽睽"䷥"(上卦为离,下卦为兑)凶卦

诗曰: 同性相拒主不和,注意小人是非唆,
亲朋好友断交往,谨防平地起风波。

离为中女,兑为少女,二女同居,同性相拒,且火上泽下,各走一方,故人际关系不好,君子离而小人亲,或是陷于三角恋爱之中,为感情之事大动干戈,甚至为情感自杀。此卦宜守本分,以温和态度处理家务能转危为安。此外,尚因对人估计错误,与至交好友发生冲突而断绝交往。

39.水山蹇"䷦"卦(上卦为坎,下卦为艮)凶卦

诗曰: 水山蹇卦运不通,交朋共友无始终,
西南方向遇好运,若向东北必见凶

水在上,山在下,水向下流,因此而造成危难,此卦气运闭塞。艰难困苦重重,是进退维谷之时运,应容忍自重以等待时机,自可化解。若能得到才德兼备的长辈提拔,可向西南推进向东北方凶,第五年后或五个月后,即可转运,但时刻防奸计陷害。

40.雷水解"䷧"(上卦为震,下卦为坎)吉卦

诗曰：　一声春雷万物开，百花齐放展奇才，

把握时机创大业，贵人相助上台阶。

上卦为雷，下卦为水，春雷惊地，生命力再次舒展。经过长期限若奋斗将开始走顺利大道，前程通畅。但应把握良机，不可错过，更不可变更妄动，凡事需沉着冷静不可冲动，西南进展，可旗开得胜。凡事有朋友帮助可获成功，家中有喜气盈门之事。

41. 山泽损“䷨”(上卦为艮，下卦为兑)中吉

诗曰：　一只金鹏展翅飞，东西南北任徘徊，

有朝一日时运至，耀祖荣宗显光辉。

山在上，泽在下，水气上涌，损下而益上。此卦乐善好施，心地善良乐于助人，宁可牺牲自己一切利益。此外诸事不顺，只要诚信努力，可挽回佳运。凡事不能立刻成功，需渐渐发展，则诸事可成。

42. 风雷益“䷩”(上卦为巽，下卦为震)吉卦

诗曰：　宇宙蓝天观金阳，大鹏展翅任飞翔，

凡事勇往向前进，万事如意大吉昌。

上卦巽为风，下卦震为雷。强风雷鸣，气势甚烈，此卦运气亨通大事大业可成，但凡事需要当机立断，勇往直前，切忌犹豫不决更不可得意忘形，过份自满，以防引来不测之灾。事业繁荣财源广进与朋友合作则可得利，遇事有贵人帮助，喜事重重。

43. 泽天　“䷪”(上卦为兑，下卦为乾)凶卦

诗曰：　高高山上柴一棵，风吹雨打受折磨，

是非口舌常不断，时防平地起风波。

兑卦在上，乾卦在下，水泽位于低处方可积聚，位于高处必然下流，故不吉，此卦困难重重。凡事切忌妄动谨慎处事，不可与人争执，容易招来官非讼事，或意外之灾。这是大凶之卦特别

注意在整理文书契约时不慎会导致损失。更防水灾，住所变迁等事。

44.天风“䷫”（上卦为乾，下卦为巽）凶卦

诗曰： 一只鸿雁向南飞，自由自在任徘徊，

注意乐中有灾祸，谨防平地起是非。

天在上，风在下，风行于世，无处不在。此卦在事业上很有成绩。甚至少年得志，但免不了好色风流，因色惹祸，女性淫荡，婚姻不幸。应诸事谨慎，以防不测。

45.泽地萃“䷬”（上卦为兑，下卦为坤）吉卦

诗曰： 水润大地好运交，一轮明月照九霄，

一切谋望皆如意，东西南北任逍遥。

兑在上卦，坤在下卦，水流于地润泽万物故为大吉，在事业上有很好收获，人际关系也非常理想，家庭和气，其乐融融。但需防水险，最好不要乘船或游泳，防止带来不测之灾。

46.地风升“䷭”（坤卦在上，巽卦在下）吉卦

诗曰： 水润大地万物昌，天地人和甚辉煌，

家安人泰皆和顺，福星永照喜气洋。

风有上升的特征，轻清而上。故为吉卦。此卦气运通畅，名利双收，事业能稳步发展，得贵人扶持。吉星高照，享受福乐。但若妄动必败，凡事与有德者商量，向南方发展，可获大吉。

47.泽水困“䷮”（兑卦在上，坎卦在下）凶卦

诗曰： 一条蛟龙困沙滩，难去难往左右难，

劝君最宜守本分，待过难期回云间。

水在泽下，水已干枯，不能润泽，故主困苦艰难，此时应坚定志向，诸事忍耐，守正道以待时来运转。此卦事业难成、孤独无援，急进劳而无功。退守反而获吉。

48.水风井“䷯”(上卦为坎,下卦为巽)吉卦

诗曰: 行船得风任逍遥,但防顺中触暗礁,
宜求渔夫指明路,纵见灾险祸自消。

木在下而水在上,虽可得水。但二水相争以致危险。需注重人际关系,关系越好,越能减少风险,生活上种种难处都能解决。此卦由于是陷井,好的机遇较少,凡事要提高警惕,小心有糖衣炮弹和毒药,处心留意安守本分。

49.泽火革“䷰”(兑卦在上,离卦在下)吉卦

诗曰: 日出东方显曙光,农夫忙碌破天荒,
打定主意创事业,当机立断置田庄。

革乃改革改变之意,以泽、火二者平衡为佳,这种卦象,必有一番大的变化,此时不可犹豫不决。应拿出快刀斩乱麻的勇气,变革当前所需。如此即能运气亨通。可能因住所变动而发生口舌。

50.火风鼎“䷱”(离卦在上,巽卦在下)大吉

诗曰: 一条蛟龙在云端,自由自在任盘旋,
一切谋望皆如意,好运连连刚开端。

木燃烧而生火,如鼎下有柴作烹饪一样的万事如意气运亨通。若能得上司提拔,则能发挥自己才智,可平步青云,交朋共友必须慎重,否则能带来不必要灾祸,如果兢兢业业干工作在公务事业上,则能名利双收。

51.震为雷“䷲”(上下俱为震卦)凶卦

诗曰: 事业有成稳步行,纵有风波也安宁,
自有贵人来相助,黑夜自能见光明。

上下卦皆为雷,雷声大震。此卦显示人生动荡不安,事业无成,如能谨慎处事,可以扭转恶运走向光明,克服种种困难可达

成功目的。如处理不当可能一生潦倒。此卦有和他人结怨,受其排挤之象,唯有谨慎处事,方能改变局势。

52.艮为山“䷳”(上下皆为艮卦)凶卦

诗曰: 艮卦原来是六冲,阻止行人运不通,
不可固执寻新路,当机立断立大功。

上下皆为艮卦,山脉绵绵无涯,但山乃不动之象,阻止气运停滞不前,应洁身自好,等待时机,且不可尝试新的事业,退守旧业为好。这类人固执成性,作事主观,更不能接受丝毫批评,故此人生比较孤独,人缘不好,而且他们人生到处坷坎。

53.风山渐“䷴”(上卦为巽,下卦为艮)吉卦

诗曰: 一只娇凤在山林,自由自在自高鸣,
勤恳自学创大业,好事连连来不停。

风在山上,山上有风,有怡人感,这个卦象是一渐进过程。遇事有忍耐,有吃苦耐劳、勤勤恳恳,好学不倦的精神,由于这些优点可化解种种困难。如遇突来之事,也能适应。妇女遇此卦者必有喜事。

54.雷泽归妹“䷵”(上卦为震,下卦为兑)凶卦

诗曰: 一对喜鹊站枝头,不思创业喜风流,
待到冬雪陷大地,山穷水尽空发愁。

雷在上,泽在下,震为长男、兑为少女,男压女有淫欲之意乃流于好色风流,喜享受而不喜工作,如不在思想上保持修养,很可能是风流成性,如不好好读书,将来则难以适应工作而在社会边缘上飘荡。如此不久将灾祸必至,陷于痛苦之深渊。还会有夫妻不和而发生纠纷,家庭不能贯彻始终。

55.雷火丰“䷶”(上卦为震,下卦为离)凶卦

诗曰: 雷火交加万事难,一生一世不得安,

虽有洋洋得意时，必备储存防饥寒。

上卦为雷、下卦为火、雷声急烈，这种卦象人际关系特殊，风浪甚大，好像在枪林弹雨中求生存，人生无一时安定，这种卦言行不一，不可信任，待到气运亨达得意洋洋之时，却因骄傲忘形而导致破运。必须要加强努力而确保盛运。而且要小心受骗，谨防火灾或诉讼等事。

56. 火山旅“䷷”（上卦为离，下卦为艮）凶卦

诗曰： 旅途风霜不得安，必备干粮防饥寒，
坚定意志向前闯，子胥打马过韶关。

火在上卦，山在下卦，火性上炎，故为险象，得此卦者旅途风霜重重，并不安定，四处为家。不容易有理想生活。此时应该坚定意志，洁身自守。此卦有工作变动，住所移迁的障碍，或骨肉无情，家庭纠纷，旅途事故或火灾等。

57. 巽为风“䷸”（上下皆为巽卦）凶卦

诗曰： 巽卦六冲最不良，阻力重重暗无光，
意志坚强无大碍，作事果断最为强。

上下卦皆为巽风，其风烈故为不吉。此卦乃经济与精神方面都有压力，风雨飘摇，人际关系不和，爱情创伤等。必须要有坚强意志，随机应变，迅速果断，把握机遇而明确进退之理，才能获得意外之利益，若犹豫不定，可能失败到底。

58. 兑为泽“䷹”（上下皆为兑卦）吉卦

诗曰： 兑卦快乐又逍遥，纵有困难化风消，
但要坚守明进退，免去灾祸心莫焦。

上下皆为兑卦。兑乃喜悦之象。喜悦乃是人生追求的目标，此卦可获最快乐的人生，与他人相处乃是吉象。但不可任性放纵，容易带来灾害，要坚守正道，处事谨慎，以免带来不幸，尚

有男女分离、口舌之灾。

59.风水涣“䷺”(上卦为巽,下卦为坎)凶卦

诗曰: 水性浮荡为凶忧,劝君切莫太自由,
任性放纵终失败,凡事三思免焦愁。

风性浮荡,水性也浮荡,故为散涣之象。以往艰苦,而后则有喜悦之运,但不可任性放纵,容易招致失败。凡事要胆大心细,动作要敏捷,若能从事运输行业,则可名利双收。有出外旅行之象,又防凶灾苦难来临。

60.水泽节“䷻”(上卦为坎,下卦为兑)凶卦

诗曰: 一只猛虎下山岗,遇到羊群把口张,
但防猎户作陷阱,悔之莫及把命伤。

坎卦在上,兑卦在下,泽能容水。水满则流,故必须节制,遇些卦者做事要有分寸,谨慎处事即得平安。若不遵此原则,沉迷利欲而乱行,则会招致失败而不能自拔。安分守己,等待时机。

61.风泽中孚“䷼”(巽卦在上,兑卦在下)吉卦

诗曰: 大鹏展翅要上天,一筹莫展勇无前,
纵有诸险皆能过,直进莫退乐无边。

上巽下兑,风在泽上,属于凶险人生。须待人诚心以得到信赖,好运即开,若怀邪念而必招灾害。此卦应守善义而得善报,与他人共事必得人和。交际朋友应择人而交,又有经常外出之象。

62.雷山小过“䷽”(上卦为震,下卦为艮)凶卦

诗曰: 小过之卦琐事多,凡事谨慎免风波,
遇事自有贵人助,坚守岗位乐呵呵。

雷声大震,便已收声,雷声减而称为小过,此卦有很多事情需要解决,反而越急越难为好,必须谨守岗位,做份内事,处理他

务即招失败。守则吉、进则凶，不得人和而引起纠纷，与亲友有离别之象。若接受他人委托办理之事，即变成他日之祸端。

63. 水火既济“䷾”（上卦为坎，下卦为离）吉卦

诗曰：　鹤立鸡群乐无边，名利双收喜连连，

谨防乐中藏凶兆，劝君安分乐自然。

上水下火，水向下流。火向上炎，是为吉象，无论是学业、事业，皆有鹤立鸡群之表现。气运安泰，名利双收，故为吉运。但运盛之极，其中必然隐藏着一种衰弱的预兆。应该坚忍自重，确保好运长久，此卦退则吉，进则凶，须安分守己，不可大意妄想，与亲人有不和之事。

64. 火水未济“䷿”（上卦为离，下卦为坎）吉卦

诗曰：　火水未济吉藏凶，虎头蛇尾无始终，

劝君切莫畏首尾，立志创业运自通。

由水火既济而变火水未济，此卦为做事虎头蛇尾，没有积极性，欠缺恒心之志，读书也只有三分钟热度。也不知道自己能干些什么，此乃是最大缺点，应该鼓足勇气，发奋图强，可迎来大好时机，与他人合作，可完成大事大业。

第十二章　字划篇

第一节　人名商号常用笔划字典

（以康熙字典为准）

一画：一、乙

二画：二、丁、刁、又、人、力、入、乃、乜

三画：三、于、大、上、土、弓、口、工、女、山、久、巳、小、己、寸、川、夕、也、士、弋、子、幺、凡、巾、下、乞、勺、丸、丈、个、才

四画：四、王、孔、化、公、夫、介、方、木、牛、丹、尹、毛、尤、仇、元、卞、天、午、父、分、太、反、户、中、井、今、允、月、予、友、心、氏、壬、仁、支、比、片、仉、亓、内、火、亢、勾、斤、引、屯、匹、勿、丑、牙、欠、切、不、互、兮、日、曰、止、少、什、仃、水、巴、戈、之、匀、及、尺、斗、巨

五画：五、田、白、石、古、包、史、申、付、司、由、甘、尼、卡、卯、甲、句、弗、冬、丘、左、召、仙、丙、令、世、永、可、正、生、未、末、玄、用、占、刊、目、仨、且、仔、北、本、布、册、札、央、民、乎、弘、戊、主、甩、扎、外、示、市、矢、仝、立、另、仟、仗、禾、宄、氐、旦、巧、失、右、卉、功、冉、丕、加、代、玉、平、皮、仕、以、兄、半、出、弁、必、甲、印、台

六画：六、朱、伊、安、百、朴、有、伍、任、年、米、全、吉、牟、羊、守、印、戎、共、艮、亘、圭、光、考、伉、夸、匡、亥、好、行、伙、帆、宇、

羽、伏、仿、份、妃、名、圳、臣、丞、充、仲、竹、乒、自、汁、式、多、朵、老、列、曲、戌、西、先、向、吁、仰、衣、夷、夙、乓、旨、州、舟、冰、地、而、各、合、臼、决、企、如、色、收、同、聿、旭、亦、至、兆、寺、旬、交、字、屹、早、牝、弛、耳、存、后、吏、冲、休、伐、再、次、凹

七画：七、汕、江、李、何、杜、吕、辛、余、巫、车、谷、甫、池、孚、村、伸、成、克、汝、言、赤、角、足、材、岑、呈、佃、豆、宏、旱、位、君、妙、杞、宋、佟、彤、吴、形、酉、壮、佘、伴、更、佚、兵、伯、辰、弟、含、汗、亨、均、况、良、伶、牡、男、妞、岐、杉、杆、劭、托、孝、秀、序、攻、冶、佑、妤、志、束、廷、杏、佐、孜、汐、坂、局、希、延、弄、役、忖、作、究、町、伺、佛、兑、助、努、吟、杖、玎、灼、利、妥、利、吾、告、我、忒、攸、求、矣、罕、贝、吹、呐、别、住、但、似、伽、体、沂、邑、坐

八画：八、林、汪、沈、狄、金、屈、房、周、尚、来、孟、汲、武、岳、祁、侚、昇、艾、东、秉、采、昌、长、昂、岱、承、乳、初、享、京、典、依、宓、佳、庚、佼、供、侃、炅、侍、果、使、杭、和、侈、呼、虎、佻、居、佩、具、例、枚、妹、雨、门、其、沐、念、状、卒、沙、折、所、卓、坤、冼、沃、宛、旺、忻、宗、抗、姐、沁、知、岸、妲、府、玖、竺、帕、扶、咏、佰、板、帛、定、阜、抄、季、届、肯、汴、放、汶、彼、表、非、函、昆、妮、朋、析、炎、奇、姓、昕、奈、易、宙、沆、征、炒、沛、歧、昔、欣、亚、汽、宜、於、忠、昀、佶、卦、卷、取、味、坦、坪、姑、固、奉、始、牧、叔、坡、社、穹、青、幸、政、罔、帖、坯、杳、宄、姗、昊、沓、沂、抒、汾、沅、沟、明、舍、到、刻、仑、侍、乖、炘

九画：九、妍、南、柯、姚、纪、柳、姜、韦、侯、施、风、冠、俞、泊、泉、宦、美、俏、星、建、宣、禹、帝、扁、昶、相、波、亮、红、信、奏、春、芊、奎、竿、保、勃、品、咨、姝、巷、思、炫、盾、苎、香、枸、革、厚、哈、拜、泓、勉、科、柏、沫、泥、皇、眉、虹、亭、治、泰、泳、契、玫、盼、芒、飞、俊、姣、界、皆、威、度、耐、军、勇、垣、奕、彦、昱、姿、律、怡、拓、故、昭、柱、沼、癸、盈、音、胥、叙、炳、注、俄、俐、侣、屏、沭、峒、徇、祈、法、酋、柴、段、姬、侠、促、故、劲、则、禺、泗、泌、沿、沽、沾、油、

河、玟、炬、客、室、柬、计、帥、晏、约、衍、芍、俅、拙

十画：十、秦、夏、倪、袁、徐 、祝、高、洪、宫、孙、唐、翁、花、庭、凌、晟、祖、马、耿、栓、笑、素、轩、纳、娜、耘、芬、纷、纺、哨、航、格、迅、原、倍、俸、俱、容、宰、伦、芳、起、益、家、耕、哲、洲、育、洋、峰、洛、纯、玲、倩、恭、桂、晏、芮、候、桓、耆、神、栗、玳、栩、恩、恒、桃、师、贡、芭、晋、记、桀、朔、括、珉、栖、珂、库、烙、哨、书、凇、恬、奚、芯、讯、迂、宵、桐、珍、拯、芷、致、株、娥、哥、徒、芽、娱、洵、纾、烟、准、秩、倜、倬、圃、宴、峨、席、舫、津、特、衿、畔、祜、秤、祚、秘、笈、拳、级、座、恢、恂、扇、效、财、校、城、兼、索、根、拱、洼、洙、笋、笆、珊、值、宸、晁、芸、殷、纹、洽、珀、衍、派、珅、桑、样、针、钉、烈、准、净、凉、斋、修、俩、倈、倚、时、洹、展、恨、芙、仓、留、殊、矩

十一画：研、曹、皎、卿、率、紫、扈、馗、娅、康、范、胡、梁、商、章、寇、梅、娄、张、崔、偕、邢、戚、苗、常、国、唱、麻、雪、习、浦、竟、乾、旋、符、曼、茅、晨、鱼、教、近、若、海、振、崎、培、第、健、巢、笛、邦、英、彬、鹿、唯、悦、伟、眯、堂、专、敏、悠、侦、茂、旌、梭、爽、浩、祥、冕、笙、苫、苒、凰、苟、彪、副、婧、野、婕、珠、绍、彩、烽、晗、笠、梵、甜、望、尉、厢、苓、翎、茁、密、流、勘、班、眷、婉、浚、涌、浪、将、笞、规、许、彗、船、毕、迎、敖、坚、那、区、梓、麦、浠、离、浙、浛、浬、浮、浯、涂、泾、涅、涉、涓、苑、珞、珣、珪、笨、钏、钓、钗、寄、寅、宿、敕、斌、崇、庸、参、启、够、庶、朗、毫、焉、贯、罡、勒、焌、浣、球、珮

十二画：单、冯、彭、劳、焦、黄、曾、贺、童、傅、邵、程、阮、项、荆、乔、景、雅、涪、朝、场、迪、淳、涵、茹、鄃、须、堵、部、喻、闵、费、博、淅、智、荀、越、强、善、云、斐、闰、顺、富、幸、邸、黍、淮、雁、雄、集、普、黑、舒、淇、茵、斯、策、翔、贵、渌、淋、清、媛、晶、森、晴、理、婷、栋、焱、植、雯、杰、尊、涯、词、发、竣、钦、惠、超、粟、轶、笔、报、堡、草、寒、焯、堪、皓、筒、象、晰、然、棣、情、岚、钧、深、登、凯、棵、茶、惟、围、为、崴、统、棠、剀、弼、喜、尧、媚、轸、轴、茜、视、舜、稀、絮、筑、贸、淦、盛、评、络、街、蛙、茫、证、诏、渊、淡、翕、税、淘、深、

砚、筏、淑、浅、替、淯、责、液、涠、涴、涿、淞、淙、淼、添、茗、荃、琅、寓、敞、敦、期、创、开、备、无、莒、棋、珺、紫、殿、敢、丝、傲、颁、琀、琴、映、述、球

十三画：敬、傲、焕、奥、荻、汤、靳、詹、莫、楚、雍、贾、虞、扬、杨、游、禄、铃、闹、莆、路、经、湘、新、琪、琳、钰、渤、殿、楷、传、琢、业、爱、圣、愉、煊、枫、楠、靖、琛、莎、督、微、睦、廉、会、暖、意、义、当、群、援、挥、暑、暄、想、愚、煜、琴、园、照、盟、稔、晖、稚、琦、渠、颂、恽、雷、嵩、绣、倾、诗、琰、驰、裕、湛、韵、港、鼓、琬、湖、煦、嗣、愈、解、琥、湃、渡、塘、琵、煌、号、诣、渚、温、浑、阿、询、酩、莉、资、莞、荷、聘、铉、榆、椰、农、郊、预、椿、莘、敫、郏、鼎、粲、煲、宽、歆、枫、详、诘、炀、筱、涣、渝、渲、湧、莅、茎、琤、琉、琨、郃、郁、郯、铂、铅、塞、仪、追、裘、熙、仙、聘

十四画：慈、媪、溏、郎、诚、梦、实、赵、郝、连、廖、赫、齐、宁、裴、熊、闻、綦、滕、毓、翟、嘉、苌、甄、荣、箕、华、瑞、境、部、通、翠、歌、熬、郗、畅、玮、尔、图、彰、福、硕、榕、旗、菁、菊、溶、铜、滔、郡、溪、维、舞、碧、语、瑜、说、溢、珲、逢、萌、闽、踊、逞、绰、聚、侨、墅、祯、缀、铭、鸣、奖、银、瑕、菱、辅、韶、逍、菲、豪、菀、嫦、菘、僖、筝、侥、槐、瑚、宾、翡、肇、瑗、领、飒、阁、途、逞、莱、僮、僚、寿、绮、察、滋、台、菽、魁、裳、郏、诞、瑛、溦、萁、萃、箐、箔、榭、模、寥、践、端、萍、夺、莽、源、瑄、滑、恺、荥、郢、戗、戬、监、堑、绿、沧

十五画：刘、鲁、董、郭、欧、叶、樊、汉、黎、楼、墨、稻、葵、谊、稽、俭、仪、乐、赐、慧、万、靓、贤、锋、卫、德、颉、莹、萱、漩、霆、婵、娴、霈、慷、阅、缇、演、葳、漫、毅、锌、瑶、娇、蒂、兴、庆、枢、纬、影、葛、震、锐、蝶、熠、摩、剑、亿、帜、广、蝗、邮、霄、苇、进、逸、稷、磊、论、标、葆、巩、锋、磐、稼、玛、瑰、翩、颐、慕、逵、葳、落、著、瑱、部、郴、驹、漻、渔、满、漂、漆、涟、漳、渐、数、依、践、升、沪

十六画：睿、诸、都、颖、潘、赖、卢、陈、战、穆、陆、鄂、骆、钱、鲍、龙、陶、阎、蒲、霍、潭、燕、学、壁、运、衡、寰、凝、翰、达、晓、璋、

霖、谐、璇、霏、瑾、奇、洁、机、锦、蒿、蒙、璀、播、蓓、冀、桥、蓉、瞳、道、树、默、谕、润、憬、澈、稣、融、儒、静、樵、樽、历、熹、炽、燃、陵、钢、讳、烨、蒨、蓓、璆、琏、郓、憨、濂、憧、奮、俦、潮、盖、潼、澄、潜、潞、潦、臻、诺、霓、浇

十七画：澳、鞠、韩、谢、蔡、邹、蒋、泽、骏、蔓、谦、隋、黛、阔、縻、钟、隆、蓬、优、忆、赛、操、键、远、队、阳、霞、穗、浓、聪、联、鸿、蔚、应、择、璐、擂、檐、趋、遥、鸽、澹、逊、荫、邬、阑、璟、爵、检、浚、蓿、岭、莲、缪、营、灿、搴、璐、玑

十八画：曙、戴、迟、丰、璧、骐、曜、滨、镐、瞿、蕊、涛、松、魏、鄢、馥、聂、简、槟、璨、芜、颜、环、适、檑、济、闯、阙、储、翼、浵、湿、蕉、荡、箫、鹃、觐、镐、晔、烨

十九画：际、关、邓、郑、薛、镜、麒、薇、劝、宝、攀、罗、龄、滢、鹏、鹊、鲸、玺、麓、薪、浏、蕾、辽、旷、琼、瀑、滤、选、薄、识、荐、丽、蔷、赞、奋、韫、核、韬

二十画：曦、馨、耀、窦、瀚、潆、怀、蓝、献、腾、阚、藉、赢、释、议、琼、还、迈、阐、谱、骞、严、潇、篮、筹、瀛、觉、露、

二十一画：顾、铎、艺、鹤、莺、俪、藤、巍、珑、霸、霹、邈、露、樱、誉、颢、览、跃、铁

二十二画：骅、鉴、霁、骁、璎、苏、龚、骄、峦、芦、懿、弯、蔺、边、笼、灌、欢、权、读、蕴、鳌、璎、蔼、斺

二十三画：岩、麟、铄、栾、恋、驿、兰、显

二十四画：瀛、矗、艳、霭、雳、鹰、鹭、鑫、瓒

二十五画：观、灏、榄

二十六画：湾、逻、腾

二十七画：銮

第二节　双字姓共有六十四姓

15 9 万俟	5 10 司马	3 8 上官	15 17 欧阳	10 9 夏侯	16 15 诸葛	14 2 闻人
8 4 东方	14 14 赫连	9 7 皇甫	11 18 尉迟	4 6 公羊	17 14 澹台	4 7 公冶
8 8 宗政	18 17 濮阳	12 3 淳于	12 3 单于	4 8 太叔	5 12 申屠	4 10 公孙
6 10 仲孙	10 17 轩辕	5 9 令狐	17 11 钟离	6 4 宇文	8 10 长孙	15 10 慕容
17 3 鲜于	15 5 闾丘	5 10 司徒	5 8 司空	5 11 司寇	3 7 子车	18 10 颛孙
14 4 端木	7 10 巫马	4 6 公西	15 16 漆雕	15 5 乐正	20 15 壤驷	4 7 公良
9 12 拓跋	7 7 夹谷	10 4 宰父	17 11 榖梁	9 3 段干	6 7 百里	8 15 东郭
9 8 南门	8 7 呼延	6 6 羊舌	13 5 微生	11 5 梁丘	5 5 左丘	8 8 东门
6 8 西门	9 10 南宫	11 5 第五	16 14 润台	9 11 皈海	10 13 晋楚	18 17 湿阳
4 13 仉督						

第十三章　寄语篇

第一节　易家必读

自古以来,研究五术的人为数不少,以此术为业者更是不乏其人,这些人大多受过师门传授,严格遵守职业道德,规范行事,时时处处自律,从而获得了社会的认可。否则,既使技术再高,也难以在行业中立足。

笔者学艺较早,20 岁时就拜在易学名师尹礼儒先生门下为徒,拜师时,是按照传统拜师规矩而进行。在堂口前,头顶红帖,先行三叩九拜,然后在香堂跪立,听候诸门人授辞。引进师、保领师二师作证,川跳师、代笔师二师签押。堂位前祭供祖师和三圣牌位,四大门、门族长肃立两旁,引进师先宣读易家十要,保领师又讲解门规戒律。门规要求,未学艺先学德,做人宗旨,艺要精,德要高,尊敬先人。在香烟缭绕的堂口前足足跪了 4 个小时,接受各门派师长们的严格教导。这 4 个小时是我终生难忘、刻骨铭心的 4 个小时,也是恩师给予我事业成功希望的四个小时,五十多年来它始终萦绕在我脑海之中挥之不去。对于恩师和诸位先哲的教诲与重托,笔者深感责任重大、责无旁贷,只有以加倍的努力付诸实际。时至今日,事业有成了。

我的大师伯徐立勋(1900～1979),江苏省沭阳县桑墟人,精通六爻,擅长易理,尤其在测字方面有出神入化之功,同道人称江北怪杰。先生说：读书之人仕途通畅可以为官，如仕途蹇滞，虽不为官，亦可选择一技而立身于社会。“古之圣人不居朝纲为官，必在医卜中立身”。因为医能治病而救命，卜可决疑而避凶。自古以来研究的流派很多，使用的方法也各不相同，无论研究风水六爻、奇门还是八卦五行，他们都将自己的研究成果奉献于社会，从而产生了具有东方文化特色的姓名学。

改革开放以来，人民生活水平大幅度提高，对易学研究也越来越重视。人们不仅对自己命运好坏关心，而且对自己的姓名数理也更关切，都想知道怎样才能趋吉避凶，怎么才能把命中好的机遇合理地运用到事业上、生活上来，祈求兴旺发达，和谐平安。为此很多预测专家成为个人家庭或公司企业的顾问。目前，从事易经行业者为数不少，但其素质参差不齐，对此门学术一知半解，甚至半点不通而以此为业的也大有人在，造成此业在社会上的风气不正，使这门学术在社会上地位低微，给真正研究易学者带来十分不利的影响。笔者认为，身为一个易理学者，必须要跟上时代潮流，不但要将医、卜、星、相这些中国古老文化深入研究，而且要发扬光大，更要提高本身的道德修养。所以，从业者首先要学识渊博，所谓“学识”，不一定就要有高等教育文凭才称为学识，只要你对自己的职业有所研究，在学业上有一定造就的都叫做学识。比如研究姓名学的专业人员，对六爻、命理、中医等精华部分都要通晓，能将研究出来的成果为社会做出一定的贡献，为人民作点好事，这就叫做“学识”。所以从业者必须对医、卜、星、相一类的知识都要融会贯通，对社会风俗民情都能大致了解，在应用时能做到准确无误，这样你在社会上的影响才会很快提高。

凡入此道者，必须要遵守行业中的门规戒律，因为此行业乃是一门特殊行业，所接触的各行各业，什么层次都有，你必须对自己职业高度负责。另外每一个职业人员，必须要尊重自己的行业，首先要认定此行业是为人解忧排难的高尚行业，自己是为世人答疑解惑的心理医生，而不是单纯为了混口饭吃的江湖骗子。举止行为要具有学者的儒雅气质，谈吐要有通古达今的大家风范，这样才能提高自己的威信。面对不同层次的客户，都需要保持清晰的理智思维和快捷灵敏的洞察能力，这样才能科学准确地为起名者指点迷津。

从事姓名学的专业者，除了对古今姓名数理方面的书籍要多加研究，更重要的是要谦虚好学，遇到不懂之处要虚心求教，以便提高学术水平。对命理学、心理学、社会学也要广泛研究，如果不懂得命理学，就无法断其行运吉凶，不知社会学就不能对企业家指出企业发展方向，不研究心理学，就不能对求测者进行科学的心理指导，循循而善诱，就无法排忧解难。

行业者最重要的是职业道德。首先不要危言惑众，欺骗客户，在同行中不要互相诽谤，需要相互间学术交流。将姓名学这一行业发扬光大，有益社会，造福人民。

为此特作十项要求，以便规范行规，律已度人。

一、要有高尚的道德修养；

二、要有佛家的慈悲胸怀；

三、要有心理医生的耐心；

四、要有丰富的学识经验；

五、要有冷静的思维头脑；

六、要有敏锐的洞察能力；

七、要有高尚的学者风范；

八、要有尊师敬道的品格；

九、要有拼博的进取精神；

十、要有传统的职业道德。

诗曰：术者入道要成功，十项要求定须通。

十要之中缺一件，多年寒窗落场空。

第二节　易学家精神

著名易学家、中国社科院国家一级研究员俞长江教授指出，易学家应发扬光大十八种精神，他说：

这十八种精神乃是研易来的一条指路明灯，做人之准则，凡是在易学界能成其大业者，无不遵此准则，实乃易家之典范，必需精心研读，无不注重“易学家十八种精神”。我们认为这十八种精神应该发扬光大，它有利于易学从业人员的思想健康，增强易学研究人员的文化底蕴。这十八种精神如下：

1. 易学家应该有自立精神：所谓“席上之珍以待聘，夙夜学强以待问，忠信爱民以待举，身体力行以待自立”。

2. 易学家应有独特风貌：衣冠适中，动作谨慎。每当大事有威严之貌，些须小事谦和礼让，摒弃争名夺利。

3. 易学家应有中正素养：处于危难之中，不苟且从事，所谓“言必先信，行必中正”，不应获取险厄之利。

4. 易学家应有不宝金玉的德行：不以金玉为宝，以德行为宝。所谓养其清廉明正，“以有待也，以有行也”。

5. 易学家应有重义忘利精神：所谓“易有见其利，不忘其义”，在暴力面前，虽一介书生，亦能威武不屈，贫贱不移，淫欲不动，不更操守。

6. 易学家应有刚毅品性：“易家可亲而不可即也，可近而不可迫也，可杀而不可辱也”。

7. 易学家应有忠信风格：以仁义为行为指南，以教化为人伦宗旨，顺民心，理天道，谐阴阳，忠祖宗。

8. 易学家应有简朴的品格：所谓“箪食瓢饮”，“一亩之宫”，陋巷安居，安贫乐道。应该知道“广厦千间，夜宿八尺；谷黍千石，日食开合；驷马轩车，难以永年”的道理，并要身体力行。

9. 易学家应有不忘百姓疾苦的忧思：“穷则独善其身，达则兼济天下”，居庙堂之高，则忧其民，处江湖之远，则忧其君”。遭遇艰危，陷罹党难，仍能不忘百姓疾苦。

10. 易学家应有博学笃行的特性：所谓“博学而不穷，笃行而不倦”，以和为贵，以信为美，慕贤容众。对博学与行为，应以孙中山先生引《中庸》之论“博学之，审问之，慎思之，明辨之，笃行之”为行为准绳。

11. 易学家应有举贤授能的心怀：所谓内称不辞亲，外举不避怨，利国而不求身贵。

12. 易学家应有与人共患难的精神：所谓“患难与共，患难相守”。岁寒而知松柏后凋，路遥知马，日久见心。

13. 易学家应有以德修养自身的谨慎精神：所谓“闻善以相告，见善以相示”，所谓“澡神浴德”。

14. 易学家应有坚韧精神：所谓“绳锯木断，水滴石穿”。应有流水之性，遇百石而勇进，跌崖万碎而不辞，决心东流而不可夭。

15. 易学家应有志同道合的团结精神：所谓“易有合志同方，营造同术，并立则乐”，“闻流言于不信，而察信其行”。

16. 易学家应有温良恭俭精神：所谓“温良者，人之本也；敬慎者，人之地也；宽裕者，仁之作也；逊接者，仁之能也；礼节者，人之貌也；言谈者，人之文也；歌乐者，人之和也；分散者，仁之施也”。“易者应兼而有之，犹且不敢言仁也”。

17. 易学家应有慎独精神：汉易学家杨震提出四知：“天知、地知、你知、我知”，所谓暗室不欺，行必慎独。太平盛世，不务享乐；动乱年代，不悲观失望。特立独行，不苟流俗。

18. 易学家应有贯穿终生的报恩思想：要时刻感激天地覆载之恩，日月照临之恩，国家水土之恩，父母养育之恩，恩师教化之恩。正是这种浩大宽仁的报恩思想，使得他们成为从不趾高气扬，睥睨傲世，而是勤奋博学，严肃敬业，孝顺父母，尊敬师长，忠于祖国，谨言慎行，厚积薄发，严己宽众，智圆行方的人。

第三节　尊师重道

人生父母有二：即生我者生身父母，育我者师父师母，生我、育我、养我，其恩德胜天胜地，与日月同功。为此，尊师重道，孝敬父母，讲信重义乃做人之本分，违此者天地不容。

1. 树碑立传，了却夙愿

2005 年 3 月 28 日是恩师尹礼儒先生仙逝 42 周年的祭奠日，我提前一个月从千里之外的北国冰城哈尔滨，专程回乡为恩师树碑立传，四十多年的夙愿终于了却。

尹老先生是江苏连云港市东海县人，出生于 1896 年，卒于 1963 年。恩师生前有一子，解放前夕去台湾，仙逝时家中只有师母一人，丧事由我料理，值时正是国家困难时期，穷困之状无法言表，只有草草埋葬。悲泣之余，我对天发誓，若有发迹定将恩师重新厚葬，从那时起每逢在四时八节祭祀时灵前无不祷此诺言，四十多年来从未间断。

恩师终生研易，为一代易学鸿儒，解放前曾在青岛设馆，多为政要预测，赫赫声誉，名扬中外。1958 年隐归故里，收我为关门弟子，师徒情谊深厚，学艺 4 年，受益非浅。临终前将平生研易秘籍传我，要我精心研究，待后必有大用。我为此专心苦读终有成就。我有今天，皆源于恩师。养生之大德，世代难忘。四十多年过去，恩师的慈颜无时无刻不在我脑海中萦绕。无论处于逆顺之境，还是窘达悲欢，始终感到恩师在我身旁，庇佑我在易学海洋中破浪扬帆。为尊师重道，报达恩师培育之情，特邀门内弟子倪宗良、徐家仁、翟家、周耀军等人为恩师树碑立传，略表一片拳拳缅师之情，并慰恩师在天之灵。

原本打算在房山风景区购置一块较好的风水地重新安葬，但又恐将来恩师后人回家祭祖时有所想法，为此就只好在原地进行修造。原墓葬在农村公墓处，风水环境还不错。为此，特请工匠在原墓地用精工细磨的青石板铺地，周围竖起精工雕琢的白石栏杆，墓门两旁放一米高的石狮把门，两米高的墓碑上刻出恩师生平简介，墓门左右支起近两米长青石板，上面雕刻“缅怀我师”，“感师篇”七言藏头诗两首，墓的周围栽上42棵青松，表示对恩师仙逝42年树碑立传的纪念。

2. 祭奠活动，隆重庄严

2005年3月28日，农历乙酉年二月十九日上午十时，阳光明媚，春意盎然。在江苏省东海县房山镇的乡村公墓处，庄严而隆重的祭师活动和墓碑落成典礼如期举行。

公墓位于一片开阔的农田之中，四周麦浪如海，绿波荡漾。在原墓区域，用青石铺板地，白石雕栏。“尹礼儒先生墓碑落成典礼”的金字红底横幅高悬墓后，左侧竖联为“乾坤一体，日月千秋”，右侧竖联为“青山常在，绿草不枯”，如同航海船帆。

参加这次祭奠活动的宾客有来自宿迁市、县的领导和连云港市政有关部门的领导，还有来自全国各地易学界的朋友及社会各界知名人士以及尹老先生的部分遗属等160余人。

整个的会场布置和活动由江苏省沭阳县原政协秘书长张锋先生，原沭阳县文化局局长、现宿迁市文化局处长苗年生先生主持。会场活动分为三个部份，一是举行尹礼儒先生墓碑落成典礼，二是举行祭拜活动，三是在中午就餐后举行联谊交流等有关事宜。

墓碑落成典礼与祭奠活动大约进行了两个小时，整个活动仪程隆重、气氛庄严，深情而感人。

在午后的联谊交流会上，商定每年3月28日（阳历）为尊师重道纪念日，每逢子、午、卯、酉年的3月28日，凡门内弟子都聚集到墓前举行一次祭奠活动，同时进行学术交流与其它有关事宜。

3. 宣读祭文　感恩戴德

在尹礼儒先生墓碑落成典礼上，我作为尹老先生的关门弟子对诸位领导及卒者亲朋好友作了深情的讲话，并宣读了祭文，其内容如下：

呜呼，松在岗而擢秀，兰在谷而幽香。恩师在世，德高望重，精研易理，造诣很深，苏鲁皖冀，声名遐迩。青岛设馆，二十余载，政界名流，门庭若市，贫民百姓，除灾排忧；归隐故里，扶弱济世，有求必应，誉振苏鲁。晚年归隐，教吾艺业，毕生经验，秘笈尽授。谆谆教诲，犹闻在耳，英灵在天，庇佑我身。愚徒不才，殚精竭虑，弘扬易学，奋斗终生，著书办学，报效社会，理论实践，融汇贯通。世界大会，理事成员，高端论坛，奉为国宾：无尚殊荣，师恩浩荡，饮水思源。铭志于心：感恩载德，一往情深。北国冰城，专程返乡，修墓立碑，为师昭扬。聊恕薄酒以陈词，今述于哀忱，先师九泉有灵，来尝来品，伏维尚飨。

4. 墓志诗碑　铭记千古

为表达对尹老先生的无限怀念，使其功德昭昭，千古流芳，在尹礼儒先生墓碑背面，由哈尔滨易经科学研究所、江苏省沭阳周易研究会联合撰刻了“尹礼儒先生墓志铭”，在墓前两侧，敬立了两面七言藏头诗碑，其内容如下：

尹礼儒先生，江苏东海县人，生于公元一八九六年（大清光绪二十一年），卒于一九六三年十二月，享年六十七岁，先生生平精研易学，著述颇多，造诣很深，苏鲁皖冀，声名暇迩。青岛设馆，二十余载，政界名流，门庭若市，贫民百姓，除灾排忧。晚年归隐故里，扶弱济世，有求必应，誉为神仙。先生学识渊博，德高望重，虽历经坎坷，高风亮节，原配赵氏，德配李氏，平生好佛，才智过人，胸怀宽阔，夫妻相濡以沫，处逆境自强不息，居乡村厚德载物，谨撰此文，以资纪念。

七言藏头诗二首

缅怀我师
（一）

恩师仙逝四十年，
师情浩荡哭灵前，
尹公音容相长在，
礼仪供品表心田。
儒易贤通成大器，
先知预测荐良言，
生平磊落强不息，
墓前跪扫化纸钱。

感师篇
（二）

恩同再造日月功，
师教谆谆犹耳中，
尹氏苍髯老夫子，
礼成周公大不同。
儒易相融成真理，
先知却向卦中寻，
生研奇术传后世，
墓前桃李喻苍松。

世界易经大会理事团
中国河洛易经学院哈尔滨分院
中国哈尔滨易经科学研究所
江苏省宿迁市委统战部
江苏省宿迁市政协
江苏省沭阳县政协
江苏省沭阳县周易研究会

公元二〇〇五年清明节敬立

跋

鹤鸣九皋，声闻于天，黄钟大吕，金声玉振。

以易学为发端的术数文化，是一部博大精深的今古传奇。世界上几乎没有任何一门学问，任何一种物件能够包容如此数量众多，奥妙无穷的传奇。

在易学领域里耕耘半个世纪的秦伦诗先生是一位传奇制造者，他的使命和职业就是揭示大千世界的传奇，同时也在生产着自身的传奇。

从 1998 年他的 30 万字著作《周易应用经验学》问世以来，他笔耕不辍，又撰写了 40 万字的《八字应用经验学》，60 万字的《新编实用万年历》，40 万字的《姓名应用经验学》，对于一位花甲之年才动笔写书的人，在短短几年内，能写出洋洋近 200 万字的鸿篇巨制，实在令人叹为观止。值得一提的是，他的哈尔滨易经科学研究所是一所民营单位，他每天都是正常上班，以维持自己和单位全体职工的生计，他的著作是怎么写出来的，他的时间和精力是怎么利用的，实在难以想象。

秦伦诗幼年家境贫困，上学不多，十八岁从师学艺，四海奔波，含辛茹苦，食不裹腹。那时除了温饱，别无他求，即使做梦也不可能想到著书立说。有一次得了一场重病之后，面黄饥瘦的他，在街上行走，一位长髯飘飘的老者迎面而来，说："你耳高过眉，将来必以文才而名扬天下。"他认为老人在玩笑而已。直到 20 世纪 90 年代中期，全国许多人一再请求他把预测经验总结出来造福社会，他才心血来潮，动了写书的念头。他深知写书的难处。但他依靠自己有数十年的经验积累，厚积薄发，一发而不可遏止，用自己的多部著作，完成了从实践到理论的跨越。

当代易学领域有两个倾向，学院派重理论轻应用，有洋洋巨著而不善预测者不乏其人；应用派重应用轻理论，百测百中的预测高手写不出片言只语亦为常见。秦伦诗在理论和应用中架起了通天之桥，以自己的水陆两栖而独步易坛。他的著作的最大特色是无可比拟的经验性，其中每一条原理，每一种方法，甚至每一句话，他都用亲身实践去验证过，他甚至偏执到这种程度，自己没验证过的绝不往书上写，别人的卦例基本不用。他的50年从易生涯就是一笔常人无法望其项背的宝贵财富，用实践过滤了古人的经验，大浪淘沙，留其精华，用实践创造了自己的经验，艰苦探索，独辟蹊径。而今有一些急功近利的后学者，刚出培训班，就东拼西凑，忙于出书，他们抄来的东西，连自己都不敢相信是否正确。面对这种现象，秦伦诗时常扼腕常叹。

世界上有没有“不传之秘”，有。但现今的不传之秘可谓多矣，随便哪部书上都有人自称独家披露玄中之玄，秘中之秘，其中不乏故弄玄虚，贩卖假冒伪劣产品者。秦伦诗年青时勤学好问，经多位高师传授，加之聪明伶俐，谦恭淳朴，诸多老师疼爱有加，倾囊相授，江湖上人们求之不得的玄观秘诀，秦伦诗有幸得之。得一门一派玄观已属不易，秦伦诗竟得六门玄观，掌握多家秘诀。老师皆已仙逝，玄观俱为单传，秦伦诗其实是六派传人，他如此富有，在江湖上极为罕见，他又举一返三，编出了一些新的秘诀。在易学走向社会，走向世界的今天，秦伦诗为了弘扬传统文化，推广和普及易学知识，不光把平生所学结集成书，而且披露了许多真正的不传之秘，如流年赶月歌诀、拦街网歌诀、一卦多断等方法，特别是姓名学中的摇鞭断宅派，自清代以来，一直以手抄孤本在江湖上流传，诸多绝学都被秦伦诗在著作中首次公开。为此江湖人士多有微词，但秦伦诗说，为了芸芸众生的利益，我只有愧对江湖了。不过内容浩瀚的玄观，并未和盘托出。“我乃俗人一个，不能完全破戒，为江湖保留一席之地，也是份内之事。”这是秦伦诗曾经说的一句铭言。

《中国易学博览·姓名应用经验学》，是秦伦诗新近推出的又一部力作，也是他最为重视的一部著作。纵观全书，有如下四大特色。

其一，系统全面，高度概括。该书首次在一部书中全面概括了中国传统姓名的主要流派，介绍了八卦姓名学学、五格剖象姓名学、九星姓名学等诸家门派姓名的理论与操作方法。是一部不可多得的姓名教材。

其二，朴实无华，简明易学。本着删繁就简，去粗取精，去伪存真，在不改变传统姓名学原貌，保留其精华的前提下尽可能把玄妙的语言通俗化，把繁杂的方法简约化，让读者一目了然。作者在沿用古诀的同时，还自编了许多新诀，琅琅上口，易懂易记。这部书雅俗共赏，既可供专家研究，也可供常人入门，即使是从来未接触过姓名的门外汉，读后也能很快入门。

其三，掘宝献金，披露秘诀。《摇鞭断宅》法是清朝嘉庆年间进士凌祯松所著，方法简单，实用性强，该书手抄孤本由老师相传，秦伦诗这一次在编撰姓名学时，将此法首次公之于世。

其四，经验独到，实例精彩。秦伦诗虽然博学多闻，但在姓名上下的功夫最大，花的时间最多，他曾随老师从西域昆仑到东海之滨，从北国冰城到闽粤深山，走遍了大半个中国，考察各类姓名，积累了无数经验，其姓名实例时间跨度大，既有50年前的案例，也有当今案例，涉及地域广，东西南北方各个地区都有。这是一般姓名师难以做到的。

笔者与秦伦诗既是多年挚友，亦是苏北同乡，江苏沭阳县是经济不甚发达的地区，但出了一批研易之人，秦伦诗是其中佼佼者。原因何在，他戏言道，沭中有“术”，阳中有“易”，暗藏易术二字，也许冥冥之中自有定数吧。

苗年生于南京演易轩